运动项目概论

主　编　程锡森　金海波　冯　岩

副主编　王立清　汤丹凤

主　审　王超英

天津大学出版社
TIANJIN UNIVERSITY PRESS

内容简介

本书以突出学生的主体地位和健康为主题，以开展素质教育、培养大学生的体育意识和体育能力为主线，注重理论和实践的结合，介绍了大学中比较普及的运动项目知识和有关训练比赛的内容，并对运动项目的比赛观赏进行了简要论述，最大程度地满足现代大学生的需求。本书讲求针对性和实用性，力求做到精练规范、涵盖面广、通俗易懂、指导性强。

本书既能作为普通高校体育教学用书，又能为大学生进行课外体育锻炼提供指导。

图书在版编目（CIP）数据

运动项目概论／程锡森，金海波，冯岩主编．—天津：天津大学出版社，2010.7

ISBN 978-7-5618-3521-0

I．①运… II．①程… ②金… ③冯… III．①体育运动—项目（体育）—概论 IV．①G808.22

中国版本图书馆 CIP 数据核字（2010）第 121499 号

出版发行 天津大学出版社
出 版 人 杨欢
地　　址 天津市卫津路 92 号天津大学内（邮编：300072）
电　　话 发行部：022-27403647　邮购部：022-27402742
网　　址 www.tjup.com
印　　刷 天津市泰宇印务有限公司
经　　销 全国各地新华书店
开　　本 185mm×260mm
印　　张 19.75
字　　数 492 千
版　　次 2010 年 7 月第 1 版
印　　次 2013 年 7 月第 2 次
定　　价 36.00 元

前　言

2010 年，《运动项目概论》由天津大学出版社出版，由于本教材是以我校公共体育课程教学纲要为依据，同时用于大学生进行课外运动指导，并与各门课程教学大纲相适应，所以本教材的出版对推进我校的公共体育课程建设和教学改革发挥了积极作用。随着高校体育教学改革的发展，并通过三年的教学实践检验，我们感到需要对本教材做适当的充实与修改，以更好的适应我校公共体育课程教学的需要。

田径课程在高校体育教学的比重日益减少，我们对“田径运动”的传统内容做了适当的删减，同时补充了“定向运动”和“野外生存”来充实田径运动的内容。由于基本体操内容在教学过程中已经融入了各个项目，因此，本次修订删掉了“基本体操”章节。散手在大学体育教学中受到场地器材、课堂安全等因素的影响，不利广泛开展，本次修订也删掉了“散手”章节。健身健美运动在普通高校已经得到了广泛的开展，我校在健身健美运动方面有自身独特的优势和良好的传统，并在全国健身健美大赛中多次获得优异成绩，为此，本次修订中增加了“健身健美运动”章节。跆拳道已经成为青少年非常喜爱的项目之一，我校的跆拳道项目已经开展多年，为满足广大学生的需求，本次修订增加了“跆拳道”章节。

除了删减和增加的章节之外，对其他各章节都做了一定的修改。应广大读者的要求，本次修订还对每章增加了“小知识”和“思考题”。

本书由王超英教授任主审；由程锡森、金海波、冯岩任主编；由王立清、汤丹凤任副主编；由（按姓氏笔画排列）王东、朱旖旎、张先松、胡毅、高丽、戴戈等老师任编委。

各章执笔人：王超英（第一章运动项目概述、第二章运动项目的分类）；程锡森（第十一章网球、第十八章武术）；金海波（第八章篮球、第十二章羽毛球、第二十三章围棋）；冯岩（第三章田径运动概述、第四章田径运动项目的基本技术、第五章田径运动场地及规则）；王立清（第十四章健身健美运动第三节，第十五章形体训练、第十六章健美操）；汤丹凤（第十章足球、第十三章乒乓球）；王东（第九章排球）；朱旖旎（第十七章体育舞蹈）；张先松（第十四章健身健美运动第一、二节）；胡毅（第六章定向运动、第七章户外运动）；高丽（第二十章水上运动概述、第二十一章游泳）；戴戈（第十九章跆拳道）。

参加本书编写的人员既有经验丰富的老教授，也有具有一定教学经验和理论水平的中青年骨干教师。编写过程中我们参考了大量的文献资料，但在理论知识的系统性和成熟性方面尚有不足之处，加上编写教师水平有限，难免存在不足和不当之处，恳请专家、同行和读者批评指正，以便我们在今后的教学改革中完善和提高。

本书在编写过程中，参阅了众多的教材、专业书刊，对在本书参考文献中没有一一标明的被引用者的姓名和论著的出处，深表歉意，敬请原谅。

编　者

2010 年 6 月

目　录

第一篇　总　论

第一章　运动项目概述 2

第一节　运动项目的产生与发展 2

第二节　运动项目的特点 5

第二章　运动项目的分类 8

第一节　分类的意义和基本要求 8

第二节　分类的途径与方法 9

第二篇　田径运动

第三章　田径运动概述 14

第一节　田径运动的概念及术语 14

第二节　田径运动的起源及发展 14

第三节　田径运动的功能及特点 15

第四节　田径运动项目及分类 16

第四章　田径运动项目的基本技术 20

第一节　跑的基本技术 20

第二节　跳跃的基本技术 23

第三节　投掷的基本技术 26

第五章　田径运动场地及规则 29

第一节　径赛场地介绍 29

第二节　田赛场地介绍 30

第三节　田径运动竞赛裁判法 32

第四节　田径运动的比赛欣赏 35

第六章　定向运动 36

第一节　定向运动概述 36

第二节　定向运动的基本知识 38

第三节　定向运动的一般规则 40

第七章　户外运动 43

第一节　户外运动概述 43

第二节　户外运动的种类 44

第三节　户外运动与身体健康 46

第四节　户外运动与心理健康 48

第三篇　球类运动

第八章　篮球......52

第一节　篮球运动概述......52
第二节　篮球运动的基本技术......52
第三节　篮球运动的基本战术......62
第四节　篮球运动的一般规则......67
第五节　篮球运动的比赛欣赏......69

第九章　排球......71

第一节　排球运动概述......71
第二节　排球运动的基本技术......72
第三节　排球运动的基本战术......77
第四节　排球运动的一般规则......78
第五节　排球运动的比赛欣赏......82

第十章　足球......84

第一节　足球运动概述......84
第二节　足球运动的基本技术......86
第三节　足球运动的基本战术......92
第四节　足球运动的一般规则......95
第五节　足球运动的比赛欣赏......99

第十一章　网球......101

第一节　网球运动概述......101
第二节　网球运动的基本技术......102
第三节　网球运动的基本战术......111
第四节　网球运动的一般规则......112
第五节　网球运动的比赛欣赏......115

第十二章　羽毛球......117

第一节　羽毛球运动概述......117
第二节　羽毛球运动的基本技术......118
第三节　羽毛球运动的一般规则......129
第四节　羽毛球运动的比赛欣赏......132

第十三章　乒乓球......134

第一节　乒乓球运动概述......134
第二节　乒乓球运动的基本技术......138
第三节　乒乓球运动的基本战术......145
第四节　乒乓球运动的双打......146
第五节　乒乓球运动的一般规则......148
第六节　乒乓球运动的比赛欣赏......150

第四篇　健身运动

第十四章　健身健美运动……154

第一节　健身健美运动概述……154
第二节　现代健身健美训练的最优化方法与方案……161
第三节　健身健美运动竞赛表演与欣赏……166

第十五章　形体训练……178

第一节　形体训练概述……178
第二节　形体训练的基本技术……181
第三节　形体训练套路组合……192

第十六章　健美操……194

第一节　健美操概述……194
第二节　健美操特色项目介绍……200
第三节　健美操比赛的一般规则……207
第四节　健美操的比赛欣赏……208

第十七章　体育舞蹈……210

第一节　体育舞蹈概述……210
第二节　健身舞蹈基本技术与花步组合介绍……212
第三节　拉丁舞基本技术与基本组合介绍……213
第四节　摩登舞基本技术与基本组合介绍……216
第五节　体育舞蹈的比赛欣赏……217

第五篇　武术与跆拳道运动

第十八章　武术……222

第一节　武术运动概述……222
第二节　武术运动的基本技术……225
第三节　简化二十四式太极拳……230
第四节　剑术运动……242
第五节　武术的一般规则……248
第六节　武术运动的比赛欣赏……249

第十九章　跆拳道……251

第一节　跆拳道运动概述……251
第二节　跆拳道运动的基本技术……253
第三节　跆拳道比赛的规则简介……261

第六篇　水上运动

第二十章　水上运动概论……268

第二十一章　游泳……272

第一节　游泳运动概述……272

第二节 游泳运动的基本内容......274
第三节 场地、器材简介......291
第四节 用途与案例......294
第五节 游泳运动的比赛欣赏......295

第七篇 棋 牌

第二十二章 桥牌......300
第一节 桥牌的起源与发展......300
第二节 桥牌术语......301
第二十三章 围棋......305
参考文献......308

第一篇 总 论

运动项目是体育的核心内容，它在体育的发展过程中起到了举足轻重的作用，离开运动项目，体育也就无从谈起了。在“体育”这一名词尚未出现时，其名称均是以各个运动项目的名称出现的，如我国最早出现的“养生”、“导引”、“气功”等，而代表世界近代体育的三大支柱运动项目则是德国体操、瑞典体操和英国的户外运动。

体育作为一种社会现象，是一种有目的、有意识的社会活动。这种社会活动是随着人类社会的产生和发展而出现和演进的。在人类社会漫长的历史中，运动项目也同其他事物一样，经历了一个由产生到发展再到不断完善的过程。它犹如人类历史长河的一条小支流，沿着自己的路蜿蜒前行，同时又与整个社会洪流保持着血肉相通的联系。自有人类以来，运动项目就伴随着人类的生活，并与社会的发展息息相关，是现代生活中不可缺少的一个重要组成部分。

第一章　运动项目概述

运动项目是身体练习发展的最高形式。身体练习的发展过程是单个动作—组合动作—成套动作—运动项目。开始是一个一个的单个动作；然后一个一个的单个动作连接在一起形成一个一个的小组合；再在一个一个的组合前面加上一个开始动作，在后面加上一个结束动作，形成了一套动作；多个成套动作结合在一起就形成了一个运动项目。

目前，运动项目已发展至成百上千个，它们各自的起源与发展均代表着一种民族特色和时代特色，其中一部分被全世界公认的运动项目已纳入奥运会项目，成为世界人民共同进行竞技的比赛项目，另外一些代表着各个民族和各个国家的运动项目，也对提高民族的素质和社会的文化发挥着不可估量的作用。

第一节　运动项目的产生与发展

一、运动项目产生的动因

早期的运动项目产生于劳动实践和生活实践，它的产生可以用需要理论解释。马斯洛把人的需要划分为五个方面，即生存需要、安全需要、精神需要、享受需要、实现自我价值的需要，人的活动都是由需要而引起的，需要是人活动的动力。

从需要的理论来分析运动项目产生的动因，可以发现原始人类的身体活动大致有以下几种需要。

（1）为了谋生而进行生产活动的技能，如狩猎、捕鱼、农耕等。

（2）为了防卫而进行武力活动的技能，如攻、防、格斗等。

（3）日常生活所必需的活动技能，如走、跑、跳、投、攀登、爬等。

（4）既不属于生产活动，又高于一般生活活动的技能，如游戏、竞技、舞蹈、娱乐等。

这些需要反映了尽管在水平很低的需要结构中，原始人类不仅有劳动的需要、防卫的需要，而且还有思想感情、喜怒哀乐的需要，交往的需要，同疾病作斗争的需要。从这些需要中我们可以看出，在人类开始之初的各种需要都与身体的条件、身体的技能分不开，并由此构成了运动项目产生的动因。

二、运动项目产生与发展的因素

在明确了运动项目产生的动因的基础上，我们再进一步分析运动项目在原始社会条件下萌芽和产生的因素。

（一）运动项目产生于生产劳动的动作和劳动工具的转化

原始人类的生活条件非常艰苦，他们只能靠采集、狩猎、捕鱼等方法来获取各种食物以维持生存。原始人类的思维还很不发达，生产工具非常简陋，只有一些简单的石器（利削器、尖状器、砍砸器等）。他们的劳动主要靠攀登和爬越去采集野果，靠游泳或用掷矛器捕鱼，靠刺杀来对付虎、豹、熊等凶猛的野兽。原始人类的这些活动，其根本目的是为了生存，而不是为了锻炼身体，增强体质。因此，严格地说，这些都只能称为生活和劳动。原始人类在生活水平还很低下的情况下，没有明确的社会分工，许多社会活动之间没有清晰的界限，当时的跑、跳、投、攀、爬等动作技能是劳动动作，又是基本生活技能，同时也是身体活动的动作。而这些就是现代运动项目的前身，现代运动项目正是从这些活动中脱胎发展形成的。

（二）日常生活技能的规格化产生了运动项目

人们在日常生活中的活动技能多种多样，除走、跑、跳、投外，还有攀登、爬越、搬运重物等，人们把这些技能加以规格化，创造了一些专门用来训练人们身体适应能力的体育手段，并逐渐发展成为运动项目。例如，爬绳、爬竿就是把“爬”规格化后形成的项目，3000 m障碍、跨栏等则是日常越过障碍动作的规格化。

（三）运动项目的发展与教育息息相关

原始人类在长期的生产和生活实践中，由于自然的和社会的知识不断积累、生产工具不断改进、生产力不断提高，劳动技能日趋多样化、复杂化。这时，人们逐渐意识到对未来生活必须有所准备，劳动经验、生活技能和身体素质必须产生某种继承、传授、学习和训练，才能使下一代更好地生存和发展，这种继承、传授、学习、训练的过程，就是早期教育的原始形态。原始的运动项目主要是一些生产技能的传授，而原始的生产技能又多是些极笨拙的体力劳动，因此，在原始教育中运动的技能是主要的内容和手段。可见，运动项目中的各种体育技能自问世之初就是一种教育人、培养人的手段。

早期教育孕育了体育，后来又为体育的形成和发展奠定了基础。我国殷商时期的“学宫”就把习射作为教育的主要内容，周代的“六艺”（礼、乐、射、御、书、数）中的“射”、“御”也包含了众多运动项目的因素；在古希腊斯巴达的教育体系中，把军事和体育运动项目列为主要的教学科目。进入资本主义社会，教育对其体系中的运动项目内容和形式不断提高了要求，现代运动项目更是如此。

（四）运动项目的产生和发展与娱乐紧密相联

原始娱乐的主要形式是舞蹈，舞蹈与体育有很多的共同点，比如都是身体活动，都有健身的作用。原始人类为了表达对狩猎成功的喜悦、对自然的崇拜、对祭祀祖先的庄严以及抒发情感，他们往往在首领的率领下，进行集体舞蹈。这种舞蹈既是一种身体的训练，又是一种娱乐活动。

一些运动项目都是在娱乐活动中发展起来的，如各种游戏，民间流传的秋千、毽子和各民族中盛行的带有民族色彩的一些体育运动项目。在我国古代，统治阶级中流行的五柱戏、投壶等也都带有娱乐的性质。又如现代的羽毛球、乒乓球等，相传是由英国贵族在娱乐的过程中逐渐发展起来的。

（五）宗教祭祀活动促进了运动项目的发展

随着社会中宗教活动的产生，人们在祭祀活动中逐渐用舞蹈、竞技和角力来进行祈祷、娱乐，祈求神的庇护，为了表示对寺院的尊敬而进行的步行巡礼（赶庙会）、步行化缘等，也都包含了许多运动的因素，由此构成了各种运动项目的雏形，并为以后的运动项目的发展打下了好的基础。古代奥林匹克运动会就是由这种祭祀中的竞技活动发展成定期举行的节日竞技运动会的。

（六）军事防卫技能和武器的移植促进了运动项目的产生和发展

在热兵器（以火药为武器）发明、使用以前，古代的战争都是“短兵相接”的，多种运动技能在军事上有很大的实用价值。运动技能与军事往往相一致，同时作为强身健体的运动项目，即使是没有直接的军事价值的身体练习，也可成为增强士兵体质、提高作战能力的手段。因此，历代的统治阶级为了战争和军事的需要，都把体育作为训练士兵的重要内容和手段。

另一方面，为了战争的需要，历代的统治阶级又往往把军事技术等内容渗入教育体系，发展成为后来的军事体育，如射击、投弹、武装泅渡等。

（七）医疗卫生、健身保健为运动项目的产生和发展提供了基础

在人类历史的发展过程中，健康的身体始终是生产、生活的需要。我国古代人民对体育的增强体质、祛病延年的作用早就有了认识，自觉地把一些身体的基本活动当做祛病强身的手段，留下了丰富而珍贵的史料，如春秋战国时代的“吐纳术”、两汉时代较为盛行的“导引术”和东汉末期由华佗编制的保健体操“五禽戏”、宋代的健身操“八段锦”、明清时代的“太极拳”等。这些既是医疗手段，又是健身活动，从目的上来看，比那些为了生存、防卫、教育而进行的身体活动更接近于体育中的运动项目。此后又逐渐发展成各种成套的保健体操，健身的目的更加明确，体育的因素也进一步得到加强。

（八）模仿动物的动作促进了运动项目的发展

人类借鉴动物的动作和运动方式来提高自身的机能，尤其是通过模仿动物的动作，来培养人的灵活、轻便、机警和敏捷等，大有益处。早在1000多年前，东汉名医华佗创编的“五禽戏”和流行至今的“鹤翔桩”、“大雁功”，及武术中的“猴拳”、“鹰爪拳”等，都渗透着中华民族古朴的运动仿生思想。现代体育项目中的蝶泳、蛙泳等也都体现了人们对动物动作的模仿。今后，随着运动仿生学这门新学科的建立，定会有更多的仿生运动项目出现。

（九）人们对大自然的向往和挑战产生了部分运动项目

征服和改造大自然是人类的天性。在体育运动中人类同样发挥了这种精神，创造了许多征服大自然的运动项目，如登山、滑冰、雪橇、滑雪、滑水、游渡江河湖海等。随着现代化生活方式的形成，生活在水泥建筑里的人们对大自然无比向往，因而又兴起了旅行、露宿、野营等很多野外活动项目，充分利用日光、空气和水的作用来锻炼身体、增强体质。

运动项目随着社会的发展而发展。随着科技和体育科学的发展及人们需要的提高，许多更能发挥人的潜力的、更有趣味的运动项目不断被创造出来，使其更加系统化、多样化。例如，由于现代汽车工业的发展，使赛车这一运动项目的比赛用车由马车、自行车、摩托车发展到汽车；由于运动项目与娱乐项目的交融，产生了冰上舞蹈、水上芭蕾、冲浪、等更具吸引力的项目。另外，还有由原来的运动项目互相结合形成了一批新的项目。例如，1880 年英国的体育用品制造商为了满足贵族的需要，把室外的网球搬到室内的桌子上，便出现了乒乓球项目；把足球带下水后，于是就产生了水球，类似的还有水上篮球、水中曲棍球、水上竞走等。与此同时，一些被实践证明不利于健康或锻炼价值不大的项目，则逐渐被淘汰，如古代曾时兴的“投壶”。

综上所述，运动项目是由于人类生产和生活、个体和社会、生理和心理等方面的需要而产生的一种社会活动，它主要产生于劳动的过程之中。然而，由于原始社会生产力低下，人们还没有明确的社会分工，各种社会活动都还处于萌芽状态，互相之间多无明晰的界限。因而，体育中的运动项目与教育、军事、医疗卫生、娱乐及宗教祭祀等活动互相联系、互相促进、互相推动，共同进化和发展。运动项目的盛衰随着社会的发展和变革而演进，其发展受社会的政治和经济的制约，并为一定的政治经济服务。

第二节 运动项目的特点

一、运动项目的一般特点

（一）历史性特点

运动项目是在社会发展过程中，不断创造和丰富起来的，它是人类为了满足自身的需要而创造的具有文化价值的精神财富。运动项目的丰富与否是社会文明程度高低的标志之一，因为运动项目的发展与社会的经济、文化、科技水平都有着密切的联系，它随社会的发展和人们需要的不断提高而由低级到高级、由少到多地发展着。因此，不同时代的运动项目总是反映该时代人们的需要水平。例如，在体育产生初期，运动项目中多是一些人为了更好地生存而采用的健身手段，如消肿舞、“导引”等。随着社会生产和生活水平的提高，为了满足人们享受和发展需要而出现的运动项目越来越多。随着现代竞技运动的兴起，众多的竞技运动训练手段也应运而生。

（二）国际性特点

运动项目不属于社会的上层建筑，没有阶级性，只要是健身价值较高或较有趣味，易于被接受的运动项目，不受任何政治和国界的限制，能够推向世界。目前，夏季奥运会已拥有220多个运动单项，冬季奥运会则拥有40多个运动单项，这些项目都具有国际上统一规定的比赛规则，可以在国与国之间自由开展。

运动项目是属于全体人民的，无论你是什么国籍、什么肤色、有何种信仰，运动项目都可以为你所用。

（三）民族性特点

提及运动项目的国际性，就不能不讲它的民族性特点。因为运动项目的产生和采用，总是与一个国家或地区的民族传统文化和习俗有关。目前，国际通用的运动项目大多是发端于不同的民族和国家的。例如，我国人民喜闻乐见的传统健身运动——武术、气功，日本人喜爱的柔道，西班牙人喜欢的斗牛，美国人喜欢的橄榄球，韩国人喜欢的跆拳道，东南亚人喜欢的卡巴迪等，这些项目都正在或已经推向世界。

即使在同一个国家里，不同民族也都有自己本民族传统的运动项目，如我国朝鲜族的秋千、跳板，蒙古族的摔跤、马术等。

（四）地域性特点

运动项目的产生和流传与一定的地理环境、自然条件（如气候、地势等）有关。例如，处于寒冷地带冰冻时期较长的国家和地区，冰雪运动项目开展较多；气候较热、水域较多的国家和地区，水上运动项目就比较容易普及。

二、运动项目的本质特点

（一）健康性

通过运动项目进行健身，是运动项目最本质的特点之一，已被广大的人民群众所接受和认可。健康性主要表现为人们通过有意识的身体运动对自己的身体进行培育、锻炼和养护等实践活动，促进身体健康，进而使身心得到全面、协调的发展，达到健康之目的。

（二）竞赛性

在竞技运动中，运动项目的竞赛性是首要因素。可以说，没有竞赛就失去了运动项目的意义了，竞赛是竞技运动项目的杠杆，无论是群众性的竞技运动还是高水平的竞技运动，其竞赛性都是必不可少的。

（三）技能性

运动项目的技能性也是很明显的。每一个运动项目都有其技能、技术的要求，按照技术标准，提高自身的技能水平才能表现出较高的运动项目水平，否则，就不能达到较完美的技艺。

三、运动项目的社会性特点

（一）教育性

运动项目的教育性是通过身体运动的形式表现出来的。人们通过运动项目的学习过程受到一定的身体教育，同时，又通过运动项目的表现体现教育他人的目的，如运动员在运动场上所表现出来的勇敢、顽强拼搏的精神就具有极大的鼓舞作用。

（二）娱乐性

运动项目的娱乐性表现在两个方面：既可娱人，又可自娱。很多运动项目在高水平的比赛过程中就体现了娱人的方面，如足球、篮球等，人们通过观赏这些高水平的运动项目比赛，从而达到娱乐的目的；另一方面，人们可以通过参加运动项目表现自我，从而达到自娱之目的。

（三）发展性

运动项目是以人的身心发展为目的，以增进健康、提高生活质量与社会文明发展、提升的现代化水平相统一为宗旨的，因此具有极强的生命力。它随着社会的发展而发展，并将在社会发展的轨道中不断地完善和改进，从而达到更高的水平。

（四）艺术性

随着科学技术的发展和先进材料的推陈出新，运动项目所表现的高难度和高技术使其艺术性越来越突出，通过肢体与器械的完美结合，展现出了运动项目具有的艺术性。

（五）文化性

运动项目作为社会文化的一个组成部分已被越来越多的人理解和接受。自运动项目产生之初人们就把其作为身体教育的手段，不仅对个体的身体进行有针对性的教育，同时，通过个体身体的教育达到对社会成员的教育，为提升全民素质发挥了重要作用。例如，运动项目中的开场礼仪、各种比赛的仪式都反映了一定的社会文化。

马克思引用的阿拉伯寓言

有一个船夫准备好在急流的河水中驾驶小船，上面坐着一个想渡到河对岸的哲学家。于是发生了下面的对话：

哲学家：船夫，你懂得历史吗？

船夫：不懂！

哲学家：那你就失去了一半的生命！

哲学家又问：你研究过数学吗？

船夫：没有！

哲学家：那你就失去了一半以上的生命！

哲学家刚刚说完这句话，风就把小船吹翻了，哲学家和船夫两人都落入水中，于是船夫喊道：你会游泳吗？

哲学家说：不会！

船夫说：那你就失去了你的整个生命。

思考题：

1．简述运动项目产生与发展的因素。

2．简述简述运动项目的特点。

第二章 运动项目的分类

第一节 分类的意义和基本要求

一、分类的意义

人类有史以来所创造的运动项目不下几百种，但如果没有科学合理的分类把这些运动项目加以区别，就很难对其进行深入的研究。随着科学的进步和社会认识的发展，出现了多种分类方法。而由于所依据的分类原则不同，运动项目也可分成各种不同的类型。运动项目的分类是根据分类学原理，把名目繁多的运动项目按它们的外部表现或本质属性进行归类。分类的意义在于以下两点。.

（一）有利于研究运动项目的规律

对运动项目进行准确无误的分类，有利于发现和研究运动项目的规律，特别是对同类或同群的项目可在理论上进行分析研究，发现和研究其规律，将感性认识上升到理性认识，将共性的经验上升到理论的高度，以便相互借鉴并形成具有指导一类项目的理论知识体系，达到事半功倍、提高工作效率之目的。

（二）促进练习方法的相互渗透和移植

通过分类，总结出运动项目共性的东西，找出不同之处，这样可有效地学习运动项目中的各种动作，避免出现错误动作。例如，网球、羽毛球、乒乓球均属同一类运动项目，在学习和训练中就有一些可相互借鉴的理论和实践，但这三个项目在技术动作的掌握上都有各自不同的特点和要求，通过分类进行分析，借鉴共同的方法，寻找不同的特点，做到有的放矢，不断提高运动技术水平。

二、分类的基本要求

任何分类都必须遵循通用的法则，即按照一定的标准和一定的层次，遵守相应相称（子项之和等于母项）的基本规则。同时，还有其具体的要求。

（一）分类的目的要明确

不论哪一种分类，首先要明确其目的性。为什么分，怎么样分，分后解决什么问题都要有一个明确的说明。

（二）分类的体系要清楚

在目的明确的基础上构建合理的体系结构。依据什么分，其思想要明确，理论要充分，说明要清楚。

（三）分类要简明扼要

分类的框架要清晰、明了，最好用表格的形式表示，既方便又快捷。

第二节 分类的途径与方法

任何分类都必须遵循一定的要求和规则。运动项目也是一样。由于运动项目具有多方面的属性，因此，运动项目也具有多个可选择的分类标准，如按主要任务分类、按主导因素分类、按动作结构分类、按比赛成绩分类等。

一、按照不同目的和要解决的主要任务分类

按照不同目的和要解决的主要任务可将运动项目分成健身、健美、娱乐、竞技和冒险五类。

（一）健身类

这类运动项目的目的是为了健身、康复和预防疾病。健身类运动项目的动作一般比较简单、轻缓，强度不大，如健身走、健身跑、太极拳、气功和各种徒手或带器械的体操练习（如保健操、广播操、工间操）等，都是很好的健身手段。日常坚持锻炼可以起到预防疾病、增进健康的功效，若是有了疾病，也可加速康复。

（二）健美类

这类运动项目的目的不仅为了健身，而且还为了美。随着社会的发展，人们对自身的要求不仅要无病、健康，而且要求更加完美，包括体型健美、姿态端正、动作协调、行动矫健，这是社会发展和人们需要发展的必然。如今，健美运动已在世界范围内流行开来，其中的健美操风靡我国，各年龄段的健美操训练班比比皆是。属于健美类的运动项目很多，如艺术体操、健美操、花样滑冰、舞蹈等。通过这些活动可以培养人的审美能力和身体的自我表现能力。为了塑造健美的体型和展现动作的力度美，有些力量性和技巧性手段的练习也是必不可少的，如杠铃、哑铃、单杠、双杠等。

（三）娱乐类

这类运动项目的目的主要是玩、放松，获得积极性休息。娱乐类运动项目的特点是富有趣味，轻松愉快。通过这类活动，可以使人活动身体，调节精神，放松因工作而造成的紧张情绪。娱乐类运动项目又可分为娱人和自娱两类。娱乐类运动项目内容繁多，受到不同年龄段人群的普遍欢迎，如棋类、钓鱼、旅游、康乐球、高尔夫球等。

（四）竞技类

这类运动项目的主要目的是提高有机体的竞技能力，以便通过竞赛活动创造优异运动成绩，培养人的竞争性，以运动适应社会生活。竞技类运动项目的竞赛性强，强度和难度都较大，要求有较高的技艺。

（五）冒险类

这类运动项目的主要目的既不是为了健身，也不是为了健美，而是为了锻炼人的体能、

胆量，满足探险和创造奇迹的需要。社会要发展，人类也要发展，人体的潜力究竟能发掘到何等程度，人类在宇宙中能占有多大的空间，都需要人们去探索。因而，近年来，冒险类运动项目越来越多地出现，如乘热气球飞越大西洋、只身驾驶太阳能游艇横渡太平洋、只身驾驶帆船周游世界、乘坐狗拉雪橇穿越北极、悬崖跳水等。

二、按主导因素分类

按照运动项目的主导因素可将运动项目分成体能和技能两类。

（一）体能类

体能类的运动项目包括快速力量性、速度性及耐力性三个方面。

（1）快速力量性运动项目包括田径中的跳跃、投掷和要求练习者有高度爆发力的项目，如举重等。

（2）速度性运动项目包括一切短距离的竞速运动项目，如短距离跑、短距离游泳、赛场自行车、速度滑冰等。

（3）耐力性运动项目包括中长距离的走、跑、骑、游、滑、划等。

（二）技能类

技能类的运动项目包括表现完美性、表现准确性、同场对抗性、隔网对抗性及格斗对抗性五个方面。

（1）表现完美性的运动项目包括在水、陆、空、冰等不同场地中完成的高难度的精彩动作，同时展示运动美和人体美的所有包括徒手的和持器械的运动项目。

（2）表现准确性的运动项目包括射击、射箭和弓弩等。

（3）同场对抗性的运动项目包括足球、篮球、手球等。

（4）隔网对抗性的运动项目包括乒乓球、羽毛球、网球、排球等。

（5）格斗对抗性的运动项目包括摔跤、柔道、拳击、击剑、武术（散打）等。

三、按运动项目的动作结构分类

按照运动项目的动作结构可将运动项目分为单一动作结构、多元动作结构和多项组合结构三个方面。

（1）单一动作结构包括走、跑、自行车、射击、射箭、速度滑雪、速度滑冰、划船、铁饼、铅球、跳高、跳远等。

（2）多元动作结构包括球类项目（篮球、排球、足球、手球、网球、羽毛球、乒乓球等）、拳击、摔跤、柔道、跆拳道、体操单项、武术套路单项、艺术体操单项、技巧、花样滑冰、马术等。

（3）多项组合结构包括田径男子十项全能和女子七项全能、速滑全能、体操全能、现代五项、铁人三项等。

四、按运动成绩的评定方法分类

按运动成绩的评定方法可将运动项目分为测量类、评分类、命中类、制胜类、得分类五类。

（1）测量类包括田径、游泳、速度滑冰、滑雪、自行车、划船、举重等。

（2）评分类包括体操、艺术体操、技巧、跳水、花样滑冰、花样游泳、马术、武术套路等。

（3）命中类包括部分球类项目（如篮球、足球、手球）、射击、射箭、击剑等。

（4）制胜类包括拳击、摔跤、柔道、跆拳道等。

（5）得分类包括乒乓球、羽毛球、网球、排球等。

五、运动项目的内容

运动项目的内容按常规的分法可分为十大类：①田径；②体操；③游戏；④球类；⑤武术（散打、拳、器械）；⑥军事项目（射击、摩托车、无线电、航模、跳伞、滑翔、军事五项等）；⑦水上运动（游泳、跳水、花样游泳、水上芭蕾等）；⑧冰雪运动（滑水、滑雪、雪橇等）；⑨以器械和体重作为分组条件的竞赛项目（举重、摔跤、拳击、柔道、击剑等）；⑩其他（包括棋类、钓鱼等一些娱乐体育项目）。

随着社会的发展和科学技术的进步，运动项目按以上十类分类已不能完全涵盖了，有不少在社会发展中出现的新型项目再用“其他类”来包含也已经不太合适了，如电子竞技项目、时尚运动项目等。一般来说，较科学的方法还是按照各自目的不同来进行分类。

以上几种分类方法只是体育锻炼、教学和运动训练、竞赛中通常采用的最基本的方法，实践中可根据需要采用不同的分类方法或几种方法相结合。

什么是余暇体育（Leisure Sport）

余暇体育是指人们利用余暇时间，为了达到健身、娱乐、消遣、宣泄等多种目的所进行的各种身体活动形式。余暇体育的最大特点是活动主体的自由选择性、活动内容和形式的多样性以及活动功效的综合性。

思考题：

1．运动项目分类的意义和基本要求是什么？

2．运动项目分类的途径与方法有哪些？

第二篇　田径运动

田径运动是各项运动的基础，经常、科学地参加田径运动，能促进人体的新陈代谢，改善神经系统的调节功能和内脏器官的机能，提高人们的健康水平与工作能力。通过田径运动教学和训练能全面发展人的身体素质（速度、力量、耐力等），提高运动技术水平与运动成绩，培养人们勇敢、顽强、坚韧、果断的意志品质。所以，其他运动项目把田径运动作为发展身体素质的手段与提高技术、战术的基础。

第三章　田径运动概述

第一节　田径运动的概念及术语

一、田径运动的概念

根据国际业余田径联合会（International Amateur Athletics Federation，国际田联前身）《田径手册》（2002—2003）第二章国际田联章程第一条，田径运动包括“径赛和田赛运动、公路跑、竞走和越野跑”。

田径运动是人们用于竞技和健身的走、跑、跳、投等身体运动，也就是说田径运动包括田径竞技运动和田径健身运动。

二、田径运动的术语

（1）国际田径联合会（International Association of Athletics Federations，IAAF）：简称国际田联，是一个国际性的田径运动的管理组织。1912 年 7 月 17 日，来自 17 个国家的田径联合会代表在瑞典斯德哥尔摩召开了第一次代表大会，标志着国际业余田径联合会成立。

（2）田赛（Field Events）：以高度和远度计算成绩的跳跃、投掷项目。

（3）径赛（Track Events）：以时间计算成绩的竞走和跑的项目。

（4）全能运动（Decathlon）：由田径运动中的几个单项组成的综合性竞技体育项目，运动员要在两天内比赛完跑、跳、投类的几个单项。

第二节　田径运动的起源及发展

田径由人类生存需要演变而来。远在上古时代，人们生活、劳动条件极其艰苦，他们依靠简单的工具从事采集和狩猎活动，“食草木之食、鸟兽之肉”。在“人类少而禽兽众”的环境下，原始人类为了求食、求生的需要，必须具备跑得快而远、投得远而准、跳得高而远的本领。在日常劳动中，人类不断重复这些动作，于是逐渐形成了走、跑、跳、投等各种运动技能。经过代代相传，逐步从游戏到比赛，形成了田径运动最原始的雏形。

现代田径运动最早的国际比赛于 1894 年在英国举行，比赛设有 9 个项目。真正的大型国际比赛是 1896 年开始举行的现代奥运会。为了推动世界田径运动的发展，1912 年，17 个国家奥运会代表在瑞典成立了国际业余田径联合会，目前会员国（包括地区）已发展到 210 个，成为世界上最大的单项体育组织。4 年一次的奥运会已举行了 29 届。田径比赛项目由第 1 届的男子 11 项（无女子项目）发展到第 29 届的 46 项（男子 24 项，女子 22 项），是所有单项比赛金牌最多的项目。另一方面，跑、跳、投等田径项目也在体育教育中受到广泛的重视。20 世纪以来，田径运动项目在世界各国的学校体育和群众体育中被广泛地采用并作为促进健康和增强体质的重要手段。成千上万的学生和各阶层、各行业群众，经常投身到田径运动的锻炼行列中来。

19 世纪末，田径运动传入中国。1890 年，上海约翰书院举行的田径运动会是我国最早的田径运动会。新中国成立前共举行了 7 届全国运动会，历届都有田径比赛项目。新中国成立后，在党和政府的重视和关怀下，田径运动和其他体育运动项目一样，迅速得到普及和发展。1953 年举行了第一次全国性田径运动会。新中国成立以来，我国田径运动的发展取得了巨大的成就，多人多次打破世界纪录，目前在亚洲仍保持着领先地位。

近些年来，随着科学技术的飞速发展，田径运动也得到很大的发展。从田径竞技运动来看，由于多学科理论知识的引进，使田径运动训练不断科学化，运动能力不断增强，新技术不断出现；加上重视选材，重视营养和恢复，运动员的职业化和比赛次数增多；场地、器材、设备的改进和裁判工作的现代化等，促使田径运动水平不断提高。

第三节 田径运动的功能及特点

一、田径运动的功能

1. 健身功能

经常、系统地参加田径运动锻炼，能提高人体走、跑、跳、投等基本活动技能的水平；能促进身体的正常发育和各器官、系统机能的发展；能全面发展速度、力量、耐力、灵敏、柔韧等身体素质。由于田径运动多在户外进行，使人体能更多地受到日光、空气等自然条件的锻炼，提高人体对外界环境变化的适应能力。

2. 竞技功能

在大型综合性运动会上，田径项目奖牌最多、影响最大，故有“得田径者得天下”之说。田径竞技运动的功能在于加强国内和国际间的交往，提高国家威望，振奋民族精神；对观众来说，则起到消遣、娱乐和教育的作用等。另外，著名田径运动员所产生的明星效应，对提高田径运动的商业价值，激活田径竞赛表演市场，促进田径竞技运动按产业化方式运作，有着积极的推动作用。

3. 基础功能

田径运动能有效和全面地发展人的各种身体素质，而身体素质全面发展的水平越高，对于各项运动的技术发展和成绩提高也越能起积极的作用。因此，很多竞技项目都把田径运动作为身体训练的重要手段，使田径运动成为提高各种竞技项目运动水平的基础。

4. 教育功能

通过田径运动教学、锻炼、训练和竞赛，能对学生和运动员进行爱国主义、集体主义等方面的教育，并能培养其竞争意识和勇敢顽强、吃苦耐劳的优良品质。

二、田径运动的特点

（1）走、跑、跳、投是人类生活的基本技能，也是田径运动项目中最基本的运动形式，这些动作自然规范，有助于正确、较快地掌握田径运动技术。

（2）参加田径运动很少受条件限制。任何人都可在较宽敞、安全的地方（如平原、田野、草地、小道、公路、河滩、沙地、公园等）从事田径运动。使用简易的场地器材和设备也可举行基层田径运动会。

（3）田径运动除接力跑外，都是以个人为单位参加比赛的运动项目，因此田径运动具有个体性。

（4）田径运动具有广泛的群众性，因为田径运动是体育运动中最大的一个项目，是任何大型运动会中项目最多、奖牌设置最多、参赛运动员最多的项目，经常参加田径运动的人也最多。

（5）田径运动中各单项和全能项目，对人体形态，尤其是身体素质水平和心理机能等都有不同的要求。运动员要从个人实际和特点出发，选择运动项目，掌握具有个人特点的先进、合理的运动技术。

第四节　田径运动项目及分类

一、世界田径运动比赛项目及分类

当今国内外田径运动的分类主要是根据性别、年龄、比赛项目和比赛场地等结合实际情况进行分类的。

（一）国际田联承认的世界纪录的项目与分类

国际田联承认的世界纪录的项目与分类见表 3-1。

表 3-1　国际田联承认的世界纪录的项目与分类

项　目	组别				备注	项　目	组别				备注
	男	女	青年男子	青年女子			男	女	青年男子	青年女子	
100 m	*	*	*	*	只准使用全自动电子计时	4×200 m	*	*			
200 m	*	*	*	*		4×400 m	*	*	*	*	
400 m	*	*	*	*		4×800 m	*	*			
100 m 栏		*		*		4×1500 m	*				
110 m 栏	*		*			5000 m 竞走		*		*	
400 m 栏	*	*	*	*		10000 m 竞走		*	*	*	
4×100 m	*	*	*	*		20000 m 竞走	*	*			
800 m	*	*	*	*	使用全自动电子计时或手计均可	2 h 竞走	*				
1000 m	*	*	*	*		30000 m 竞走	*				
1500 m	*	*	*	*		50000 m 竞走	*				
1 英里	*	*	*	*		跳高	*	*	*	*	
2000 m	*	*				撑杆跳高	*	*	*	*	
3000 m	*	*	*	*		跳远	*	*	*	*	

续表

项目	男	女	青年男子	青年女子	备注	项目	男	女	青年男子	青年女子	备注
5000 m	*	*	*	*		三级跳远	*	*	*	*	
10000 m	*	*	*	*		推铅球	*	*	*	*	
20000 m	*	*				掷铁饼	*	*	*	*	
1h 跑	*	*				掷标枪	*	*	*	*	
25000 m	*	*				掷链球	*	*	*	*	
30000 m	*	*				七项全能		*		*	
2000 m 障碍						十项全能	*		*		
3000 m 障碍	*	*	*	*							

注：*表示该组别参加此运动项目。

（二）国际田联承认的世界室内田径纪录的项目与分类

国际田联承认的世界室内田径纪录的项目与分类见表 3-2。

表 3-2 国际田联承认的世界室内田径纪录的项目与分类

项目	男	女	备注	项目	男	女	备注
50 m	*	*	只准使用全自动电子计时	4×200 m	*	*	
60 m	*	*		4×400 m	*	*	
200 m	*	*		4×800 m	*	*	
400 m	*	*		跳高	*	*	
50 m 栏	*	*		撑杆跳高	*	*	
60 m 栏	*	*					
800 m	*	*	使用全自动电子计时或手计均可	跳远	*	*	
1000 m	*	*		三级跳远	*	*	
1500 m	*	*		推铅球	*	*	
1 英里	*	*		七项全能	*		
3000 m	*	*		五项全能		*	
5000 m	*	*					
3000 m 竞走		*					
5000 m 竞走	*						

注：*表示该组别参加此运动项目。

二、我国田径运动比赛项目及分类

各国为参加世界性和国际间的田径比赛，使本国的训练和竞赛与世界接轨，一般都沿用或参照国际田联承认的世界田径纪录比赛项目。同时，也都根据各自的国情和需要确定了一些比赛项目。表 3-3 是我国田径比赛项目及分类。

表 3-3 我国田径运动比赛项目与分类

类 别	项 目	成 年		少 年			
		男 子 组	女 子 组	男 子 甲 组	男 子 乙 组	女 子 甲 组	女 子 乙 组
径赛	竞走	20 km 50 km	5 km 10 km 20 km				
径赛	短距离跑	100 m 200 m 400 m	100 m 200 m 400 m	100 m 200 m 400 m	100 m 200 m 400 m	60 m 100 m 200 m 400 m	60 m 100 m 200 m 400 m
	中长跑	800 m 1500 m 3000 m	800 m 1500 m 3000 m	800 m 1500 m 3000 m	800 m	800 m 1500 m 3000 m	800 m
径赛	跨栏跑	110 m 400 m	110 m 400 m	110 m	110 m	100 m	100 m
	障碍跑	3000 m					
	马拉松	42.195 km	42.195 km				
	接力跑	4×100 m 4×400 m	4×100 m 4×400 m	4×100 m	4×100 m	4×100 m	4×100 m
田赛	跳跃	跳高 撑杆跳高 跳远 三级跳远	跳高 跳远	跳高 撑杆跳高 跳远 三级跳远	跳高 撑杆跳高 跳远 三级跳远	跳高 跳远	跳高 跳远
	投掷	铅球 标枪 铁饼 链球	铅球 标枪 铁饼	铅球 标枪 铁饼	铅球 标枪 铁饼	铅球 标枪 铁饼	铅球
全能运动		十项（100 m、跳远、铅球、跳高、400 m、110 m 栏、铁饼、撑杆跳高、标枪、1500 m）	七项（100 m 栏、铅球、跳高、200 m、标枪、跳远、800 m）	五项（跳远、标枪、200 m、铁饼、1500 m）	三项（100 m、铅球、跳高）	五项（100 m 栏、铅球、跳高、跳远、800 m）	三项（100 m、铅球、跳高）

我国是根据世界比赛项目，结合我国场地设施、计时条件、室内外场馆等情况，为便于更广泛地普及田径运动和举行田径比赛而设立这些项目纪录的。

新中国成立后，我国运动员在国际田径赛场上取得的优异的成绩

1. 1957 年，郑凤荣以 1.77m 的成绩打破 1.76m 的女子跳高世界纪录。
2. 1970 年倪志钦以 2.29m 的成绩打破 2.28m 的男子跳高世界纪录。
3. 1983—1984 年，朱建华在一年内先后以 2.37m、2.38m、2.39m 的成绩三次打破男子跳高世界纪录。
4. 女子竞走运动员徐永久、阎红在 1983 年和 1985 年两次竞走世界杯比赛时，分别获得 10 公里竞走个人冠军。
5. 1989 年，黄志红以 20.73 米的成绩夺得世界杯田径赛女子铅球的冠军。

6. 1992 年在 25 届奥运会上，陈跃玲获得女子 10 公里竞走冠军，实现了中国运动员在奥运会田径赛场上金牌零的突破。
7. 1993 年王军霞两破 3000m 世界纪录，并以 29 分 31 秒 78 打破女子 10000m 世界纪录，被誉为“东方神鹿”。1993 年曲云霞以 3 分 50 秒 46 打破女子 1500m 世界纪录。
8. 2006 年 7 月 12 日刘翔在瑞士洛桑田径大奖赛上以 12 秒 88 的成绩打破 12 秒 91 的世界纪录

思考题：

1. 简述田径运动的概念。
2. 简述现代田径运动的发展情况。
3. 田径运动的功能和特点有哪些？

第四章　田径运动项目的基本技术

第一节　跑的基本技术

一、短跑技术

短跑是田径运动竞赛项目中距离短、速度快、人体运动器官在大量缺氧情况下完成的极限强度的周期性运动项目。短跑的正式比赛项目有 100 m、200 m、400 m 三项，少年和室内田径比赛还有 60 m。

短跑全程技术可分为起跑、起跑后加速跑、途中跑和终点跑四个紧密相连的部分。

（一）起跑

起跑的任务是对发令信号做出迅速的反应，使身体迅速摆脱静止状态并获得一个较大的向前冲力，为起跑后的加速跑创造有利条件。短跑起跑都采用蹲踞式。常见的起跑器安装方式有普通式和拉长式两种，一般采用普通式。普通式：起跑器前抵足板离起跑线后沿约为运动员的一脚半长，后抵足板离前抵足板也约为一脚半长。前抵足板与地面成 30°～45° 角，后抵足板与地面成 70°～80° 角。两抵足板中轴线距离 15 cm 左右。拉长式：起跑器前抵足板距起跑线两脚长，后抵足板距前抵足板一脚长，其他安装要求同普通式。

起跑技术包括“各就位”、“预备”、“鸣枪”三个环节（如图 4-1 所示）。

图 4-1

听到“各就位”口令后，运动员应轻快地走到起跑器前，两手在起跑线后沿撑地，两臂伸直，两脚分别踏在起跑器的前后抵足板上，后膝跪地。两手间距离比肩稍宽，四指并拢或稍分开与拇指成八字形做有弹性的支撑；颈部自然放松，两眼视前下方 40～50cm 处，注意听“预备”口令。

听到“预备”口令后，从容地抬起臀部，身体重心前移，臀部稍高于肩，肩超过起跑线。两脚脚掌紧贴起跑器抵足板，全神贯注，静听枪声准备起跑。

听到枪声或跑的口令后，两手迅速推离地面，两臂屈肘做有力的前后摆动，同时两腿迅速蹬起跑器。后腿蹬离起跑器后，以膝领先向前摆出，而前腿要快速有力地蹬伸髋、膝、踝三个关节，把身体向前上方有力地送出。此时，前腿的后蹬角度为 42°～45°，上体前倾成 15°～20° 角。

（二）起跑后加速跑

起跑后加速跑的任务是在较短距离内（通常在 30 m 左右），尽快发挥较快速度，迅速转入途中跑（如图 4-2 所示）。

图 4-2

起跑后加速跑技术要求三个逐渐：步长逐渐加大，上体逐渐抬起，两脚落点逐渐靠近一条直线。加速跑时，两臂做有力的前后摆动，两脚交替有力后蹬和前摆。开始时，上体前倾角度很大，两脚落点左右之间的距离也较宽，以后随着步频、步长和跑速的不断增加，上体逐渐抬起，两脚落点逐渐趋于一条直线上。当上体逐渐抬起至正常跑的姿势并发挥较高跑速时，即转入途中跑。

（三）途中跑

途中跑是短跑全程跑中距离最长、速度最快的一段，其任务是继续发挥并保持高速度跑。

跑的完整动作是由下肢动作、上肢动作、躯干和头部姿势等组成（如图 4-3 所示）的。

图 4-3

途中跑时，上体应稍前倾。头部应正直，并与上体保持一致。要防止上体左右摇摆。

两臂的摆动不仅可以维持身体在跑进中的平衡，还可以增加腿部动作的速度和力量。摆臂时，应以肩为轴，手指成半握拳或自然伸掌，轻快而有力地做前后摆动。前摆时，手的高度稍超过下颌；后摆时，肘关节稍向外，摆至大臂约与肩平。

总之，在途中跑过程中，只有做到动作放松自然，充分发挥肌肉力量，直线性和平稳性好才能取得良好的效果。

（四）终点跑

终点跑的任务是尽力保持途中跑的高速度跑过终点。终点跑包括终点跑技术和撞线技术。

1. 终点跑技术

要求在距离终点线 15～20m 处，保持上体前倾的姿势、加强摆臂和后蹬，尽量减少跑速的下降。

2. 终点撞线技术

在运动员跑到终点线前约一步距离时，上体急速前倾，双臂后摆，以躯干任何部分撞终点线。跑过终点后，逐渐减慢跑速。

二、中长跑技术

中长跑的距离在 800～10000 m 之间。中跑的比赛项目有 800 m、1500 m 和 3000 m，长跑的比赛项目有 5000 m 和 10000 m。

（一）起跑和起跑后的加速跑

中长跑比赛或测验时，采用站立式起跑，两脚前后分开，有力腿在前，前脚掌撑地，两腿弯曲，上体前倾，重心落在前脚上，后脚用前脚掌着地。听到枪声后，两脚用力蹬地，两臂配合两腿动作做快速而有力的前后摆动，使身体迅速向前冲出，进入加速跑阶段（如图 4-4 所示）。

中长跑运动员在加速跑时应尽量按跑道内突沿的切线方向朝着有利跑进位置跑去。加速跑的距离，根据项目的距离长短、个人特点与临场比赛情况而定。

图 4-4

（二）途中跑

途中跑是中长跑的主要阶段，它是运动员比赛时发挥训练水平和健身者获得锻炼效果的重要过程。

中长跑的途中跑与短跑的途中跑稍有差异。中长跑的上肢摆臂幅度要小一些，腿部的后蹬与前摆用力程度也小一些，腾空与支撑时间的比值也小一些，脚着地可用外侧着地过渡到全脚掌，也可用全脚掌着地。中长跑的呼吸采用半张口与鼻同时呼吸，一般是跑两三步一呼气，跑两三步一吸气（如图 4-5 所示）。

图 4-5

中长跑时，由于内脏器官工作条件的变化，氧气供应落后于肌肉活动的需要，所以跑一段时间后，会出现胸闷、四肢无力、呼吸困难、跑速降低，产生难于继续跑下去的感觉，这种现象称为“极点”。这是一种正常的生理现象。当“极点”出现时，运动员一定要以顽强的毅力坚持跑下去，要加大呼吸深度，适当调整跑速，这样，“极点”现象就会缓解，身体机能就会得到明显好转，这就是生理上所谓的“第二次呼吸”。“极点”的克服，不仅是提高训练水平和锻炼效果的过程，也是培养顽强的意志和克服困难的精神的过程。

（三）终点跑

终点跑是指临近终点时的冲刺跑。此时，运动员处于疲劳状态，所以要拿出顽强的意志和奋勇拼搏的精神，在技术上需要加快摆臂，加强腿部的蹬摆，奋力跑到终点。终点冲刺跑的距离应根据项目、训练水平、战术要求、个人特点和临场情况而定。通常 800 m 可在最后 300 m，1500 m 可在最后约 400 m，3000 m 以上可在最后 400 m 或更长一些距离进行冲刺跑。

三、跑的基本技术练习

（一）短跑基本技术练习

（1）按口令起跑出发后，快跑 50～60 m，体会在加速跑后自然跑一两步进入途中跑。

（2）中等速度地反复跑 60～100 m，要求跑速中等，动作放松协调，步幅开阔。

（3）两人并列，中速反复跑 60～100 m，体会摆臂和摆动腿前着地技术要领。

（4）变换节奏加速跑 80～100 m，30 m 最大速度跑衔接 30 m 自然放松跑衔接 30 m 自然放松跑。

（5）快速跑 40～50 m，在终点线前 1 m，做用胸部和肩部撞线的动作，迅速跑过终点。

（二）中长跑基本技术练习

（1）放松大步跑 100～150 m，要求蹬摆充分、送髋明显。

（2）变速跑 100～200 m，注意蹬摆技术的配合和上肢的协调摆臂。

（3）匀速跑 800～1000 m，注意跑的技术、节奏和呼吸。

（4）追逐跑 1000～2000 m，

（5）变速跑，400 m 快加 100 m 慢。

第二节　跳跃的基本技术

一、跳高基本技术

跳高是人体通过快速的助跑和有力的起跳，采用合理的过杆姿势，使身体腾越尽可能高的垂直障碍的运动项目。完整的跳高技术是由助跑、起跳、过杆和落地四个紧密相连的技术阶段组成的。

（一）跨越式跳高

跨越式跳高从侧面沿直线助跑，摆动腿一侧靠近横杆，与横杆成 30° ～ 40° 角。助跑 6～8 步，采用自然跑进的方法，节奏逐步加快。起跳前不要求明显地降低重心，最后一步依靠摆动腿积极有力地蹬地和屈腿向前、向上摆动，顺势完成起跳动作。向上腾起时上体保持正直姿势，两臂充分上摆。

当摆动腿和其同侧髋超越横杆以后，摆动腿做内旋下压动作，同时起跳腿稍外旋，迅速向上抬起，此时除两腿做一上一下的剪绞动作之外，起跳腿同侧臂向下、向后摆动，带动上体适度前倾，稍向横杆方向侧倒和扭转，帮助起跳腿和起跳腿同侧髋向横杆外移升，使整个身体摆脱横杆完成过杆动作。

（二）背越式跳高

背越式跳高的助跑，前段为直线，一般跑 6～8 步；后段为弧线，一般跑 3～5 步。初学者的助跑步数应适当减少，通常前段和后段各跑 3～4 步。助跑是由摆动腿一侧进行的，弧线段是半径不等的曲线，用远离横杆的脚起跳。

助跑一般是采用行进间起动方式。助跑的前几步为直线，速度逐渐加快，身体重心高而平稳，后蹬充分，富有弹性。助跑后段的弧线助跑技术与弯道跑相似，但后蹬角略小，重心起伏不大，身体更加平稳。

起跳点一般在近端跳高架立柱向内约 100 cm、距横杆投影线 60～100 cm 的地面。

助跑倒数第 2 步摆动腿屈膝支撑压紧时，身体保持向圆心方向倾斜的姿势。在摆动腿进行有力的后蹬和积极送髋时，起跳腿以髋带动大腿，沿助跑弧线的切线快速用起跳腿的脚跟外侧先着地，并迅速滚动至全脚掌着地，脚尖朝向弧线的切线方向。起跳放脚时身体仍保持向圆心方向倾斜并稍后仰，此时前后摆动的两臂曲臂摆至躯干的两侧。

起跳脚着地后，起跳脚及时屈膝缓冲，身体逐渐由倾斜转为竖直，身体重心轨迹与脚迹重合。在缓冲结束，摆动腿曲腿摆至大腿与起跳腿几乎平行时，摆动腿的大小腿折叠最紧。然后摆动腿沿助跑弧线方向由前摆转为向上并稍向内摆动，同时起跳腿进行有力地蹬伸，两臂配合腿部动作积极摆动，提肩拔腰，使身体向上腾起。在保证动作幅度的前提下，起跳腿应积极蹬伸，快速完成起跳动作，缩短起跳时间。人体腾空后，逐渐转为背对横杆的姿势，摆动腿自然下放。头、肩部过杆后，及时仰头、倒肩、展体，两臂放于体侧，提臀挺髋，弯曲的两膝稍向外分开，小腿下垂，身体形成反弓形。然后肩部继续下沉，髋部上挺，使两膝上升。臀部过杆后，及时低头含胸，小腿上踢，使整个身体依次越过横杆。过杆后，肩、背部先落于海绵包上（如图 4-6 所示）。

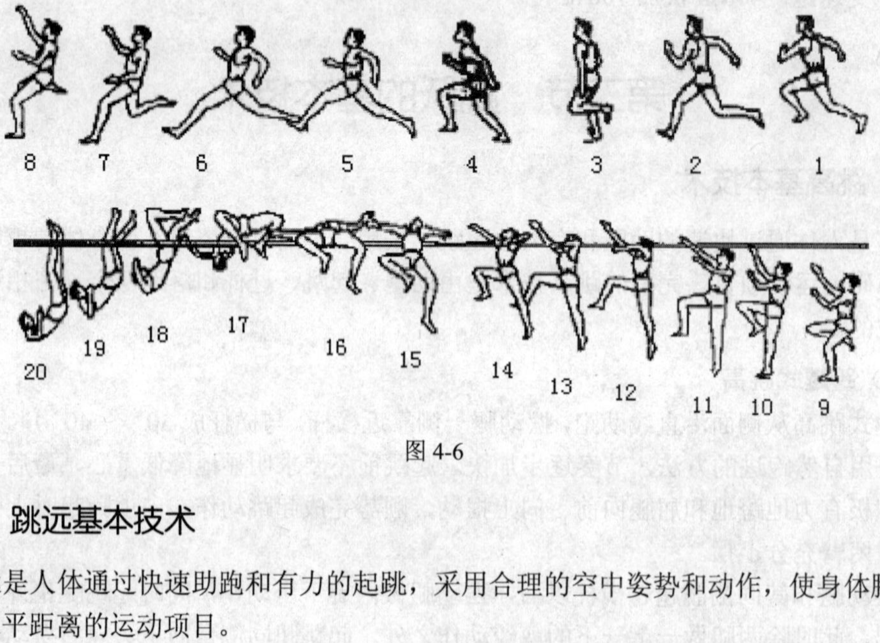

图 4-6

二、跳远基本技术

跳远是人体通过快速助跑和有力的起跳，采用合理的空中姿势和动作，使身体腾越尽可能远的水平距离的运动项目。

跳远的技术是由助跑、起跳、腾空和落地等四个紧密相连的阶段组成的。

为了获得很高的助跑速度，必须有相应的助跑距离。大学生通常采用 20～30 m 的助跑距离，跑 14～16 步。助跑距离的丈量方法：采用反跑法，即把起跳区作为起点，按所需的步数加速向助跑的反方向跑，最后一步起跳脚落地点为起点，然后再以此点向起跳区方向做助跑练习，经反复练习调整确定助跑的距离。

助跑的方式有两种：①积极加速。这种加速方式从助跑一开始就用力跑，步频始终很高，它能使运动员迅速获得较快的速度。②逐渐加速。这种加速方式和一般的加速跑相似，开始步频较低，在逐渐加大步长的同时提高步频。跳远助跑技术与短跑途中跑技术基本相同。

起跳的任务是充分利用助跑取得的水平速度，创造必要的垂直速度，以获得尽可能大的腾起初速度和适宜的腾起角度。起跳动作包括放脚、缓冲和蹬伸三个阶段。放脚、缓冲阶段，起跳工作完成肌肉退让性工作；蹬伸阶段起跳工作完成肌肉克制性工作。

放脚、缓冲要积极迅速，创造蹬伸的最佳工作条件；蹬伸要做到快而有力，爆发性地完成起跳，创造尽可能大的腾起初速度和合理的腾起角。

跳远腾空阶段的任务是维持身体平衡，为完善的落地动作创造有利的条件。

起跳腾空后，运动员要保持起跳离地时的跨步姿势，向前上方腾起。这一起跳结束时身体姿势在空中的延续，称为“腾空步”。

跳远落地阶段的任务是在身体不后倒的前提下尽量获得较大的落地距离。即将落地时，两腿膝关节伸直，脚尖勾起，两臂在体后。脚跟接触沙面后，两腿迅速屈膝，两臂积极前摆，使身体重心迅速移过落点，避免后倒坐于沙坑。

（一）蹲踞式跳远

蹲踞式跳远采用的是一种比较原始的腾空技术，但这种技术容易掌握，适合于初学跳远者学习。动作过程是：在起跳离地形成“腾空步”后，上体仍保持正直，摆动腿的大腿继续高抬，两臂向前高举，当起跳腿屈膝前摆靠近摆动腿时，两臂由前向后摆动，带动上体前倾，帮助两臂高抬和前伸小腿，形成良好的落坑准备姿势（如图 4-7 所示）。

图 4-7

（二）挺身式跳远

助跑起跳后，摆动腿大腿积极下放后摆，与起跳腿靠近，同时两臂向侧后方挥摆，形成空中挺身姿势。落地前，两臂经前向后方摆动，举腿收腹，小腿前伸落地。挺身式跳远的起跳、落地与蹲踞式跳远基本相同，主要区别在于空中姿势。

三、跳跃的基本技术练习

（一）跳高基本技术练习

（1）2～4 步助跑起跳，用头、手、摆动腿的膝盖做“触高”练习。

（2）4～6 步助跑，借助于起跳板做起跳过杆练习。

（3）全程助跑起跳上海绵包练习。

（4）全程助跑过杆练习。

（5）中等强度以上的完整技术练习。

（二）跳远基本技术练习

（1）20～30 m 距离行走中连续完成起跳技术模仿练习。

（2）40～50 m 距离内连续三步助跑起跳成腾空步练习。

（3）行进间蹲踞式空中动作模仿练习。

（4）从高处跳下，完成蹲踞式空中动作模仿练习。

（5）短、中距离助跑，蹲踞式完整跳远练习。

第三节　投掷的基本技术

一、铅球基本技术

推铅球是单手持球置于肩上锁骨处，在直径 2.135 m 的投掷圈内通过滑步或旋转，集中全身的力量以最快的出手速度将铅球推出，以尽可能获得远度的投掷项目。下面以右手持球为例，对背向滑步推铅球技术进行介绍。

（一）握球与持球

握球与持球的方法：推球臂的手五指分开，将铅球放在食指、中指和无名指的指根处，拇指和小指扶住球的两侧，手腕背屈。握好球后，将球放置在锁骨窝处，铅球紧贴颈部和下颌，肘关节抬起外展，投掷臂放松。

（二）准备姿势

持球后，背对投掷方向站立，两脚前后开立，左腿在后并自然弯曲以前脚掌或脚尖着地。上体正直放松，左臂自然上举，重心落在右腿。

（三）滑步

滑步前先做一两次预摆，然后即可进入滑步。滑步时，首先使身体重心向投掷方向移动，随之左腿以膝关节和髋关节伸展的方式向投掷方向摆出，同时右腿快速有力地蹬伸，推动身体向投掷方向移动。完成滑步动作时，右膝要保持弯曲，上体要保持向投掷相反方向倾斜，体重大部分落在右腿，形成良好的超越器械姿势。

（四）最后用力

推铅球的最后用力是从滑步结束时左脚积极下压着地的一瞬间开始到铅球出手结束，它是推铅球技术的主要环节。

滑步结束左脚着地，右侧髋部肌肉发力，右腿用力蹬伸，上体向投掷方向转动的同时逐渐抬起，左臂由体前向投掷方向引摆。当身体左侧移至与地面垂直位置时，左肩和左臂要及时制动，形成身体左侧、左腿和左腿支撑点在一条垂直线上的左侧支撑。此时，右腿迅速蹬直，上体向投掷方向快速转动，抬头挺胸，右臂快速伸直做推球动作。铅球即将出手时，应加强屈腕和手指拨球动作，使力量集中作用在铅球的重心上，铅球以 38°～42° 角的方向推出。

（五）维持身体平衡

推铅球出手后，由于身体重心较高，再加上有很大的向前的惯性，容易失去身体平衡而冲出投掷圈造成犯规。因此，铅球出手后，要及时交换左右腿的位置，屈膝、屈髋降低身体重心或改变身体重心运动方向，从而维持铅球出手后的身体平衡。

二、标枪基本技术

掷标枪是投掷者以一手持握器械，经直线助跑和投掷步后充分发挥全身的力量，以最快的出手速度和最适宜的出手角度，将标枪从体后经肩上向前掷出并尽可能获得远度的投掷项目。

掷标枪的完整技术，可以分为握枪与持枪、助跑、最后用力和标枪出手后维持身体平衡四个部分。下面以右手掷标枪为例，对掷标枪的技术进行介绍。

（一）握枪与持枪

握枪方法有现代式和普通式两种，目前广泛采用现代式握法。现代式握法：将标枪斜放在掌心上，用拇指和中指握在缠绳把手末端边沿，食指自然弯曲斜放在枪身上，无名指和小指握在缠绳把手上。目前大多数人采用肩上持枪法：屈臂举枪于肩上方，上臂与前臂的夹角约为 90°，肘关节稍向外，标枪稍高于头，枪尖稍低于枪尾。

（二）助跑

助跑包括预先助跑和投掷步两个阶段。通常在助跑距离内设置两个标志点，第一标志点是助跑的开始点，第二标志点是投掷步的开始点。助跑技术跟普通加速跑的技术基本相同，动作放松，富有弹性。跑进中要控制好标枪，持枪臂随跑的节奏小幅度前后摆动，并与下肢协调配合，在逐渐加速中进入投掷步阶段。投掷步的步数通常有 4 步、5 步和 6 步，下面重点介绍 4 步投掷步。当左脚踏上第二标志点后，迈右脚开始第 1 步，第 1、2 步开始引枪，第 3 步为交叉步，第 4 步过渡到最后用力。

（三）最后用力

投掷步第 3 步右脚着地，身体重心前移超过支撑点，右腿转入蹬地动作阶段，此时就要做好最后用力的充分准备。右腿蹬地推动右髋向投掷方向加速转送，使髋轴超越肩轴并牵引着肩轴向投掷方向转动。左脚形成的制动与支撑，为上体向投掷方向运动创造条件。然后右胸前挺带动投掷臂向上转动，前臂和手腕向上翻转，当上体转至正对投掷方向时，形成了“满弓”姿势。“满弓”姿势形成后，立即转入屈体挥臂的“鞭打”动作。紧接着微屈的左腿快速地蹬伸，被拉长的腹部肌肉强有力地收缩，胸部带动上臂向前快速完成伸肘、挥前臂和甩腕的掷标枪动作。标枪离手瞬间，手腕和手指要积极向上、向前、向外甩动，使出手后的标枪沿纵轴按顺时针方向自转飞行，提高飞行的稳定性。标枪出手角度为 30°～35°。

（四）标枪出手后维持身体平衡

维持身体平衡是掷标枪技术的结束动作。为了防止由于惯性作用使人体继续向前运动而造成犯规，在标枪出手后，右腿应立即向前跨出一大步，上体前倾并稍向左转，屈膝降低重心，以缓冲人体向前的冲力，维持身体平衡。

三、投掷的基本技术练习

（一）推铅球基本技术练习

（1）原地向上推铅球，两脚左右开立，下蹲时右肩下沉，然后迅速蹬起将球向上推出，体会推球用力顺序。

（2）从站立姿势开始，反复做体前屈、下蹲、团身练习，动作要连贯协调。

（3）背向滑步推胶球或轻铅球练习，体会两腿交换维持身体平衡练习。

（二）掷标枪基本技术练习

（1）持枪上一步成“满弓”练习。

（2）上一步徒手“鞭打”或掷小球（石块）练习。

（3）4 步投掷步，引枪后接“背弓”动作练习。

（4）预跑 4 步接投掷步，做引枪与“满弓”练习。

（5）预跑 8～10 步接投掷步掷轻标枪（中等强度）。

步长与步频的关系

步长与步频相互依存、相互制约。同时提高步长和步频，跑速必然提高。在实践中，二者的任何一个因素都不能超过一定的限度。步频太快影响步长，步长太大又影响步频，二者各以一定的数值组成某种相互关系。在跑进中，步长与步频形成最合适的相互关系时，就出现跑的最大速度。

步长、步频两个可变因素对不同身体条件，不同技术水平和不同径赛项目都有一的可变范围。短跑的步长指数较大，步频指数最高；400 m 跑对速度耐力要求高，步长、步频要配合平衡同时发展；中长跑要求节省能量，稍稍缩短步长以加快步频是有效的跑法。

步长和步频的相互关系是因人而异各不相同的，因为它受每个人的身体形态和身体素质等多种因素影响。在实践中，应根据个人的特点，合理搭配，调整步长和步频的相互关系，才能达到提高跑速的目的。

思考题：

1．怎样克服中长跑中的“极点”现象？

2．简述挺身式跳远的动作要领。

3．简述背向滑步推铅球的动作要领。

第五章　田径运动场地及规则

田径运动场地是教学、训练、开展群众性体育活动、学校体育、全民健身及举行田径运动竞赛不可或缺的物质条件。田径运动场地的形状是从一个直道演变到马蹄形，这种场地一直沿用到 1896 年第一届现代奥林匹克运动会。随着田径运动的发展，为了适应多种项目的比赛，曾出现过“篮曲式”和“三圆心式”场地，20 世纪出现了“半圆式”场地。经过长期实践，国内外公认“半圆式”场地是最好的一种。其优点是：同一分道弯道的半径相同，运动员跑弯道时能保持跑的同一动作结构，有利于发挥速度，场地的设计、计算和丈量方法也比较简单。

第一节　径赛场地介绍

国际上通用的径赛场地是半圆式 400 m 田径场。采用的弯道半径有 36 m、36.5 m 和 37.898 m，其弯道与直段部分均为整数，跑道定位较为方便，故已成为我国和世界大赛普遍使用的场地类型。

国际业余田径联合会最新刊发的《田径设施手册》认为，400 m 椭圆式跑道大多数被建成是弯道半径为 35～38 m 之间是适宜的，最好的是 36.5 m。现在，国际田联建议所有新造的跑道应按后者的规定建造，并称之为“400 m 标准跑道”。这是因为半径为 36.5 m 的 400 m 田径场占用的空地面积最小，而跑道内同样可容纳一个标准足球场（68 m×105 m），还可容纳所有的田赛项目。下面介绍半圆式 400 m 田径场平面结构图。

半圆式田径场的环形跑道是由两个 180° 的半圆（弯道或曲段）和两个对等的直段组成，如图 5-1 所示。

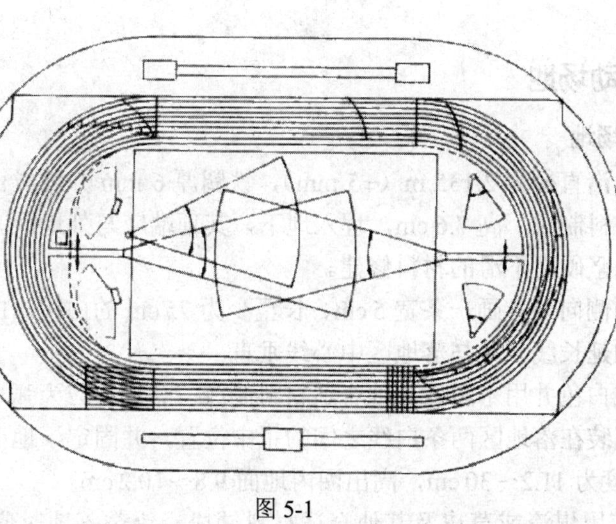

图 5-1

（1）纵轴线：或称中线，其基本走向为南北方向，它将场地的宽等分为东、西两部分，是绘图和修建场地的基线。

（2）圆心：在纵轴线上，场地两端的弯道各有一个圆心，它是画内突沿、外突沿和分道线的基准点。

（3）内突沿和外突沿：是跑道内侧和外侧的永久性突起边沿。内、外突沿的最小宽度为5 cm，高约5 cm。其宽度均不计入跑道的宽度之内。

（4）直、曲段分界线：是跑道直段和曲段（弯道）的交界线。它们必须通过圆心并垂直于纵轴线。半圆式田径场跑道有四个直、曲段分界线，通常将终点线处的直、曲段分界线叫做第一直、曲段分界线（简称第一分界线），其余各直、曲段分界线，按逆时针方向排列，依次为第二、第三、第四分界线。通常将第一、第二分界线之间的弯道段落叫做第一弯道。这四条分界线是测量跑道的基准线，必须在跑道的内、外突沿上用明显的标志标出其准确位置。

（5）直段和直道：第一、第二弯道之间的两段直跑道叫直段，其长度就是两个圆心之间的距离长度。直段和向两端延伸部分的整个段落叫做直道，直段是直道的一部分。

（6）跑道宽和分道宽：跑道宽是指跑道内突沿的外沿至外突沿的内沿之间的宽度，也称跑道总宽；分道宽是指每一条跑道的宽度，即从内侧分道线的外沿到外侧分道线的外沿之间的宽度。

（7）分道线：相邻两条分道之间的界线，其宽度为5 cm，包括在内侧分道的宽度之内。例如，第一、二分道之间的5 cm宽的分道线，应当包括在第一道的分道宽度之内。

（8）计算线：是用做计算各分道周长的设想线，在跑道上是不画出来的，又称它为“实跑线”。《田径竞赛规则》规定，第一分道应在离跑道内突沿以外0.30 m处进行丈量，如无突沿则应在标志线外沿以外0.20 m处进行丈量；其他分道在内侧分道线外沿以外0.20 m处进行丈量。

第二节　田赛场地介绍

一、投掷运动场地

（一）推铅球场地

铅球投掷圈内沿直径为2.135 m（±5 mm），铁圈厚6 mm并漆成白色。圆圈应用铁板、钢板或其他合适材料制成，高7.6 cm，埋入地下，其顶端应与外地面齐平。圈内地面应用混凝土、沥青或其他坚硬而不滑的材料修建。

从金属圈顶两侧向外各画一条宽5 cm、长至少为75 cm的白线。白线后沿应为一条通过圆心的理论直线的延长线，并与落地区中心线垂直。

抵趾板应漆成白色并用木料或其他合适材料制成，其形状应为弧形，以便使其内沿与铁圈内沿重合，它应装在落地区两条白线之间的正中位置，并固定于地面。抵趾板内沿弧长为1.21～1.23 m，宽度为11.2～30 cm，高出圈内地面9.8～10.2 cm。

铅球落地区应用煤渣或草皮及其他合适材料铺成，铅球落地时应能留下落地痕迹。落地区用宽5 cm的白线标出，其延长线应能通过投掷圈圆心，圆心角为40°，线宽不计算在

40° 角以内（如图 5-2 所示）。

（二）掷链球场地

掷链球场地与推铅球场地基本相同，但不安装抵趾板。为了使用安全，应在投掷圈周围安装护笼，护笼的规格和要求参见《田径竞赛规则》。

（三）掷铁饼场地

铁饼投掷圈内沿的直径为 2.50 m，不设抵趾板，其他规格与要求与掷链球场地相同。

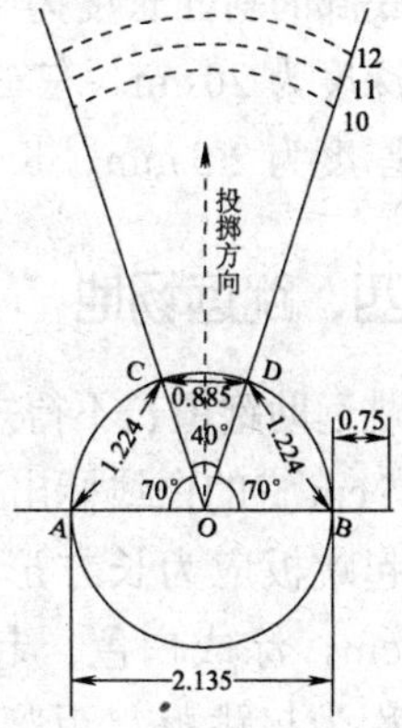

图 5-2

推铅球、掷链球和掷铁饼三个项目的落地区均为 40° 扇形区，可用下列方法精确设置：离投掷圈圆心 20 m 处，两条落地区分界线相距 13.68 m，即每离开圆心 1 m，分界线的横距增加 68.4 cm。

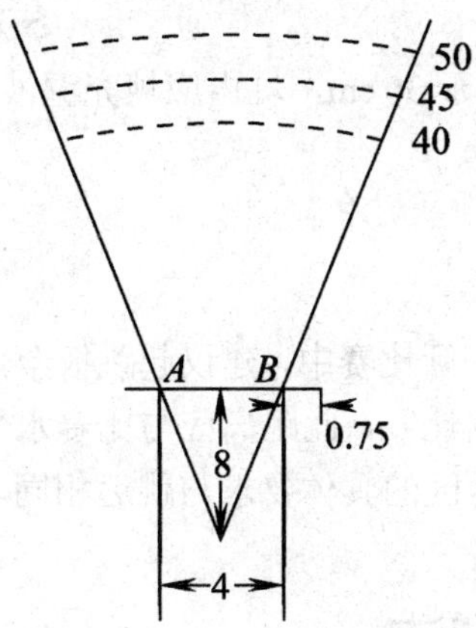

图 5-3

（四）掷标枪场地

掷标枪场地的助跑道宽 4 m，应用宽 5 cm 的两条平行线标出。助跑道长至少应为 30 m，至多为 36.5 m，条件许可时，应不短于 33.5 m。投掷弧半径为 8 m，可用油漆画出，也可用木料或金属制成，弧宽为 7 cm。投掷弧应漆成白色，与地面齐平，弧两端应画出限制线，与助跑道两侧平行线成 90° 角，线宽 7 cm，长 75 cm。

落地区应用 5 cm 宽的白线标出，如果白线内沿延长，则通过投掷弧内沿与助跑道平行线内沿的交点，并相交于投掷弧所对圆心，扇形落地区所对圆心角为 29.95°（如图 5-3 所示）。

助跑道左右倾斜度最大为 1%，落地区前后方向的最大倾斜不得超过 1‰。

二、跳高场地

跳高落地区不得小于 5 m×3 m，可以是堆沙厚度不少于 50 cm 的沙坑，也可以是厚度不小于 65 cm 的海绵包。

半圆形助跑道的半径至少 20 m，在条件许可的地方应不短于 25 m。起跳区必须平坦。助跑道在跑进方向上的倾斜度不得超过 4‰。如果是人工合成材料面层，则厚度不得小于 18 cm。

三、撑竿跳高场地

撑竿跳高落地区不得小于 5 m×5 m，可以是堆沙厚度不小于 70 cm 的沙坑，也可以是厚度不小于 80 cm 的海绵包。

助跑道长不应短于 40 m，条件许可应不短于 45 m。宽度最小为 1.22 m，最大为 1.25 m，用 5 cm 宽的白线标明。助跑道左右倾斜度不得超过 1%，跑进方向总的倾斜度不得超过 1‰。如果是人工合成材料面层，则厚度不得小于 18 mm。

撑竿插斗用适宜的坚固材料制作，埋得与地面齐平。插斗前壁距离落地区边缘 10～15 cm。

插斗底部的斜面长度为 1 m，后端宽 60 cm，前端宽 15 cm。底板与前壁成 105° 角，距地面的垂直深度为 20 cm。左右壁与底板在靠近前壁处成 120° 角。木质插斗的底面，应从后端开始铺设厚度为 2.5 mm、长 80 cm 的金属板。

四、跳远场地

跳远助跑道长不得短于 40 m，条件许可应不短于 45 m。宽最小为 1.22 m，最大为 1.25 m，应用 5 cm 宽的白线标出。助跑道左右倾斜度不得超过 1%，跑进方向总的倾斜度不得超过 1‰。

起跳板应为长方形，用木料或其他合适坚硬的材料制成，长 1.21～1.23 m，宽 19.8～20.2 cm，涂成白色。起跳板应埋入地面与助跑道及落地区表面齐平。板子靠近落地区的边缘称为起跳板，距落地区近端 1～3 m，至落地区远端不短于 10 m。

紧靠起跳线外应放置一块橡皮泥显示板，便于裁判员进行判断，显示板边缘应向助跑道一侧覆盖橡皮泥，使之倾斜成 30° 角。

跳远落地区的宽度最小为 2.75 m，最大为 3 m，深度不得小于 30 cm，坑内应填充湿沙，沙面应与起跳板齐平。

五、三级跳远场地

三级跳远的起跳板至落地区远端的距离不得少于 21 m。在国际比赛中，建议起跳板至落地区近端的距离，男子不少于 13 m，女子不少于 11 m。其他任何比赛，此距离应与比赛水平相适应。除上述情况外，助跑道、起跳板、橡皮泥显示板及落地区的具体要求与跳远相同。

第三节　田径运动竞赛裁判法

进行田径运动竞赛的裁判工作，需要掌握田径竞赛规则。由于基层单位举办的田径运动会属于群众比赛的性质，因此，竞赛规则应从实际情况出发，参照中国田径协会审定的《田径竞赛规则》执行。对于有变动或另行制定的规则，应在竞赛规程中或领队教练员会议上进行说明。

一、田径比赛通则

（1）参加比赛的运动员必须佩戴号码，否则不得参加比赛。

（2）径赛项目运动员须沿跑道逆时针方向跑进。

（3）径赛运动员不得挤撞或阻挡别人而妨碍别人走或跑进。

（4）如果一名运动员参加一个径赛项目，又参加一个田赛项目，或者参加一个以上的田赛项目，而这些项目又同时举行比赛时，有关主裁判可以允许运动员在某一轮次（高度项目以一个高度为一个轮次，一个高度有 3 次试跳机会；远度项目以所有运动员按顺序试跳或试掷完一次为一个轮次）的比赛中，以不同于赛前抽签排定的顺序进行试跳或试掷。如果该运动员不提前试跳（试掷）或错过试跳（试掷）机会，一律不补，并视其试跳（试掷）失败。

（5）名次和成绩相等时判定名次的方法。径赛项目中，判定运动员到达终点的名次顺序，是以运动员躯干的任何部分到达终点线内沿的垂直面的先后为准。以决赛的成绩作为个人的最高成绩，而不以预、次、复赛的成绩判定最后名次。

田赛项目中，远度项目以比赛的 6 次试跳或试掷中最好的一次成绩作为个人的最好成绩，包括第一名成绩相等决定名次赛时的成绩，然后以各运动员的最高成绩排列名次。高度项目以每名运动员最好一次试跳成绩，包括第一名成绩相等决定名次赛时的成绩，作为最后决定成绩。全能运动项目，以各运动员全部项目得分的总和排定名次。

如遇两人或两人以上成绩相等，应按下列规定处理：在径赛的预、次、复赛中，按成绩录取最后名次时，有两人或两人以上成绩相等，如对下一赛次或决赛人数没有影响，则成绩相等的运动员都应录取；如有影响，则应抽签决定进入下一赛次的人选。此种抽签应在有关裁判长领导和组织下，成绩相等的运动员自己抽签决定。决赛中出现第一名成绩相等，裁判长有权决定这些成绩相等的运动员重新比赛，其他名次相等时，则并列。

田赛高度项目比赛成绩相等的录取办法：在出现成绩相等的高度中，试跳次数较少者名次列前。如成绩仍相等，在包括最后跳过的高度在内的全赛中，试跳失败次数较少者名次列前。如成绩仍相等，如涉及第一名时，则令成绩相等的运动员在其造成成绩相等的失败高度中的最低的高度上，每人再试跳一次。如仍不能判定，则横杆应提升或降低，提升和降低的高度，跳高为 2 cm，撑杆跳高为 5 cm，他们应在每个高度上试跳一次，直到决出名次为止。决定名次的试跳，有关运动员必须参加。如涉及其他名次时，成绩相等的运动员名次并列。

田赛远度项目的比赛如有成绩相等时，应以其次优成绩判定名次。如次优成绩相等，则以第三优成绩判定，余类推。如仍相等，并涉及第一名者，则令相等的运动员，按原比赛顺序，进行新一轮试跳，直到决出名次为止。

全能运动比赛如总分相等时，应以单项得分高的项目较多者名次列前。如仍不能判定时，则以任何一个项目单项得分最高者名次列前。

团体总分相等时，应以破纪录项目、次数最多者名次列前。再相等，则以第一名多者列前。如仍相等，则以第二名多者名次列前，余类推。

二、径赛的主要规则

（1）400 m 及 400 m 以下包括 4×100 m 接力的项目，运动员应采用蹲踞式起跑。

（2）在分道跑项目中，运动员跑出自己的分道，如没有获得利益，也未阻挡他人，一般不应取消比赛资格。

（3）在长跑时，运动员不得擅自离开跑道。

（4）跨栏跑时，运动员手脚低于栏顶面、跨越他人栏架、有意用手或脚碰到栏架，均属犯规。

（5）接力跑时，在接力区外完成接棒、捡棒时阻挡他人或空手跑过终点，均属犯规。

（6）如用 3 只秒表计成绩，应以 2 只表所示相同成绩为准；如各不相同，则以中间成绩为准。2 只表计成绩时，应以成绩较差者为准。

三、田赛的主要规则

1. 跳高比赛

应抽签排定运动员的试跳顺序。运动员必须用单脚起跳。比赛开始时，主裁判应向运动员宣布起跳高度和每轮结束后横杆的提升高度，直至比赛中只剩下 1 名运动员。除非比赛中只剩下 1 名运动员，并且他已获得该项目比赛的冠军，否则，皆应遵循以下规则。

（1）每轮之后，横杆升高不得少于 2 cm。

（2）横杆升高的幅度不得增大。一旦比赛开始，运动员不得使用助跑道或起跳区进行练习。如有下列情况之一者，则判为试跳失败：①试跳后，由于运动员的试跳动作，致使横杆未能留在横杆托上；②在越过横杆之前，运动员身体的任何部位触及立柱以外的地面或落地区。如果在试跳中一只脚触及落地区，而裁判员认为其并未从中获得利益，则不应判为试跳失败。运动员可以在主裁判事先宣布的横杆升高计划中的任何一个高度开始试跳，也可以在以后任何一个高度根据自己的愿望决定是否试跳。但无论在任何高度，只要运动员连续 3 次试跳失败，即失去继续比赛的资格。

因第一名成绩相等而进行的决名次赛的试跳除外，允许运动员在某一高度上第 1 次或第 2 次试跳失败后，在其第 2 次或第 3 次试跳时请求免跳，并在后继的高度上继续试跳。运动员在某一高度上请求免跳后，不准在该高度上恢复试跳，除非出现第 1 名成绩相等的情况。每次升高横杆后，在运动员试跳之前，均应测量横杆高度。当横杆放置在记录高度时，有关裁判员必须进行审查测量。如果自上一次测量高度后，横杆又被触及，在后继的高度试跳之前，裁判员必须再次测量横杆高度。即使其他运动员均已失败，一名运动员仍有资格继续试跳，直到其放弃继续比赛的权利。当某运动员已在比赛中获胜时，有关裁判员或裁判长应征求该运动员的意见，由该运动员决定横杆的提升高度。每名运动员应以其最好的一次试跳成绩，包括因第一名成绩相等而进行的决名次赛的试跳成绩，作为其最后的决定成绩。在比赛过程中不得移动跳高架或立柱，除非有关裁判长认为该起跳区或落地区已变得不适宜比赛。如需移动跳高架或立柱，应在试跳完一轮之后进行。

2. 跳远比赛

参加比赛的运动员超过 8 人，成绩较好的前 8 名运动员进入决赛，如第 8 名成绩相等，成绩相等的运动员均可再试跳 3 次。如出现以下情况，则试跳失败：①在未做起跳的助跑中或在跳跃中，运动员以身体任何部位触及起跳线以外地面；②从起跳板两端之外的起跳线的延长线前面或后面起跳；③在落地过程中触及落地区以外的地面，而落地区外触地点较区内触地点更靠近起跳线；④完成试跳后，向后走出落地区；⑤采用任何空翻姿势。

测量成绩时，应从运动员身体任何部位触地的最近点量至起跳线或起跳线的延长线，测量线应与起跳线或其延长线垂直。应以每名运动员最好的一次试跳成绩，包括因第一名成绩相等而进行的决名次赛的试跳成绩，作为其最后的决定成绩。

3. 推铅球比赛

应抽签决定运动员的试掷顺序。运动员超过 8 人，应允许每人试掷 3 次，有效成绩最好的前 8 名运动员可再试掷 3 次，试掷顺序与前 3 次试掷后的排名相反。如果在第 3 次试掷结束后出现第 8 名成绩相等，按《田径竞赛规则》的 146 条处理。当比赛人数只有 8 人或少于 8 人时，每人均可试掷 6 次。比赛开始时，运动员可在比赛场地练习试掷，练习顺序应按抽签排定的顺序进行，并始终处于裁判员的监督之下。

比赛一旦开始，运动员不得持器械练习，无论持器械与否，均不得在投掷或落地区以内地面练习投掷。应从投掷圈内将铅球推出。运动员必须从静止姿势开始试掷。允许运动员触及铁圈和抵趾板的内侧。当运动员进入圈内开始试掷时，铅球应抵住或靠近颈部或下颌，在推铅球过程中持球手不得降到此部位以下。不得使用任何装置对投掷时的运动员进行任何帮助。动员进入圈内开始投掷后，如果运动员身体任何部位触及圈外地面，或触及铁圈或抵趾板上面，或以不符合规定的方式将铅球推出，均判为一次投掷失败。如果在投掷中未违反上述规定，运动员可终止已开始的投掷，可将器械放在圈内或圈外。铅球必须完全落在落地区角度线内沿以内，试掷方为有效。每次有效试掷后，应立即测量成绩。从铅球落地痕迹的最近点取直线量至投掷圈内沿，测量线应通过投掷圈圆心。运动员在器械落地后方可离开投掷圈。离开投掷圈时首先触及的铁圈上沿或圈外地面必须完全在圈外白线的后面，白线后沿的延长线应能通过投掷圈圆心。应以每名运动员的最好一次投掷成绩，包括因第一名成绩相等而进行的决名次赛的试掷成绩，作为其最后决定成绩。

其他投掷项目比赛，除场地、器材和投掷方法与推铅球有差异外，比赛规则与推铅球基本相同。

第四节　田径运动的比赛欣赏

在径赛中，无论是瞬间即逝的短跑或征途漫漫的长跑，运动员在克服极度疲劳的同时，都必须接受体力、意志和心理的巨大考验。尤其是实力水平相近的比赛，胜负往往在 0.01 s 的瞬间决定，竞争激烈程度为其他项目所不及。因此，观众通常在屏息以待中，体验运动员向生理极限挑战的非凡勇气，并由此认识田径运动在全面发展身体素质、提高人体机能水平方面的重要意义。田赛虽不及径赛那么紧张激烈，但运动员腾空而起，或使器械飞越长空，其情景都无不把健与美充分地呈现在观众面前，达到震撼人心的效果。

从右转弯到左转弯

古代的田径赛没有转弯跑这一方式。古代奥林匹克运动会上，赛跑是在一条长 192.27m 的直线跑道上进行的，中长跑比赛则在直线跑道上进行来回跑。19 世纪中叶，英国人首次在田径比赛中模仿赛马比赛，以右转弯跑的方式进行比赛。

“右转弯”跑的影响逐渐波及到奥林匹克运动的发源地——希腊。1896 年，在希腊首都雅典举行的第一届现代奥林匹克运动会，便采用了这种英国式“右转弯”跑。1912 年正式成立的国际田径比赛联合会规定“赛跑的方向，必须要以左手内侧为准”，即“右转弯”变成了“左转弯”。许多科学家认为，人的两条腿中，左腿是“支撑腿”，右腿是“运动腿”。按逆时针方向跑，左腿可以支撑住人的重心，这样就有利于运动员更好地保护心脏和比赛技能的正常发挥。

思考题：

1. 简述铅球投掷区的简易画法，画出铅球投掷区并标注相关数据。
2. 简述田径比赛通则。
3. 田径比赛中出现成绩相等应如何处理？

第六章 定向运动

第一节 定向运动概述

一、定向运动的概念

定向运动就是利用地图和指北针到访地图上所指示的各个点标，以最短时间到达所有点标者为胜。定向运动通常设在森林、郊外和城市公园里进行，也可在大学校园里进行。

定向运动起源于瑞典，最初只是一项军事体育活动。“定向”这两个字在1886年首次使用，指在地图和指北针的帮助下，越过不被人所知的地带。真正的定向运动竞赛于1895年在瑞典的斯德哥尔摩和挪威的奥斯陆军营区举行，标志着定向运动作为一种体育竞赛项目的诞生，距今已有一百多年的历史。

二、常见的定向运动的形式

自定向运动诞生的那一天起，这个项目在北欧就得到了迅速的发展，并很快普及到世界各地。定向运动也由初期的一种比赛形式，逐步推广和形成了包括各种各样的比赛、休闲和娱乐于一体的综合性、群众性的体育活动。常见的定向运动形式有以下几种。

1. 定向越野

定向越野是各种定向运动比赛中，组织方法比较简便，开展得最为广泛的一种。由于其比赛的成败，完全在于个人识别地图和使用地图水平、野外判定方向和奔跑能力的强弱，因此定向运动适合于各种年龄、性别、职业的人参加。

定向越野比赛是国际定向联合会正式承认的比赛项目之一。目前，定向越野是世界各国普遍推广的一种新兴体育运动，深受广大定向运动爱好者的青睐。

2. 接力定向

接力定向是团体之间的定向越野比赛项目之一，其成绩好坏取决于每个参赛运动员个人能力的发挥。在接力比赛中，把比赛的路线分成若干段（国际比赛通常分为四段），每个参赛运动员完成其中的一段，各段参赛运动员的成绩相加即为该代表队的团体总成绩。为便于观众欣赏各段参赛运动员之间的激烈竞争场面，接力定向的场地必须设置一个“中心”站，各段参赛运动员之间的交接，通常是采用触手的方式或交地图的方式进行（使用指卡时，交接指卡即可）。因此，接力定向的观赏性较好，它已被国际定向联合会纳入了正式比赛项目。

3. 滑雪定向

滑雪定向也可以按个人、团体或接力比赛等形式进行。它与个人徒步定向越野比赛的区别是参赛运动员需要使用滑雪装具（非机动的），供滑雪定向比赛使用的滑道，则需要使用摩托橇来开辟。同一条比赛路线的滑道通常不止一条，以便于参赛运动员自行选择。

4. 夜间定向

夜间定向是定向运动的一种高难度的比赛形式。由于是在能见度不高的夜间进行的，这样不仅增加了比赛的难度，而且也增强了对观众和参赛运动员的吸引力和比赛的刺激性。目前，夜间定向已被列入国际定向联合会的正式比赛项目之中。

5. 记分定向

记分定向通常是以个人比赛的方式进行。它是在比赛区域内预先设置好许多检查点，并根据地形的难易程度、距离远近、点的位置的相互关系不同，而赋予每个检查点不同的分值。参赛运动员必须在规定的时间内，自行寻找若干或全部检查点，以积分最高者为优胜。

6. 专线定向

专线定向比赛与其他定向比赛的最大区别在于地图上明确标出了比赛的路线，参赛运动员必须按照这些规定的路线行进，并将途中遇到的检查点位置标绘到地图上。比赛的成绩是以参赛运动员在地图上标绘的检查点位置准确程度和所用时间的长短而决定的。

7. 五日定向

五日定向是瑞典的一项特别吸引人的定向运动比赛项目。比赛共进行五天，比赛路线由若干段组成，每次都单独记录下每个人的比赛成绩，最后再算出参赛运动员的总成绩。在几十千米甚至一百多千米的多条比赛路线中，除设置了许多检查点之外，还设有若干个营地，供参赛运动员和观众休息或参加丰富多彩的文化娱乐活动。

近年来，瑞典的五日定向比赛组织得十分频繁，每次参加比赛的来自世界各地的选手多达几万人。超过了参加奥林匹克运动会的选手人数。

8. 其他定向

作为参加上述比赛活动的预备，目前，国际上还流行着一些其他的定向运动形式。

（1）校园定向：在校园的操场上、教室里、体育馆内设计的一种游戏。

（2）特里姆定向：在一定的区域内设置许多永久性的检查点，不规定完成时间，只给予纪念品，以资鼓励。

三、定向运动的特点和益处

定向运动是一项具有群众性、趣味性、知识性、竞争性和军事意义的新兴体育运动项目。定向运动对物质条件要求不高，运动路程可长可短，场地可难可易。竞赛可根据不同性别、年龄进行分组竞赛，且竞赛的胜负取决于体力和智力的结合。因此，它是一项男女老幼皆宜的群众性体育运动项目。定向运动一般在野外进行，人们投身于大自然的怀抱中，可以充分地享受大自然的美丽风光，利用阳光、新鲜空气等自然条件进行锻炼，有利于促进健康。在定向运动中，参加者需要确定运动方向，选择运动路线，寻找检查点等。定向运动比单纯的赛跑更具有兴趣性。整个运动既具有旅游特点，又具有较高的锻炼价值。

总之，在青少年学生中开展定向运动，对推广普及定向运动，增强学生体质，开发学生智力，培养学生的优良品质和实际应变能力，提高学生的军事素质，促进学生整体素质的发展等都具有重要的意义。定向运动这一新兴的体育运动项目，具有如此多的优越性，把它纳入学校体育教育是完全可行的。

第二节　定向运动的基本知识

在定向运动中，地图和指北针起着确定运动点、运动方向和运动路线的重要作用。地图是应用科学的方法描述实地的地物分布状况和地貌的起伏程度以及它们之间的对应关系等的图。在进行地图与实地对照时，指北针起着桥梁的作用。指北针能简便地标定地图和确定实地方位，确保地图上的地物符号、地貌符号与实地地物、地貌之间的对应关系。所以，在定向运动中，读识地图、掌握指北针性能是基础，使用地图和指北针是关键。在定向运动中，确定运动点、运动方向、运动路线时，把地图、指北针、实地三者有机地结合起来，将会达到简便、快捷、精确的判定效果。在定向运动中，地图和指北针的使用包括：标定地图、对照地形、判定地形、确定运动点、确定运动方向、确定运动路线等。

一、标定地图

（一）标定地图的目的

标定地图即使地图的方位与实地方位保持一致。标定地图的目的是使地图上的地貌符号、地物符号与实地的地貌和地物一一对应，以便进行地图与实地对照；在定向运动中，便于利用地图确定运动点、运动方向和运动路线。

地图是描述对应实地的地貌和地物的形态及其分布方位的平面图形。要通过地图了解实地的地形时，最好是使地图与实地方位保持一致，特别是要辨认该地图是否为现所在地域的实地地图。在实地进行应用时，更应使地图与实地方位保持一致，便于地图与实地对照，使识图用图更清楚、便利、快捷。在定向运动中，运动员必须养成“随时”标定地图的习惯。所谓“随时”也就是说在应用地图时，要始终使地图与实地的方位保持一致。这样，在确定运动点、运动方向、运动路线时，地图与实地是一一对应的关系，便于运动员快速、准确地选择和判断。

（二）标定地图的方法

1. 概略标定

若已知实地方位，只要将地图平展，水平转动，使地图上方（即磁北方向或极北方向）与实地磁（极）北方向保持一致，地图即标定。若以地图磁北方向线与实地的地极方向标定地图时，要求图、地对应更精确，可将地图略转少许角度（按顺时针方向或逆时针方向转动，与地图描述实地所处的磁偏角方向有关）。若知道该实地的磁偏角方向，操作就简便多了。若不清楚该实地的磁偏角方向，也只需按顺时针或逆时针水平转动地图，并分析对照周围地形，确认地图的地貌或地物的符号与实地地貌或地物的对应关系，即可较准确地标定地图。

实地方位可根据太阳、季风、植物等自然方向现象判定。若在夜间进行定向运动，在晴朗夜晚，还可利用北斗星判定实地方向。

2. 指北针标定

指北针标定即使指北针的磁北方向与地图磁北方向（或一般地图的极北方向）保持一致，地图即标定。若以指北针磁北方向与地图极北方向标定地图时，要求图、地对应更精确，可对照周围地形，水平转动地图，使图、地的地貌、地物相对应即可。

利用指北针标定地图的操作方法：先平展地图，将指北针平置于地图上，并使指北针目标方向箭头线或长尺边与任一磁北方向线（或地图任一经线）重合或平行，指北针上的目标方向箭头指向地图磁北方向（或极北方向）。水平转动地图，使放置在地图上的指北针磁针北端指向地图磁北方向（或极北方向），地图即标定。以地图极北方向标定的地图，要求更精确时，可水平转动地图，使图、地的相应地貌、地物对应即可。

利用指北针标定"定向运动竞赛地图"的操作方法（如图 6-1 所示）：将指北针置于平展的地图上，并使指北针底板长边与地图磁北方向线相切，且底板上目标方向箭头与地图磁北方向一致。然后，水平转动地图（地图上的指北针随地图一起转动），指北针磁针北方向端（红色端）与地图上的磁北方向线箭头方向一致时，地图即标定。

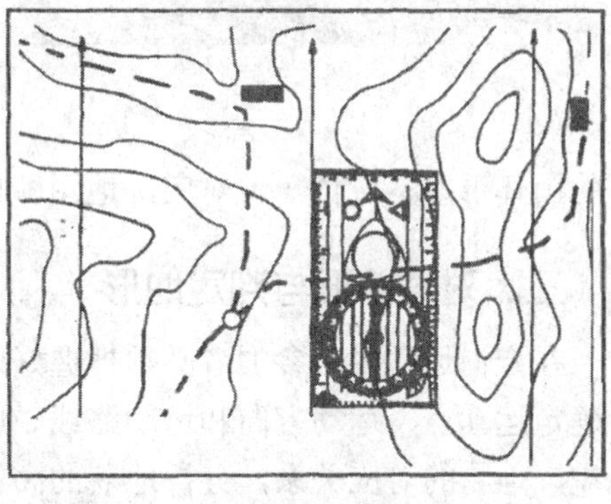
图 6-1

3. 地貌、地物的点标定

地貌、地物的点标定即利用地图、实地对应的明显地貌或地物作为参照点标定地图。可作为地貌参照点的有山头、鞍部、山突、山谷等；可作为地物参照点的有塔、亭、桥、烟囱、湖塘、独立房、独立树等。

利用地貌、地物的参照点标定地图的前提：必须知道实地站立点在地图上的位置及地图上和实地都有的明显同一地貌或地物。具体操作方法：首先明确实地站立点在地图上的准确位置，然后，在实地选择地图上有的明显地貌或地物作为参照点，水平转动地图，使实地与地图对应的明显地貌或地物参照点方位一致（即地图上站立点与地图上的地貌或地物的参照点的连线，必须与实地站立点与实地的地貌或地物参照点的连线重合，且方向一致），地图即标定。

图 6-2

具体实例操作步骤（如图 6-2 所示）：在明确某山区谷地站立点在相应地图上的站立点位置的基础上，选择实地和地图上都有的山头上的砖塔作为参照点，水平转动地图，使地图上的站立点与地图上砖塔所构成的连线，和实地站立点与实地砖塔之间所构成的连线重合，并确保图、地砖塔在图、地站立点同侧，地图即标定。

4. 地貌、地物的线标定

地貌、地物的线标定即利用线状的地貌或地物作为参照物标定地图。可作为线状地貌参照物的有山脊、合水线、分水线、长形陡崖、长堤等；可作为线状地物参照物的有江河、沟渠、道路、围墙、电线线路等。

利用线状地貌、地物的参照物标定地图，也必须知道实地站立点在地图上的位置及实地长形地貌或地物在地图上的位置。标定地图时，只需将地图上的长形地貌或地物与实地的长形地貌或地物保持方位一致即可，即长形地貌或地物在图、地走向或重合或平行，且选择的地图上的长形地貌或地物两侧的实地地貌和地物符号，与实地上对应的长形地貌或地物两侧的实地地貌和地物一一对应。

图 6-3

具体操作步骤（如图 6-3 所示）：实地站立点在地图上道路符号的小圆圈处，水平转动地图，使地图上的道路符号与实地的道路重合。然后，将地图上站立点的道路符号两侧的地貌和地物符号与实地站立点道路两侧的地貌和地物进行对照。地图上站立点道路符号左侧和右侧山地的山地符号描述的山体形态、方位，与实地站立点道路左侧和右侧的山地的山体形态、方位一一对应，地图即标定。

二、对照地形与判定地形

在定向运动中，参加者必须把握好地图与实地的对应关系，以便更好地利用地图和指北针确定运动点、运动方向和运动路线。所以，在标定地图的基础上，还要确认地图与实地的地貌、地物的对应关系，分析地貌的高低起伏、外部形状、方位走向及地物的分布方位、外形状态等。确认地图与实地的地貌、地物的对应关系的方法是对照地形与判定地形。

第三节　定向运动的一般规则

一、定向运动竞赛的形式、项目及分组

1. 定向运动竞赛的形式

（1）日间定向运动竞赛：以日出 1 小时后至日落前最后一批参赛者预计完成全赛程时间的 1.5 倍为日间竞赛时间。

（2）夜间定向运动竞赛：以日落 1 小时后至日出前最后一批参赛者预计完成全赛程时间的 2 倍为夜间竞赛时间。

（3）日夜交替定向运动竞赛（仅限于集体竞赛）。

1）一条运动路线在日间竞赛，另一条运动路线在夜间竞赛。

2）一条运动路线日间出发夜间抵达，另一条运动路线夜间出发日间抵达。

2. 定向运动竞赛的项目

（1）个人赛：运动员单个竞赛，成绩取决于个人的定向运动技能。我国个人赛还包括短

距离赛、标准距离赛、积分赛等。

（2）团体赛：以各运动队参赛队员个人成绩总和计分决定名次。

（3）多日竞赛：以运动员每日成绩的总和计分决定名次（计分办法根据主办单位竞赛规程执行）。

（4）接力赛：以参赛队成员每人完成一个赛段的总和成绩计分决定名次。接力赛有男子或女子 2 人、3 人、4 人和男、女混合 2 人、4 人等。

（5）小组赛：2 人以上组成小组团体赛，竞赛形式分运动员共同完成全部竞赛内容和分工完成全部竞赛内容。

3. 定向运动竞赛的分组

（1）根据性别、年龄分组。

1）女子组：W10～11、W12～14、W15～17、W18～20、W21、W35、W40、W50、W60。

2）男子组：M10～11、M12～14、M15～17、M18～20、M21、M35、M40、M50、M60。

（2）根据竞赛路线难度分组：A 级（最难）、B 级（较难）、C 级（容易）、D 级（最易）。

二、定向运动竞赛的编排

（1）定向运动竞赛的出发顺序由各队教练员在赛前抽签决定，也可由报名先后决定。出发安排应将同队运动员尽可能分开，出发顺序确定后不得更改，出发顺序、时间安排应在赛前随秩序册一同发出，或在赛前单独公布。

（2）竞赛编排采用“序号”及“间隔排列法”确定竞赛顺序。

三、定向运动竞赛的计时与名次确定

定向运动竞赛是以个人或团体独立完成各项竞赛任务的，所以竞赛出发是分时出发。国际定向运动竞赛出发分时间隔为 3 min，我国定向运动竞赛出发分时间隔为 2 min。

当出发区指令发音器发出“出发指令信号”，计时即开始，出发区运动员即可出发。以后每间隔 2 min 发出一批竞赛运动员（同场不同组别的运动员）。运动员抵达终点时，以运动员胸部越过终点线时间为计时结束。记录时间以时、分、秒表示，也可用分、秒表示。忽略整秒后小数部分，也可根据四舍五入原则取整。

定向运动竞赛成绩与名次确定：运动员按规定顺序完成规定寻找的全部检查点任务后方可取得计算成绩资格；若运动员遗漏检查点，打错检查点，或证明其寻找检查点顺序不对等，则被取消竞赛资格。在具有录取资格的运动员中按完成时间排列名次，用时少者列前。若成绩相同，则他们的名次相同，并轮空下个名次。记录成绩名单将其姓名排在同一位置，姓名前后以出发顺序排列。

国际定向运动主要赛事

1. 世界定向越野锦标赛：世界水平最高、最权威的传统定向运动比赛，1966 年以前两年举行一次，2004 年开始每年举行一次。

2. 定向越野世界锦标赛：每年在世界各地举行巡回赛，给许多国家提供了组织世界级大赛的机会。

3. 定向越野排位赛（积分赛）：目的是确定世界锦标赛人选，每年举行一次。

4. 世界滑雪定向锦标赛：从1975年起，两年举行一次。

5. 世界山地自行车定向锦标赛：从2003年起开始有大赛。

6. 世界公园定向循环赛：它是在世界各地公园巡回举行的职业精英赛，只有世界排名前25名的男女运动员才有资格参赛，并设总奖金和总排名。此项比赛于1998年在我国北京设两站比赛，1999年在浙江等地设站比赛，它对推动我国定向运动起到了良好的作用。

7. 瑞典五日赛：世界最大规模的定向运动赛事，每年7月都会吸引数以万计的男女老少运动员参加。比赛共分5日，其比赛路线由若干段组成，每次都单独记录个人成绩，最后算出总成绩。

思考题：

1. 简述定向运动的概念。
2. 常见的定向运动的形式有哪些？
3. 简述指北针标定地图的方法。

第七章 户外运动

第一节 户外运动概述

一、户外运动的概念

所谓户外运动，是以走出家门、脱离狭小空间的束缚、贴近大自然为特征的运动。户外运动主要包括定向运动、登山、攀岩、郊游等。参与者可以根据自己的爱好、兴趣和需要自主选择户外运动的形式与方式，自行掌握运动的时间与负荷，进而体验自然环境下自我运动的惬意感。

户外活动既能满足参与者好奇、求新、探索的心理需求，又使参与者在艰苦的自然环境中受到锻炼、提高其克服困难的能力，从而体现自我价值、培养集体主义精神。

二、户外运动的起源与发展

早期的户外运动其实是一种生存手段，采药、狩猎、战争等活动无一不是人类为了生存或发展而被迫进行的户外活动。第二次世界大战期间，英国特种部队开始利用自然屏障和绳网进行障碍训练，其目的是为了提高军人的野外作战能力和团队合作能力，这是人类第一次系统地把户外活动有目的地运用到实际中。第二次世界大战中曾发生多起海难，后来经过统计发现，在海难中逃生的人群年龄分布在 28～38 岁之间的最多，经过专家研究，这一年龄群的人员大多心理成熟，有各式各样的生活经历，有良好的团队精神，恰恰是这些因素帮助他们顺利逃生。

第二次世界大战后，随着战争的远离和经济的发展，户外活动开始走出军事和求生范畴，成为人类娱乐、休闲和提升生活质量的一种新的生活方式

1989 年新西兰举办首次越野探险挑战赛后，各种各样形式的户外活动和比赛在全世界如火如荼地开展起来。目前在欧洲每年都有很多的大型挑战赛举行。在美国，户外运动的参与人数和产值都位居所有体育运动项目的第三位。

1989 年第一个民间登山社团在中国成立，在中国登山运动管理中心的领导下，2003 年底，注册的正式俱乐部就有 300 多家。

三、户外运动的功能与特点

（一）功能

户外运动中的定向越野、露营、山地自行车等项目需要运动者具备较好的体力，而体力主要取决于心脏的最高技能水平和心脏对高强度运动的适应能力，所以适当的定向运动可以促进心肺功能。户外运动中，像定向越野，参与者在跳过小土崖、大石头等障碍物，或跨过

沟溪时，都需要进行跳跃动作，因此对提高弹跳能力也有积极的作用。柔韧素质的锻炼在户外运动的攀岩项目中表现得淋漓尽致。参加过攀岩的人都知道，当在岩壁上的支撑点很少时，只有具备良好的柔韧性才能够掌握好离自己身体较远的支撑点，并展现出优美的身体曲线，使观众赏心悦目。

（二）特点

户外运动多数带有探险性，属于极限和亚极限运动，具有很大的挑战性和刺激性。拥抱自然，挑战自我，能够培养个人的毅力、团队之间的合作精神，提高野外生存能力，深受年轻人的欢迎。如今，户外运动越来越吸引人们的目光，日益成为关注的焦点。另外，由于我国地理条件的得天独厚，拥有良好的广大自然资源，也为户外运动提供了一个广阔的空间。

户外运动以一种积极健康的生活方式，体现了一种乐观向上的人生态度，是人们精神追求的一种表现。它不仅陶冶情操、增长见闻、扩大胸怀、锻炼身体、休养身心，同时也是对自我的一种挑战。人们通过户外运动，能更好地认识自身的潜能，增强自信，直面挑战，勇于克服困难；能深切感受到人与人之间在困境中相互依存、相互帮助的团队合作精神。这不仅是受回归自然及自然主义的影响，同时也是我们与生俱来的需要，那就是热爱生活，热爱自然的生活。

（1）以自然环境为运动场地，有回归自然、返璞归真的特征。

（2）户外活动无一例外地具有不同程度的挑战性和探险性。

（3）户外活动尤其强调团队精神。

（4）户外活动对身体、意志有全面的要求。

（5）户外运动是一门综合性的学科。

四、户外运动的装备

户外休闲运动离不开装备器材。一般来说，户外休闲运动的装备可分为两个方面：①基本装备，如帐篷、背包、睡袋、服装、鞋、炊具、地图、指北针、头灯（含备用灯泡与电池）、备用粮食、备用衣物、太阳眼镜、刀、火种、急救箱等；②不同运动需要的专业性很强的装备，如探险队的卫星定位器、登冰山用的冰抓、登山的登山索、滑雪运动的滑雪板、潜水运动的潜水器材等。

第二节　户外运动的种类

户外运动是在自然场地举行的一种集体项目群，包括：登山——体育运动的一类，运动员徒手或使用专门装备攀登各种不同地形的山峰或山岭；穿越——主要靠行走去完成起点到终点的穿越里程，中间可能要跨越山岭、丛林、沙漠、雪原、溪流、峡谷等地貌；徒步——即“Hiking”，是户外运动的基本构成。下面分别介绍一些常见的户外运动。

（1）攀岩：分自然场地攀岩和人工场地攀岩，是一项刺激且很有挑战性的活动。

（2）攀冰：攀冰由攀岩运动发展而来，是攀登高山、雪山的必修科目，更是登山运动的基本技能之一。目前可攀的冰主要是自然冰，分冰瀑和冰挂两种。攀冰是一项借助装备、器械而进行的运动，要求装备质量高且经久耐用。

（3）速降：悬崖速降，在教练的指导与保护下，运用各种专业登山器材，由教练现场指导器材的使用及技术动作，在天然陡壁上凌空飞步，利用绳索由岩壁顶端下降到地面。

（4）野营：在野外露营、野炊，学习各种野外生活技能。在自然的环境下，人与人之间的关系变得紧密、融洽。露营是一种休闲活动，露营者通常携带帐篷、离开城市在野外扎营，度过一个或多个夜晚。露营通常和其他活动结合在一起，如徒步、钓鱼或者游泳等。

（5）野外定向：又名定向越野，是一种在野外利用地图和指北针，以不同形式去完成一段路程，并在检查点为控制卡（记录卡）打上印记的活动。1918 年瑞典童军领袖侨兰特（Major Evnst Killander）发明了一种“寻宝活动”，用来训练童军在野外辨别方向及锻炼体能，经过不断发展，成为今天的野外定向。

（6）定向：定向运动也是竞技体育项目之一，它类似于众所周知的寻找宝藏。大致过程是：在旷野、山丘的丛林或近郊公园等优美的自然环境中，事先隐藏好数个点，参加者手持地图和指北针找出点的所在方向。采用徒步、奔跑等方式，迅速准确地逐个找出，有机地将个人休闲、娱乐与团队协作融为一体。

（7）城市定向：城市定向与野外定向最大、最明显的区别在于它是在各大城市内举行，其复杂性和难度小于野外定向。通常城市定向以比赛形式出现，一般强调文化性和娱乐性，要求类似“寻宝”游戏。

（8）溯溪：是在峡谷溪流的上下游之间，克服地形上的各种障碍，穷水之源而登山之巅的一项探险运动。其特点与乐趣在于不断克服一个接一个的急流、瀑布、跌水、旋涡，急流勇进、逆水前行。当然专门的器械、技术也必不可少，更要依靠队友之间的倾力配合。由于自始至终都在水中行进，时而淌，时而游，往往不长的一段溪谷也要历尽艰辛才能穿过。

（9）探险：户外休闲运动中多数带有探险性，属于极限和亚极限运动，有很大的挑战性和刺激性。拥抱自然、挑战自我，能够培养个人的毅力、团队之间合作精神，提高野外生存能力。

（10）徒步：亦称远足、行山或健行，并不是通常意义上的散步，也不是体育竞赛中的竞走项目，而是指有目的地在城市的郊区进行，不需要登上山顶，但是登山和穿越密切相关，两种活动经常结合在一起。

（11）潜水：泛指所有水面下的活动，包括使用压缩机由水面供气的潜水，由潜水员自行携带呼吸系统的水肺潜水，不携带呼吸系统仅使用轻装备的自由潜水。

（12）冲浪：是一种利用冲浪板越过涌起的浪头的水上运动。主要的装备是冲浪板和系在脚上的安全绳。

（13）钓鱼：是捕捉鱼类的一种方法。钓鱼的主要工具有钓杆、鱼饵，钓杆一般由竹子或塑料等轻而有力的杆状物制成，钓杆和鱼饵用丝线连接。一般的鱼饵可以是蚯蚓、米饭、菜叶、苍蝇、蛆等，如今有专门制作好的鱼饵出售。鱼饵可以直接挂在丝线上，但有个鱼钩会更好，对不同的鱼有特殊的专制鱼钩。另一个更有帮助的是，在周围水面撒一些豆糠，这样会引来更多的鱼。

（14）小轮车：小轮车（BMX）起源于 20 世纪 60 年代美国的加利福尼亚，年轻人从摩托车越野赛中得到启发，在自建的场地上比赛自行车，很快小轮车运动便有了第一批拥趸。

1978 年，小轮车传入欧洲；1982 年，第一届小轮车世界锦标赛举行；1993 年，国际自行车运动联盟接纳小轮车成为新成员；2003 年，国际奥委会通过决议，将小轮车列为北京奥运会正式比赛项目。年轻人的惊险游戏，就这样登上了运动世界的最高殿堂。

第三节　户外运动与身体健康

一、户外运动促进心肺功能

在影响人体健康的众多因素中，心肺功能对于人的生命活动能力至关重要。通过经常参加户外运动，可以有效地改善心肺功能，促进身体健康。

户外运动中的定向越野、露营、山地自行车等需要运动者有较好的体力，而体力主要取决于心脏的最高机能水平和心脏对高强度运动的适应能力。例如，长距离运动项目需要在长时间内消耗大量的能量。心脏为了适应这种长时间、高强度的供能需要，心肌代谢加强，收缩率升高，耗氧量增加，从而刺激心肌血流量增加，使心肌张力增强，收缩有力。

户外运动需要参与者具有较强的肌肉爆发力、较快动作速度的特点，这可快速调动参与者的肌肉力量，使之在较短时间内大量消耗氧气、排出二氧化碳，气体交换活跃，从而对肺组织结构产生较大影响，使呼吸系统机能增强。通过肺泡数量的增加，肺通气量增加，呼吸肌力量增强。

二、户外运动与力量

力量素质指人体肌肉工作时，依靠肌肉收缩克服或对抗阻力的能力。人体的运动几乎都与对抗阻力有关，有较大的肌肉力量能为取得优异的运动成绩提供良好的基础。力量与其他素质有着极为密切的关系，也是掌握运动技能的基础。

力量是在肌肉紧张或收缩时所表现出来的一种能力。它是户外运动中最重要的身体素质之一，也是其他各项身体素质的基础。力量按其形式可分为静力性力量（如负重）和动力性力量（如行军）；按身体用力的部位来分，主要可分为上肢力量（如指、掌、小臂、肘、大臂的力量）、躯干力量（如颈、肩、背、腰、腹的力量）和下肢力量（如髋、大腿、膝、小腿、踵、脚掌、趾的力量）。

对于户外运动中力量的分类，根据户外运动的特点，按用力的名称及动作还可以分为下列几种力量。

（1）抓握力（上肢力、动静力结合）：应用在攀登岩石、上下攀爬绳梯及各种保护技术上。

（2）推压力（上肢力、动静力结合）：应用在上下岩石裂缝和保护技术上。

（3）敲挖力（上肢力、动力）：应用在打岩锥或冰锥、挖台阶等技术上。

（4）负荷力（躯干力、上肢力、静力）：应用在背背包、携带各种器械上。

（5）支撑力（全身力、静力）：应用在通过各种复杂地形时的技术上。

（6）踏蹬力（下肢力、动力）：应用在通过各种复杂地形时的技术上。

（7）跨越力（下肢力、动力）：应用在跨越沟坑的技术上。

（8）挤张力（全身力、动力）：应用在通过岩石裂缝的技术上。

三、户外运动与柔韧性

柔韧性是指人们运动时关节的活动幅度或活动范围的表现能力。

柔韧性对于户外运动参与者特别重要。柔韧性越好，动作就越协调。参加户外运动时，在准备活动中增加柔韧性的练习对于预防损伤有重要作用。例如，做拉伸练习的目的也是为了减少肌肉酸疼，促进疲劳的消除。

四、户外运动与灵敏性

灵敏性是迅速改变身体或身体某一部位的运动方向的能力。在登山过程中，登山者依靠自身的灵敏性，自如地运用相应的技术、技能与千变万化的大自然作斗争，准确地分析、判断和掌握每个有利时机，克服重重艰难险阻登上峰顶。

在户外运动中，发展灵敏素质的目的，是为了提高户外运动参与者在自然环境变化的条件下展现出的对周围环境迅速而准确的判断，灵活应变、快速敏捷的反应速度，高度的自我操纵的能力以及迅速做出应对措施的能力。

五、户外运动的常见险情与处理措施

在进行户外运动时，有时候会因为意外事件而受伤或是陷入困境，为避免陷入危险境地，应注意以下几点。

（1）保持健康的心态和良好的体能。出发前做好心理和体能上的准备，并进行体格检查。如身体有旧患应咨询医生意见，做好应对措施。

（2）根据自己的经验和掌握的户外运动技术来策划活动。

（3）要有立刻取消活动的果断意识。如果发生意外或是继续前进会有危险，应当果断取消活动。

（4）出发之前应将自己的计划告知家人、亲戚、朋友等。

1. 暴雨

遇到暴雨时，领队应根据行进的路段、雨势的大小及队员的身体状况迅速果断地作出决定：是继续前进还是暂停避雨。若继续前进，则要清楚由于暴雨影响了能见度，应更加注意辨别方向，同时在行进时应小心路滑，必要时可以使用安全绳，以确保行进安全。宿营避雨时应当注意保暖，预防雷击、山洪等。

2. 雷击

避免雷击的方法有以下三种。

（1）要避免走进被淋湿或已经有水的地方。最好踏在塑胶布、背包或其他绝缘的物体上，同时要穿上雨衣以避免淋湿，然后蹲下来。

（2）必须在下雨前迅速找到避雨场所。严禁躲在铁皮屋里。如果要躲在大树或大岩石旁边，不要躲在它的正下方，而要在稍微离开这些隐蔽物的地方躲避，尽量减少与地面接触的面积。根据研究，身高在这些树木和岩石高度的 1/5 及以下时，避雷效果最为显著。

（3）把带在身上的一切金属物品拿下来放在背包中，尤其是金属框的眼镜一定要拿下来。还应特别注意的是，在打雷的时候一定不要拨打或接听移动电话。

3. 森林火灾

除闪电和干燥的气候会引发大火外，人为的疏忽也是导致山火的最大隐患。应注意用火安全，不乱丢烟头、火种。一旦发生火灾，在燃烧初期应尽量灭火。火势失控时，尽量顶风逃往山下或河边安全地带，避免被火围困。如已被山火围困，可采用砍伐周围植被或逃到火烧后周围的森林、灌木形成的空旷地带。

第四节　户外运动与心理健康

一、户外运动有利于心理健康

（一）户外运动的“健心”作用

心理学家对许多野外遇险又成功生还的人进行调查后发现，在野外遇险时，最大的难题往往不是技术，而是心理。按照问卷结果排列，在野外遇险时，最大的麻烦依次为：恐惧和焦虑、烦躁和孤独、受伤和疾病、饥渴和劳累、严寒和酷暑。正因为如此，许多国家在训练特种人员时都把心理训练摆在首位。

如今，参加户外运动等体育活动已成为改善人的心理健康、提高人的心理素质的有效方法，并且越来越多地被人们所接受。

（二）户外运动与精神减压

参加户外运动，人们可以用独特的方式减压。在舒适的都市生活和艰苦的野外生活中，我们可以理解幸福的不同含义从而更加热爱生命。攀岩、登山也磨炼了我们的毅力，增强了我们面对困难的勇气和自信心，使我们敢于挑战自我、超越自我。经过户外运动的考验，我们会保持一种良好的心态，用全新的方式去迎接生活的挑战。

（三）户外运动与智力发展

正常的智力是正确感知和认识世界的前提，是心理健康的基础。经常参加体育锻炼，不仅使锻炼者的注意力、记忆力、想象力、反应能力、思维能力等得以改善和提高，还可以使锻炼者的情绪稳定、性格开朗。而这些非智力因素对人的智力具有促进作用。

户外运动对于智力的影响是间接的，但却是有积极意义的。经常进行户外运动，尤其是定向越野等项目，不仅能使锻炼者的注意力、记忆力、思维能力及反应能力得到提高，而且还可以对其情感和性格的健康起到积极的促进作用。这种全面而平衡的发展对智力的发展有着极大的推动作用。

户外运动对于心肺功能的积极作用，在户外活动可以使大脑获得更多的氧气和养分，有利于提高大脑的工作效率。经常参加户外运动还可以提高神经系统的调节能力，提高神经兴奋性和神经传导速度，改善神经运作过程的灵活和均衡，使兴奋与抑制转换更加合理。中枢神经系统内信息传递和整合的速度加快，从而使人思维敏捷，以达到提高锻炼者智力的目的。

二、提高心理健康的户外运动锻炼方法

一个人的意志越坚强、知识越丰富，他的生存机会就越大。实践证明，人的知识、技能和意志是完全可以通过学习、训练得到不断提高的。不要把户外运动训练看做是特种部队的专利，也不要认为训练的目的是为了能够在遇险时获得更多的生存机会，因为那些毕竟是小概率事件。户外运动训练更重要的意义在于它不仅可以磨炼人的意志、提高人的心理素质，还能够培养人的独立性和团队精神，形成积极的人生态度。

在野外生存靠的是知识、技能和坚强的意志。市场经济条件下的生存除了要靠质量、信誉、经营理念外，经营者的意志也是重要的生存因素。野外生存训练恰恰可以磨炼人的意志，所以，经常参加野外生存训练的人，绝不会缺乏意志这一成功的必要条件。这也许可以解释，为什么许多成功的现代企业家都热衷于带有一定冒险意义的户外运动。下面介绍几种调节过度焦虑、孤独、自卑、抑郁、恐惧、暴躁等不良心理状态的户外运动的锻炼方法。

（一）活动调节法

当心情焦虑或是情绪低落时，可以通过选择户外运动锻炼或其他锻炼手段（如参加定向越野或山地自行车等较剧烈的运动）来提高大脑的兴奋度，改善自身的情绪状态，从而使抑郁的心情在进行户外运动锻炼后被逐渐地排解或是淡忘。科学证明，精神的放松有助于缓解焦虑所引起的不适。而户外运动则可以使参与者在活动身体的同时放松紧张的情绪，从而使身心逐渐进入一种自然放松的状态，进入良好的生活、学习状态。

（二）肌肉控制法

通过合理的步骤使肌肉逐渐放松，并运用正确的方法，使参与者的身体在此过程结束后感到轻松愉快。例如，用右手用力紧握自己的左手，渐渐地使出最大的力量后再渐渐放松，而后再换用左手紧握右手，方法相同；还可将一只脚用力向上勾起，再慢慢放下，然后换用另一只脚重复刚才的动作。锻炼中可以屈伸交替进行。这种锻炼就是通过对肌肉的控制来放松精神、缓解焦虑，从而达到释放身心压力、保持平静心态的目的。

（三）呼吸调节法

这是一种在呼吸过程中通过深吸慢呼的方法，来消除紧张，使波动的情绪逐渐趋于稳定的放松手段。进行时可坐可站，双目微闭，心境坦然，用鼻呼吸，将肺脏吸至充盈，无法再吸入更多气体时，屏住呼吸约 3 s。这样将注意力集中于呼与吸，并保持自然放松，意识中除呼吸外无其他任何事物。重复数次后，紧张情绪会自然消失。如在赛前为了放松情绪，运动员或微闭双眼或展目远眺，深深吸气，将胸廓充满。稍作停息后，再将满胸气体均匀吐出，反复几次。这样做，会使一个神经处于紧绷的人慢慢松弛下来，以正常状态迎接挑战。

（四）沉思法

它是一种通过把力量、耐力、平衡力及注意力集中在内心的、静静的、有节奏的运动，使人平息激动，精神放松的方法。具体方法：成站立姿势，整个身体保持在一条直线上，双

肘和前肩与地面平行，将右脚放至左脚的前面，以身体感到平衡的舒适为宜，同时集中全力注视正前方的某一点，然后，左脚慢慢移到右脚前面，同时呼气，慢慢地将前臂推离身体（掌心朝下），当左脚又返回到原来的位置时，吸气，掌心转至朝上，将手臂“拉”向自己的身体。重复这一动作，并注意动作的节奏。该方法运用了太极拳的动作。每天进行 20 min 的沉思练习，对消除过度焦虑情绪、放松身心具有显著作用。

户外运动的发展

早期的户外运动其实是一种生存手段，采药、狩猎、战争等活动无一不是人类为了生存或发展而被迫进行的活动。二战期间，英国特种部队开始利用自然屏障和绳网进行障碍训练，其目的是提高士兵的野外作战能力和团队合作能力，这是人类第一次系统地把户外活动有目的地运用到实际中。二战中发生了多起海难，后来经过统计发现在海难中能逃生的人群年龄群分布在 28～38 岁之间的最多，经过专家研究发现这一年龄群的人大多心理成熟，有各式各样的生活经历，有良好的团队精神，而恰恰是这些因素帮助他们成功逃生。

二战后，随着战争的远离和经济的发展，户外活动开始走出军事和求生范畴，成为人类娱乐、休闲和提高生活质量的一种新的生活方式

自 1989 年新西兰举办首次越野探险挑战赛后，各种形式的户外活动和比赛在全世界如火如荼的开展起来。目前在欧洲每年都有众多的大型挑战赛举行。在美国，户外运动的参与人数和产值都位居所有体育运动的第三位。

思考题：

1. 简述户外运动的概念。
2. 简述户外运动的功能与特点。
3. 简述户外运动与身体健康的关系。

第三篇　球类运动

球类运动是指个人或团队根据一定的规则，在指定的场地内使用相关的器具，合理运用特有的技术和战术来进行的以球为目标的对抗运动，常见的球类运动有篮球、排球、足球、网球、羽毛球、乒乓球等。

第八章 篮 球

篮球运动是由两队队员在规定的场地内，在一定规则的约束下，通过个人技术和团队战术来进行进攻和防守转换，把球投入对方篮筐内得分，并且最后以得分多少来判定胜负结果的运动项目。篮球运动可分为五人制篮球、三人制篮球和街头篮球等。

第一节 篮球运动概述

现代篮球运动起源于美国，是由马萨诸塞州斯普林菲尔德市（春田市）基督教青年会干部训练学校的体育教师詹姆斯·奈史密斯（James Naismith）于 1891 年受儿童游戏启示而发明的。自产生以来，篮球运动先后经历了初创时期（19 世纪 90 年代—20 世纪 20 年代）、完善与推广时期（20 世纪 30—40 年代）、普及与发展时期（20 世纪 50—60 年代）、全面飞跃时期（20 世纪 70—80 年代）、创新与攀登时期（20 世纪 90 年代至今）五个发展时期。20 世纪 30 年代以后，随着 1932 年葡萄牙、瑞士、希腊、罗马尼亚、阿根廷、意大利、拉托维亚和原捷克斯洛伐克八国在日内瓦开会宣告国际业余篮球联合会的建立、国际间篮球比赛规则的初步统一及男子篮球列入 1936 年第 11 届奥运会竞赛项目，标志着现代篮球竞技运动的形成。至 20 世纪 40 年代末 50 年代初，世界男、女篮球锦标赛赛制先后建立，美国 NBA 职业篮球联赛开始；60 年代末至 70 年代中期，女子篮球运动列入 1976 年第 21 届奥运会竞赛项目，篮球运动形成了世界性的大普及和大发展，竞技水平也大大提高；尤其是 20 世纪 90 年代初由美国 NBA 职业篮球运动员乔丹、约翰逊、伯德等组成的“梦之队”参加在西班牙举行的第 25 届奥运会，他们在比赛中展现出高超的篮球技巧，征服了全世界的观众，将篮球运动的竞技水平和在世界范围内的影响力推向了新的高度。

篮球运动自 1895 年由美国国际基督教青年协会派来中国的干事介绍传入中国后，至今已有 100 多年，并成为人们喜闻乐见的社会文化形态，在教育科学领域已成为一门教育学科，在竞技范畴内它也是一项重点发展的竞技运动。尤其是在新中国成立后，我国篮球运动得到蓬勃发展，形成了“快速、灵活、全面、准确”的自身特点。现阶段的 CBA 联赛代表了我国篮球运动的最高水平。

第二节 篮球运动的基本技术

一、移动技术

移动是篮球技术的基础，是队员在比赛中为了争取主动而要改变位置、速度、方向和争取高度时所采用脚步动作的通称，包括起动、跑、跳、急停、转身、跨步、滑步等。

移动由基本站立姿势开始。有球进攻时基本站立姿势为：两脚前后或左右开立与肩同宽，双手持球于胸前。防守时基本站立姿势为：两脚开立稍宽于肩，屈膝降低重心，上体稍向前倾，两手臂左右张开或一手侧张、一手上举。

（一）起动

起动是队员在球场上由静止状态变为运动状态的一种起始动作，是获得位移初速度的方法。在比赛中，进攻时，快速的起动可以摆脱防守，创造进攻机会；防守时，快速合理的起动可以抢占有利的防守位置，破坏或干扰对手进攻。起动时，身体重心向跑动方向移动，以后脚或异侧脚的前脚掌内侧突然有力地蹬地，同时上体迅速前倾或侧转，手臂协调摆动，充分利用蹬地的反作用力，迅速向跑动方向迈出。

（二）跑

跑是队员在球场上改变位置发挥速度的重要方法，是比赛中运用最多的移动动作。

1. 变向跑

变向跑是队员在跑动中突然改变方向来摆脱防守或堵截进攻队员的一种方法。变向跑时（以向左侧变向为例），最后一步右脚着地，脚尖稍向左转，用脚前掌内侧蹬地，屈膝，上体向左转，同时左脚向左前方迈出，右脚迅速随着跨出，重心前移，摆脱对手。

2. 变速跑

变速跑是队员在比赛中利用速度变换来完成攻守任务的跑动方法。加速跑时，突然加速，用脚掌短促有力地向后蹬地，重心迅速前移，同时上体前倾，加快频率；减速跑时，利用前脚掌抵地减缓前冲力，重心后移，降低跑速。

3. 侧身跑

侧身跑是队员向前跑动时为了观察场上情况以便随时抢位和接球，侧转上体，向前跑动的方法。侧身跑时头部与上体侧向球的方向，脚尖朝着跑动方向。

（三）急停

急停是队员在跑动过程中突然制动的一种方法。进攻队员可以用急停来甩开对手。各种脚步动作的变化都是由急停动作来衔接和过渡的。急停有跨步急停和跳步急停两种。

1. 跨步（两步）急停

队员在快速跑时，先向前跨出一大步，用脚跟先着地并过渡到全脚抵住地面，屈膝，同时身体稍后仰，后移重心。然后跨出第二步，屈膝，脚尖内转，用脚前掌内侧着地，上体稍前倾，重心在两脚之间，两臂屈肘自然张开，协助控制身体平衡。

2. 跳步（一步）急停

队员在近距离慢跑中，用单脚或双脚起跳（一般离地面不高），上体稍后仰，两脚平行或前后同时落地。屈膝，重心在两脚之间，两臂屈肘微张，保持身体平衡。

（四）转身

转身是队员在一脚蹬地向前或向后跨出的同时，另一脚做中枢脚进行原地旋转而改变身体方向的一种方法。转身时重心移向中枢脚，另一只脚的前脚掌蹬地，同时中枢脚以前脚掌为轴用力碾地，上体随着移动脚转动，以肩带动向前或向后改变身体方向。在身体移动过程中，要保持身体重心不起伏。转身后重心在两脚之间。转身有前转身和后转身两种。

1. 前转身

移动脚蹬地，在中枢脚前方（身前）进行弧形移动的叫前转身。

2. 后转身

移动脚蹬地，在中枢脚后方（身后）进行弧形移动的叫后转身。

（五）滑步

滑步是队员防守技术的基本步法之一，其特点是易于保持身体平衡、转移重心和向任何方向移动，有利于堵截对方的进攻路线。滑步分侧滑步、前滑步、后滑步三种。

1. 侧滑步

两脚左右开立略宽于肩，屈膝，上体稍前倾，降低重心，向左侧滑步时，左脚向左侧跨出一步，同时右脚前掌内侧用力蹬地贴着地面滑动，跟随左脚移动。

2. 前滑步

两脚前后开立，屈膝，上体稍前倾，降低重心，向前滑步时，前脚向前跨出一步，同时后脚用力蹬地贴着地面滑动，推动身体前移。

3. 后滑步

后滑步动作要领与前滑步相同，只是向后方移动。

二、传、接球技术

传、接球是实现战术组织配合的纽带，它能把5名队员连成一个整体，充分发挥集体力量，体现篮球运动特点。巧妙准确的传球，能打乱对方的防御部署，创造更多、更好的投篮机会；稳定、牢靠、合理的接球，能弥补传球的不足，减少传球失误，从而协调连贯地完成下一个传球、突破、投篮等进攻动作。

（一）主要传球技术动作

1. 持球

持球时，十指自然分开，拇指相对成“八”字，用拇指根部以上部位握住球的两侧后下方，手心空出，两臂弯曲，肘关节下垂，持球于胸前。

1　　2　　3

图 8-1

2. 双手胸前传球

双手胸前传球可以用于各种距离、各个方向的传球（如图 8-1 所示）。传球时，下肢发力，身体前移，前臂迅速向传球方向伸直，手腕翻转抖腕，同时拇指用力下压，食、中指用力弹拨将球传出。出球后手心、拇指向下，其余四指向前。有时也可以用双手传反弹球，动作方法和双手胸前传球相似，但要掌握好传球的击地点，击地点一般应在两队员之间距接球人三分之一处，若防守队员离传球队员稍远，可在防守队员脚侧击地反弹。

3. 单手肩上传球

单手肩上传球常用于抢得篮板球后长传快攻。以右手传球为例，持球手五指自然张开，左脚向传球方向迈出，同时引球于右肩上方。出球时，下肢发力转腰、转肩，前臂前摆，并迅速向前扣腕带动食指、中指和无名指用力将球传出（如图 8-2 所示）。

图 8-2

4. 单手胸前传球

单手胸前传球多用于中远距离。持球手法和双手胸前传球相同，传球时传球手的前臂快速前伸，手腕急促前扣，手腕、手指用力将球传出。

（二）主要接球技术动作

1. 双手接球

这是最基本的接球方法，也是在比赛中运用最多的动作之一。它握球牢固稳定，易于转换成其他技术动作。双手接球时，两眼注视来球，并伸出双手迎球。手指自然分开，拇指相对成“八”字形，手指向前上方，两手成一个半圆形。指端触球时，双手迅速后引缓冲来球力量，两手握球于胸腹之间。注意：来球高度不同，伸手迎球的高度也应有所不同。

2. 单手接球

单手接球控制的范围广，能接不同方向的球，有利于队员快速、灵活地发挥技术。接球时，眼睛注视来球，单手迎球伸出，手掌成勺形，当指端触球时，手臂顺势将球向后下方引，另一手立即协助握球，保持身体平衡。

三、投篮

投篮是篮球比赛中的主要进攻技术，是队员将球投入篮圈的一种专门动作，是篮球比赛中唯一的得分手段。比赛中运用任何战术和技术都是为了投篮得分。因此正确掌握和熟练运用投篮技术，提高投篮命中率，是对篮球运动员的最基本要求。

（一）原地双手胸前投篮

这种投篮方法多用于远距离投篮，女生运用较普遍。投篮时，双手持球于胸前（可高一些），肘关节自然下垂，两膝微屈，上体稍前倾。投篮出手时，下肢发力，腰腹伸展，两臂上伸，拇指向前压送，两手腕同时外翻，用拇指、食指、中指拨球，将球投出（如

图 8-3 所示）。

图 8-3

（二）原地单手肩上投篮

这是比赛中应用最广泛的投篮方法，是其他各种单手投篮的基础。以右手投篮为例，右手五指自然分开，向后屈腕、屈肘，左手扶住球的左侧，两脚开立，右脚稍前，重心落在两脚上。投篮出手时，下肢蹬地发力，右臂抬肘伸臂，手腕前屈，食指、中指柔和用力拨球，使球后旋转，身体随投篮动作向前上方伸展，脚跟微提（如图 8-4 所示）。

图 8-4

（三）原地跳起单手投篮

这种投篮方法简称跳投，其特点是出手点高，稳定性好，突然性强，较难防守，是当今篮球比赛中的主要得分手段，男女运动员普遍运用。以右手投篮为例，双手持球呈基本站立姿势，起跳时，下肢用力蹬地垂直向上跳起，同时举球于右肩上方（尽可能高一些，可避免封盖），当身体达到最高点时，左手离球，右臂抬肘伸臂，手腕前屈，食指、中指用力拨球通过指端投出，落地时两脚前脚掌着地，屈膝缓冲（如图 8-5 所示）。

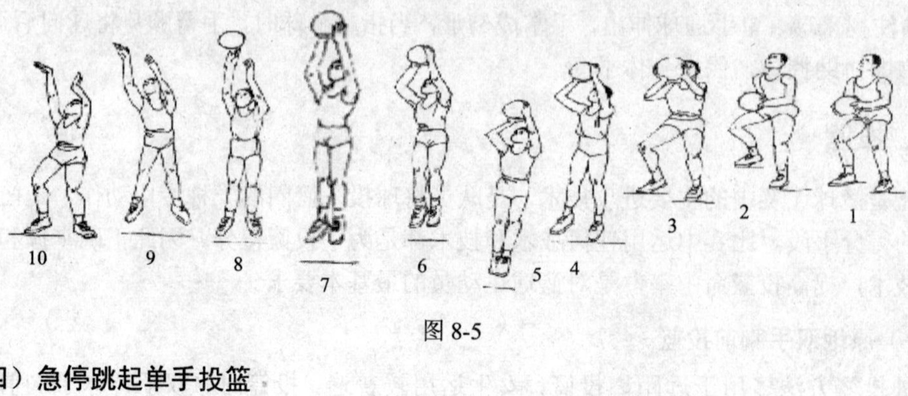

图 8-5

（四）急停跳起单手投篮

这是进攻队员在行进间运用突然急停摆脱防守队员后跳起投篮的方法，简称急停跳投。急停跳投分接球急停跳投和运球急停跳投两种。

1．接球急停跳投

接球急停跳投是指在快速移动中，用跨步或跳步接球急停，并迅速起跳投篮，投篮出手动作同原地跳起单手肩上投篮（如图 8-6 所示）。

图 8-6

2．运球急停跳投

运球急停跳投是指在运球摆脱对方防守过程中及时降低重心，运用跨步或者跳步急停后跳投（如图 8-7 所示）。

图 8-7

（五）行进间单手投篮

行进间单手投篮一般多在进攻或切入篮下时运用，有行进间单手高手投篮、行进间单手低手投篮、行进间单手反手投篮等方法。它们都有一个共同点，就是向前跨第一步接球，跨第二步跳起投篮，但根据不同动作方法，跨步有快慢和方向的变化。

1．行进间单手高手投篮

这种投篮可在篮下和中距离（跑投）运用。右手投篮时，右脚跨出一大步接球，左脚跨出一小步并用力蹬地起跳，当身体接近最高点时，右臂向前上方伸，手腕前屈，食指、中指用力拨球投篮（如 8-8 所示）。

图 8-8

2．行进间单手低手投篮

这是切入篮下时运用较广的投篮方法，具有速度快、伸展距离长的优势。右手投篮时，步伐同行进间单手高手投篮，起跳后右手托球下部，手心向上，指尖向前，手臂充分向球篮方向伸直，接着屈腕，食指、中指、无名指向上拨球，碰板或空心投篮（如图 8-9 所示）。

图 8-9

3. 行进间单手反手投篮

当进攻队员沿端线突破到篮圈下面时，可以运用这种方法。在最后一步起跳时，上体向后仰，抬头看篮，手掌向上，持球前部下方，当球到达最高点时，手腕沿着小指方向转动拨球，使球旋转碰板入篮（如图 8-10 所示）。

图 8-10

四、运球

运球是持球队员在原地或移动中用单手连续按拍由地面反弹起来的球的动作方法，是篮球比赛中个人进攻的重要技术，是控制球、支配球、突破对手防守的重要手段，是发动、组织全队进攻配合的桥梁。要想熟练掌握运球技术，必须注意身体姿势、手形、手按拍球的动作与球的运行轨迹之间的协调，这样才能控制好球的反弹角度、高度和速度，做到得心应手。运球时，要降低重心，保持膝关节弯曲，上体稍前倾，抬头，五指自然分开，用手指和手根部按拍球和控制球，并随时用另一手臂、肩、躯干和腿保护球。

在快速运球或离防守队员较远时，可以以肩关节为轴，前臂上下摆动，用手指、手腕来按拍球，运球高度在腰、胸之间。如离防守队员较近，则以肘关节为轴，上臂发力，手指、手腕和前臂迎送球，使球落点在身体后侧方，远离对手。

运球的种类很多，有高运球、低运球、运球急停急起、体前变向换手运球、背后运球、转身运球、胯下运球等。

五、持球突破

持球突破是持球队员运用脚步动作和运球技术快速超越对手的一项攻击性很强的技术，是完成个人进攻的主要手段。持球突破技术动作主要由蹬跨、侧身、探肩、推放球和加速等几个环节所组成。在比赛中，运动员如果能及时地观察、判断攻防的变化，合理运用持球突破技术，并能跟投篮、传球及假动作等结合运用，则攻击性和灵活性更强，不仅能够创造个人和全队的进攻机会，还能有力地打乱对方的防守布局。

持球突破分同侧步持球突破、交叉步持球突破和转身突破三种。

（一）同侧步持球突破

以左脚作中枢脚为例。两脚左右开立，两膝微屈，持球于胸前，突破时左脚内侧蹬地，右腿迅速向右前方（防守队员的左侧）跨出，同时上体右转，探左肩并前移重心，用右手推放球于右脚侧前方，左脚用力蹬地前迈，加速超越对手（如图 8-11 所示）。

图 8-11

（二）交叉步持球突破

以左脚作中枢脚为例。准备姿势与同侧步持球突破相同，突破前先用向右假动作使防守队员重心左移，然后右脚内侧蹬地并向左侧前方迈出，同时上体左传，探右肩并前移重心，用左手推放球于右腿内侧前方，左脚用力瞪地前迈，快速超越对手（见图 8-12）。也可以做投篮假动作，使防守队员重心升高后持球突破。

图 8-12

（三）转身突破

对手紧逼或背对篮接球时可以用转身突破对手。转身突破可分前转身持球突破（如图 8-13 所示）和后转身持球突破两种（如图 8-14 所示）。

图 8-13

图 8-14

六、个人防守

个人防守技术是队员在防守时为了阻挠和破坏对手进攻，达到夺球反攻的目的所采取的各种专门动作的总称。进攻和防守是篮球比赛的两大部分，进攻的目的在于突破防守投篮得分，而防守的目的在于阻挠和破坏对方投篮、突破和传接球，因此防守队员要积极主动地把防守姿势、站位、脚步移动、手臂动作以及抢、打、断球技术结合起来，合理运用，才能更好地完成防守任务。个人防守是全队防守的基础，良好的个人防守技术是集体防守的重要组成部分。现代篮球的防守应以人为主，人球兼顾。防守准备姿势是两脚后跟稍稍提起，两脚开立比肩稍宽，身体重心在两脚之间，两膝弯曲，降低重心以便更好地移动，后背伸直，臀部稍低，两眼平视前方或扫视左右，以便观察场上情况，做出正确反应。

（一）防守无球队员

防守无球队员是指进攻队员处于无球状态时，防守队员灵活地利用多种移动动作和手部的有效组合，最大限度地防止和破坏对手行动。

1. 防守无球队员的基本要求

（1）要站在对手与球篮之间偏向有球一侧，做到以人为主，人、球、区兼顾，要内紧外松，近球紧、远球松，松紧结合。

（2）不让对手在限制区及附近范围内轻易接球。

（3）要积极破坏对手接球后的身体平衡和节奏感，使其不便于衔接下一个动作。

2. 防守无球队员的方法

（1）防守摆脱接球。防守摆脱接球一般指进攻队员通过摆脱进入具有攻击威胁的区域，准备接同伴传球时，防守队员正确组合运用移动步法，有效地阻止、延误和破坏其顺利接球。

（2）防守对手切入篮下。防守对手切入篮下是指当进攻队员试图在弧顶附近向篮下纵切或者在端线附近向篮下横切后直接接球攻击得分时，防守队员要及时判断对手意图，利用合理的防守移动技术，阻断对手的第一机会，迫使其改变移动方向，形成被动局面。防守时始终做到人球兼顾，使对手即使切到篮下也无法顺利接球得分。

（二）防守有球队员

防守有球队员是指对有球的进攻队员传球、运球、突破和投篮等动作运用防守系列组合技术进行积极干扰和破坏的动作行为过程，是防守无球状态的继续。防守有球队员时要注意观察和判断，做到球到人到，既要在对手接球的一刹那抢占合理防守位置，又要识破对手意图，有针对性地选择防守位置、采取防守策略。

1. 防守有球队员的基本要求

（1）要站在对手和球篮之间的有利位置上。

（2）一定要最大限度地阻止和干扰进攻队员的投篮、突破和传球。

（3）不要轻易前扑或上跳，以免失去重心。

2. 防守有球队员的方法

（1）平步防守。防守队员正对进攻队员，双脚平行开立，步幅比肩稍宽，重心降低。防守距离为一臂，要能触及持球队员的胸，两臂张开扩大防守范围，若有机会则迅速打、抢对方手中的球。两脚随手的动作自然的碎步滑移，做随时起动的准备。

当持球队员突破时，防守队员应迅速以对方运球方向的同侧脚向进攻队员的跨出脚前方做有力的滑动，张开双臂并随时准备抢堵进攻队员的球，置对手前脚于自己两脚之间，用胸对着进攻队员的肩，并继续以横滑抢占进攻队员的突破路线（如图 8-15 所示）。

图 8-15

（2）前后步防守。防守队员正对进攻队员，两脚前后分站，后脚尖稍后于前脚跟，前脚对准进攻队员的中枢脚，宽步幅，降低重心。防守距离为一臂，前脚一侧的手臂能触及持球队员的胸，两臂张开，随时干扰和袭击进攻队员手中的球，两脚随手的动作滑动，随时准备起动（如图 8-16 所示）。

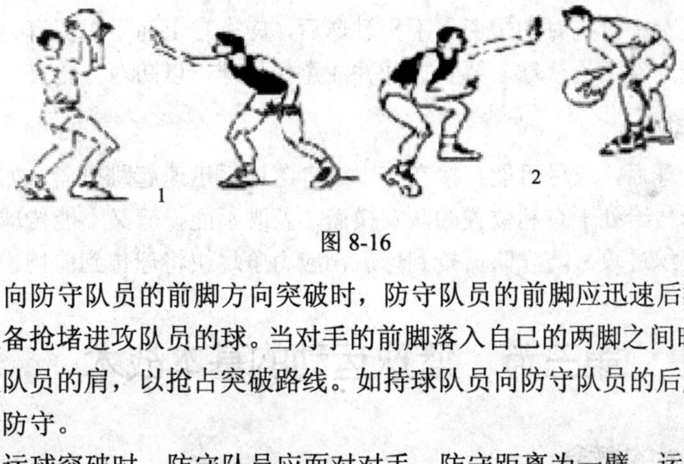

图 8-16

当持球队员向防守队员的前脚方向突破时，防守队员的前脚应迅速后撤接侧滑步，同时张开双臂随时准备抢堵进攻队员的球。当对手的前脚落入自己的两脚之间时，转为横向滑动，并用胸对着进攻队员的肩，以抢占突破路线。如持球队员向防守队员的后脚方向突破，防守动作方法同平步防守。

当进攻队员运球突破时，防守队员应面对对手，防守距离为一臂，运用滑步与后撤步，始终堵球于自己两脚之间，并抖动手腕去破坏球（不能探身去够球，以免失去重心和犯规）。如防守被突破，防守队员应迅速追防并超越对手，用追堵步继续防住进攻队员。如对手被迫停止运球，防守队员应立即上前贴身防守，高举双臂，封住对手的传球路线。

七、抢篮板球

在篮球比赛中，抢篮板球是获得控球权的重要手段之一。进攻时，有效地控制篮板球，不仅可以增加进攻次数和投篮得分的机会，而且还可以增强队友投篮的信心和减少对方发动快攻的机会。防守时，有效地控制篮板球，不仅可以中止对方连续进攻，造成进攻队员外线投篮的顾虑，还为本队发动快攻创造了有利条件。因此，一个球队抢篮板球技术掌握得好坏与否，对比赛的主动与被动、胜利与失败起着极为重要的作用。

抢篮板球的要点主要有如下几点。

（一）观察和判断球的反弹方向和落点

篮板球的反弹方向、距离和落点与投篮的方向、距离、弧度和力量有密切关系。一般情况下，投篮距离和反弹距离成正比，即投篮距离远，反弹距离也远。同时，投篮角度不同，反弹方向也不同。所以，在抢篮板球之前一定要先观察投篮者出手投篮的位置、力度、弧度，提前预判篮板球的落点。一般来说，越靠近禁区越容易抢到篮板球。

（二）抢占有利位置

无论在进攻时还是在防守时抢篮板球，首先都应积极抢占内线位置，把对方挡在自己身后。进攻队员抢篮板球，必须要有正确的技术动作和熟练灵活的脚步动作，再结合各种虚晃和转身的动作，快速摆脱对手，抢占有利位置，冲抢篮板球。防守队员抢篮板球，必须用转身跨步等动作，先堵住对手向篮下移动的路线，并且将其挡在外面，再抢篮板球，但是抢占的位置不要在篮圈的垂直下方。

（三）起跳与抢球

抢球队员准确判断出球的反弹方向、落点和高度后，根据自己离落点的距离，采取助跑单脚起跳、原地双脚起跳、跨步或撤步双脚起跳等动作及时跳起。身体跳起后尽量伸展开来，并注意保持身体在空中对抗时的平衡。手指触球后，应有自上而下短促有力的扣腕、屈肘引球等动作。尽可能用双手抢获球，要紧握球并注意保护球，以防对方抢打。

（四）得球后动作

进攻队员抢到球后，应尽可能直接在空中或者落地后迅速起跳投篮，如果没有机会则应快速、及时地把球传给处于有利位置的队友投篮，若既不能投篮又不能传球，就要迅速运球离开禁区，重新组织进攻。防守队员抢到球后，应力争尽快将球传到前场，发动快攻。

第三节　篮球运动的基本战术

一、篮球战术的概念

篮球战术是指在比赛中为了战胜对手，队员个人技术的合理运用和队员之间相互协调的组织形式。

二、组成篮球战术的因素

无论攻、守基础配合，还是攻、守战术，都包含有位置（落位）、任务、路线、技术、时间五个因素。

（1）位置（落位）：任何战术都有一定的落位队形，每个队员按一定的阵形站位，这就是位置。

（2）任务：在完成战术配合过程中，每个队员都必须有明确的角色意识（明白自己是一个什么角色），并各尽其职去完成任务。

（3）路线：无论何种技术，人和篮球都应有固定的移动路线。根据战术要求和每个人的任务，队员和篮球有计划、有目的地移动，这就形成了一定的路线。

（4）技术：技术是战术的基础。每个队员必须有全面、良好的技术。在执行全队战术配合时，每个队员根据具体职责，以娴熟的技术去保证战术配合的完成。

（5）时间：在完成战术配合时，必须根据战术的结构、组成情况，严格地按一定程序去完成，这就是时间上的要求。

以上五种因素相互联系，相辅相成，任何一个环节解决不好都会影响战术的质量。

三、组织战术原则

（1）根据战略指导思想、技术风格和本队的具体条件确定适合本队情况的战术。

（2）应贯彻“积极主动、勇猛顽强、快速灵活、全面准确”的技术风格。

（3）组织进攻战术：①组织快攻要体现快速、灵活的风格，并具有本队的特点；②组织阵地进攻要坚持“点面结合”、“内外结合”、“左右结合”、“主攻与辅攻结合”、“组织抢进攻篮板与退守结合”，组织好战术配合的连续性、队员之间配合的协调性及队员在场上行动的统一性，充分发挥每个队员的进攻性。

（4）组织防守战术要贯彻攻势防守的原则。重视由攻势转守势的意识和速度，确定各种防守的固定队形和不固定队形，确定由攻转守时的紧逼、找人和封堵的分工，边堵边退的配合及布阵等。贯彻“以集中优势兵力打歼灭战”的原则。组织夹击，回防区域，积极进行抢、打、断和堵防、补防的结合，组织内外线防守力量和防守重点队员的分配，积极组织拼抢防守篮板球，积极反攻。

四、篮球战术基础配合

战术基础配合是两三人之间协同动作的简单配合。

（一）进攻战术基础配合

1. 传切配合

传切配合是两三名队员利用传球和切入组成的简单配合。

传切配合的要点：①合理选择进攻位置，队形要拉开，按战术路线跑动；②持球队员运用投篮和突破等假动作吸引对手，以便及时把球传给切入的队友；③切入的队员要先靠近对手，然后突然快速侧身跑，摆脱对手向篮下切入，随时注意接球进攻。

2. 掩护配合

掩护配合是进攻队员选择位置，运用合理的技术，用身体挡住同伴的防守队员的移动路线，给同伴创造摆脱防守、获得进攻的一种配合方法。

掩护配合的要点：①掩护队员要站在同伴的防守队员的移动路线上；②掩护配合行动要突然、快速，运用假动作造成防守队员的错觉，完成掩护配合；③同伴之间必须掌握好配合动作的时间；④当防守队员交换防守时，掩护队员要应用掩护后的第二个假动作，突然转身切入篮下或寻求其他的进攻机会；⑤在进行掩护的过程中，掩护队员和同伴都要做一些进攻动作，吸引住对手，达到隐蔽掩护配合的意图（如图 8-17、图 8-18 所示）。

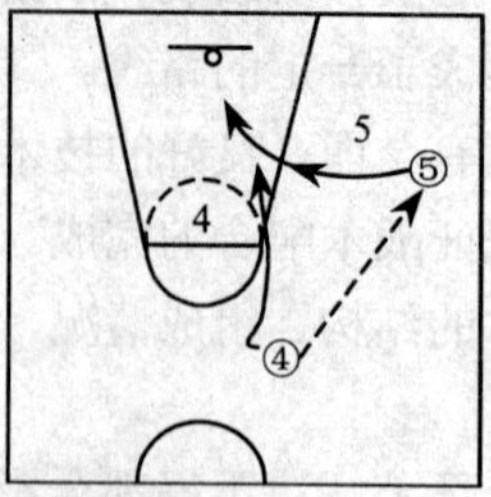

图 8-17

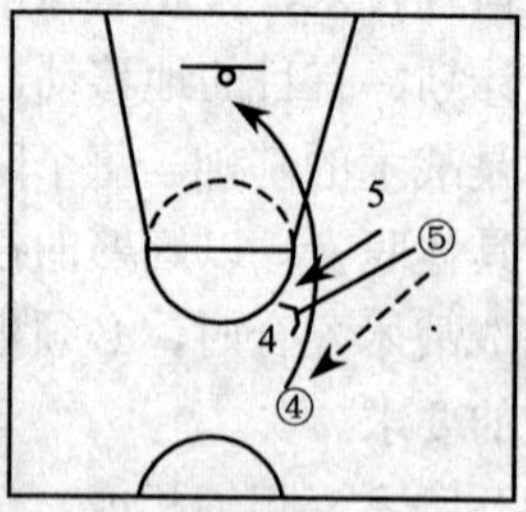

图 8-18

（二）突分配合

突分配合是持球队员运用突破打乱防守部署或吸引防守，并及时将球传给同伴，使同伴获进攻机会的配合方法。

如图 8-19 所示，⑤从防守者的左侧突破，并吸引 7 上来和 5“关门”防守，此时⑦及时跑到有利的进攻位置上去接⑤传来的球，然后投篮或做其他的进攻配合。

图 8-19

突分配合的要点：①突破队员的动作要突然、快速。在突破过程中，既要有传球的准备，又要有投篮的准备。②突破队员在突破过程中，要始终注意观察场上攻、守队员的位置变化，及时传球或投篮；场上其他进攻队员要掌握时机跑到有利位置上去接球。

（三）策应配合

策应配合是指进攻队员背对或侧对篮球，并以他为枢纽，与同伴相互配合而形成的里应外合的进攻方法。

策应配合的要点：①正确选择策应点，迅速摆脱防守，抢占策应的位置；②策应队员接球后两脚开立，两腿弯曲，上体稍前倾，两肘微屈，两手持球于腹前，用臂和身体保护好球，要随时注意观察场上情况，以便及时将球传给有进攻机会的队友或自己伺机进攻；③策应队员在策应过程中，运用好跨步、转身来调整策应方向和位置，以便协助队友作摆脱防守或为自己创造进攻机会；④同队队员传球给策应队员后，要及时摆脱防守，接应队友或切向篮下进攻。

五、防守战术基础配合

防守战术基础配合是两三名队员在防守中运用协同防守配合的方法，它包括挤过、穿过、交换防守、“关门”、夹击、补防等防守配合，是组成全队防守战术的基础。

1. 挤过配合

挤过配合是当掩护队员在进行掩护的一刹那，被掩护的防守队员主动上前，靠近自己的防守对象，并随其移动，从两名进攻队员之间侧身挤过去，继续防守自己对手的配合方法。

挤过配合要点：①防守掩护的队员，应及时提醒队友注意对方掩护，自己随移动应稍向后撤，以便补防；②被掩护的防守队员要及时、主动上步贴近自己的对手。

2. 穿过配合

当进攻队员进行掩护时，防守掩护的队员主动后撤一步，让队友（即被掩护的防守队员）及时从自己和掩护队员之间穿过去，以便继续防守住自己的对手，这种方法称为穿过配合。

穿过配合的要点：①当对方掩护时，防守掩护的队员要主动、及时后撤一步；②被掩护的队员要快速穿过堵住的进攻路线。

3. 交换防守配合

交换防守配合是当对方进行掩护或策应时，两名防守队员及时交换自己防守对手的一种配合方法。

交换防守配合的要点：①交换防守前，防守掩护的队员要及时把换人的信号告诉队友并积极堵截切入队员的路线；②被掩护的防守队员接到换人信号后，积极堵截掩护队员向内线的移动路线。

4. “关门”配合

“关门”是当进攻队员持球突破时，防守突破的队员向侧后滑步。同时，临近突破一侧的防守队员迅速向进攻队员的突破路线滑动，与防守突破队员靠拢，像两扇门一样地关起来，堵住持球突破队员的一种配合方法。

“关门”配合要点：①防守突破队员要积极防守，堵住进攻队员的突破路线，临近突破一侧的防守队员及时、快速地向队友靠拢进行“关门”，不给突破队员留有空隙；②“关门”以后，突破队员一停球，协助“关门”的队员迅速回防自己的对手。

5. 夹击配合

夹击配合是两个防守队员利用有利的区域和时机，封堵持球队员的传球路线，造成持球队员传球失误或违例的一种协同防守配合方法。

夹击配合要点：①正确选择夹击的区域和时机；②夹击配合时，行动要果断、突然，两名夹击队员应充分运用身体、两臂严密固守持球队员，两人的双脚位置约呈 90° 角，不让对手向场内跨步；③夹击时，避免身体接触或抢球造成的不必要犯规动作；④当防守的两名队员再夹击配合过程中，其他防守队员要紧密配合，放弃远离球的进攻队员，严防近球的进攻队员接球。

6. 补防配合

当防守队员被对手突破或绕过时，临近的其他防守队员主动放弃自己的对手去补漏防守，这种方法称为补防配合。

补防配合的要点：①当队友被对手突破后，临近的防守队员要大胆放弃自己的对手，果断、突然、快速地补防；②补防时，应合理运用技术，避免犯规；③被对手突破而漏防的队员应积极追防，补防队友的对手，注意观察对手的传球路线，争取断球。

六、快攻与防守快攻

（一）快攻

快攻是指在由防守转入进攻时以最快的速度、最短的时间，在人数上造成以多打少的优势，或在人数相等以及人数少于对方的情况下，乘对方立足未稳，果断而合理地进行攻击的一种快速进攻战术。

快攻战术是全队战术的主要组成部分，是篮球比赛中得分的重要方法。因此，在快攻训练中必须加强快攻基础战术的练习及攻防转换意识的练习，培养勇猛顽强的意志品质和勇于取胜的集体主义精神，不断提高快攻战术质量。

1. 发动快攻的时机

（1）抢到防守篮板球时发动快攻。

（2）抢、打、断、获球时发动快攻。

（3）掷界外球时，要想到发动快攻。

（4）跳球、获球后发动快攻。

2. 快攻战术的形式和组织结构

快攻分长传快攻、短传快攻和结合运球突破快攻三种，下面主要介绍前两种。

1）长传快攻

长传快攻时防守队员在后场获球后，立即快速地用一次或两次传球给迅速超越对手的队友进行投篮的一种配合方式。

长传快攻的要点：①全队要有快攻意识；②由攻转守，获球队员迅速观察场上情况，机警、快速地传球；③快攻队员要全力快跑超越对手，并准确判断来球的方向和落点，在跑动中完成接球和投篮（如图 8-20 所示）。

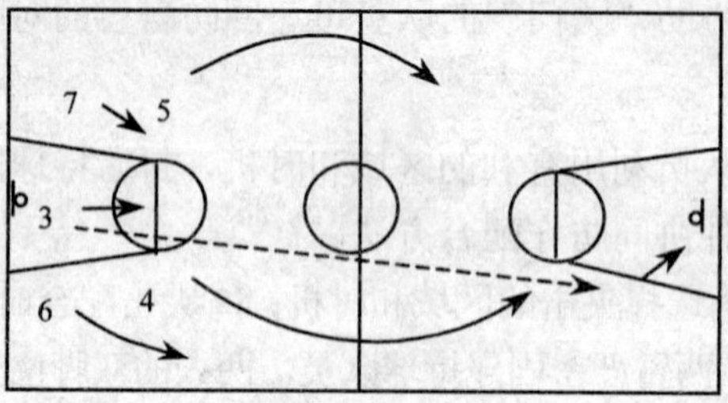

图 8-20

2）短传快攻

短传快攻是防守队员获球后，立即以快速的短传推进和快速跑动获得投篮机会的一种配合方法（如图 8-21 所示）。

图 8-21

（二）防守快攻

防守快攻是防守战术的主要组成部分。它是在进攻转入防守的瞬间，快速地、有组织地制约对方的快速反击和破坏对方快攻路线的配合方法。

防守快攻的要点如下。

（1）提高投篮命中率，拼抢篮板球。从赛场统计数据来看，抢篮板球发动快攻的次数最多。因此，提高投篮命中率，减少对方抢篮板球的机会十分重要。即使投篮不中，也要拼抢篮板球，破坏对方在空中点拨球发动第一传。

（2）封堵第一传球，堵截接应。当对方控制篮板球时，离持球最近的队员要迅速上前封锁对手的传球路线，其他队员应判断好接应点，阻挠对方接应第一传和有组织地退守。

（3）堵截中路，卡好两边。除封第一传、堵截接应外，还应组织力量堵截中路，迫使对手沿边线推进。同时卡好两边，以防对手偷袭快攻。

（4）提高以少防多的能力。防守快攻结束阶段，若以少防多，防守队员要沉着冷静，充分发挥防守的积极性，准确判断，积极移动，合理运用技术及时补位，提高防守效果。

七、区域联防

区域联防是指在防守时，每个队员分工负责防守一定的区域，严密防守进入该区域的球和进入该区域的进攻队员，并与队友协同防守的集体防守战术。

区域联防要求合理地分配队员的防守区域，在分工负责防守区域的基础上，5 个队员必须协同一致，积极随球移动，加强对有球一侧的防守，做到“近球者紧，远球者松；有球者上，无球者补”。

区域联防常用的战术队形有“2-1-2”、“2-3”、“3-2”、“1-3-1”等。区域联防应根据进攻队的特点和本队的条件来决定采用哪种站位队形进行防守。“2-1-2”联防是区域联防的基本形式，5 个队员的位置分布较均衡，移动距离短，便于协作，能相对减少犯规。

八、半场人盯人防守

半场人盯人防守是指在后场每个防守队员盯住一个进攻队员，同时协助队友完成集体防守任务的全队防守战术。

它的特点是以盯人为主，分工明确，能有效地控制对方的进攻重点。

半场人盯人防守分为有球一侧防守与无球一侧防守。

（1）有球一侧防守：球在正面圈顶一带时，要错位防守，以防守对手接球为主；球在 45°角一带时，要侧前防守。

（2）无球一侧防守：球在圈顶一带和 45° 角时，无球侧防守者应回缩，注意协防和篮下补防。进攻人盯人防守时有各种阵形打法，主要由传切、掩护、策应等局部配合组合而成。

第四节　篮球运动的一般规则

一、场地、器材

1. 场地标准

国际篮球联合会规定场地标准为长 28 m、宽 15 m。场地的丈量是从界线内沿量起，界线宽为 5 cm。罚球线的外沿距离端线的内沿 5.8 m，三分投篮线的外沿距离篮圈中心投影点 6.25 m。

2. 篮板及篮圈

篮板横宽 1.80 m，竖高 1.05 m，篮板的下沿距离地面 2.90 m。篮板的垂直面距离端线内沿 1.2 m；篮圈的内径为 45 cm，篮圈安装在篮板上，其水平面距离地面 3.05 m。

二、一般规则

1. 球队的组成

每支球队可由不超过 12 名有参赛资格的球员组成，其中 1 人任队长；每支球队可有 1 名教练员和 1 名副教练员；每支球队最多可有 5 名有专门职责的随队人员（领队、医生、理疗师、统计员、翻译），他们可以坐在球队席上。

2. 比赛时间

比赛分为四节，每节各 10 min。第一、二节为上半场，第三、四节为下半场。半场内两节之间休息 2 min，两个半场之间休息 15 min。比赛结束如果两队得分相同，则进行 5 min 决胜期的比赛；若比分仍相同，再进行 5 min 的决胜期比赛，直至决出胜负为止。每个决胜期中间休息 3 min。

3. 得分种类

球从篮圈上方投进，经裁判认可后即算得分。三分线外投入篮圈得 3 分，三分线内投入得 2 分；罚球，每次投进得 1 分。

4. 暂停与替换球员

（1）暂停：当球成死球且停止比赛计时钟时可提出暂停；对方投篮得分，只要是投篮队投球离手前提出的，可暂停。每队第一、二、三节每节允许暂停一次，第四节有两次暂停。每个决胜期有一次暂停。

（2）替换球员：每当球成死球且停止比赛计时钟时可替换球员；违例后，只有抛界外球的非违例队可替换球员。每次替换球员要在 20 s 内完成，替换次数和人数不受限定。

5. 罚球

罚球是在不能阻挡、无防守的情况下投篮，是作为对犯规球队的处罚，给予另一球队得分的机会。罚球队员要站在罚球线后，从裁判手上接球后 5 s 内投篮。在投篮后、球触及篮圈前，不能踩或越过罚球线。

6. 队员 5 次犯规与球队 4 次犯规

无论是侵人犯规，还是技术犯规，一名球员犯规达到 5 次必须离开球场，不得参与本场比赛；在一节比赛中如果某队累计犯规 4 次，那么本节中该队再有犯规都要判给对方两次罚球。如果该队处于控制球时则不罚球，而是失去球权，由对方掷界外球。

7. 对做投篮动作的球员犯规

对做投篮动作的球员犯规时，若球投进，得分有效同时加罚一次；若不中则根据投篮地点给予 2 次或 3 次罚球。

三、常见违例

凡属于以下违例，均判给对方在距离违例最近的界线外掷界外球重新进入比赛。

（1）3 s 违例：场上控球队的队员在对方限制区内停留时间超过 3 s。

（2）5 s 违例：罚球时，单次罚球时间超过 5 s 没有将球投出；掷界外球时超过 5 s 没有将球发出；比赛中，持球队员无传、运、投动作并停步超过 5 s 没能使球出手。

（3）8 s 违例：当某队在本方后场控球时，需在 8 s 内使球进入前场，否则违例。

（4）24 s 违例：某队在场上控球时，需在 24 s 内投篮出手，否则违例。

（5）球出界：当球触及处于界线外的队员或是其他人员、界线或界线外的地面、界线外的物体及篮板支架、篮板背面时为球出界。

（6）球回后场：当某队在前场控球时，若球没有触及对方球员而回到后场又被同队球员先触及为球回后场。

（7）带球走：一个队员不是运球而是持球走两步或两步以上，或持球后中枢脚离地再次落地时球没有出手为带球走。

（8）两次运球：队员第一次运球结束后再次运球称为两次运球。

四、常见犯规

1. 侵人犯规

比赛中常见的侵人犯规有“拉人”、“推人”、“撞人”、“阻挡”、“打手”等。凡属以上犯规，均要登记并判给对方球权；若对做投篮动作的队员犯规，或者全队本节已达到 4 次犯规且为非控球的队，则判给对方 2 次或 3 次罚球。

2. 技术犯规

当队员或教练员不顾裁判员警告，或与裁判员、记录员、技术代表、对方球员交涉时，态度恶劣，或语言上不礼貌，违反体育道德，即为技术犯规。

（1）队员技术犯规：队员技术犯规要登记，并由对方场上队长指定队员罚球 2 次，同时对方球队获得在中线处掷界外球。

（2）教练员、助理教练员、替补队员技术犯规。这些人员的犯规登记在该教练员的名下，其他判罚与场上队员技术犯规一致。某队教练员有本人的 2 次技术犯规和 1 次记在教练员名下的随队人员的技术犯规，则该教练员必须离开赛场，在本次比赛中不得再履行教练员职责。

（3）取消比赛资格的犯规：这是一种恶劣的违反体育道德的犯规，对于这种犯规应立即取消犯规者的比赛资格，并勒令其离开比赛场地，其他判罚与技术犯规相同。

（4）双方犯规：这是双方队员同时犯规，各登记一次犯规，仍由原控球队得到球权，并在双方犯规地点就近界外掷界外球。若双方都没有球权，则在最近的球圈内实行跳球。

第五节　篮球运动的比赛欣赏

篮球运动拥有众多的观众，但是该如何欣赏一场精彩的篮球比赛呢？要很好地欣赏篮球比赛应该从以下方面来进行。

（1）掌握基本规则。这是基本的常识，最起码要知道什么是违例，什么是犯规，对犯规的处罚有哪些等。

（2）了解篮球比赛的战术知识。每个球队都有基本的战术打法，要能看出场上队伍的战术特点、球队的基本战术打法。了解一个球队的战术打法就能知道这个球队的战术核心是谁，不是名气最大的球员就是最能左右战局的人。而且根据双方的战术打法与临场变化，可以感觉到哪一方的战术有优势，能抓住对方的弱点，能对比赛的走势做出更好的判断。

（3）了解场上双方队员的位置及该位置在整体战术中的作用。

（4）不要只盯着球的运行路线，要人球兼顾，这样才能领略到篮球运动整体配合的魅力。

（5）注意观赛礼仪。球队入场，要为双方球员鼓掌。为营造赛场氛围，球迷可以穿着与自己喜爱球队相同颜色的球衣，可以采取敲锣打鼓、有节奏鼓掌、摇摆旗帜等方式喝彩助威。观赛时，尽量不站起来，如前排有人站起来，影响到自己的视线，可以平和的语气提示对方；不喝倒彩，不辱骂，不用语言攻击场上队员、教练员、裁判员；不携带赛场明令禁止的各种物品入场，不往场地内投掷杂物，以免造成场内秩序混乱。

国际业余篮球联合会

国际业余篮球联合会于 1932 年成立，总部设在德国慕尼黑。联合会的职责是：促进、监督和指导国际业余篮球运动的发展，制定比赛规则和场地设施规定；监督按照国际篮联所制定的规程进行国际性和奥运会篮球比赛；经管国际裁判的指定工作；处理会员国的运动员和裁判员转国籍问题等。下设“技术”、“规则”、“财务”等 9 个委员会。1974 年 7 月，中国篮球协会成为其正式会员协会。

思考题：

1. 以自己的投篮动作为例，分析影响投篮的几个要素。
2. 掩护配合的要点是什么？
3. 防守的基础配合有哪些？
4. 防守快攻的要点是什么？
5. 应该如何欣赏一场精彩的篮球比赛？

第九章　排　　球

第一节　排球运动概述

一、排球运动的定义

排球运动是由两支人数相等的球队，在被球网隔开的两个均等的场区内，根据规则以身体的各部位将球从网上击入对方场区，而不使球在本场区落地的、集体的、攻防对抗的体育项目。排球运动既可以不限形式、不限场地来达到游戏、娱乐及健身的目的，也可以按规则进行分队比赛。

二、排球运动的项目和分类

排球运动的项目多种多样，组织形式也多种多样。排球运动从产生发展至今，由地板走向沙滩，由娱乐走向竞技，又由竞技发展到娱乐，因此，排球运动可以从竞技和娱乐的角度进行分类。

（1）竞技类排球运动：六人制排球、沙滩排球。

（2）娱乐类排球运动：软式排球运动、九人制排球、小排球等。娱乐类排球运动多种多样，随着全球经济的发展，健身理念的不断深入，形式简单、组织灵活的各种排球运动一定会深受大众的喜爱。

三、排球运动的起源和发展

排球运动于 1895 年由美国马萨诸塞州的霍利沃克城基督教青年会干事威廉·摩根创造，当时是一种使用篮球胆隔着网来回拍打，使球不落地的游戏。1896 年美国开始有了排球比赛，同年，第一部排球规则也刊登在 7 月出版的美国《体育》杂志上。最初的排球比赛没有人数规定，赛前由双方临时商定，只要双方人数相等即可。

1936 年在柏林奥运会期间成立了第一个国际排球组织——排球技术委员会，标志着排球运动从娱乐游戏时代进入竞技时代。1947 年在法国巴黎成立了国际排球联合会；1949 年在布拉格举行世界男排锦标赛；1952 年第 1 届世界女排锦标赛举行；1957 年排球运动被国际奥委会批准成为奥运会正式比赛项目；1964 年男、女排进入第 18 届奥运会。

四、排球运动的地位和作用

1984 年墨西哥人阿科斯塔当选国际排联主席，在他的领导下排球运动得以社会化、商业化、职业化。至 1998 年，国际排联的会员国已发展到 210 多个，使排球运动成为世界上最大的单体运动项目。在“大排球”的观念下，不论是娱乐排球，还是竞技排球，都在世界范围内得到广泛的发展。

排球运动具有较多特点：①多样的形式和广泛的群众基础；②全面的技术和高度的技巧；③激烈的对抗和严密的集体；④轻松的娱乐和高雅的休闲。这也使得排球运动更加深入人心，在体育项目中占据举足轻重的地位和作用。

第二节　排球运动的基本技术

排球技术是指运动员在比赛规则允许的条件下采用的各种有球和无球动作的总称。

一、无球技术

顾名思义，无球技术是指运动员在场上没有和球发生联系的各种动作，其中的准备姿势与移动又是各项有球技术的前提和基础。

（一）准备姿势

为了便于完成各种技术而采取的合理的身体姿势称为准备姿势。按照身体重心的高低，准备姿势一般可分稍蹲、半蹲和低蹲三种（如图 9-1 所示）。

图 9-1

半蹲准备姿势动作方法：两脚左右开立略比肩宽，一脚稍前，两脚尖内收，脚跟稍提起。两膝弯曲并内扣。上体前倾，重心靠前。两臂自然弯曲，置于腹前，两手掌心相对，手指自然张开。全身放松，双眼注意来球。

稍蹲、低蹲和半蹲准备姿势动作方法相同，只是身体的重心不同。稍蹲准备姿势身体重心较半蹲准备姿势稍高，而低蹲身体重心较半蹲稍低。

（二）移动

移动的目的是及时接近球，保持好人和球的相对位置，以便击球。移动步法包括并步和滑步、跨步和跨跳步、交叉步、跑步及综合步。

二、有球技术

有球技术是相对于无球技术而言的，是指运动员在场上与球接触的各种动作总和，包括传球、垫球、扣球、发球和拦网。

（一）传球

传球是指通过手指、手腕的弹击动作将球传出的击球动作。传球多用于二传，为进攻创造条件，起着组织进攻的作用。

传球分正面传球、背传球、侧传球和跳传球。其中，正面传球是最基础的传球动作，是一切传球技术动作的基础，此处重点介绍前两者。

1. 正面传球

动作方法：采用稍蹲准备姿势，双手自然抬起，置于脸前，注意来球，当球接近时，击球点在额前上方约一球距离处，手接触球时，两手自然张开成半球形，手腕稍后仰，两拇指相对成“一”字形或“八”字形，用拇指、食指、中指触球，无名指和小指在两侧辅助控制传出球的方向，依靠蹬地、伸臂和手指、手腕的力量及球的反弹力将球传出，如图 9-2 所示。

图 9-2

2. 背传球

动作方法：身体背对传球目标，双手上举，掌心稍向上，上体保持正直或稍后仰，击球点保持在额上方，依靠蹬地、展腹、抬臂、伸肘及手指、手腕的弹力将球向后上方传出，如图 9-3 所示。

图 9-3

（二）垫球

垫球在排球比赛中占有重要地位，主要用于接发球、接扣球和接拦回球，是组织进攻的基础。

垫球依照动作方法可分为正面双手垫球、体侧垫球、背垫球和单手垫球等。

1. 正面双手垫球

正面双手垫球是指双手在腹前垫起来球的一种垫球方法，是各种垫球技术的基础，是最基本的垫球方法。

垫球手形分三种：叠掌式、抱拳式和互靠式（如图 9-4 所示）。无论采用哪种垫球手形都要注意手腕下压、两臂外翻。击球位置在双手腕关节以上 10 cm 处（如图 9-5 所示）。

图 9-4

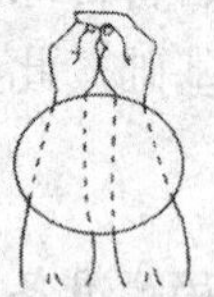
图 9-5

正面双手垫球动作方法简单，可概括为：一插、二夹、三压、四送。

（1）一插：降低重心，两臂前伸，插入来球下方。

（2）二夹：合胸吸肩，两臂加紧，绷紧，双臂形成一个平面。

（3）三压：双臂平面接触球时，手腕下压。

（4）四送：蹬地，送臂，将球垫出。

2. 体侧垫球

体侧垫球是指在身体侧面垫球的一种垫球方法，其特点是控制面宽，使用较为广泛。体侧垫球时，要注意来球处于身体的哪一侧，将身体重心移至同侧腿，采用“插、夹、压、送”的方法将球击出。重点在身体重心的转变，切忌随球摆臂（以来球在身体左侧为例，如图 9-6 所示）。

图 9-6

（三）扣球

扣球是运动员跳起，将高于球网上沿的球有力击入对方场区的一种有球技术方法。这是得分的主要手段，也是进攻中最积极有效的武器。

扣球技术有正面扣球、调整扣球、勾手扣球等。正面扣球是最基本的扣球技术，其他扣球技术都是在此基础上发展和派生出来的。

扣球技术的动作方法由以下三步组成（如图 9-7 所示）。

图 9-7

（1）助跑：半蹲准备姿势，观察来球，做好各方向助跑起动。助跑节奏先快后慢，第一步小，第二步大，找好助跑上步的时机。

（2）起跳：后腿快速并拢前腿，随即蹬地起跳，两臂协调由后向前上方摆动。

（3）空中击球：起跳后，身体成反弓形，由腰腹发力，手臂各关节做鞭打动作，手掌自然微屈，全掌包裹球后上部，屈腕击打。

（四）发球

发球是比赛的开始，也是进攻的开始，准确而有力的发球可以直接得分或破坏对方的战术组织，减轻本方防守压力，为攻击创造条件。

发球依据发出球的性能可分为发飘球和发旋转球。发飘球主要有正面上手发飘球、跳发飘球等；发旋转球主要有正面上手发球、正面下手发球、勾手大力发球、跳发球等。

1. 正面上手发球

这种发球由于正面站立，视野开阔，准确性较高，并能充分利用蹬地、转体、收腹发力带动手臂加速挥动，手指、手腕的推压动作加大了发球的力量和速度，同时球呈上旋，不易出界失误。

动作方法：面对球网，双脚自然开立，左脚前，左手托球于身前，抬臂平托上送，将球平稳地垂直抛于右肩前上方；同时，右臂抬起屈肘后引与肩平，上体稍右转，蹬地，转体，收腹带动手臂，以全手掌击球的中下部，手腕做推压动作，使球呈上旋飞行（如图 9-8 所示）。

图 9-8

正面上手发飘球的动作方法与正面上手发球相似，只是在击球的瞬间，手腕、手指紧张，手形固定，使作用力通过球的重心，不做推压动作，手臂伴随有突停动作。

2. 正面下手发球

这种发球方式简单易学，失误率低，但是速度慢、力量小、攻击性弱，适合初学者使用。

动作方法：面对球网，双脚前后站立，左手持球将球抛于体前右侧，离右手高约 20 cm；同时右臂自后向前摆动，身体重心前移，在腹前以全掌或虎口击球后下方（如图 9-9 所示）。

图 9-9

3. 跳发球

这种发球攻击力强，击球点高，身体充分伸展，有利于发力，故而有力量大、旋转强、速度快等特点。但是对技术要求稍高，失误率也较多。

动作方法：面对球网站立，将球抛于前上方，随即助跑起跳，击球时利用收腹和转体带动手臂挥动，击球点保持在右肩前上方，全手掌击球且有推压动作，犹如扣球一般将球击入对方场区（如图 9-10 所示）。

图 9-10

（五）拦网

拦网是防守的第一道防线，是反攻的重要环节，具有强烈的攻击性，可以直接拦死、拦回对方扣球，可以减轻后排防守的压力。

拦网可以分为单人拦网和集体拦网。

动作方法：面对球网，两脚左右开立约与肩宽，两膝微屈，两臂在胸前自然屈肘；采用并步、交叉步等向前或斜前移动；起跳时，重心降低，用力蹬地身体垂直起跳；两臂平行球网向网上沿伸出，两肩上提，双手接触球时自然张开，触球同时手指紧张，用力屈腕（如图 9-11 所示）。

图 9-11

第三节　排球运动的基本战术

由于场上队员参与战术的数量，也由于对阵双方在比赛中的瞬息万变，更由于现代排球技术的不断发展和比赛队员个人条件的提高，使得排球的战术体系丰富多变、快慢交替、空间立体结合，如图所示 9-12 所示。

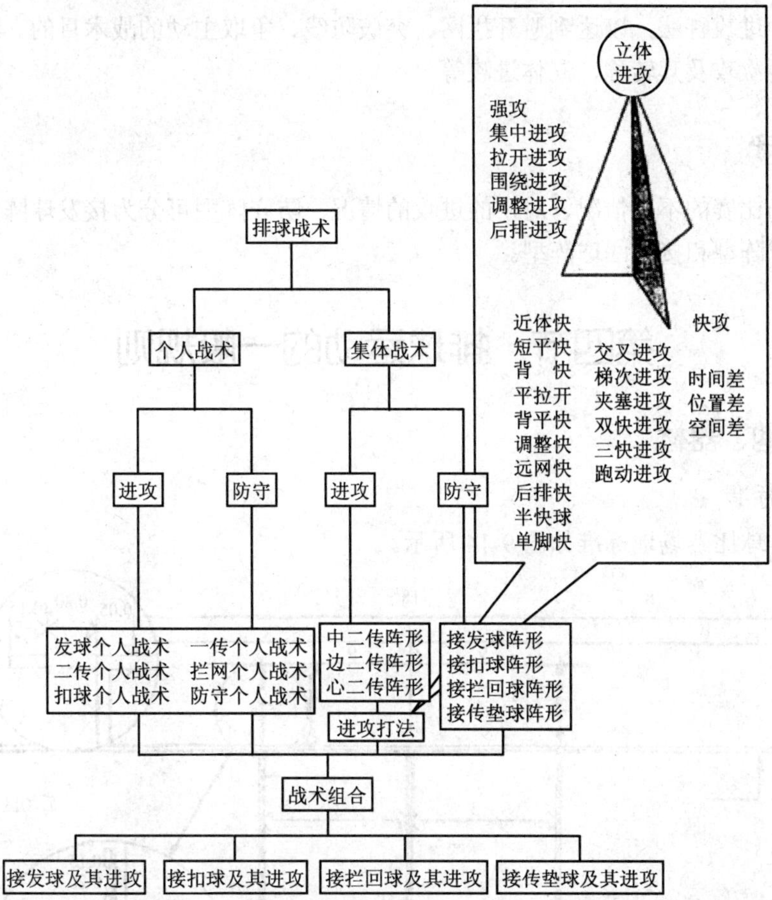

图 9-12

一、阵容配备

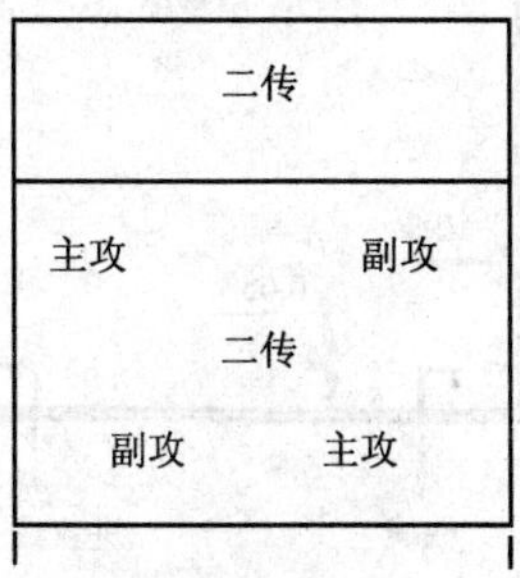

图 9-13

阵容配备是合理依据场上队员而安排技术力量的组织形式，包括“四二”配备、“五一”配备和“三三”配备。

以“四二”配备为例，它是指场上 4 个进攻队员和 2 个二传队员。当今排坛，无论男排、女排，顶尖的球队都采取这种场上配备。它的优点是无论怎么轮转，前后排的进攻点和进攻强度都不会有明显变化，是现代全攻全守、立体排球的发展趋势（如图 9-13 所示）。

二、进攻

进攻阵型包括“中二传”阵型、“边二传”阵型和“心二传”阵型，每一种进攻阵型都可以相互转换。进攻阵型的设置是依据二传队员在场地中的位置而命名的。在“四二”配备中，由于具有 2 个二传队员，可同时保证前后都有二传，因此，“四二”配备在任何轮转中都可以随意开展三种进攻阵型。

进攻打法：指二传队员与扣球队员之间所组成的各种配合。每一种进攻阵型中都可以灵活地运用多种进攻打法，以达到避开拦网、突破防线、争取主动的战术目的。进攻可分为强攻、快攻、两次攻及其转移、立体进攻等。

三、防守

依据临场比赛的不同情况、对手的进攻的情况，防守阵型可分为接发球阵型、接扣球阵型、接拦回球阵型和接传回球阵型。

第四节　排球运动的一般规则

一、场地、器材

1. 场地标准

六人制排球比赛场地标准如图 9-14 所示。

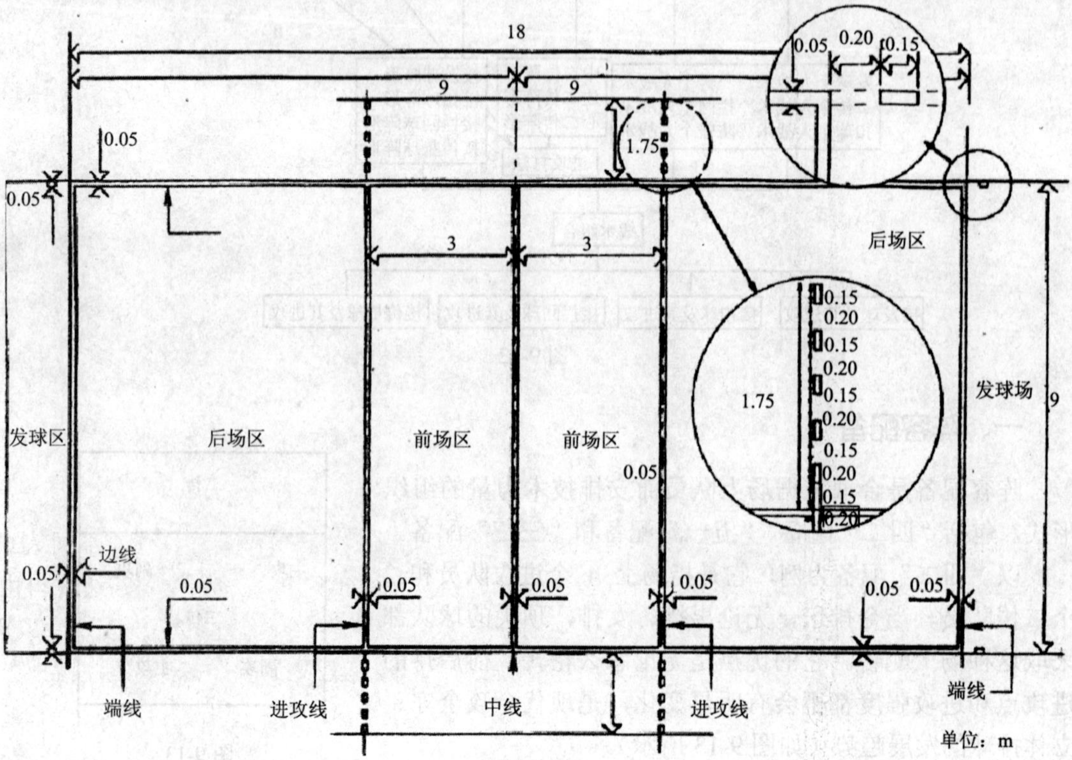

图 9-14

软式排球比赛场地标准如图 9-15 所示。

2. 器材

六人制排球比赛的主要器材如下。

（1）球网：黑色，长 9.50 m，宽 1 m，置于中心线的垂直面上。男子网高 2.43 m，女子网高 2.24 m。

（2）网柱：高 2.55 m 的光滑圆柱，网柱必须固定好，排除一切危险设施或障碍物。

（3）标志带：两条宽 5 cm、长 1 m 的白色带子，垂直于边线系于球网，并认为是球网的一部分。

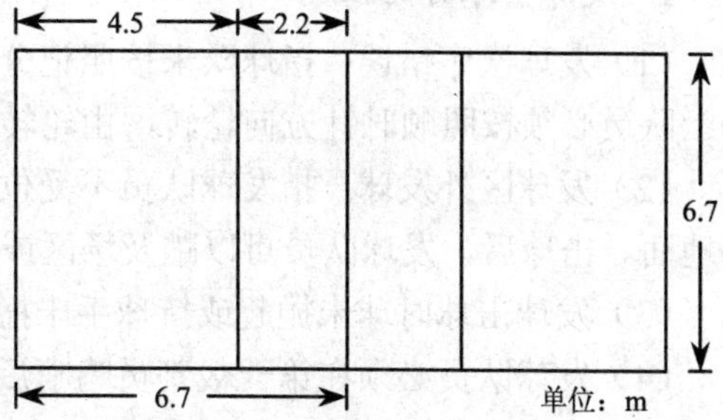

图 9-15

（4）标志杆：两根长 1.8 m 有韧性的杆子，设置于标志带外沿且高出球网 80 cm。

（5）球：圆周为 65～67 cm，质量为 260～280 g，气压为 3～3.25 N/cm^2。

沙滩排球的场地应为深 40 cm 以上的细沙组成的平整沙地，其他比赛器材与六人制相同，只是比赛用球的气压不同，为 1.75～2.25 N/cm^2。

软式排球的场地及器材的随意性更强，其他没有明确规定，只是规定球用柔软的材料制成，重量约为 180 g。

二、排球竞赛规则与裁判

（一）排球比赛的主要规则

比赛时双方隔网位于场上，分前后站立。比赛时由获得发球权的一方的后排右边队员在发球区用一只手将球直接击过球网开始，每方最多击球 3 次使球过网（拦网触球不计入 3 次），不得持球，每名队员不能连续击球两次（拦网队员除外）。比赛不间断进行，直至球落地、出界或队员犯规。

比赛采用每球得分制，胜 1 球即得 1 分。比赛的前 4 局以先得 25 分且超出对手 2 分的队为胜 1 局。如果分差只在一分时且双方比分都达到 24 分时，比赛一直进行，直到一方领先 2 分时结束。决胜局以先得 15 分且同时超出对手 2 分的队获胜。当比分到达 14 分且分差为 1 分时，比赛继续进行，直到一方胜出 2 分时结束。

正式比赛采用五局三胜制。最多比赛 5 局，先胜 3 局者胜。

（二）关于自由防守队员的规定

自由防守队员又称“自由人”。“自由人”必须穿着与其他队员不同颜色（或不同款式）的上衣。“自由人”可以在比赛中断或裁判员鸣哨发球前，从进攻线和端线间的边线自由进出，换下后排一位队员不需换人过程，不记正常换人次数，其上下次数不限。但上下两次间必须经过一次发球比赛过程。“自由人”不得发球、拦网、试图拦网，在球场的任何地区，不得直接将高于球网的球直接击过球网，在前场区不得组织进攻，即传出高于球网上沿的球，本方队员不能进行进攻性击球，但在后场则可以。

（三）比赛中常见的犯规

1. 发球击球时的犯规

（1）发球次序错误：指球队未按照记分表上所登记的发球顺序发球。发球权球队的 6 名场上队员必须按照顺时针方向轮转，由轮转到后排右的队员发球。

（2）发球区外发球：指发球队员不受位置错误限制，但发球击球时，踏及场区或发球区外地面。击球后，发球队员可以踏及场区或发球区外地面。

（3）发球击球时球未抛起或持球手未撤离。

（4）发球队员必须在第一裁判员鸣哨后 8 s 内将球击出，超出 8 s，判对方得一分。第一裁判员鸣哨前的发球无效，重新发球。

2. 发球击球后的犯规

（1）发出的球触及发球队队员、球网或未能通过球网垂直面。

（2）界外球：球完全落在场区界线之外；球触及场外物体、天花板和非比赛队员等；球触及标志杆、网绳、网柱或球网标志杆以外部分；球的整体或部分从过网区以外过网。

（3）发球掩护：发球队一方队员以挥臂、跳跃或左右晃动等动作妨碍对方接发球，且球从其上空飞过，为个人掩护。两名或多名队员密集站立遮拦发球队员，且球从他们上空飞过，为集体掩护。

3. 位置错误

在发球击球瞬间，对方任何一名队员不在规则规定的位置上。判断位置错误必须明确几点：①在发球击球的一刹那才可能出现位置错误犯规，之前、之后队员可以任意移动，不受限制；②队员在场上位置错误应根据脚的着地部分来确定（如图 9-16 所示）。

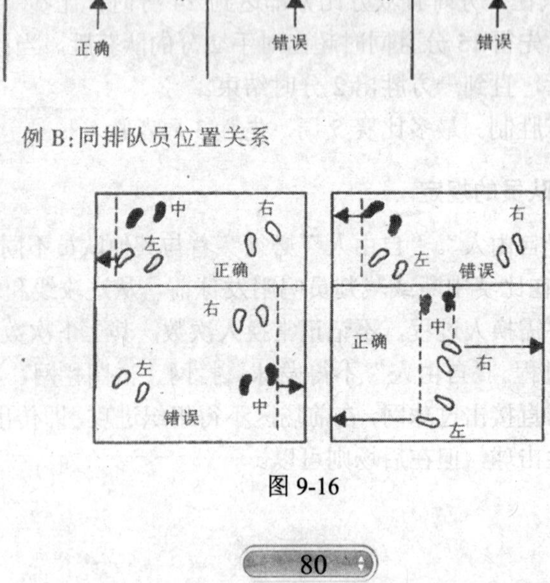

图 9-16

4. 击球时的犯规

（1）四次击球：一个队连续触球 4 次（拦网 1 次除外）。

（2）持球：没有将球击出，造成接住或者抛出。

（3）连击：一名队员连续击球两次或球触及自己身体的不同部位（拦网一次和第一次击球时除外）。

（4）借助击球：指队员在场内借助同伴或任何物体的支持进行击球。

5. 在球网附近的犯规

（1）过网击球：在进攻性击球前或击球时，在对方空间触及球或对方队员。判断重点是击球点是否在对方场区空间。

（2）过中线：比赛中，队员整只脚、整只手或身体其他任何部分越过中线并接触对方场区。

（3）触网：比赛中，任何队员触及 9.5 m 线以内的球网、标志杆、标志带即为触网。判断触网犯规时应准确识别主动与被动触网，分清是先成死球还是先触网。

6. 拦网犯规

（1）过网拦网：在对方进攻性击球前或击球时，在对方空间拦网触球。判断过网拦网的依据是进攻队员与拦网队员触及球时间的先后。

（2）后排队员拦网：后排队员靠近球网，将手伸向高于球网处阻拦对方来球，并触及球。判断后排队员拦网犯规必须同时具备三个条件：①后排队员在靠近球网处；②手在高于球网上沿处阻拦对方来球；③触及了球。

（3）拦发球：拦对方发过来的球。只要队员在球网附近，手高于球网上沿阻拦对方发过来的球，不论拦起、拦死，只要触球即犯规。

7. 进攻性击球犯规

后排队员在前场区内或踏及进攻线（及延长线）拦击整体高于球网上沿水平面的球，并使球的整体由过网区通过球网垂直面或触动对方拦网队员的手为后排队员进攻性击球犯规。在前场区对发过来的并整体高于球网的球，完成进攻性击球也为犯规。

8. 不良行为

表 9-1 列出了排球比赛中可能出现的不良行为及其处罚方式。

表 9-1　排球比赛中可能出现的不良行为及其处罚方式

不良行为等级	次　数	处 理 方 法	出示红黄牌	结　果
粗鲁行为	第一次（任一队员）	判罚	黄牌	失一分
	第二次（原成员）	判罚出场	红牌	坐在判罚席上
	第三次（原成员）	取消比赛资格	黄牌+红牌	离开比赛控制区
冒犯行为	第一次（任一队员）	判罚出场	红牌	坐在判罚席上
	第二次（原成员）	取消比赛资格	黄牌+红牌	离开比赛控制区
侵犯行为	第一次（任一队员）	取消比赛资格	黄牌+红牌	离开比赛控制区

9. 比赛间断

（1）暂停：前 4 局中，每局有两次技术暂停，各为 1 min，当有一队先达到 8 分和 16 分时自动执行。另外每局还有一次请求 30 s 暂停的机会。第 5 局（决胜局）无技术暂停，每队可以请求两次 30 s 暂停。

（2）换人：每局每队最多可替换 6 人次（一名队员上场一名队员下场为 1 人次），一次可替换一人或多人。每局的首发阵容队员在同局中可以被替换下场和再次上场各一次，但只能回到原阵容中；替补队员只能上场一次并只能由被替换下场的队员来替换。

（3）局间休息：所有局间的休息时间均为 3 min，其间交换场地。第 5 局（决胜局）一队获得 8 分时，两队交换场地，不休息。

第五节　排球运动的比赛欣赏

对很多人来说，熟悉排球是从袁伟民带领的中国女排开始的，20 世纪 80 年代的中国女排创造了一个又一个的神话。中国女排以及与中国女排对抗的其他国家女排一直被大家津津乐道。

一、日本女排："东洋魔女"

1964 年与 1976 年奥运会女排冠军，1962 年、1967 年和 1974 年世锦赛冠军，并在 2001 年被国际排联评为"20 世纪最佳女子排球队"。

1962 年，世界排球锦标赛，日本 vs 俄罗斯，日本首次使用勾手飘球、前臂垫球和"滚翻防守"技术，采用"高快结合、积极防守"战术，以 3:1 获胜。之后，以不失一局的战绩首次取得第一个世锦赛冠军。

这次获胜代表着日本女排的崛起，依靠其突出的防守水平和顽强的斗志，其首创的勾手飘球、滚翻救球、小臂垫球等新技术以及移植自中国男排的快攻打法，日本女排在世界大赛上连续 6 次夺冠。这种优势一直保持到 20 世纪 70 年代中期，这阶段是世界女子排球运动发展的第一高峰期。

二、中国女排

1981 年，第 3 届世界杯在日本举行，比赛采用单循环制，经过了 7 轮 28 场比赛，中国女排以七战全胜姿态，压倒上届冠军的东道主日本队，获得冠军。最经典的一场是对苏联女排，中国女排以 3:0（局分为 15:4、16:14、15:0）战胜对方，末局更令对手一分未拿。

从 1981 年到 1986 年，中国女排连续五年获得各种世界大赛冠军。

中国女排最为荡气回肠的比赛是 2004 年雅典奥运会的女排决赛的中国 vs 俄罗斯。前两局比分为 28:30、25:27，在这种巨大的压力下，女排姑娘充分发挥"强快结合"，多变的快攻手段连下三局（25:20、25:23、15:12）获得冠军。时隔 18 年，中国女排重回世界女排巅峰。

三、巴西女排："无冕之王"

巴西女排的打法是：高快结合，两边强攻拉开，中间高点施压牵制对手，打法非常全面。巴西女排不仅进攻出色，防守同样一流，没有明显漏洞，富有攻击性。巴西女排能打球的队员非常多，12 名队员个个能战，非常符合"全攻全守，立体战术"的现代排球理念。

2008 年 8 月 23 日，北京奥运会女子排球冠军争夺战在首都体育馆打响。对阵双方是世界排名第一的巴西队和由郎平率领的美国队。经过 1 小时 33 分钟的激战，巴西队以 3:1（25:15、18:25、25:13、25:21）战胜美国队，获得了本届奥运会女排冠军，也是巴西女排首次获得奥运会冠军。至此巴西女排摘掉了"无冕之王"的帽子，依靠先进的排球战术，引领世界女子排坛。

立 体 进 攻

前排队员运用各种快变战术组织进攻，同时也掩护后排队员从进攻线后跳起进攻，形成横向、纵深全方位的进攻。由于这种打法突然性大、攻击力强，容易突破对方的防线，是排球运动进攻战术的发展方向，其特点是利用进攻队员在人数上的优势，增加了进攻点，既有近网进攻，也有中远网进攻，扩大了进攻范围，给对方拦网起跳及后防取位造成困难。

思考题：

1．你能分析自己的传球和垫球技术中存在的问题吗？应该如何改进？

2．排球比赛中常用的阵容配备形式有哪些？

3．你知道排球比赛中"自由人"的相关规定吗？

4．你可以自己创编一个排球游戏吗？

第十章　足　球

足球运动是目前世界上影响最大的运动项目之一，号称世界第一大球。它是两队相互对抗、激烈而又富有魅力的球类项目。正式比赛每队 11 人，在平坦的长方形场地上进行，场地两端各设有一个球门。比赛时，双方不断互换攻守。攻方队员尽量把球引到离对方球门较近的地方，争取射球入门；守方队员努力抢截对方的球，阻挠对方带球或传球接近自己的球门，并阻止对方射球入门。比赛以射球入门的多少判定胜负。

第一节　足球运动概述

一、现代足球运动的发展概况

（一）现代足球运动的诞生

1863 年 10 月 26 日，英国 11 个足球俱乐部的代表在伦敦举行会议，成立了第一个足球运动组织——英格兰足球协会。因此，国际上都把 1863 年 10 月 26 日作为现代足球的诞生日，并且认为现代足球运动起源于英国。

英格兰足球协会于 1872 年开始举办优胜杯赛，并流行全国。

（二）现代足球运动的传播与发展

1. 现代足球运动的兴起

现代足球运动在英国兴起后，通过英国的海员、士兵、工程师、牧师等传播到欧洲大陆和世界各地。

1857 年英国成立了第一个足球俱乐部，1885 年英格兰首创了职业足球俱乐部，随后奥地利、西班牙、意大利、匈牙利等国也先后成立了职业足球俱乐部。这些都极大地促进了现代足球运动的发展。同时也需要建立一个国际性的足球组织，以协调各国足球运动的开展，组织各国间的足球竞赛活动。在这种形势下，1904 年 5 月 21 日，法国、比利时、西班牙、荷兰、丹麦、瑞典、瑞士七国的足球协会的代表在巴黎举行会议，成立了国际性的足球组织——国际足球协会联合会，简称国际足联（法文缩写 FIFA），它是国际奥林匹克委员会的一个单项体育组织。

足球竞赛规则的改变，不断地推动着足球技战术的发展。1930 年英国的埃尔贝·契甫曼根据当时新的越位规则精神创造了“WM”式阵型，这是个分工明确、攻守平衡的阵型，适应了当时的技战术发展水平，在国际足坛上盛行了 20 年之久。20 世纪 50 年代，匈牙利人针对“WM”式阵型的三后卫防守，创造了四前锋式打法，取代了“WM”式阵型。1958 年巴西人针对四前锋式阵型重攻轻守的弱点，创造了“四二四”阵型，使攻守人数在布局上达到了新的平衡，促进了足球技战术的进一步发展。1974 年荷兰人创造了全攻全守的整体型打法，使足球运动进入了“全面型”时代。

2. 现代足球运动的发展趋势

1）足球的攻守矛盾促进足球竞技水平不断提高

足球运动是由攻与守这一对矛盾所组成。从足球运动发展的历史来看，进攻能力的提高必然导致防守的加强，通过提高防守能力来制约进攻。要打破这种平衡，就得深入研究再提高进攻能力。攻守矛盾是相互制约、相互促进的关系，不断地提高足球竞技水平。

2）全攻全守型打法是现代足球发展的必然趋势

自从全攻全守的打法问世以来，对运动员的身体素质、技战术、心理素质的全面发展要求越来越高，运动员既要有自己擅长的位置，同时又要适应其他位置，这样就使整体的力量和个人的特点都能得到充分的发挥，使比赛显得充满活力。

3）各种流派相互学习、取长补短，不断完善自己

足球运动员在世界范围内的大流动，促进了各流派之间的融合，使各流派之间的差异逐渐缩小。就目前来看，各自的特点仍比较鲜明，只是吸收了其他流派的长处，不断充实完善自己。但是，融合是一种趋势，各流派之间差异将仍然存在。

4）速度越来越快，对抗越来越激烈

现代足球比赛进攻速度的大大加快，使得防守不得不加快速度才能抵御进攻。这种高速度的比赛节奏使攻守双方的对抗越来越激烈，因此攻守之间的转换也十分迅速。

二、我国古代足球运动的发展概况

1980 年 4 月，当时的国际足联主席布拉特在亚洲足联举办的各会员国协会和秘书长学习班上所作《国际足球发展史》报告中说："足球发源于中国，由于战争而传入西方。"1985 年 7 月 26 日国际足联主席阿维兰热在北京举办的首届柯达杯 16 岁以下国际足联世界少年足球锦标赛开幕式讲话时也提及 "足球起源于中国"。

根据有关史料记载，早在战国时期，我国就有了古代足球运动，并有可靠的文字记载。我国古代足球称为"蹴鞠"或"蹋鞠"，"蹴"和"蹋"都是踢的意思，"鞠"指的是球，内部填充毛发一类有弹性的东西。

两汉时期，随着社会经济的发展，蹴鞠活动在社会各阶层中都有广泛的发展。除了娱乐性以外，还演变成军事训练手段，增加了竞技性、军事性，并出现了表演性和竞技性两种活动方式。

唐代是我国蹴鞠最为盛行的时期。随着社会的发展和技术的进步，"鞠"的制作工艺也有了很大的进步，开始用几何图形组圆，并用动物膀胱做球胆，以嘴充气，成为充气的"鞠"。这种"鞠"可以腾空飞起，因此踢高成为唐宋时期踢球的一项重要技术。从唐代开始，蹴鞠运动传到了日本。据有关史料记载，汉代已有"蹴鞠客"，他们是依靠踢球技艺寄食在贵族家里。唐代的皇帝为了娱乐观赏的需要，还在皇宫中设置了一个专门的蹴鞠组织。

宋代的城市中有一种大型游乐场叫瓦子勾栏，踢球的艺人经常在此表演。他们还逐步建立了一些组织（叫齐云社或圆社），对宋代的蹴鞠发展起了积极作用。

元代蹴鞠活动的发展表现在白打踢法的动作难度又有了新的提高，并出现男女对踢。

明代的蹴鞠活动曾受到明太祖朱元璋和明熹宗朱由校的禁止，但封建朝廷的禁令并不能完全禁止社会上蹴鞠活动的开展，在下层社会中仍有较广泛的蹴鞠活动。

清代的统治者对汉族的传统文化加以限制，提倡满族的摔跤、滑冰、狩猎等活动，使蹴

鞠活动的发展受到了极大的影响。

三、足球运动的特点

（一）设备简单，规则简明，易于开展

正式的足球比赛只需要球门、球门网等简单的设备即可进行。足球活动可以不受时间、人数、器材等的限制，只要有一块场地和一个足球即可进行健身活动。场地根据参加活动的人数可多可少。球门可用砖、石、衣物等代替。活动方式灵活机动，单人或两三人可进行颠耍球、传接球或练习各种基本技术。人数稍多可进行小型比赛，3 对 3、4 对 4、5 对 5。足球竞赛的基本常识比较容易掌握，群众性足球活动可利用余暇时间，一年四季都能开展。

（二）对抗激烈，观赏性强

高水平的足球比赛紧张、激烈、精彩，战局跌宕起伏，变化莫测，胜负难料，因而引人入胜，具有很高的观赏性。每逢世界杯足球比赛，上至国家元首，下至普通百姓，都被扣人心弦的精彩比赛深深地吸引。

一场高水平的足球比赛始终在高速、激烈的对抗中进行。攻守转换快，从地面到空中的立体角逐始终贯穿着进攻与防守、限制与反限制、制约与反制约的激烈对抗。观众的情绪随着比赛的进行而剧烈地变化着。裁判员的错判、漏判，比赛中的偶然性，运动员的过激行为都对观众的心理造成强烈的刺激。比赛双方在技术、战术、身体和心理的综合抗衡中尽现足球运动之美。

（三）丰富的文化内涵

足球运动具有丰富的文化内涵，是一种满足人们生理、心理需要，表现人们行为举止，思想情感，民族特征、风格的身体文化运动。世界足球强国如巴西、法国、意大利、阿根廷、德国、英国等国的运动员在比赛中都体现了鲜明的技战术风格，而风格的形成则是本民族文化、地域、身体条件、心理、主观追求等因素的综合作用，民族文化是其中的主要因素。

（四）诱人的经济效益

足球运动发展至今已经高度国际化、职业化、商业化，蕴涵着十分诱人的经济效益。在意大利，足球是国民经济中的十大支柱产业之一。足球产业具有高投入、高产出的特点。优秀运动员的转会费直线上升，高达几千万美元。经营状况好的职业俱乐部每年的利润是相当可观的。即使在足球运动尚在发展中的我国，操作好一场商业比赛也能获利数百万。一个足球职业俱乐部的足球产业开发是生存的经济基础。目前我国足球职业化刚刚起步，足球产业的开发大有可为、前途无量。

第二节　足球运动的基本技术

一、足球技术概念

足球技术是指运动员在足球竞赛规则条件下，运用身体的有效部位合理完成各种动作方法的总称。足球技术是运动员进行比赛活动的基本手段和能力，是完成战术配合、决定战术

质量的前提和保证。

二、足球技术介绍

（一）踢球技术

踢球是指运动员有目的地用脚将球击向预定目标的动作方法。踢球是运动员进行比赛活动的主要技术手段，它在比赛中的主要目的是传球和射门。

踢球动作按触击球时脚的部位可分为脚内侧、脚背外侧、脚背内侧、脚背正面、脚尖和脚跟踢球几种方法。

1. 脚内侧（脚弓）踢球

动作特点：触球面积大，可控性强，出球平稳准确，是短距离传球和射门常用的脚法。

技术要点：触球部位是脚内侧的脚弓；直线助跑，支撑脚踏在球侧面约 15 cm 处，脚尖对准出球方向，膝关节微屈；在支撑脚着地的同时，踢球腿以髋关节为轴由后向前摆动，屈膝外展约 90°，小腿加速前摆，脚尖稍翘起，踝关节紧张用力，根据出球高度要求，用脚内侧部位分别击球的中下部、中部和中上部（如图 10-1 所示）。

图 10-1

2. 脚背内侧踢球

动作特点：踢摆动作顺畅，幅度大，脚触球面积大，出球平稳有力，且性能和线路富于变化，是中远距离射门和传球的重要方法。

技术要点：触球部位是脚背内侧；斜线助跑，与出球方向约成 45° 角，最后一步稍大，支撑脚踏在球后侧 20～25 cm 处，脚尖对准出球方向，膝微屈，身体稍向支撑脚一侧倾斜；踢球腿以髋关节为轴，屈膝外展约 45°，大腿带动小腿由后向前摆动，膝关节稍向内旋，脚跟提起，脚尖指向斜下方，脚面绷直，根据出球高度需要，用脚背内侧分别击球的中下部、中部和中上部（如图 10-2 所示）。

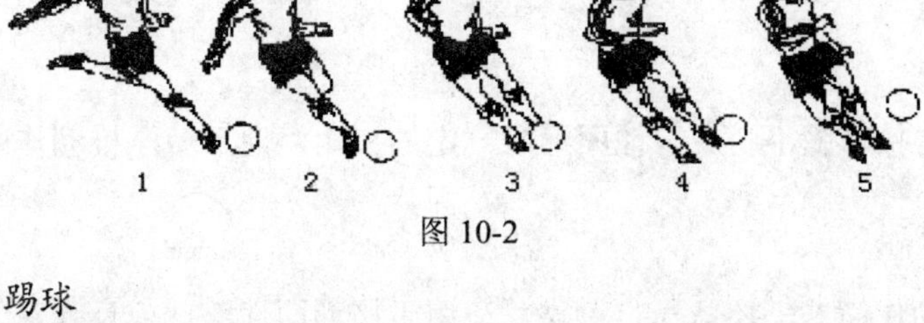

图 10-2

3. 脚背正面踢球

动作特点：踢摆幅度大，动作顺畅，便于发力，但出球路线及性能缺乏变化，适用于远距离的传球和大力射门。

技术要点：触球部位是脚背正面；直线助跑，最后一步稍大并积极着地，支撑脚踏在球侧 12～15 cm 处，脚尖正对出球方向，膝关节微屈，踢球脚在支撑脚着地前顺势向后摆起，小腿折叠；支撑脚着地同时，以髋关节为轴，大腿带动小腿由后向前摆动，在膝盖摆至接近球正上方的瞬间，小腿加速前摆发力，脚背绷直，脚趾扣紧，以脚背正面踢球的后中部，踢球后脚随出球方向继续前摆（如图 10-3 所示）。

图 10-3

（二）接球技术

接球是指运动员用身体的有效部位，将运行中的球有目的地接控在所需位置上的动作方法。它是运动员获得球的主要手段。良好的接控球能力能为球队创造更多的进攻机会，也是保证进攻战术顺畅的重要因素。

按触球部位，接球技术可分为脚部、腿部、胸部、腹部和头部接球几种方法。

1. 脚部接球

脚部接球的动作方法很多，运用最广，是接球技术的基本内容。

1）脚内侧接球

动作特点：接球平稳，可靠性强，动作灵活多变，用途广泛。

技术要点：接地滚球时，身体正对来球，判断来球的速度和方向，选好支撑脚位置，膝关节微屈；接球脚根据来球的状态相应提起，膝、踝关节旋外，脚趾稍翘，用脚内侧对准来球，触球刹那，接球部位做相应的引撤或变向接球动作，将球控制在所需要的位置上（如图 10-4 所示）。

图 10-4

接反弹球时，接球腿小腿应与地面形成一定的夹角，向下做压推动作时，膝要领先，小腿滞留在后面。

2）脚掌接球

动作特点：动作简单，控球稳定可靠，适用于接迎面地滚球或反弹球。

技术要点：判断来球路线和落点，选好接球位置并稳固支撑，接球腿屈膝提起，脚尖微翘，使脚掌与地面形成一定的仰角，球邻近或落地的刹那，接球腿有控制地下放，用脚前掌部位触压球的后中部，将球控制在脚下（如图 10-5 所示）。

1　2　3　4

图 10-5

2. 胸部接球

动作特点：触球点高，面积宽接球稳定，适用于接胸部以上的高空球。

技术要点：挺胸式接球，适用于接有一定弧度的高球。接球时，身体正对来球，两腿自然开立，膝微屈，两臂在体侧自然抬起，上体稍后仰与来球形成一定的角度。触球刹那，胸部主动挺送，使球触胸后向前上方弹起落于体前（如图 10-6 所示）。

缩胸式接球适用于接齐胸的平直球。缩胸接球与挺胸接球的动作差异在于触球刹那，靠迅速收腹、缩胸缓冲来球力量，使球直接落于体前（如图 10-7 所示）。

1　2　3　4

图 10-6

1　2　3　4

图 10-7

胸部接球的触球点高，接球后球下落反弹。因此，做完胸部动作后，需及时跟进将球控制在脚下。如果将球接向两侧时，身体在触球的刹那要向出球方向转动。

3. 大腿接球

动作特点：接触球部位面积大，且肌肉丰厚有弹性，动作简便易做，适用于接有一定弧度的落降高球。

技术要点：身体正对来球，选好支撑脚位置并稳固支撑，接球腿屈膝上抬，以大腿中部对准来球；触球刹那，接球腿积极引撤下放，接球部位的肌肉保持功能性紧张，以对抗来球冲力，使球触腿后落于体前（如图 10-8 所示）。

1　2　3　4　5

图 10-8

接力量较小的来球，还可采用大腿垫接的方法，即接球腿屈膝上抬，迎球接球，触球刹那，大腿相对稳定，接球部肌肉适度紧张，将球向上方垫起。

（三）运球技术

运球是指运动员在跑动中为将球控制在自身范围内，用脚部进行的推拨球动作。运球是运动员控球与进攻能力的具体表现形式，熟练掌握与合理运用运球技术，对调控比赛节奏、丰富战术变化、破解密集防守、创造射门机会都具有实际意义。

1. 脚背外侧运球

动作特点：灵活性、可变性强，可做直线、弧线和向外变向运球，易于控制运球方向和发挥运球速度，并便于对球进行保护。

技术要点：直线运球时，自然跑动，步幅偏小，上体稍前倾，两臂协调摆动，运球脚屈膝提起前摆，脚趾稍内转斜向下，摆至球体上方时，用脚背外侧推拨球的后中部，重心随球跟进（如图 10-9 所示）。

1　2　3

图 10-9

曲线运球时，触球作用力方向应偏离球心，使球呈弧线运行。变向运球时，应根据变向角度的大小调整支撑脚的位置、触球部位及运球脚用力方向，以保证蹬摆用力与推拨触球动作协调一致。

2. 脚背正面运球

动作特点：直线推拨，速度快，但路线单一，运球时前方需有较大的纵深距离。

技术要点：自然跑动，步幅偏小，上体稍前倾，两臂协调摆动，运球脚屈膝提起前摆，脚背绷紧，脚跟提起，脚趾向下，用脚背正面推拨球后自然落步（如图 10-10 所示）。

1　2　3

图 10-10

3. 脚背内侧运球

动作特点：控球稳，运球速度较慢，适用于掩护性运球或运球变向。

技术要点：自然跑动，步幅稍小，上体略前倾并向球侧稍转，两臂协调摆动。运球脚屈膝提起，脚尖稍外转，前摆用脚背内侧部位向侧前推拨（如图 10-11 所示）。

1 2 3

图 10-11

（四）头顶球技术

头顶球是指运动员有目的地用额部将球击向预定目标的动作方法。头顶球技术按顶球部位可分为前额正面和前额侧面顶球两种。

1. 额正面顶球

动作特点：触球部位平坦，动作发力顺畅，易于控制出球方向，出球平稳有力。

技术要点：原地顶球时，身体正对来球，两腿自然开立，膝微屈，两眼注视来球；随球临近，上体稍后仰，展腹挺胸，两臂自然张开，下颌收紧，身体自下而上地蹬地、收腹、摆体、顶送发力，当头摆至身体垂直部位时，用前额正面顶击球的后中部（如图 10-12 所示）。

1 2 3 4

图 10-12

转身顶球时，身体稍侧对来球，出球方向一侧支撑脚靠前站立，以便转体发力。击球刹那，后脚用力向出球方向蹬转带动身体转动，当身体转向出球方向时加速摆体，用前额部顶击球。跳起顶球时，要选好起跳位置，掌握好起跳时机，起跳脚积极蹬跳发力，手臂协调向上提摆，以加强起跳力量。起跳后，展腹挺胸，形成背弓，两眼始终注视来球。跳至最高点时，快速收腹摆体，下颌收紧，前额积极迎球顶送发力，顶球后屈膝缓冲落地。

2. 前额侧面顶球

动作特点：动作快捷，变向突然，出球路线难以预料，对球门的威胁性极大；但动作难度较大，侧摆发力不足，出球方向较难控制，适用于应急时破坏球或接传中球顶射。

技术要点：原地顶球时，身体稍侧对来球，两脚前后开立，出球侧支撑脚在前，身体侧后微屈，重心落在后脚上，两臂自然张开，眼睛注视来球；顶球时，后脚向出球方向猛地用力蹬伸，身体随之向出球方向转动侧摆，同时颈部侧甩发力，用前额侧部将球击出（如图 10-13 所示）。

1 2 3 4

图 10-13

跳起顶球动作类似于前额正面的跳顶，只是在起跳上升阶段，上体应向出球的相反方向回旋转体。当重心升至最高点时，上体向出球侧加速转动，摆体侧甩，可利用脚的侧下蹬加快侧摆速度，用额侧部将球顶出。

第三节　足球运动的基本战术

一、进攻战术

进攻战术是指在比赛中，为了战胜对手所采取的个人进攻行动和集体配合方法。本节重点介绍局部进攻战术。

局部进攻战术是指进攻中两个或几个队员之间的配合方法，它是集体配合的基础。局部配合形式分传切配合、交叉掩护配合和二过一配合三种。

（一）传切配合

传切配合是指控球队员将球传给切入的进攻队员的配合方法，是局部进攻战术中运用最多的方法。传切配合的形式有局部传切和转移长传切入。

1. *局部传切*

按传切的路线可分为直传斜切（如图 10-14 所示）、斜传直切（如图 10-15 所示）、斜传斜切（如图 10-16 所示）。一般来说，边路进攻多采用直传斜切和斜传直切的配合方法，中路进攻多采用斜传直切和斜传斜切的配合方法。

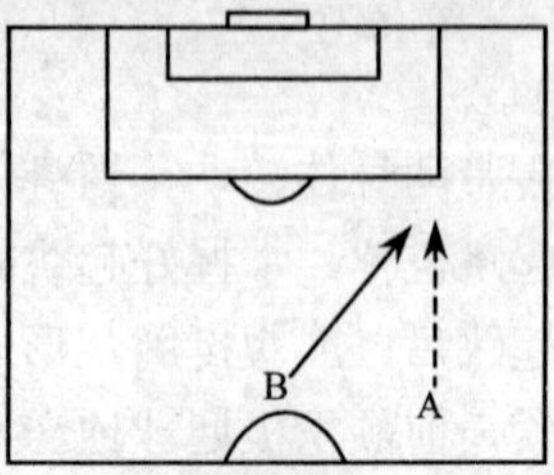

图 10-14

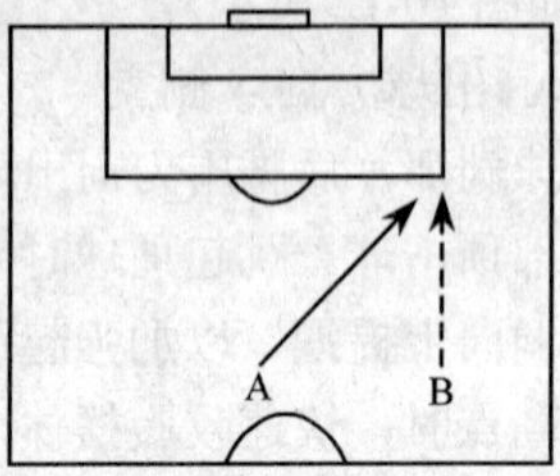

图 10-15

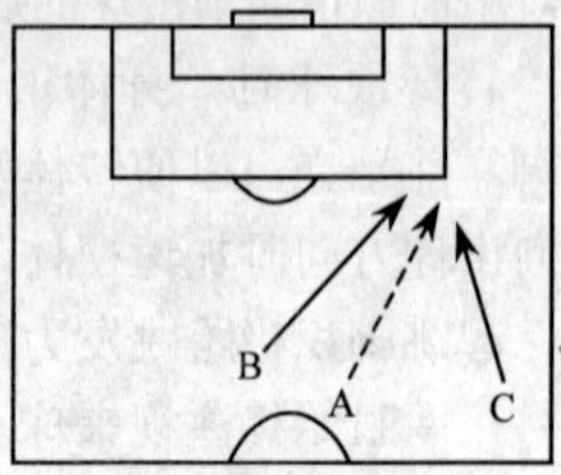

图 10-16

2. *转移长传切入*

一侧进攻受阻，长传转移到另一侧，切入队员得球后展开进攻（如图 10-17 所示）。

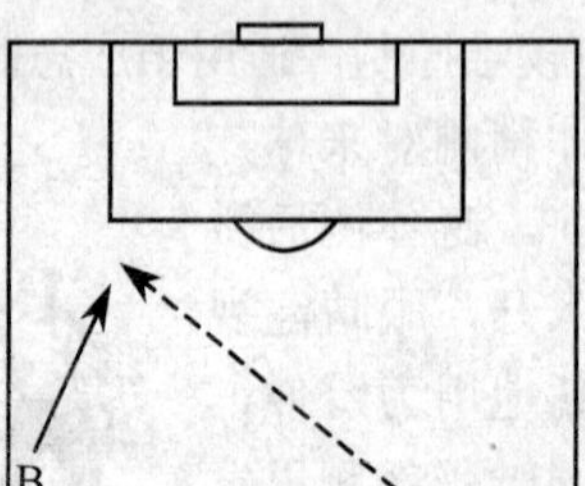

图 10-17

传切成功的要素：①控球队员要准确把握传球的时机，并控制好传球的方向和力量；②跑位队员要明示切入的方位、时间，起动突然、快速，并用身体掩护住球。

（二）交叉掩护配合

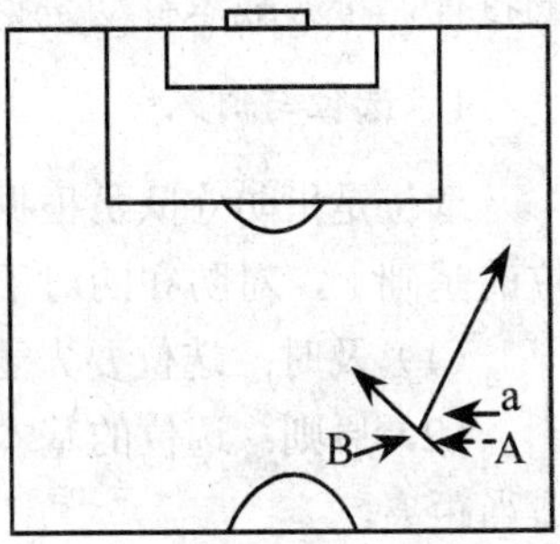

图 10-18

交叉掩护配合是指在局部地区两名进攻队员在运球交叉换位时，以自己身体掩护队友越过防守队员的方法（如图 10-18 所示）。

交叉掩护配合成功的要素：①运球队员必须用自己的身体护住球并挡住两名防守队员，将球交递给队友后，要继续向前跑动；②接球队员必须主动迎面跑向运球队友，交叉距离贴近，接球后快速向前运球。

（三）二过一配合

二过一配合是指在局部地区两名进攻队员通过两次连续传球配合，越过一名防守队员的方法。二过一配合的形式根据传球和跑位的路线分直插斜传二过一、斜插直传二过一和斜传斜插二过一三种。

1. 直插斜传二过一

当防守队员身后有一定空当，防守队员距插入队员较近时可采用这种战术。斜传多采用踢墙式（如图 10-19 所示）。

2. 斜插直传二过一

当防守队员身后有较大空当，防守队员移向接应队员时可采用这种战术，直传球力量要适当（如图 10-20 所示）。

3. 斜插斜传二过一配合

当防守队员身后空隙较小时或采用连续二过一时可采用这种战术（如图 10-21 所示）。

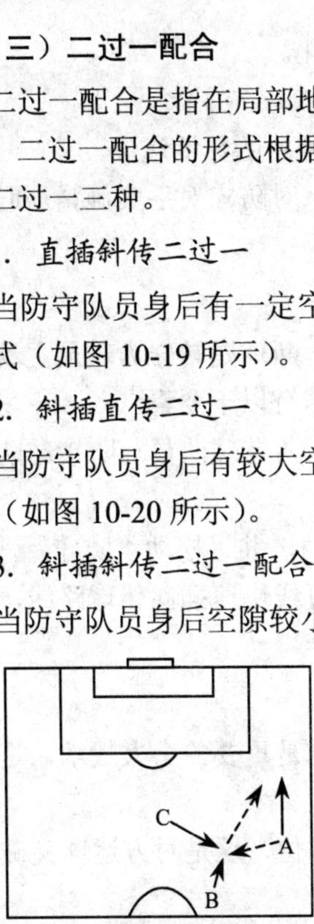

图 10-19

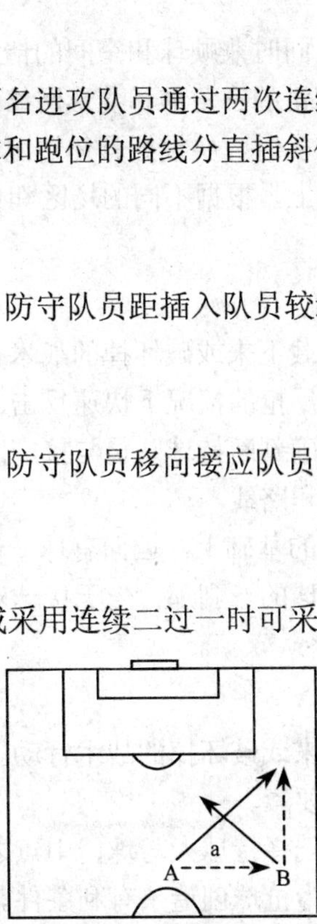

图 10-20

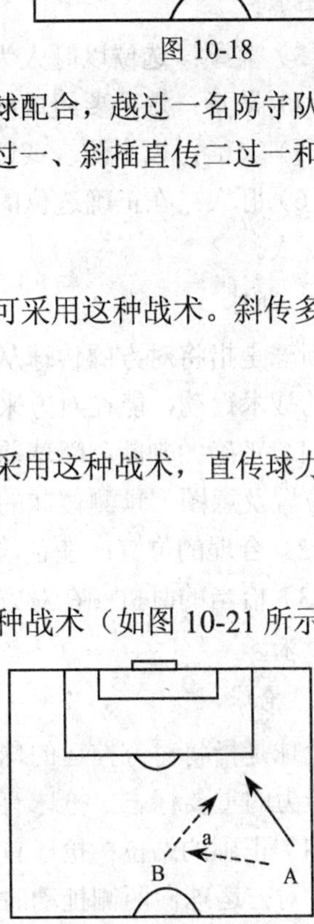

图 10-21

二、防守战术

防守战术是指在比赛中为了阻止对方的进攻和重新控球所采用的个人防守行动和集体配合的方法。

在足球比赛中，进攻和防守是对立的统一，相互制约，相互促进。这一对矛盾只有在激烈对抗中相互促进，才能形成“利矛坚盾”，攻守能力才能得到加强。忽视任何一方，另一方都不可能单独获得真正发展。积极防守孕育着进攻，丢球后立即就地抢截已成为现代足球运动最基本的特征。稳固防守上的快速进攻已成为现代足球运动的战略指导思想。

（一）个人防守战术

个人防守战术是指为了控制对手所采用的个人战术行动。个人战术行动体现着整体战术的特征，个人战术行动是整体战术的基础。个人防守战术包括选位与盯人、断球、抢球等。

1. 选位与盯人

选位是指防守队员根据位置职责和临场情况，选择恰当的防守位置；盯人是指在正确选位的基础上，对防守的对手实施监控或严密控制其进攻行动。选位与盯人有以下一些要素。

（1）及时：选位要先于对手到位防守。

（2）原则：选位的基本原则是进攻队员、防守队员和本方球门中点三点成一线，并保持适当距离。

（3）兼顾：选位以盯人为主，同时兼顾球和空间的情况变化。

（4）队形：选位要组成纵横交错的三角形和菱形网络队形。

（5）灵活：以多防少或以少防多时，要根据具体情况和任务目的灵活选位。

（6）盯人：在正确选位的基础上，根据不同的场区和任务，对防守对手实施紧逼盯人或松动盯人。

2. 断球

断球是指将对方的传球从途中截下来或破坏掉的战术行动。断球是转守为攻最主动、最有效的战术行动，能在对方来不及反抢的情况下快速反击。断球有以下要素。

（1）正确的判断：断球前要正确判断持球队员与接应队员、防持球队员与防接球队员相互的位置及意图，预测传球的时间和路线。

（2）合理的位置：在正确选位的基础上，偏向有球一侧移动，并“松动“防守。

（3）恰当的时机：在对方传出球的一刹那，先于接球对手直线快速插向传球路线，将球截断下来。

3. 抢球

抢球是指将对方控运的球抢过来或破坏掉的战术行动。抢球是重要的个人战术，是个人防守能力的重要标志。抢球有以下要素。

（1）正确的站位：抢球首先要选择持球人与球门中点之间站位，这是对方运球突破必经之路。对方运球向两侧扯动时，即为抢球创造了有利条件。

（2）合理的距离：通过移动与持球对手保持一步内的距离是抢球最适宜的距离。

（3）准确的时机：在对手接控球未稳或控运球两个触球动作之间的时机，将球抢下来或破坏掉。

（二）整体防守战术

整体防守战术是指全队所采取的防守战术，整体防守战术按形式分区域盯人防守、人盯人防守和混合盯人防守三种。

1. 区域盯人防守

由攻转守时，根据场上位置的分工和职责的分工，每个防守队员应负责防守一定区域，当对方某一队员跑入该区时，就负责盯防；离开这个区域，就不再跟踪盯防。这种防守战术较为节省体力，能防守住进入本防区的进攻队员。但是，对方可以任意交叉换位，容易造成局部地区以少防多的被动局面，并且邻近位置的接合部还容易出现漏洞。因此，目前在比赛中很少采用这种防守方法。

2. 人盯人防守

人盯人防守是每个防守队员各自都有明确的防守对象，对手跑到哪儿都要紧跟盯防到哪儿。人盯人防守分工明确，责任具体，盯防效果好；但体能消耗较大，防守队形、防线容易被拉乱，一旦突破，不易弥补。因此，目前在比赛中很少单纯采用人盯人防守方法。

3. 混合盯人防守

混合盯人防守是人盯人防守与区域防守相结合的防守方法，目前在比赛中常常采用。它集中了人盯人防守和区域盯人防守的优点，对对方中场组织队员和前场进攻队员进行人盯人冻结防守，其他队员采取区域盯人防守。根据临场情况既盯人抢球又保护补位形成纵横交错的防守队形。

第四节　足球运动的一般规则

一、足球竞赛规则分析

《足球竞赛规则》是为进行足球比赛而制定的统一规范和准则。为了促进足球运动的发展，规则曾多次被修改，但其精神实质是始终如一的，概括起来有四个方面内容：①对等的原则，即一视同仁；②保护运动员的健康；③促进足球技战术的发展；④提高比赛的观赏性。

二、足球竞赛规则简介

（一）比赛场地

1. 球场

球场必须是长方形，在长 90～120 m、宽 45～90 m 范围内均可。国际比赛的长度范围是长 100～110 m、宽 64～75 m。基层比赛场地可因地制宜，但边线必须长于球门线。国际足联曾规定世界杯决赛阶段比赛场地为长 105 m、宽 68 m，比赛不能在人造草皮上进行。场地各线宽度不超过 12 cm（球门线的宽度必须与球门柱宽度相等）。边线与球门线应包括在场地面积之内，其他各线宽度亦应包括在该区域面积之内。

2. 罚球区

（1）守门员在本方区内可以用手触球。

（2）队员在本方区内被判罚直接任意球时，都应判罚球点球。

（3）罚球点球时，在球未向前踢出之前，除守门员和主罚队员外，其他队员均应在罚球区及罚球弧外的场内、罚球点的后面。

（4）守方踢球门球或在本方罚球区内踢任意球时：①对方应退出罚球区至少距球 9.15 m；②必须将球直接踢出区，比赛才能恢复。

（5）守门员在本方区内有以下行为的，均要被判罚间接任意球犯规：①用手触及队友故意踢给他的球；②用手触及队友直接掷入的界外球；③在发出球后未经其他队员触及，再次用手触球；④持球超过拖延时间。

3. 球门区

（1）可以在本方区内任何一点踢球门球及任意球。

（2）若在区内坠球，恢复比赛时应在当时球所在地点最近的与球门线平行的球门区线上坠球。

（3）凡在对方区内踢间接任意球时，应在离犯规地点最近的与球门线平行的球门区线上执行。

（二）足球

足球用皮革或其他适当的材料制成，周长在68～70 cm之间；比赛开始时不少于410 g、不多于450 g；压力在0.6～1.1个大气压（世界杯赛一般采用0.9个大气压）。比赛用球由裁判员审定，正式的比赛应有备用球，目前多采用8个备用球。

（三）队员

（1）每队7～11人均可，其中1人为守门员。

（2）正式比赛提名替补队员3～7名，但最多可以替换3人，位置不限。被替换下场的队员不可以在本场比赛重新参赛。

（3）场上队员和守门员互换位置前要通知裁判员，可在死球时互换，并且服装颜色必须符合规定。场下替补队员替换时，也应通知裁判员，在死球时从中线处先下后上进行替换。

（4）开赛前被罚令出场的队员可以由替补队员替补，不算换人，但不得再增加替补队员名额。比赛开始后（包括死球时及中场休息）被罚令出场的队员，不得被替补。凡被提名的替补队员无论何时被罚令出场，均不得替换。

（5）踢球点球决胜负时，守门员受伤可以由未换足的替补队员替补，除此以外，一律不得替换。

（四）比赛时间

（1）正式比赛时间为90 min，上、下半场各45 min，除经裁判员同意外，中场休息不得超过15 min。如规程规定有加时赛，则再进行30 min的决胜期比赛，每半场15 min，中间立即交换场地不再休息。如果采用“金球制胜”法则，在30 min内，先进球队为胜，比赛立即结束。若决胜期仍战平，则以踢球点球方式决胜负。

（2）每半场比赛中因故损失的时间应扣除补足，补多少由裁判员决定，主要包括以下几种情况。

① 替换队员。

② 对伤号的处理。

③ 因观众进入场地而暂停比赛。

④ 球出界过远。

⑤ 队员延误时间，包括：发定位球；换人；进球后的庆祝等。

⑥ 受天气影响而暂停比赛。

⑦ 球破裂或漏气需要更换新球等。

（3）比赛最后几秒钟的进球，裁判员应将球放到中点上再鸣哨结束比赛，表示进球有效，不再开球。

（五）计胜方法

（1）当球的整体从球门柱间及横木下越过球门线，而此前未违反竞赛规则，即为进球得分。

（2）判断球是否进门应根据球的位置，而不是以守门员接球或队员触球时所站的位置来决定。

（3）如有观众进场，企图阻球入门，但未触及球而球进门，应算进一球。如触及或妨碍比赛，裁判员应停止比赛，坠球恢复比赛。

（4）罚球点球时，在球到球门线前，遇外来因素干扰，应重罚；如已触及守门员、门框弹回场内，又被外来因素触及，则坠球恢复比赛。

（5）其决胜方法和记分方法应在规程中有所规定。

（六）越位

1. 处于越位位置的条件

（1）在对方半场内。

（2）较球更接近于对方球门线。

（3）在该队员与对方球门线之间，对方队员不足 2 人。

上述三个条件中，若缺少任何一个，队员均不属于处于越位位置。

2. 判断

判断是否处于越位位置的时间是同队队员踢球或触球的一瞬间，而不是该队员接到球的一瞬间。

3. 越位犯规

处于越位位置的队员，在同队队员踢球或触球的一瞬间，裁判员认为其有下列情况而“卷入”了现实比赛中时才被列为越位犯规。

（1）干扰比赛。

（2）干扰对方。

（3）利用越位位置获得利益。

“现实比赛”不是一个区域范围的量化概念，而是指处于越位位置队员的行为和效果而言的。位置是前提，触球瞬间是判断的时机，行为和效果是构成越位犯规的依据。

（七）犯规与不正当行为

足球比赛对抗性强，又允许身体的接触与碰撞，裁判员要准确掌握规则精神，善于识别与区分合理动作与犯规、勇敢顽强与动作粗野，良好风格与不正当行为，把判罚重点放在对人不对球、不正当行为与报复行为上。

1. 直接任意球的判罚

裁判员认为，如果队员违反下列十条中的任何一条，将判给对方踢直接任意球。

（1）踢或企图踢对方队员。

（2）绊摔或企图绊摔对方队员。

（3）跳向对方队员。

（4）冲撞对方队员。

（5）打或企图打对方队员。

（6）推对方队员。

（7）为了得到对球的控制权而抢截对方队员时，于触球前触及对方队员。

（8）拉扯对方队员。

（9）向对方队员吐唾沫。

（10）故意手球（不包括守门员在本方罚球区内）。

2. 间接任意球的判罚

如果守门员在本方罚球区内有下列四种犯规中的一种，都将判给对方踢间接任意球。

（1）当手控制球时，在发出球之前持球超过 6 s。

（2）在发出球之后未经其他队员触及，再次用手触球。

（3）用手触及同队队员直接掷入的界外球。

（4）用手触及同队队员故意踢给他的球。

如果裁判员认为，队员有下列情况的任何一种，都将判给对方踢间接任意球。

（1）动作具有危险性。

（2）阻挡对方队员。

（3）阻挡对方守门员从其手中发球。

（4）违反规则第十二章以前未提及的任何其他犯规，而停止比赛被警告或罚令出场。

另外，如果队员在比赛中被判有开球、球门球、角球、界外球、任意球、球点球连踢，越位犯规，也将在犯规地点以间接任意球恢复比赛。

（八）罚球点球

（1）当比赛进行时，队员在本方罚球区内故意违反《足球竞赛规则》第十二章直接任意球十项规定中的任何一项时，即被罚球点球。

（2）在罚球区线附近发生的犯规，是看犯规动作的接触点，不以犯规队员所处位置为准。如队员在区外，而接触点在区内，则为球点球；反之，区内队员的犯规接触点在区外，则罚任意球。

（3）罚球点球可以直接进球得分。

（4）执行罚球点球时，主罚队员应有明确表示。除主罚队员和守门员外，双方其他队员要站在罚球区和发球弧外及罚球点后的场地内。在他们按规定站好位置后再鸣哨。鸣哨后，在球被踢出前遇到双方任何犯规队员时，应允许踢出该球点球。

（5）执行罚球点球时，必须放在罚球点上，并且必须由主罚队员向前踢出，若主罚队员做横、回传均属比赛未恢复，应重踢。

（6）执行罚球点球时，进入比赛前，守门员应站在球门线上（可以沿线横向移动）面对主罚队员，否则，罚中有效，未中则重罚。其他守方队员提前进入区内或弧内或站在球前，罚中有效，未中重罚。

（7）在鸣哨后、比赛恢复前，主罚队员有不正当行为（如假动作等）或攻方队员提前进区进弧或站在球前，罚中无效，应重罚。如果未中，球出界由对方踢球门球。如果球触守门员、门框弹回场内，裁判员应立即停止比赛，在犯规的所在地由对方踢间接任意球，如果发生在决胜期，则立即结束比赛。

（8）鸣哨后攻守双方队员同时犯规，无论是否罚中，均应重罚。

（9）裁判员遇到攻守双方队员在这个过程中有非体育道德行为，都要予以警告，不许做出对犯规队员有利的判罚。

（10）球踢出后，在向球门运行途中受到外来因素阻止，不论球罚中与否，均应重罚。如果弹回后受阻，立即停止比赛，在受阻地点坠球恢复比赛。

（11）每半场比赛或决胜期上下半场结束时，应允许延长时间执行完罚球点球。

（12）执行罚球点球时，在没有守门员的情况下，比赛不能进行。

（九）角球

（1）在比赛中，队员将球的整体由地面或空中踢出本方球门线（不属于进球得分）时，由对方在出界一边的角球区踢角球。角球可以直接射入对方球门得分。

（2）踢角球时，不得移动角旗杆，对方队员至少距球 9.15 m。当球被踢并移动时，比赛即为进行。

（3）踢角球的队员在球踢出后，未经其他队员触及，不得连踢。如手触球则为手球犯规。

（4）角球踢出时，攻方队员不得站在守门员身前阻挡守门员，否则为犯规。

第五节　足球运动的比赛欣赏

足球比赛的欣赏绝对不是一言两语就可以概括的，需要多方面的知识与技巧。足球比赛是以获得或保持控球权为目的，攻守双方的限制与反限制、控制与反控制在时间和空间上贯穿于比赛的全过程，尤其是从球门区线至罚球弧的大角度地带是进球的密集地区，而从球门区线至点球的平行线则更为密集。从技战术特点来看，战术的运用需要依靠技术或利用时间和空间来创造，尤其是合理的传球使队友在最小的空间内赢得有效处理球的时间，是获胜的关键技术。与此同时，无球队员的大量跑动使全队配合更加默契，进攻面更大、进攻点更多，给对手造成的压力更大，场面更壮观、更具观赏性。足球项目有众多世界级明星，观众不仅要欣赏球星们出色的球技，更要欣赏他们超凡的球风和高尚的赛场道德。

欣赏足球比赛应该从以下方面来进行。

一、足球知识和基本规则

这是基本的常识，最起码要知道什么叫越位，什么是直接、间接任意球以及裁判的基本手势代表什么意思。

二、战术知识

每个球队都有基本的战术打法，要能看出场上队伍的战术设置、球队的基本战术打法。了解一个球队的战术打法不但能知道这个球队的战术核心是谁（不是名气最大的球员就是最能左右战局的人），而且根据双方的战术打法与临场变化，可以感觉到哪一方的战术有优势，可以抓住对方的弱点，进而对比赛的走势做出更好的判断。

三、熟悉明星球员

想看球就不能总是用“红队 7 号”“蓝队 10 号”这样的词汇来代替场上球员的名字，最起码要对世界知名球员的名字和号码及世界上主要足球强国的相应位置球员名字有所了解。要大体知道世界比较著名的球星和他们曾经效力过的球队、在著名足球时期的职业状况，这样才能更好地理解教练对这些明星球员的使用方式是否合理，全队战术与球员个人特点的结合是否完美。

四、球队信息

球队信息包括球队的历史战绩，所在国家、区域的风土人情，球迷特点，人文习惯等，了解这些信息可以帮助我们更好地了解一个俱乐部的运作，更好地了解球队的文化、历史与长时间积淀下来的球队精神。

五、注意观赛礼仪

观看足球比赛，情绪起伏会很大，因此，应特别注意控制自己的情绪。球队入场，要为双方球员鼓掌。为营造赛场氛围，球迷可以穿着与自己喜爱球队相同颜色的球衣，可以采取敲锣打鼓、有节奏鼓掌、摇摆旗帜等方式喝彩助威。观赛时，尽量不站起来，如前排有人站起来，影响到自己的视线，可以平和的语气提示对方；不喝倒彩，不辱骂，不用语言攻击场上队员、教练员、裁判员；不携带赛场明令禁止的各种物品入场，不往场地内投掷杂物，以免造成场内秩序混乱。比赛结束后带走垃圾，妥善处理。

世界杯的奖杯

目前，足球世界杯的奖杯名叫“大力神杯”。但前 9 届足球世界杯使用的并不是“大力神杯”，而是“雷米特杯”。在 1930 年首届世界杯之前两年，国际足联决定世界杯的冠军将获得一个冠军奖杯，并以国际足联主席、为世界杯的创立做出卓越贡献的雷米特的名字命名。奖杯形象为希腊胜利女神尼凯，因此“雷米特杯”又称“女神杯”。此杯为流动奖杯，冠军队可保留金杯 4 年，到下一届世界杯比赛前交还给国际足联，以便发给新的世界冠军。但当时规定三次获得世界冠军的球队将可以永远保留该奖杯。1970 年第 9 届世界杯赛时，巴西队成为第一支三夺世界杯的球队，从而获得永久保留“雷米特杯”的权利。这样，国际足联就需要制作一尊新的奖杯，用于 1974 年的第 10 届世界杯赛。新杯定名为“国际足联世界杯奖杯”，但根据两个运动员托举起地球的形象，人们习惯称它为“大力神杯”。从 1974 年起冠军球队的名字被刻在上面，奖杯拥有的空间，与“雷米特杯”不同，“大力神杯”为永久流动性奖杯，不会再有球队永久保留它。

思考题：

1．通过足球课的学习，谈谈足球技术与战术的关系。

2．什么是“二过一”配合？该配合有哪几种？

3．怎样判定队员是否越位？判定的条件是什么？

4．直接任意球的判罚条件？

第十一章 网 球

网球与高尔夫球、保龄球、桌球并称为世界四大绅士运动。网球运动的起源及演变可以用四句话来概括：网球孕育于法国，诞生于英国，开始普及和形成高潮于美国，现盛行于全世界。网球作为户外有氧运动的代表，是集智慧、体能、耐力、健身于一体的运动。它是一项男女老少皆宜的运动，运动量可大可小，可以自行调节。练习网球，可以使人们的动作敏捷，判断准确，反应迅速，从而提高速度、力量、柔韧、灵敏等身体素质。

第一节 网球运动概述

一、网球的起源

网球的起源可以追溯到古希腊罗马时代，当时流行一种叫“手球”的运动，其方式就是把一条绳子拉直当网子，然后再用一种充满毛发的布袋套住手掌。这种布袋就是所谓的球拍，之后演进成木制拍，一直到现在各式各样的拍子。

这项运动起源于法国的宫廷，14 世纪中叶，法国王储将这种游戏使用的球赠送给英国国王亨利五世，于是这种游戏传入英国。16 世纪，网球开始在欧洲其他地区流行起来，并且有了明显的改良，原本的绳子改成与现在差不多的网子，球拍也开始有了弦线，网球开始发展成为更有竞争性的运动，当然也开始有一些赌注行为的出现。正当赌博行为越来越盛时，网球被下令禁止。之后一直到了 19 世纪，才又开始流行，但却只限于上流社会或有钱人。

现代网球诞生于 1873 年，当温菲尔德少校在英国介绍草地网球时，那是一个 15 分 1 局的比赛，只有发球能得分，称为“Sphairistike”，这个单词是根据希腊文“球”演变而来的。玛丽·奥特布里奇在 1874 年将网球带到了美国，并在板球和棒球俱乐部的草地上建立了美国第一个网球场。

网球运动很快在美国风行，并且发展成为一种充满活力、动作快速、有技巧的运动。1881 年美国网球协会成立，并制定了网球规则，包括计分、球拍和球的大小、球场尺寸的规定，使得网球运动开始有了统一的规定。

二、网球运动的发展

网球运动发展至今，已成为全世界最热门、最受欢迎的运动之一，并且已经职业化，每年各地举行的国际大赛都吸引了无数的球迷。例如，我国的台湾省自 1966 年举办了第一次国际职业网球比赛之后，省内参加网球运动的人数和水准都有明显的提高。

网球运动曾经经历过一个变迁的过程，那就是从业余走向职业。在过去，任何重要的比赛都是业余的，仅有的少数职业球员通常是每年业余球员中最好的一两名转为职业球员，为了赚钱而打球。但是，许多在世界各地举行的巡回表演赛为了吸引好的选手参加，以争取更多的观众，主办单位通常会秘密付出奖金，以吸引顶尖的业余球员，因此造成许多业余选手赚的钱反而比职业选手还多。为了杜绝这种现象，英国温布尔敦网球赛自 1968 年起同时邀请业余和职业网球选手参加，并提供高额的奖金。首届温布尔敦网球赛举行于 1877 年，92 年以来都是业余赛，这个改变，使得现在所有主要的世界大赛也同时向职业和业余球员开放。网球的另一个主要的发展，是室内比赛的增多，这使得网球比赛成为一项全年的运动。

中国网球运动经过几代人的努力，在近几年取得一系列突破性战绩，其中李婷和孙甜甜神话般地夺得 2004 年奥运会金牌。步入 2005 年，中国姑娘们又在澳网公开赛前的两站比赛中有精彩表现，特别是新锐彭帅“爆冷”连挫积极为澳网公开赛热身的世界级名将米斯金娜和佩特洛娃，更是引来媒体铺天盖地的赞许声。一时间，“中国网球正在崛起成为网坛又一新势力”等赞美文章进入人们眼帘。在 2006 年 7 月 10 日，中国网球选手郑洁和她的搭档晏紫在历史最悠久的网球大满贯赛事——温布尔敦网球公开赛的冠军名簿上留下了中国人的名字，继澳网之后再捧女双大满贯赛事的金杯，书写了中国网球运动史上辉煌的一页。

第二节　网球运动的基本技术

一、握拍

学握拍是打网球的第一步，也是十分重要的一步。正确的握拍会使人感到球拍是手臂的延伸，而拍面和弦，则是手掌的扩大，令击球的位置和角度适中，击出的球有力、旋转。反之，不适当的握拍会使人产生有力使不上的感觉，或总是以不恰当的拍面部位击球，难以控制球。因此，根据个人的情况确定自己的握拍方式对初学者来说是非常必要的。

握拍时手掌边缘要与拍柄的底部齐平，不要握在拍柄的中央部位；掌心和手指应与拍柄最大面积地贴合在一起，体现出拍手一体、拍手无间的感觉，不要仅用手指“捏”住拍柄；拇指环过拍柄贴压于中指之上，不要留有空隙以免在击球时球拍脱手；食指略与中指分开并自然与拍柄靠拢在一起，如果像握拳头一样死板地将球拍抓在手里，那么握拍的灵活性及随意性就要逊色许多，不利于对球拍的控制，手也容易感觉疲劳。整个手形有点儿像开枪时扣板机的样子，食指一定要与中指分开。

除上述要领之外，网球拍的握法还有方式上的区分。传统上有东方式（包括东方式正手及东方式反手）、大陆式、西方式、半东方式半西方式等握拍方式。下面介绍东方式握拍。

（一）东方式正手握拍

东方式正手握拍适用于正手上旋击球，就像在与别人握手一样，比较自然得体且易于控制球拍，不易导致伤痛，但在击反手球时需换握成东方式反手。

（二）东方式反手握拍

东方式反手握拍适用于反手上、下旋击球及发球。下旋球时可令拍面自然打开，发球时可令球有强烈的旋转，局限之处在于击正手球时需换握且发球时攻击力偏弱。

许多球员在反手击球时是双手握拍。双手握拍一般适用于单臂力量较薄弱、不足以对抗来球者（如女子、儿童）及习惯上不太接受单手握拍者。反手双手握拍的具体方法是：持拍手以东方式反手或大陆式握拍，非持拍手（辅助手）以东方式正手握拍，双手在击球时应靠拢在一起成为一个点作用于球拍柄，不能分开，否则将给击球时的发力及球拍的控制带来困难。相对而言，反手击球若采用单手握拍的话，其对身体整体的力量素质要求就比较高了，可是一旦很好地掌握了反手单手击球的技巧，那么其控球范围大、动作弹性大的特点就很容易显现出来，球员将因此而受益良多。在这里需要注意：反手采取双手或单手握拍要依自身力量条件及对两种握拍形式的适应程度而定，并不是男子就一定得用反手单手击球，而女子不用双手就打不了球。

二、拍面

击球时的基本拍面有三种：关（拍面向地面下倾）、垂直、开（拍面上仰），如图 11-1 所示。它们都是相对于拍面与地面的角度而言的，并且掌心所对方向为出球方向。在以后学习击球的过程中若出现出界、下网，那么多数要从拍面的角度及拍面的控制上找原因。

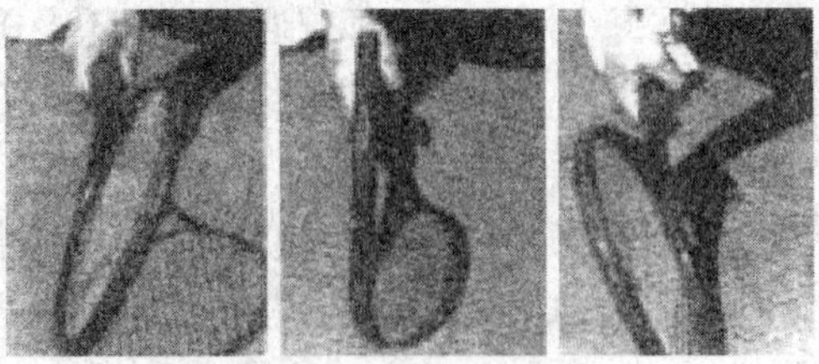

a）关　　b）垂直　　c）开

图 11-1

三、正手击上旋球

（一）握拍

由于击上旋球多数用于底线的攻防，所以在介绍这种击球方式时我们以底线正反手击上旋球为例。

首先从握拍谈起，根据不同的习惯，正手击上旋球时采取东方式正手或西方式挥拍法。需要指出的是，击正手上旋球时适合采取大陆式握拍，此种握拍法在击球过程中，特别是在到达击球点的一瞬间为了使拍面能保持稍关（稍向地面倾斜）而击球者必须有一个压肩和旋腕的动作，经常做这个动作对腕、肘、肩等关节是有损害的。为避免劳损性受伤，网球初学者从开始就尽量不要选择这种既不舒服又不安全的握拍方式。

在网球场上，任何击球动作几乎都可由准备、后摆球拍、前挥击球及随挥这几个环节组成，每个环节完成得越到位，环节间接续得越连贯、周密，击球的效果也就会越好。

（二）准备

底线击球的准备：双手自然持拍于体前，非持拍手以拇指、食指、中指辅助持拍，这样能减轻持拍手的负担，对击反手球时的换握也很有帮助；两脚分开与肩同宽或略宽于肩，稍呈内八字，重心落在前脚掌上；膝关节微弯并稍内收，保持弹性（便于起动、变向）；上体自然前倾，含胸、收肩，保持一种比较戒备但又很放松的状态，随时准备起动、出击。在这里需要注意：准备击球时双手切勿紧紧抓住拍柄，只要保持球拍不脱手就足够了；另外，底线击球的准备姿势在场上的任何准备都不应单单只是摆个静止的姿势，如果不能够将此姿势融入到动态的、积极的步法移动及脚步调整当中去，那么这个姿势摆得再好也是没有任何意义的。

（三）后摆球拍

在准备动作基础上，与持拍手相异一侧的脚向来球方向迈进半步至一步，并将重心移至持拍手相同一侧的脚上，同时向后转体带动手臂后摆球拍。

（1）后摆幅度：一般来说，若身体侧对球网站立且双臂自然侧平举成 180°，那么后摆时持拍手最好不要摆过这个限度。后摆幅度过大会延误前挥击球的时机，球员在不妨碍前挥发力的基础上应尽可能地缩小后摆幅度，以节省来回挥动球拍所耗费的时间及体力，力争用最经济的动作击出最富成效的球。

（2）后摆高度：比较理想的高度是持拍手与腰、髋部同高，拍头略高于手并与手保持协调，二者在后摆过程中皆不要有大的翻转和扭动，否则将直接影响出球的稳定性。

（3）后摆的时机和速度：几乎每个网球选手都曾遇到过来不及击球的情况，究其原因，除了与球员的预测及判断能力、奔跑能力、技术掌握的熟练程度有关外，后摆时机和快慢的掌握更是症结的核心。初学者应记住一个原则：早做后摆——快做后摆—充足准备—从容击球。

（4）后摆时的拍面：自然向地面倾斜，具体角度视各人习惯而定。

（5）后摆弧线：从准备动作到后摆球拍，持拍手应带动球拍由高至低画一个圆滑的弧线，在此期间手腕不要僵硬地禁锢在一个角度上，小臂放松以带动手腕、拍头顺应此弧线做轻微的弧形摆动。

（6）转体：这是影响发力效果的一个重要环节，包括转肩及转髋两部分，手臂做弧形的后摆必须是在转体的带动和配合之下，肩与髋中有一个部位没有转过来都不是真正意义上的转体，都不利于发力动作的协调，甚至会给发力制造障碍。肘部动作与转体一样可以影响发力的效果，它关系到整个击球动作的成败，而初学者恰恰是经常控制不好自己的肘部，总是从后摆球拍开始就让其随意活动。正确的做法是：肘部在后摆过程中时刻都要保持弯曲，保持弹性并收近腰部，绝不能直臂后摆或让肘部散离身体。身体转动半径的长短会直接影响到转体发力的速度及发力的效果，而肘部弯曲与否又对身体转动半径的长短起决定性作用，初学者对此应有足够的认识。

（四）前挥击球

在后摆动作的基础上，重心由支撑脚移到前脚，同时蹬地、转体并带动手臂自下而上挥拍迎击来球（如图 11-2 所示）。

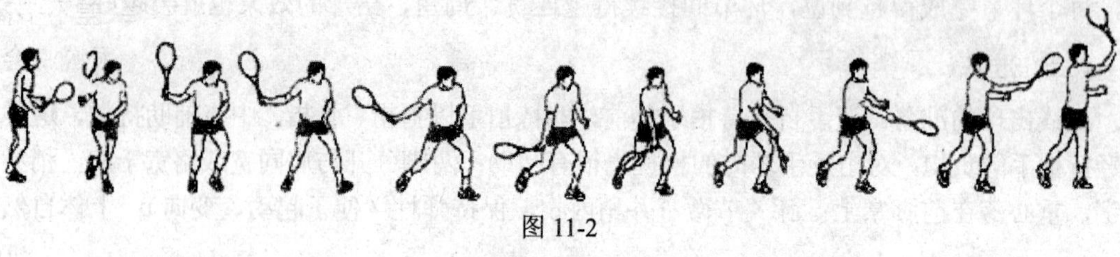

图 11-2

（1）自下而上：图 11-2 表现了由后摆至击中来球这一过程中，手及球拍所经过的自下而上的挥拍轨迹。从图中也不难发现，到达击球点之前拍头是低于击球点的，因此关键在于“上旋”二字，我们的目的是要击中球的后下部，然后依靠自下而上向前上方挥拍的力量将球提拉呈上旋出手。在此过程中，持拍手应带动球拍顺着后摆的弧线继续画弧，只不过由由高至低转为自下而上，其间不应有脱节及生硬的停顿，特别是后摆转至前挥的“转折”之处，手腕与小臂都不应僵硬、死板地紧紧固定不动，依然是顺应大弧线做轻微而有弹性的摆动，拍头也就伴有一个自然下落再上提的动作。

（2）击球点的位置：击球点是击一切球的核心所在，运动员的跑动、挥拍等一系列努力都是为这一点服务的，为千方百计找好、找准击球点的位置并且在这最关键的一瞬间释放出所有的能量与来球相抗衡。击上旋球最理想的击球点是在身体侧前方相当于腰部高或略低于腰部的位置上，此时重心已移至前脚，身体也应该已转向出球方向，在此位置和状态下击中球，人体的姿势比较舒展、视野非常开阔，最关键的还是加力过程在此正好达到了巅峰。

（3）到达击球点时的拍面：击上旋球时，拍面在击球点的位置上是稍向地面倾斜的，如果拍面打开上仰则击出的球可想而知要往天上飞，但若关得太厉害则容易下网，合适的角度需击球者自己去体会和掌握。这里还要注意的是：到达击球点时球拍整体与整个手臂不应成一条直线，而应保持一个近垂直的角度，这样就确保球拍与球能够在一个打开得最充分的平面上做最充分的接触。

（4）后摆时过肘部弯曲问题：前挥击球时肘部仍要保持弯曲，角度牢固并收近身体，其目的也同样是为了缩短身体转动的半径以便发力。另外，直臂前挥击球还将对肘关节的安全构成威胁，易诱发网球肘等劳损性伤病。

（5）击球的力量源于身体而非手臂，这是网球初学者在认知上常常会产生的误解。在很多人的印象中，打球是否有劲主要靠胳膊，仿佛只有具备一双强壮的臂膀才可以击出重磅的球。其实这是一种误解。实际上，手臂的力量虽然重要，但它的主要作用在于控制球拍、对抗来球、协调发力动作，而非真正地去发力。由后摆球拍转至前挥击球，在这一过程中屈膝、蹬地和来回转体所产生的身体惯性才是发力的根本，手臂仅仅是在此惯性的带动下去完成控制球拍走向的任务，并保证球拍不乱晃。

（五）随挥

随挥即随球挥动球拍。到达击球点之后，虽然球与拍面的接触已经完成，但这并非意味着整个击球过程的结束，转体及自下而上前挥球拍所形成的惯性仍然存在，随挥就是要顺应此惯性并且利用此惯性引导手臂及球拍沿出球方向继续送出，最后在其势末收住球拍、结束击球。尽可能地多送球一程，这可对出手后的球起到“保护”作用，可令球飞行得更加平稳，更加“听话”。

（1）随挥的高度和幅度：如图 11-2 所示，随挥结束时持拍手应与其异侧的耳朵差不多高，并且身体也应已完全面向出球方向。若每一次击球都能够尽力达到此标准的话，很快就会发现自己发力的能力比原来增强了。因为如果不大面积转肩、转髋的话，随挥是很难达到此幅度的，而转肩和转髋正是转体发力的根本，这是“由表及里”的效应。初学者可以在随挥时有意令持拍手触到自己的耳朵，久而久之就能找着随挥的感觉了。

（2）随挥时后脚勿急着向出球方向迈进，否则会破坏身体的平衡，导致发力失败。非持拍手在挥拍过程中应起到控制身体平衡的作用，包括随挥时接住末势的球拍，不要总是令其紧吊在体侧。

随挥动作结束后，击球者所要做的下一件事是尽快回到底线中点或所判断到的有利于准备下一次击球的位置上，下一次击球准备的开始就意味着上一次击球已经完整地结束了，整个击球动作应力求做到流畅、自如、大方、完整。

四、反手击上旋球

（一）反手击上旋球的握拍

换握球拍：在底线击落地球过程中，准备动作时一般都是正手握拍，这样持拍手的状态比较自然、舒服，况且正反手击球之间的换握过程在形成条件反射变为一种下意识的动作以后，是根本不会妨碍击球的。

若采用西方式握拍法，那么正手和反手握拍是没有区别的，不需要换握，而正手若采用东方式或半东方式半西方式的握拍则在击反手球之前必须有一个换握的过程，否则将无法击反手球。换握球拍一般在做反手后摆的过程当中进行，方法是由非持拍手辅助持拍手使拍柄在手掌中做逆时针方向旋转（右手持拍是如此，左手持拍则相反），完成换握。随着练习次数的增多，它会很自然地形成条件反射，击球者下意识地就可以完成它。

（二）准备

同正手击上旋球。

（三）后摆球拍

在准备动作的基础之上，与持拍手同侧的脚向来球方向前跨半步至一步，同时以相异一侧的脚为支撑向后侧转体（肩、髋随身体同时转），同时后摆球拍。

（1）双手后摆。双手落在腰髋部的高度上，持拍稳定但不僵硬，双手不能握得太紧，也没有大幅度的翻转或晃动，拍头在手腕自然而不吃力的限度内与手腕持平或略高于双手，拍面自然倾向于地面，双腿弯曲，重心下降并落在与持拍手相异一侧的脚上，眼睛盯球。

（2）后摆幅度。无论是单手握拍还是双手握拍，反手的后摆幅度皆要比正手稍大一些，因为反手是离心用力，对于许多腰、腿部力量不足的击球者来说，更需要通过加大后摆幅度、加长加速度的过程来获取动力，而加大转体幅度则是加大后摆幅度的根本保障和真正的意义所在。打个比方，假如击球者后背上写有号码的话，当他反手后摆时最好能让隔网而立的对方看到这个号码。反手击球（特别是单手握拍）如果不以转体为大前提，不以充分的转体为发力的源泉，其结果比正手击球不转体还要糟糕得多。

（3）后摆弧度。与正手一样，反手后摆时持拍手也应带动球拍画一个圆滑的弧线，并且拍头有个小小的下吊动作。此动作在双手后摆过程中可表现得较为松弛、柔和，而在单手后摆过程中则应以简洁、强劲为原则，弧线画得不必太精致更不能随意吊下拍头，否则将影响手腕、肘在前挥发力时的坚固和一致程度，导致无法与球对抗。

这里再一次注意：保持肘部弯曲并收近腰部、收近身体，直臂后摆、直臂击球是有百弊而无一利的，无论双手还是单手握拍。

（四）前挥击球

如图 11-3 所示，反手前挥击球过程中的基本要点（如拍面、自下而上、重心由后脚移至前脚、蹬地发力等等）与正手的差异不是很大。重点还是转体问题，转体无论是在正手击球过程中还是在反手击球过程中永远是第一位要做好的，后摆时转体到位只是开了个好头，前挥击球时能再转回来与球相对抗则更为重要。另外，单手前挥时持拍手仍要保持坚固、强劲及不折不挠的前挥势头，辅助手可留于身后像展开翅膀一样帮助身体控制平衡，也可帮助持拍手扶住拍柄并在前挥时向前推送一下，把单手挥拍变为“半双手”挥拍。双手握拍者两只手要分主次，特别是辅助手不能过于主动地前顶拍柄，否则整个球拍的动力平衡就会被破坏掉，发力将失去协调性。

图 11-3

如图 11-3 所示，反手的最佳击球点也应在身体侧前方腰部或略低于腰部的位置上，这一点不是轻易得到的，而需要击球者全力以赴去抢、去争取。

（五）随挥

如图 11-3 所示，反手同正手一样，随挥动作也是尽量沿出球方向送出球拍的，不同之处在于正手是挥至持拍手异侧耳朵的高度，而反手则是挥至持拍手同侧的耳朵高度。

双手握拍的随挥动作比较容易也比较随意，一般只注意双臂保持弯曲并且一致前挥到尽头，最后自然过渡至同侧的耳朵附近就可以了，其间不要有翻肘、抬肘等多余动作。其实在实际运用中，许多网球运动员在击中球后就已经把辅助手松开了，也有的人等双手挥过肩头高度才将辅助手松开，只要击球者能够控制住自己的球拍，能够完整、顺畅地发力，这些都是可以采用的随挥方式。

五、发球

（1）握拍：一般选择大陆式握拍。

（2）握球：握一个球时，用手指和手掌配合托住球；握两个球时，用拇指、食指和中指握住上面的球，用无名指和小手指夹住下面的球。

（3）准备姿势：双脚站立与肩同宽，重心在前脚，一只手握拍，另一只手持球并扶稳拍颈，前脚尖指向发球方网柱，后脚与底线平行。

（4）抛球：在重心前一后一前移动的同时，两手也同时由下而上沿弧线运动，要求动作舒展、连贯，抛球要稳，并沿体侧直线上方抛出，身体成反弓形。

（5）眼睛盯住球：即在抛球和击球时，一定要保证眼睛盯着球，甚至可能看清球上的数字符号。

(6)向上—向前—向下击球：球拍击球时的位置在身体右前上方，手臂肘部微屈，身体充分伸直，重心在前脚上，后脚鞋底面正对后拉网。在球拍触球过程中，要注意体会拍面向上—向前—向下三个运动过程。

(7)结束动作：当球拍将球击出时，继续沿弧线挥出，收于身体左侧下方。

(8)发好球要注意的五个基本方面：①抛球时，抛球手臂要尽可能伸直，球是被托起来的而不是扔出去的；②持拍手臂的肘部要随抛球动作一同抬起，与两个肩膀处于同一水平高度；③转动肩膀；④抛球的落点要略微进入球场，恰好在持拍一侧肩膀之上；⑤球拍要在身体完全伸展的时候来到击球点，击球瞬间别忘了扣手腕（如图 11-4 所示）。

图 11-4

六、接发球

(一)准备接发球时的站位

网球运动员应根据发球员所站的位置来调整自己的站位。一般情况下取位于单打边线附近、底线后 0.5～1 m 的地方就可以了，如果偏离单打边线太远（太偏左站或太偏右站），那么就会给自己造成防守上的空虚。网球运动员必须全面考虑自己的正反手分别能照顾到多大的领地范围，把防守的压力大部分或全部交给正手或反手是不合适的，同时也不能站得离底线太远（太靠后）或站到场地里面去（除非有出色的胆识及过人的技术），这与底线击球的站位道理是一样的。

(二)对来球的判断

(1)观察发球者抛球时两脚的前后位置，有时候初学者抛球时两脚的连线几乎就指明了出球的方向，但这一点放在高水准选手身上就没有丝毫意义了，因为他们依靠转体及手腕动作的精妙变化可以随心所欲地将球送到自己希望的位置，而初学者还达不到这样的程度。

(2)粗算一下自己在比赛中接发球失误的概率，聪明的发球者总是能够很快发现接球者都有哪些弱处、经常会在怎样的情况下失误，并且盯住这些打个没完，而作为接球者则应有充分的思想准备。

(3)注意观察发球者的某些特殊习惯，比如站位贴近底线中点时发出的球是斜线多还是直线多，站位靠于边线时经常会有哪些变化，在左区喜欢发什么线路的球，在右区又喜欢发什么线路的球等。只要细心一点总会有所收获的。

(三)判断后的回击

判断后的回击几乎是与判断同时进行的，因为球速太快了，但回击这一环节的可塑性比判断要大得多，球员完全能够通过改进技术动作来提高回击球的质量。接发球采用的是底线击落地球的动作，其特点是整个动作（特别是后摆）要做得更早、更小、更精、更快、更有力度，抢点击球的意识要强，只有这样才谈得上下一步的控制球路、抑制对方的攻势，从而扭转受支配的局面，化被动为主动。

提高反应速度的一个办法是找机会多接些速度快的球以加强适应能力，可让练习伙伴站到场地内靠近发球线的地方将球发过来，这样就缩短了球的飞行距离从而相对加快了球的飞行速度。

七、网前截击

（一）握拍

截击的最理想握拍方式是大陆式。让手指之间有一些空隙，特别是食指与中指之间，让一些球员得到更多的拍头控制。使用大陆式握拍的一个好处是，球员可以用它来打正手截击与反手截击，从而节省变换握拍的时间，把注意力放在球上。

（二）平衡

在截击之前，当对手开始挥拍的时候，球员要做一个分开步以建立身体平衡。然后，从这个双脚分开约肩宽且双膝弯曲的姿势下，向球移动并让自己处于一个能够在身体前方与稍侧方击球的位置。理想的情况是，球员要尽量靠近网子来截击，但必须注意对手可能打出高吊球；距离网子 1.83～2.44 mm 是一个较好的距离。尽可能避免猛烈的冲刺，如果来球很低的话，使用双膝的弯曲来降低身体，绝不要从腰部弯身。为维持平衡，打正拍截击时，以非主力脚向前跨一步（右打者是左脚，左打者是右脚），而在打反拍截击时，以主力脚向前跨一步，但不要向前跨至无法快速回到准备动作的程度。使用几个大步，或很多的小步，来移动到适当的场上位置，但要维持重心居中。

（三）挥拍

打正手截击时，保持球拍于身体的前方，手腕向后弯屈，并把拍面指向希望球前往的方向。当球与球拍的网面接触时，把球打向一个新的方向。球员向前的动作和对手的球速将提供截击所需的所有力量。球员可以有小小的送拍，但应避免做出任何像底线击球一样的挥拍动作。动作越简短，出差错的机会就越小。

在反手方面，把身体转向侧面并把持拍的肩膀指向希望出球的方向。由于持拍手臂将在身体前面，因此不应该把球拍往后拉得太远。

打截击时，挥拍路线通常要向下一点。为球带来下旋并把球送深靠的是拍面打开（拍面朝向天空）的程度，而非由高而低的挥拍动作。但打低截击时，尤其是从场上较深的地方打时，可能需要向上送拍。打开的拍面加上小量的向上送拍有助于让球更稳定地过网。

不论是正手或反手的截击，尽可能保持拍头于手腕之上，让拍头稍微上翘 45° 角是最理想的。

八、高压球与挑高球

（一）高压球

1. 高压球的种类

高压球可分为凌空高压球、落地高压球、前场高压球、后场高压球等几种，其动作与发球相似。

2. 握拍

高压球与网前截击球都是大陆式握拍。

3. 准备

上网或在上网途中随时都要准备，并且是心理上的准备，动作外形与一般情况无异。

4. 后摆球拍

以准备姿势为基础，在脚步开始调整、身体位置相应变化的同时转体、侧身，并以最快捷的动作将球拍摆至肩上。

5. 挥拍击球

判断击球点并移动到位后，以双脚为支撑向击球点方向蹬地、转体、收腹（反弹背弓）继而挥拍击球。发力程序和感觉与发球相似，但击球点在能保证球过网的前提下，其位置越靠前越利于发力和控制球出手的角度，越靠前越具有杀伤性，这与发球时力争高点是不同的。到达击球点时身体应完全面向对方（已完成转体），收腹（反弹背弓）的强劲势头也爆发于此点。手臂挥拍动作与发球一样有个搔背再迎击来球的过程，不要硬压大臂以期“高压”来球，而是要将小臂和拍头“甩”出去，当然，在这里“甩”的含义并不是指乱甩乱动手腕，手腕的张弛适度对击任何球都是十分重要的，因为不合时宜的紧张将导致整个手臂的僵硬，任意乱甩又极容易使球失去控制。高压球不必过分苛求施加旋转，只要注重力量和一定的角度就足够了。

6. 随挥

高压球的随挥动作仍与发球类似，击球过后顺势将球拍收于持拍手异侧的腿侧就可以了。这在击球点比较合适（如在身体的前上方）的情况下容易做到。如果击球点很靠后或很偏，不适合正常发力，那么随挥动作就有可能被强行的扣腕或旋腕动作所代替，这要求击球者具有良好的腰腹力量及手腕的控制能力。

7. 步法

打高压球对步法的灵活性及准确性要求比较高，因为来球不受己方控制，是“高空作业”，球在空中飞行时可能会因风向、旋转等因素而产生一些难以预知的变化，这就要求击球者快速反应、灵活移动、准确取位以获得理想的击球点，否则很难打好高压球。

（二）挑高球

1. 握拍

挑高球可以分为平击高球和上旋高球两种，握拍也因此而有所区别。最简单、初学者最易掌握的是平击高球，它只要求拍面按照出球的角度打开就可以了，所以握法比较随意。上旋高球的握法与底线击落地球的握法相一致。

2. 技术

下面以平击高球为例讲如何挑高球。

挑高球在技术外形上与底线击上旋球很相像，事实上也确实如此。挑高球时要掌握好关键的两点是拍面的控制与发力程度的控制：在底线动作的基础上，平击高球时拍面要开放而发力必须相应地有所节制，若挥击太随意的话，球会很难驾驭；上旋高球则相反，拍面要稍关或近于垂直而发力必须迅捷、充分，以强大的爆发力击球出手，出手时拍子、手臂、身体的走势不能太过前压而是沿着一个与地面近乎垂直的面向上方提拉，如若不然则很难制造出强上旋、高弧顶、急下旋、猛前冲的出球效果。

第三节　网球运动的基本战术

网球比赛中时刻充满着战术的变化，网球比赛的关键是控制，包括对球的控制、对自己情绪的控制、对自己注意力的控制、对力量的控制，等等。技术是控制的基础，而战术是控制的实施。

简单来说，战术就是技术的组合。技术很好的人如果不关心战术，就好像是赚了钱却不知道怎么花一样，无异于暴殄天物。

一、初级战术

初级战术是初中级球员的战术。它的主要特点是保护自己的弱点、攻击对方的弱点。

（一）打对方的反手

打对方的反手，看起来这是理所当然的，事实上也是如此。每个人的反手一般都比正手弱，而且初中级球员的反手可能就是他最大的弱点所在。所以不管和谁比赛，第一个原则就是打对方的反手。

（二）打对角球

当与对手底线相持时，如果没有好的机会尽量打对角球。首先，因为球网中间是最低的，这就减少了下网的机会；其次，对角的距离是最长的，减少了出界的机会；最后，球打过去以后，对方最好打的球也是对角球，所以可以比打直线球少跑一些距离，而如果这时对方打直线球的话，他就冒了一定的风险，因为许多的失误是由于变线造成的。

（三）打高球

在网球比赛中，最应该避免的就是下网球。因为打出去的球有三种结果：下网、出界、界内，成功率为33.33%；如果把球都打过网，打出去的球就只有两种结果：界内和出界，成功率是50%。

（四）绕到反手位打正手球

绕到反手位打正手有两个明显的好处：①保护了自己的弱点。②（如果能把球打高一点到对方的反手的话）攻击了对方的弱点，即使对方打一个直线（没有失误的话，因为他在冒险），把球打到自己的正手位的空当，一般也能跑过去用自己的强项正手打一个高球，然后复位。

二、高级战术

高级战术在某种意义上和初级战术是差不多的，都是保护自己的弱点、攻击对方的弱点。但不同的地方在于，它所结合的心理成分更多。

（一）发球上网战术

发球上网就是依靠发球的优势，上网主动截击得分的战术。当然球员首先必须具备良好的发球和网前技术，还要有一颗敢于冒险的心。发球上网最大的好处在于：使对手始终处于一种受压抑的状态。因为自己始终处于有利位置，对手回球的角度小，而且难以找到节奏，所以很可能在精神上首先占得主动，然后是在分数上占得优先。

（二）穿越球战术

这是一种针对上网战术而产生的反击型战术。对付上网型选手的办法是不要让对手有节奏。具体地说，就是打不同的球给对手，高球、低球、快球、慢球让对手费神猜测就成功了一半。

（三）底线战术

高手们在攻击对方的弱点反手时，会先打几个球到对方的正手，然后突然把球打到反手；或结合上网，压迫对手，轻松得分；或打很高的上旋球到对方的反手，使对手打出质量不高的短球，再打开角度得分。高级底线战术的原则是首先稳住把球打到对方的底线附近，然后等待机会，占据中场，或上网得分。

第四节　网球运动的一般规则

一、场地

网球运动的场地如图 11-5 所示。

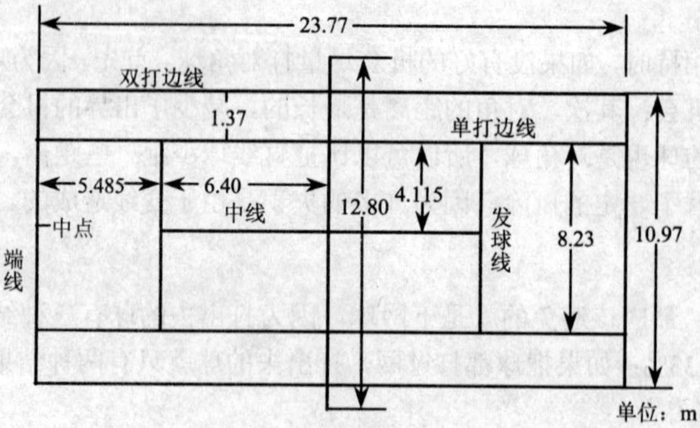

图 11-5

二、计分办法和失分判定

（一）网球比赛的计分办法

网球比赛，一般每场由分数、局数和盘数来决定胜负。

（1）每胜 1 球得 1 分，先得 4 分者为胜 1 局。

（2）双方各得 3 分时称“平分”，“平分”后，一方先得一分时称为“发球占先”或“接球占先”，占先后再得 1 分才算胜一局；如一方占先后，对方又得 1 分则仍为“平分”，依次类推，直到一方在“平分”后净胜2分时才结束该局。

（3）一方先胜6局为胜1盘，若双方各胜5局时，一方必须再净胜2局才算胜1盘。有的比赛采用短盘制（决胜盘除外），需赛前另作规定。

（二）决胜局计分制规则

决胜局计分制规则可在该盘的局数为6平时使用，但在三盘两胜制的第3盘和五盘三胜制的第5盘不得使用此规则，而应使用长盘制，或另有其他规定，并应在比赛前宣布。比赛通常采用三盘两胜制和五盘三胜制。

（1）先得7分者为胜该局及该盘。若双方分数成6平，则比赛必须延长到某方净胜2分时为止。决胜局应全部采用数字计分制。

（2）决胜局的发球办法：先轮及的发球员在右区发第1分球，然后由对方在左区发第2分球和在右区发第3分球；此后轮流交替发球，每人连发2分球，直至决出该局与该盘的胜负为止。

（3）运动员应在每6分及决胜局结束时交换场地。

（4）更换新球时，决胜局可作为一局计算。如逢该局更换新球，应暂缓更换，待下一盘第2局开始时，再行更换。

（三）网球比赛的失分判定

以下情况均判为失分。

（1）在球第二次着地前未能还击过网（两跳）。

（2）还击的球触及对方场区界线以外的地面、固定物或其他物体（球出界）。

（3）还击空中球失败（站在场外击空中球失败也算失分）。

（4）在比赛进行中，运动员故意用球拍拖带或接住球，或故意用球拍触球超过1次。

（5）“活球”期间运动员的身体、球拍（不论是否拍在手中）或穿戴的其他物件触及球网、网柱、单打支柱、绳或钢丝绳、中心带、网边白布或对方区以内的地面。

（6）来球尚未过网即在空中还击（过网击球）。

（7）除握在手中（不论单手或双手）的球拍外，运动员的身体或穿戴的物件触球。

（8）抛拍击球。

（9）比赛进行中，运动员故意改变其球拍形状。

（10）发球员发球两次失误。

三、网球比赛的发球和场地交换

（一）关于发球的规定

比赛前用掷挑边器、钱币或旋转球拍的方法来决定选择场区或首先发球权、接发球权。取胜者有权选择或要求对方选择。选择发球或接发球者，应让对方选择场区。选择场区者，应让对方选择发球或接发球。

（1）发球员在发球前，应先站在端线后、中点和边线的假定延长线之间的区域里，然后用手将球向空中任何方向抛起，在球接触地面以前用球拍击球（仅能用一只手的运动员，可用球拍将球抛起）。球拍一经与球接触，就算完成球的发送。

（2）发球员在整个发球过程中，不得通过行走或跑动改变其原来站立的位置。两脚只能站在端线后、中点和边线的假定延长之间，不能触及其他区域。

（3）每局开始发球时，发球员应先从右区端线后发球；得（失）1 分后，应换到左区发球。这样每得（失）1 分就轮流交换发球位置。发出的球在对方还击前，应从网上越过，落到对角的对方发球区内或其周围的线上。

（4）未击中球，发出的球在落地前触及固定物（球网、中心带、网边白布带除外），或违反上述发球规定时，均判为发球失误。

（5）发球员第一次发球失误后，应在原发球位置进行第二次发球，两次发球均失误者应判其失分。

（6）发球触网后仍落到发球区内，或触网后触及接球员身体或其他穿戴物件，或接球员未做好准备时，发球无效。

（7）每局比赛结束依次交换发球，发球员成为接球员，接球员成为发球员，依次交换直至比赛结束。

（8）双打发球次序应在每盘第 1 局开始前由发球方决定由谁首先发球，对方则同样在第 2 局开始时决定谁首先发球。第 3 局由首先发球方的另一球员发球。第 4 局由第 2 局发球方的另一球员发球。以后各局均按此次序发球。接球次序应在每盘开始前决定，接球次序如下：先接球的一方在第一局开始时，决定由谁先接发球，并在这盘单数局继续先接发球。对方同样应在第二局开始时，决定谁先接发球，并在这盘双数局继续先接发球。他们的同伴应在每局中轮换接发球。接完发球后，任何一名球员均可还击。

（9）在比赛中如发球次序发生错误，发觉后应立即纠正，由应轮及发球的球员发球。发觉错误前双方所得的分数都有效。如发觉前一次发球失误，则不予计算。如一局终了才发觉次序错误，则以后发球次序就以该局为准按规定轮换。

（二）网球比赛中交换场地和休息的规定

1. 交换场地

双方在每盘的单数局结束后、每盘结束双方局数之和为单数时，交换场地。如发生差错未按正常顺序交换场地，一经发现应立即纠正，并按原来顺序进行比赛。

2. 连续比赛和休息时间的规定

（1）每分之间允许间歇的时间不超过 25 s。

（2）单数局结束交换场地时，间歇不超过 90 s。

（3）发生意外伤害事故时，允许一次暂停（3 min）。

（4）非运动员所能控制的某些情况，如服装、鞋、隐形眼镜或器材（不包括球拍）因料理不当而不能或难以继续比赛时，可暂停比赛，直到料理完毕，重新恢复比赛。如运动员因故必须调换服装时，可令其在 15 min 内完成。

（5）男子第 3 盘、女子第 2 盘打完之后，双方球员可以有不超过 10 min 的休息时间。

（6）赛前 5 min 为准备活动时间。

（7）当裁判员认为需要和适宜时，可在任何时候暂停或延缓比赛。暂停比赛 0～10 min，无准备活动时间；暂停 10～20 min，有 3 min 的准备活动时间；暂停 20 min 以上，有 5 min

的准备活动时间。

（8）运动员在出现连场比赛时的休息时间安排。

① 室外比赛：比赛不足 1 h，休息 30 min；比赛 1～1.5 h 休息 60 min；比赛 1.5 h 以上，休息 90 min。

② 室内比赛：比赛不足 1 h，休息 30 min；比赛 1～1.5 h 休息 45 min；比赛 1.5 h 以上，休息 60 min。

（9）在三盘二胜的情况下，运动员可有 1 次上洗手间的暂停；五盘三胜制，可有 2 次上洗手间的暂停；在交换场地时，可允许额外的 1 次上洗手间的机会，但必须在 90 s 之内回场比赛。

第五节　网球运动的比赛欣赏

掌握一些看比赛的技巧和方法，有助于通过比较了解自身的技术缺陷。

一、重点欣赏和分析技术动作

观看比赛时一般应选择选手水平高于自己的比赛，而且至少有一名选手的击球动作与自己相似或是自己想学的。例如，自己习惯于东方式握拍击球，那就重点欣赏东方式击球技术；若反拍是双手握拍，那就重点观看双手反拍击球选手的技术动作。

二、要注意重点观看完整技术动作

在观看比赛时，要注意结合平时所学知识完整地欣赏球员的击球动作，他们的脚步移动、引拍动作、击球点、球拍的拍面位置、球拍运行的轨迹，以及随挥结束动作都要认真看清楚。

三、认真分析，比较对照

无论自己是东方式还是西方式握法击球，在观赏比赛并赞叹球员移动有力的击球时，一定要善于分析。不难发现，高水平的球员一定是在准备击球前，看准球的飞行路线和落点，并很早地引拍，常常是边跑边引拍，而不像初学者总是对着球就冲上去，球到眼前才开始引拍。用东方式正拍击球的初学者通过比较可发现强有力的正拍击球要通过身体重心的移动完成，而不能光用前臂发力；用西方式正拍击球的初学者也可发现要打出强上旋球主要通过蹬跳转肩手发力，而不能简单靠翻转手腕获得。

四、注意观察分析球员的第一发球和第二发球

观看球员发球时，要重点看他一发和二发是利用何种发球方法，是平击还是切削，或是旋转发球。他们怎样在一发时追求大力、快速，在二发时强调稳、准，并具有一定的攻击性。

五、要适当有选择地模仿“高手”的动作

在模仿高水平球员击球动作时，一定要结合自己的身体条件，不可一味地模仿高难度动作。特别是强打型球员加手腕、手臂的动作，应善于分析其动作结构，把握其主要的、合理的击球用力次序，真正做到“拿来我用”。

六、做好场外裁判

在观看比赛时要能用掌握的规则充当场外裁判的角色，参与比赛进程，要能看懂比赛的计分方法、场地交换次序等一些基本规则，通过模拟实践提高自己的裁判水平。

“四大满贯”赛事

澳大利亚网球公开赛：四大满贯赛事中每年最先登场的，通常于每年1月的最后两个星期在澳大利亚墨尔本举行，球场为硬场地。

法国网球公开赛：通常在每年的5月至6月举行，是排在第二个进行的大满贯赛事。球场属于慢速红土场地。

温布尔登网球锦标赛：现代网球史上历史最悠久的比赛，每年的6月底到7月初在英国举行，球场属于草皮场地。

美国网球公开赛：每年的8月底至9月初在美国纽约举行的网球公开比赛，是每年四大公开赛中最后举行的大赛，球场为硬场地，

思考题：

1．网球运动有哪几种握拍方法？各自的优点是什么？

2．抛球是发球技术中的重要环节，结合自己的实践体会抛出不同角度和高度的球时会产生怎样的发球效果。

3．网球比赛中如何判断失分？

4．观看网球比赛有什么需要注意的？

第十二章 羽 毛 球

羽毛球运动是由两名或两对选手，在中间隔一网的场地两边，用球拍在网上往返拍击羽毛球的一种球类运动。比赛设有男、女单打，男、女双打，混合双打，男、女团体七个项目。

第一节 羽毛球运动概述

一、羽毛球运动的起源

根据《民族体育集锦》记载，早在远古时期，我国的苗族就有类似羽毛球运动的游戏存在，当时称为“打花毽”，是一项群体性的游戏。游戏开始时，姑娘先向小伙子抛出花毽，然后小伙子用手把花毽打回，一来一往，尽量不让花毽落地。我国基诺族、壮族、仫佬族也很早就有与“打花毽”类似的游戏。可以认为，它们是今日羽毛球运动的鼻祖。据《大不列颠百科全书》记载，原始的羽毛球游戏活动至少在2000年前，在中国、印度、日本、泰国等国流行。

在18世纪前，亚洲、欧洲的一些国家就有了用木制球板来回拍击球的类似羽毛球运动的活动。19世纪60年代，一批退役的英国军官把印度孟买的“普那”（Poona，一种类似羽毛球运动的游戏，球用圆形硬纸板插上羽毛制成，板是木制的）带回英国。普那是用木板击打“毽子”球，被人们称为“毽子板”运动，它是现代羽毛球的前身。此后经过不断的演变改进，在英国出现了用羽毛和软木制成的球和用线穿的球拍。1873 年在英国格拉斯哥附近的鲍费特公爵的伯明顿庄园举办了一次游园活动，由于下起了大雨，便改在室内举行羽毛球游戏，场地呈葫芦形，中间狭窄处挂着网。由于这项游戏的趣味性很强，使每个游戏参与者玩得非常尽兴，渐渐地，这项游戏便风行起来，并以“伯明顿”（Bad-minton）命名，羽毛球运动名称便由此而得。

二、羽毛球运动的发展

英国羽毛球协会成立的时间最早（1893年），1934年国际羽毛球联合会成立。1948—1949年举行了首届男子羽毛球团体锦标赛——“汤姆斯杯”赛。1956 年举行了世界女子羽毛球团体锦标赛——“尤伯杯”赛。世界羽毛球联合会于1978年在中国香港成立，1981年国际羽毛球联合会与世界羽毛球联合会合并，1992 年羽毛球被列为奥运会正式比赛项目。至此，羽毛球运动进入了一个全新的发展时期，受到了各体育强国的重视。20世纪80年代，我国羽毛球运动员开始参加各种世界大赛，并多次获得汤姆斯杯及尤伯杯等世界大赛冠军，在世界羽坛显示了强大的实力。

目前，羽毛球打法种类很多，各具特点，难分高低。就技术流派或风格而言，概括起来主要有三种类型：欧洲式，强调重心稳、落点准，以稳为主；亚洲式，在稳准的前提下强调快速进攻；中国式，特点是“快、狠、准、活”。随着羽毛球运动的发展，其技术风格得到不断的发展创新。

三、羽毛球运动的锻炼价值

羽毛球运动是一项趣味性强，基本技术容易掌握，规则简单，场地较小，器材简便，易于开展的球类运动，因此，羽毛球运动深受人们的喜爱，极易普及推广。同时，它不受年龄、性别、身体条件和技术水平的限制，运动量可大可小，可根据个人的身体条件和技术情况进行锻炼或比赛。经常打羽毛球，可以加快人体血液循环、增强心血管系统功能，提高身体素质，使身体得到全面发展，达到增强体质的目的。

第二节　羽毛球运动的基本技术

羽毛球技术是指运动员在比赛中所采用的动作方法的总称。羽毛球的主要基本技术包括手法和步法两大类：手法有握拍法、发球法和击球法；步法有基本步法和前后左右移动的综合步法。

一、手法

（一）握拍法

羽毛球拍握法正确与否，对于掌握和提高羽毛球技术水平有着十分重要的影响。羽毛球技术中的握拍和指法是多种多样的，但是基本的握拍法有两种，即正手握拍法和反手握拍法（本书均以右手握拍者为例）。

1. 正手握拍法

动作方法：握拍时，先用左手拿住拍杆，使拍面与地面垂直。再张开右手，使手掌的掌根外侧靠在拍柄底托处，虎口对准拍柄的内棱边，然后小指、无名指和中指并拢握住拍柄，掌心不要紧贴拍柄，小指与无名指在拍柄的末端应稍紧，保证不使球拍脱手，食指与中指稍微分开，用食指和拇指放松地环扣住拍柄。正手发球、右场区各种击球及左场区头顶击球等，一般都采用这种握法（如图 12-1 所示）。

图 12-1

2. 反手握拍法

动作方法：在正手握拍法的基础上，拍框稍向外转（即往右方向转），食指收回，拇指第二指关节顶贴在拍柄内侧的宽面上，其余四指并拢握住拍柄，手心与拍柄之间应有一个明显的空隙。球拍斜侧向身体左侧，拍面稍后仰。一般说来，击身体左侧的来球，大都先转体（背对网），然后用反手握拍法击球。

3. 握拍的灵活性

根据对方来球的不同角度和为了控制准确的落点，握拍的方法应随时有细微的改变。

（1）正手网前搓球握拍的动作方法：在正手握拍的基础上，拇指、食指、中指和无名指稍松开，使拍柄离开掌心，拇指斜贴在拍柄内侧的上小棱边上，食指稍前伸，使第二指关节斜贴在拍柄外侧的宽面上。

（2）反手网前搓球握拍的动作方法：在正手握拍的基础上，拇指、食指、中指和无名指稍松开，拍柄离开掌心同时使球拍稍向内转，拇指贴在拍柄内侧的上小棱边上，食指第三指关节贴在拍柄外侧的下小棱边上。

（3）正手接杀球勾对角网前球握拍的动作方法：在正手握拍的基础上，拍柄稍向外转，拇指斜贴在拍柄内侧的宽面上，食指第二指关节和其他三指的指根贴在拍柄外侧的宽面上，拍柄不贴掌心。

（4）反手接杀球勾对角网前球握拍的动作方法：在正手握拍的基础上，拇指、食指、中指和无名指稍松开，拍柄离开掌心，同时将拍柄向内转动，拇指第二指关节的内侧贴在拍柄内侧的上小棱边上，食指第二指关节贴在拍柄的下中宽面上，其余三指自然抓在下中宽面和拍柄内侧的宽面上。

4. 练习方法

先按照正确的动作进行分解练习，掌握技术动作的重点后再做完整的动作。先做徒手练习，然后原地做正、反手的上下击球练习，充分体会挥拍击球时手腕、手指的发力技巧。

（二）发球法

发球是运动员在发球区将球由静止状态用球拍击出，使之在空中飞行，落到对方的接发球区的技术动作。

发球作为组织进攻的开始，其质量的好坏直接关系到比赛的主动或被动，是赢球得分还是丧失发球权。

发球可分为正手发球和反手发球两种。

1. 正手发球

单打时，一般站在发球区内离前发球线 1 m 左右的中线附近；双打时，可站靠前一些的位置。

动作方法：左脚在前（脚尖对网），右脚在后（脚尖斜向侧方），两脚距离与肩同宽，左肩侧对球网，上身自然伸直，身体重心放在右脚上；右手握拍向右后侧举起，肘部稍屈；准备发球时，右手握拍向右后侧举起，肘部微屈，左手拇指、食指和中指夹住球，举在腹部右前方，然后放开球，挥拍击球。击球时，身体重心由右脚移至左脚上（如图 12-2 所示）。

图 12-2

用正手发不同的弧线球时，击球前的准备和前期动作是相仿的，只是在击球时及其后的动作有所不同。

（1）发高远球的动作方法：在左手放开球使之下落时，紧接着以转体和上臂的挥动带动前臂，形成臂在前、球拍随后的姿势；当球拍与球快要接触前，前臂挥动速度加快，并带动手腕向前上方闪动，由原来伸腕姿势经前臂内旋至屈腕造成击球瞬间的爆发力，在拍前后仰的情况下将球向前上方击出；右手转拍由上臂带动前臂，自右后方沿身体向前左上方挥动；当球落到右臂向前下方能够接触到球的刹那，紧握球拍，并利用手腕屈收的力量向前上方发力击球，然后顺势向左上方挥动缓冲；在球击出后，球拍随着惯性往左侧前上方挥摆；随着挥拍的过程，身体重心也由右脚移到左脚，右脚跟稍提起，保持住身体的平衡。发高远球的关键是球拍击到球时要控制好拍面的角度，原来的伸腕经前臂内旋至屈腕击球应有强劲的、向前上方的爆发力。

（2）发平高球的动作方法：动作过程大致与发高远球相同，只是在击球的一刹那，前臂加速带动手腕向前上方挥动，拍面要向前上方倾斜，以拍面略微向前推送击球为主。注意发出球的弧线以对方伸拍击不着球的高度为宜，并应落到对方场区底线。

（3）发网球的动作方法：应在前臂的快速带动下，靠手腕和手指突然向前发力将球击出，使球直接从对方肩稍上高度越过落到后场。关键是出手（击球）动作要小而快。

（4）发网前球的动作方法：发网前球时，握拍要放松，上臂动作和挥拍幅度较小，主要靠前臂带动手腕向前切送，球的弧线要贴网而过，落点在前发球区附近。注意手腕不能有上挑动作。

2. 反手发球

动作方法：发球站位可在前发球线后 10～50 cm 及中线附近，也可在前发球线后及边线附近；面向球网，两脚前后开立（右脚或左脚在前均可），上体稍前倾，身体重心在前脚上。右手臂屈肘，用反手握拍将球拍横举在腰间，拍面在身体左侧腰下；左手拇指与食指捏住两三根球的羽毛，球托朝下，球体或球托在球拍前对准拍面；击球时，两眼注视对方准备接球的方向，前臂带动手腕朝前横切推送，使球的飞行弧线略高于网顶，下落到对方前发球线附近。反手发球主要用于双打比赛中（如图 12-3 所示）。

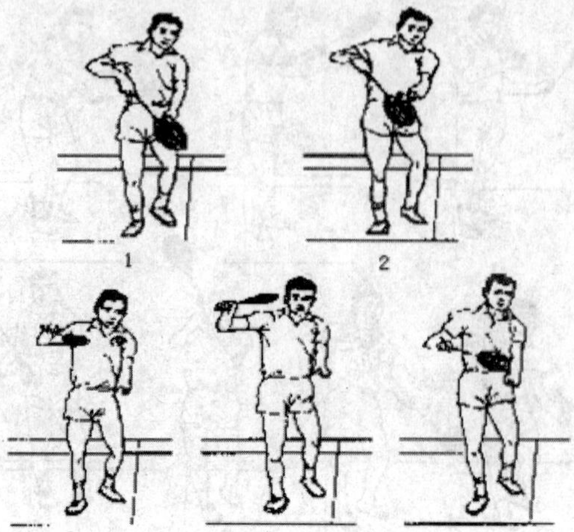

图 12-3

3. 练习方法

先按照正确的动作进行分解练习，掌握技术动作的重点后再做完整的动作。先做徒手练习，然后做有球练习，认真体会整个动作发力的过程和正确的击球点。

（三）接发球法

还击对方发过来的球叫接发球。接发球和发球一样，都是羽毛球最基本的技术。在比赛中同样起着重要的作用。如果说发球发得好是走向胜利的开始，那么可以说，接发球接得好是走向胜利的第一步。发球方利用多变的发球来打乱接发球方的阵脚争取主动。接发球方则是通过多变的接发球来破坏发球方的企图。因此，对初学羽毛球的人来说，接发球也是不可忽视的技术。

1. 接发球的站位和姿势

（1）单打站位和姿势：单打站位于离前发球线 1.5 m 处。在右发球区要站在靠近中线的位置；在左发球区则站在中间位置，主要是防备对方直接进攻反手部位。一般左脚在前，右脚在后，双膝微屈，收腹含胸，身体重心放在前脚上，后脚脚跟稍抬起，身体半侧向球网，球拍举在身前，两眼注视对方。

（2）双打站位和姿势：由于双打发球区比单打发球区短 0.76 m，发高远球易被对方扣杀，所以双打发球多发网前球。接发球时要站在靠近前发球线的地方。双打接发球准备姿势和单打的接发球姿势基本相同，略有区别的是身体前倾较大，身体重心可以随意放在任何一脚，球拍举得高些，在球来到网上最高点时击球，争取主动。但要注意右场区对方发平快球突袭反手部位。

2. 接发各种来球

（1）对方发来高远球或平高球时，可用平高球、吊球或杀球还击。一般说来，接发高远球是一次进攻的机会，还击得好，就掌握了主动。但初学者常因后场技术没掌握好，还击球的质量较差，以致遭到对方的攻击。因此，要提高后场的进攻技术。

（2）对方发来网前球时，可用平高球、高远球、放网前球、平推球还击；如对方发球质量不好，也可用扑球还击。要洞察对方发网前球的意图，如果是要发球抢攻，而自己的防守能力又不强，那就放网前球或平推球还击，落点要远离对方的站位，控制住球，不让对方进攻。当对方连续发球抢攻时，接发球一定要冷静、沉着，若麻痹大意，回球质量稍差，就可能让对方抢攻得手。

（3）对方发来平快球时，可用平推球、平高球还击，以快制快，由于接球方还击的击球点比发球方高，下压得狠些可以夺取主动。另外，亦可以高远球还击，以逸待劳。

不能仓促还击，因为若击球质量稍差，有可能遭受对方的进攻。至于接发球中的球路和落点变化以及如何“以己之长，攻彼之短”，这就关系到战术的运用问题了。

（四）击球法

羽毛球击球技术方法，包括高手击球、低手击球、网前击球等，每一种技术又可分为正手和反手击球法。依据战术球路的需要，又可击出直线球或斜线球来。

1. 高手击球

一般将击球点高于头部的击球称为高手击球。高手击球按其技术特点和球飞行弧线的不同，可分为高远球、吊球和扣杀球等。它一般在后场用来主动进攻或调动、控制对方，所以，也称后场主动进攻技术。在比赛过程中，后场区域是双方必争之地，后场击球技术是整个羽毛球技术中极为重要的部分。

1）高远球

高远球是自后场打到对方后场端线经过高空飞行的球。高远球分为正手、反手和头顶三种手法。

（1）正手高远球：首先要判断来球的方向和落点，侧身后退，以快速合理的步法移到球降落点的位置上，击球点选择在右肩稍前的上空，做好准备击球的动作。左肩对网，左脚在前，右脚在后，重心在右脚上。左臂屈肘，左手自然高举，右手持拍，手臂自然弯曲，将球拍举在右肩上方，两眼注视来球。击球时，右上臂后引，随之肘关节上提明显高于肩部，将球拍后引至头部，自然伸腕（拳心朝上），然后在后脚蹬地、转体收腹的协调用力下，以肩为轴，上臂带动前臂快速向前上方甩腕，在手臂伸直的最高点击球，从手腕的充分后伸经过稍微内旋至前屈闪腕动作产生爆发力，击球托的后下底部，使球往前上方击出（如图 12-4 所示）。击球后，持拍手臂顺惯性往前左下方挥动并收拍至体前，与此同时，左脚后撤，右脚向前迈出，身体重心由后脚移到前脚上，并向球场中心回位。正手高球也可起跳击球，按上述要求做好准备动作，然后右脚起跳，随即在空中转体，并完成引拍击球动作。击球动作是在球将从空中最高点落下的瞬间完成。

图 12-4

（2）反手高远球：当对方将球击到己方左后场区时用反手击高球。首先判断好对方来球的方向和落点，迅速将身体转向左后方，移动步伐，最后一步用右脚前交叉跨到左侧底线，背对网，身体重心放在右脚上，使球处在身体右上方。击球前，迅速换成反手握拍法，持拍于右胸前，拍面朝上。击球时，以上臂带动前臂，借助手腕的力量，自下而上地甩臂，将球击出。在最后用力时，要注意拇指的侧压力与甩腕的配合和两腿蹬地转体的全身协调用力。

（3）头顶击高远球：动作要领与正手高球基本相同，只是击球点偏左肩上方。准备击球时，身体偏左倾斜。击球时，上臂带动前臂使球拍绕过头顶，从左上方向前加速挥动，注意发挥手腕的爆发力击球。落地时左腿向左后方摆动幅度大些。

2）吊球

吊球是自后场打到对方前场向下坠落的球。吊球技术分为正手、反手和头顶三种手法，按球的飞行弧线和击球动作的不同分为劈吊、拦截吊和轻吊。

（1）正手吊球：击球准备和前期动作同正手高球，只是击球时拍面稍向内倾斜，手腕做快速切削下压动作，击球托的后部和侧后部。若吊斜线球时，则球拍切削球托右侧并向左下方发力；若吊直线球，则拍面正对前方向下方切削。

（2）反手吊球：击球准备和前期动作同反手高球，不同点在于击球时拍面的掌握和力量的运用。吊直线球时，用球拍反面切削球托的后中部，向对方的右半场网前发力；吊斜线球时，用球拍反面切削球托的左侧，朝对方左半场网前发力。

（3）头顶吊球：击球准备和前期动作同头顶高球。头顶吊斜线球时，中指、无名指和小指屈指外拉拍柄，使拍子内旋，拍面前倾，以斜拍面击球托左侧部位；头顶吊直线球时，球拍击球托的正中部位。

劈吊击球前动作和打高球、杀球相似。击球时用力较轻，带有劈切动作，落点一般离网较远。拦截吊是把对方击来的平高球拦截回去，击球时用拍面正对来球，轻轻拦切或点击，使球以较平的弧线、较慢的速度越网垂直下坠。轻吊击球前动作和打高球相似，击球时拍面正对来球，在触球的刹那，突然减速或轻切来球，使球刚一过网即下坠。

3）杀球

杀球是把对方击来的球在尽量高的击球点上斜压下去。这种球力量大、弧线直、落地快，给对方的威胁很大，是进攻的主要技术。杀球分为正手杀直线和对角线球、头顶杀直线和对角线球、反手杀直线球和正手腾空突击杀直线球。

（1）正手杀直线球（侧身起跳）：准备姿势和动作要领与正手击高球大体相同。步子到位后，屈膝下降重心，准备起跳。侧身起跳时，往右上方提肩带动上臂、前臂，球拍上举，以便向上伸展身体。起跳后，身体后仰挺胸成反弓形。接着右上臂往右后上摆起，前臂自然后摆，手腕后伸，前臂带动球拍由上往后下挥动，这时握拍要松。随后凌空转体收腹带动右上臂往右上摆起，肘部领先，前臂全速往前上挥动，带动球拍高速前挥。当击球点在肩的前上方时，前臂内旋，腕前屈微收，闪腕发力杀球。这时手指要突然抓紧拍柄，把手腕的爆发力集中到击球点上。球拍和击球方向水平面的夹角小于90°，球拍正面击球托的后部，使球直线下行。杀球后，前臂随惯性往体前收。在回位过程中将球拍回收至胸前。

（2）正手杀对角线球（侧身起跳）：准备姿势和动作要领与正手杀直线球相同，不同点是起跳后身体向左前方转动用力，协助手臂向对角方向击球。

（3）头顶杀直线和对角线球：动作要领和准备姿势与头顶击高远球相同，不同点是挥拍击球时，要集中全力往直线方向或对角方向下压，球拍面和击球方向水平面的夹角小于90°。

（4）反手杀直线球：准备姿势和动作要领与反拍击高远球相同，不同点是击球前的挥拍用力要大，击球瞬间球拍与杀球方向的水平面夹角小于90°。

（5）正手腾空突击杀直线球：侧身右脚后退一步准备起跳。起跳后，身体向右后方腾起，上身右后仰或反弓形，右臂右上抬，肩尽量后拉。击球时，前臂全速往上摆起，手腕从后伸经前臂内旋至屈收，同时握紧球拍压腕产生爆发力，高速向前下击球。突击扣杀后，右脚在右侧着地屈膝缓冲，重心在右脚前；右脚在左侧前着地，利用左脚蹬地向中心位置回动，手臂随惯性自然往体前回收。

2. 低手击球

击球点低于头部高度的击球，称为低手击球。低手击球技术主要有：半蹲快打（这是介于高手击球与低手击球之间的一种特殊打法，现将其归到低手击球一类）、接杀球和抽球。半蹲快打和接杀球主要用于中场区，由于中场区是攻防转换的主要区域，双方的距离接近，球在空中滞留的时间也缩短了，因此，中场击球技术要求挥拍预摆幅度小，突出一个“快”字，做到快打。抽球在中场或后场都有应用，在后场，抽球主要对付对方的长杀和对方压底线两角时作为反控制的手段。

1）半蹲快打

在中场区，采用半蹲姿势，将对方打过来约肩以上至略高于头部之间的平快球，在较高的部位快速地平击回去，称为半蹲快打。半蹲快打技术表现出快速、凶狠、紧逼对方、主动进攻的特点，多用于双打比赛中。在中场区，两脚平行站立或右脚稍前站立均可，两膝弯曲成半蹲，屈肘（用正手握拍法）举拍于肩上。击球时，以前臂带动手腕快速挥拍，争取在身前较高部位上平击过去。半蹲快打要求反应敏捷、果断，控制好拍面角度，挥拍幅度小，快而有力。

2）接杀球

把对方扣杀过来的球还击回去，称为接杀球。接杀球一般较多采用挡球和推球的技术。接杀球是防守技术，但只要反应快、判断准、手法娴熟，回球的落点和线路运用得当，在防守中体现出快的精神，往往能创造由守转攻的条件。

（1）挡球：两脚屈膝平行站立，两眼注视杀过来的球。对身体右侧的来球，用正手挡球，身体重心移向右脚（如果球离身体较远，可右脚先向右跨出一步，重心移向右脚），右臂向右侧伸出，放松握拍，拍面略后仰对准来球，将球挡回对方网前区；对身体左侧的来球，左脚左移一步，重心移到左脚上（如果球离身体更远，可以左脚为轴，右脚经左脚前往左方跨出一步，成背对网姿势），右臂向左侧伸去，放松握拍，反拍面略后仰对准来球，将球挡回对方网前区。接杀自己身边的球，叫接杀近身球。如果是右侧近身球，只需身体向左略躲闪用正手将球挡回即可；如果是左侧或正对身体的球，一般都采用反手将球挡回。

（2）推球：当对方杀球无力或球过网较高时，可以推球回击，将球推向后场两角，也可视情况推向中场两侧。其方法与挡球方法类似，不同处是推球时在拍触球前的瞬间要握紧球拍，以前臂和手腕发力为主向前上方甩腕。正手推球时，腕部由伸腕经前臂内旋至屈腕；反手推球时，腕部由展腕经前臂外旋至收腕。

3）抽球

将低于头部的球用抽击的方法还击，称为抽球。比赛时，运动员应尽量快速移动到位，争取用高手击球。只有在不得已的情况下才采用抽球，抽球是反控制的主要技术之一。在中场区的平抽球，由于距离近、球速快，具有一定的进攻力，在双打中运用较多。

抽球分正手抽球和反手抽球两种。抽球时，只要掌握好发力方向并调整好拍面的角度，即可把球回击成高远球、平高球、平快球和抽吊网前球。

（1）正手抽球：在右侧场区的低球，用正拍面抽击球，称为正手抽球。当对方击来右后场低球时，快步向右后场移动到适当位置上，最后一步以右脚向球下落的方向跨去，侧身对网，上身向右后倾，重心落在右脚上。用正手握拍法，右臂屈肘举拍于右肩上方，当右脚跨步着地的同时，主要靠前臂带动腕部作“抽鞭式”闪动挥拍，将球抽向对方。抽球后，应立即以右脚蹬地，向中心位置回动。

（2）反手抽球：在左侧场区的低球，用反拍面抽击球，称为反手球。当对方击来左后场的低球时，转身快步向左后场移动到适当的位置上（在移动的过程中，由正手握拍法转换成反手握拍法），最后一步以右脚向球下落的方向跨去，背对网，重心落在右脚上，右臂屈肘举拍于左肩上方。击球时，以躯干为竖轴，上臂带动前臂作向后的半圆形挥拍，在手臂近乎伸直时，手腕用力向后闪动挥拍击球。球击出后，应立即以后脚蹬地，转身向中心位置回动。

3. 网前击球

网前击球技术包括：放网前球、搓球、推球、勾球、扑球和挑球等。当代羽毛球运动向快速、全面、进攻的方向发展，从场区的角度来讲，后场和中场固然重要，但前场也越来越成了双方力图取胜而展开攻守争夺的重要场区。如果运动员的前场技术不好，对方专攻前场，就会很被动，即使有很好的后场技术也不易发挥。如果前场技术占优势，就可以通过前场技术为中场、后场的进攻创造机会，使前后场技术密切衔接，有利于取得全场的主动权。因此，前场技术已成为当代羽毛球技术十分重要的组成部分。

1）放网前球

当对方击来网前球时，用球拍轻轻一托，使球向上弹起恰好一过网就朝下坠落，称为放网前球。放网前球往往是运动员没能及时赶到在较高位置上击球而被动使用的技术，但质量高的放网前球（弧线低、贴网坠落）也可能扭转被动局面。

正手放网前球时，如球向右前场区飞来，应侧身向球的方向移动，最后一步用左脚后蹬，右脚向球的方向跨出一大步成弓箭步（脚向前或略偏右）。在右脚前跨的同时，上体前倾，向前伸臂伸拍（这时左臂也应向左后张开），当脚跨步着地的时候，也是球拍击到球的时候。触球时，正拍面朝上垫在球托的底部，主要靠手腕控制球拍向前上方轻轻一托，使球越网而过。

当球向左前场飞来时，用反手放网前球，其方法与正手放网前球相似，不同点是，应先向左前场转体，右脚向球的方向跨步，并及时转换成反手握拍法，用反手击球。放网前球的关键在于严格控制托球的力量，托球力量过大，球过网太高易被对方扑击。

2）搓球

搓球是用球拍搓击球的左或右侧下部与球托底部，使球向右侧或左侧旋转与翻滚过网。搓球分正手搓球和反手搓球。

（1）正手搓球：侧身对右边网前，正手握拍。最后一步跨步后，身体重心应较高，以争取较高的击球点。球拍随着前臂伸向右前上方斜举。当球拍举至最高点时，前臂向外旋转，手腕由后伸至前屈，握拍手的食指和拇指夹住拍，中指、无名指和小指轻握拍柄，使球拍在手腕和手指的挥摆用力下，搓击来球的右下底部，使球旋转翻滚过网。

（2）反手搓球：击球前前臂稍往上举，手腕前屈，手背约与网同高，而拍面低于网顶，反拍面迎球。搓球时，主要靠前臂的前伸外旋和手腕由内收至外展的合力，搓击球的右侧后底部，使球侧旋滚动过网。

3）推球

推球是把对方击来的网前球推击到对方的后场两底角去。球飞行的弧线较低平，速度较快。

（1）正手推球：站在右网前，球拍向右侧前上举。在肘关节微屈回收时，前臂稍外旋，手腕稍向后侧，球拍也随之往右下后摆，拍面正对来球。这时，小指和无名指稍松开，使拍柄稍离开鱼际肌，拇指和食指向外捻动拍柄，拍面更为后仰。推球时，身体稍往前移，右前臂往前伸并带内旋，手腕和手指控制拍面角度，手腕由后伸至伸直并闪腕，食指向前压，小指和无名指突然握紧拍柄，拍子急速地由右经前上至左的挥动推球，使球沿边线飞向对方后场底角。在回动过程中，拍子回收。

（2）反手推对角线球：站在左网前，以反手握拍前臂往前上方伸举。在前臂稍向左胸前收引，肘关节微屈，手腕外展时，变成反手推球的握拍法，球拍松握，反拍面迎球。当前臂前伸并带外旋，手腕由外展到伸直闪腕，中指、无名指和小指突然握紧拍柄，拇指顶压，往右前方挥拍时，推击球托的左侧后部，使球沿对角线方向飞行。击球后，手臂回收，恢复击球前的准备姿势。

4）勾球

勾球是把在本方右（左）边的网前球击到对方左（右）边网前去的技术动作。勾球分正手和反手两种。

（1）正手勾球：用并步加蹬跨步上右网前，球拍随前臂往右前斜上举。在前臂前伸时稍有外旋，手腕微后伸，握拍手将拍柄稍向外捻动，使拇指贴在拍柄的宽面上，食指的第二指关节贴在拍柄背面的宽面上，拍柄不触掌心。球拍随着向右侧前挥动，拍面朝着对方右网前。击球时，靠前臂稍有内旋往左拉收，手腕由稍后伸至内收闪腕，挥拍拨击球托的右侧下部，使球向对方网前掠网坠落。击球后，球拍回收至右肩前。

（2）反手勾球：站在左网前，反手握拍前平举。在身体前移的过程中，球拍随手臂下沉至离网顶 20 cm 处，握拍变成反拍勾球握拍法，拍面正对来球。当来球过网时，肘部突然下沉，同时前臂稍外旋，手腕由稍屈至后伸闪腕，拇指内侧和中指把拍柄往右侧一拉，其他手指突然握紧拍柄，拨击球托的左侧后部，使球沿对角线飞越过网。击球后，球拍往右侧前回收。

5）扑球

对方发网前球或回击网前球时，在球刚越到网顶即迅速上网向斜下扑压，谓之扑球。扑球分正手和反手两种方法。

（1）正手扑球：右脚蹬步上网，身体右侧前倾，手举球拍于右肩上方。击球时，利用手腕由后伸到前屈收腕的力量，带动球拍向下扑击球。如果球离网顶较近，靠手腕从右前向左前滑动击球。

（2）反手扑球：右脚跨至左前再蹬跳上网，身体右侧前倾，反手握拍举于左前上方。击球时，前臂伸直外旋带动手腕内收至外展，拇指顶压加速挥拍扑球。若来球靠近网顶，手腕可外展由左向右拉切击球，以免触网。击球后，右脚着地，屈膝缓冲，回收球拍于体前。

6）挑球

挑球是把对方击来的吊球或网前球挑高回击到对方后场去，这是在比较被动的情况下采取的一种防守性技术。挑球有正手挑球和反手挑球两种。

（1）正手挑球：正手握拍举在胸前。右脚向网前跨出一大步，左脚在后，侧身向网，重心在右脚上。同时右臂向后摆，自然伸腕，使球拍后引，然后以肘关节为轴，屈臂内旋，并握紧球拍，用食指及手腕的力量将球向前上方击出。

（2）反手挑球：反手握拍举在胸前，右脚向左前方跨出一大步，重心放在右脚上。同时右肩向网，屈肘引拍至左肩旁，然后以肘关节为轴，握拍经体前由下往上，用拇指第一指关节压住拍柄的宽面，用力将球击出。

4. 练习方法

先按照正确的动作进行分解练习，掌握技术动作的重点后再做完整的动作。先做徒手练习，然后做有球练习，认真体会整个动作发力的过程和正确的击球点。

二、步法

羽毛球运动员在单打比赛中，要在本方场区约 35 m^2 的面积内，来回奔跑并完成各种击球动作，如果没有快速而准确的步法，就会顾此失彼，疲于奔命。羽毛球的步法包括起动、移动、到位配合击球和回动四个部分。

（一）起动

对来球有反应判断，即从中心位置上的准备接球姿势转为向击球的位置上出发，称为起动。一场比赛要起动几百次（基本上是每回击一拍即要起动一次）。要想做到起动快，必须反应敏捷、判断准确且起动的准备姿势正确。准备姿势可分为两种类别：一种是接发球姿势，另一种是在双方对打过程中的站位姿势。接发球姿势应该左脚在前，右脚在后，侧身对网，重心在前脚上，双膝微屈，收腹含胸，屈肘持拍于胸前，两眼注视对方发球动作。站位姿势应该右脚在前，左脚在后，脚前掌着地，脚跟提起，膝关节微屈，上体稍前倾，重心落在两脚之间，持拍于腹前。整个姿势要协调放松，保持一触即发的起动姿态。在对方出球的一刹那，两脚向上轻轻一跳，调整好身体重心，即刻起动。在每次击完球之后，又要恢复成起动姿势。

（二）移动

移动主要是指从中心位置起动后到击球位置的移动方法。影响移动速度的因素有步数的多少、步频的快慢和步幅的大小。移动的方法通常采用垫步、交叉步、小碎步、并步、蹬转步、蹬跨步、腾跳步等。运用这些方法，构成从中心位置到场区不同方位击球的组合步法——上网步法、后退步法、两侧移动步法和起跳腾空跳法。自中心位置到击球位置的步数，一般用一步、两步或三步，这要根据当时球离身体的远近来决定。

1. 上网步法

（1）上右网前：如果站位靠前，可用两步交叉步上网；若站位靠后，则采用三步交叉跨步的移动方法，即右脚向右前方迈一小步，左脚接着前交叉迈过右脚，然后右腿顺着这一方向跨一大步到位。为了加速上网，还可采用垫步上网，即右脚向右前迈一小步后，左脚快速跟进到右脚跟后，利用左脚掌内侧后蹬，右脚向右前跨出一大步。

（2）上左网前：基本方法同上右网前，只是方向相反。

2. 后退步法

（1）正手后退右后场：后退步法一般都用侧身后退，以便到位后挥拍击球。如果是右脚稍前的站位，则先完成右脚后蹬—身体右后转—成侧身站位，然后采用三步并步后退或交叉步后退。

（2）正手后退左后场：后退左后场正手绕头顶击球的步法基本同正手后退右后场步法，只是移动方向是向左后。

（3）反手后退左后场：反手击球时，必须先使身体向左后转、背向网，在后退左后场时，无论是两步后退或三步后交叉后退都要注意这一点。

3. 两侧移动步法

（1）向右侧移动：两脚开立，右脚跟稍提起，上体稍倒向左侧，左脚掌内侧用力起蹬，右脚同时向右侧蹬跨一大步到位击球。若距来球较远，则左脚可向右垫一小步再起蹬，右脚同时向右跨一大步到位。

（2）向左侧移动：两脚开立，上体稍倒向右侧用力起蹬，左脚同时向左蹬跨一步到位击球。离球较远时，左脚可先向左移一小步，然后向左转身，右脚向左（前交叉）跨大步（背向网）到位，同反手击球。

4. 起跳腾空步法

步子到位后，为了争取战机和更高的击球点，用单脚或双脚起跳，居高临下，凌空一击，称为起跳腾空击球。在上网、后退和两侧移动中都可运用腾跳步。一般来说，腾跳步较多用于向左右两侧进行跳起突击。当对方打平高球（弧线较低）球从右侧上空飞向底线时，用左脚向右侧蹬地，右脚起跳，上体向右侧上空腾起截住来球，突击扣杀对方空当；当球从左侧上空飞向底线时，则右脚向左侧蹬地，左脚起跳，用头顶击球法突击。在正手后退步法中，步子到位后，也可以右脚起跳腾空击球。击球后，左脚后摆在身体重心的后面着地，一经制动缓冲，便应立即回动。

（三）到位配合击球

所谓“步法到位”，是指根据不同的击球方式运动员移动到最适合击球的最有利的位置上。例如，正手扣杀球时，应使球处在身体右前方；正手搓球时，则应使球处在右前方伸臂伸拍后能击到球的地方为宜。做到击球时使上肢、下肢、躯干动作都能协调一致地发力。

（四）回动（回中心位置）

击球后，应尽力保持（或尽快恢复）身体平衡，并即刻向中心位置移动，以便在中心位置上做好迎击下一个来球的准备，称为回动。所谓中心位置，一般是指球场区的中心略靠后的位置，因为这个位置最有利于平衡兼顾向场区各个方向去迎击球。应根据当时比赛的实际情况，针对双方战术的特点，选择最有利于回击对方来球的回动路线和回动位置。

第三节　羽毛球运动的一般规则

一、羽毛球场地、器材

羽毛球场呈长方形，长度是 13.40 m，单打球场宽 5.18 m，双打球场宽 6.10 m。球场外面两条边线是双打场地边线，里面的两条边线是单打场地边线。双打边线与单打边线相距 0.46 m。靠近球网 1.98 m 与网平行的两条线为前发球线，离端线 0.76 m 与端线相平行的两条线为双打后发球线。前发球线中点与端线中点连起来的一条线叫中线，它把羽毛球场地分为左右发球区。各条线宽度均为 4 cm。整个场地的丈量应从线的外沿计算。场地上空 12 m 以内和四周 4 m 以内不应有障碍物（包括相邻的球场，如图 12-5 所示）。

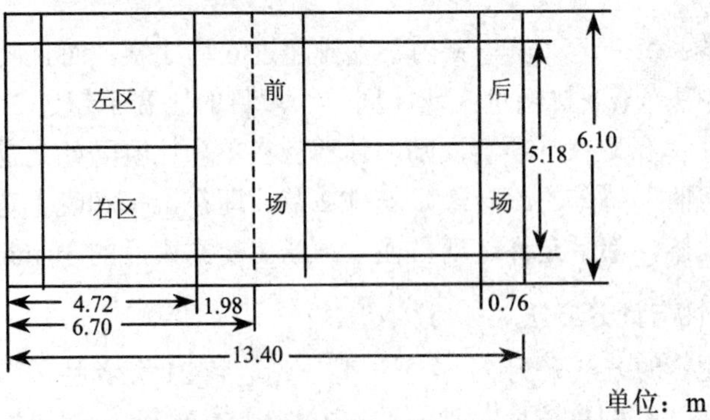

图 12-5

场地中间张挂球网。网上下宽 760 mm。球场中央网高 1.524 m，双打边线处网高 1.55 m。羽毛球质量为 4.74～5.50 g，应有 16 根羽毛插在半球形的软木托上。球托直径 25～28 mm，底部为圆形。羽毛顶端围成圆形，直径为 58～68 mm。羽毛应用线或其他适宜材料扎牢。羽毛球拍是用木料、铝合金或碳素纤维等质地轻而坚实并富有弹性的材料制作而成。球拍由拍柄、拍弦面、拍头、拍杆、连接喉组成整个框架。拍框总长度不超过 680 mm，宽不超过 230 mm。拍弦面应是平的，用拍弦穿过拍头十字交叉或其他形式编织而成，编织的式样应保持一致。拍弦面长不超过 280 mm，宽不超过 220 mm。

二、羽毛球比赛的主要规则

（一）比赛项目

1. 团体赛

羽毛球的团体赛有三种：①男子团体，也称“汤姆斯杯”赛；②女子团体，也称“尤伯杯”赛；③男女混合团体，也称“苏迪曼杯”赛。

团体比赛通常采用以下两种方式。

（1）三场制：每队 2～4 人参加比赛，其中 2 名单打、1 对双打（可由单打运动员兼），共进行 3 场比赛。比赛场序为：单、双、单（或单、单、双）。采用三场两胜制，亦可赛完 3 场后以获胜场数多者为胜队。

（2）五场制：每队 4～9 人参加比赛，其中 3 名单打、2 对双打（可由单打运动员兼）。混合团体赛为 2 名单打、3 对双打（可由单打运动员兼），共进行 5 场比赛。比赛场序为：单、单、双、双、单（或单、单、单、双、双）。混合团体比赛场序为：男单、女单、男双、女双、混双。采用五场三胜制，亦可赛完 5 场后以获胜场数多者为胜队。

2. 单项比赛

单项比赛包括男子单打、女子单打、男子双打、女子双打和混合双打五个项目。

（二）比赛日程安排

（1）团体赛：每队一天内不安排超过 2 次五场制的比赛；一节中不安排超过 1 次五场制的比赛。

（2）单项比赛：每个运动员一天内不安排超过 6 场比赛，而且同一个项目的比赛不超过 3 场；在一节比赛中，不安排超过 3 场，同一个项目的比赛不超过 2 场。

（3）若既有团体赛又有单项赛，则团体赛应在单项比赛开始之前结束。

（4）条件许可时，每天的比赛最好安排 2 节，即在上午和晚上进行。

（5）凡正式比赛，都不允许运动员在上一场比赛结束后的 30 min 内再进行另一场比赛。

（三）比赛特性与计分方法

（1）羽毛球比赛的方法采用 21 分制，得分先达到 21 分者胜，三局两胜。每局双方打到 20 平时，一方领先 2 分即算该局获胜；若双方打到 29 平后，一方先得到 30 分即可获胜。

（2）新规则中每球得分，并且除特殊情况（如地板湿了、球打坏了等），球员不得提出中断比赛的要求。但是，每局一方先得到 11 分时，比赛进行 1 min 的技术暂停。

（3）得分者拥有发球权。如本方得分为单数，从左边发球；得分为双数时，从右边发球。在决胜局或只进行一局的比赛中，当一方分数先达到 11 分时，双方交换场地。

三、主要规则与裁判方法

（一）掷挑边器

比赛前，双方应掷挑边器。赢的一方可选择先发球或先接发球和场区。输的一方则在余下的一项中作出选择。

（二）合法发球

（1）发球时任何一方都不允许延误发球。

（2）发球员和接发球员都必须站在斜对角发球区内发球和接发球，脚不能触及发球区的界线；两脚必须都有一部分与地面接触，不得移动，直至将球发出（否则称“脚移动”违例）。

（3）发球员的球拍必须先击中球托，与此同时，整个球要低于发球员的腰部（否则为“过腰”违例）。

（4）击球瞬间，球拍应指向下方，从而使整个拍头明显低于发球员的整个握拍手部（否则称“过手”违例）。

（5）发球开始后，发球员的球拍必须连续向前挥动，直至将球发出。

（6）发出的球必须飞行过网，落入接发球员的发球区内。

（7）发球员必须在接发球员准备好后才能发球（接发球员已试图接发球则被认为已做好准备）。一旦双方运动员站好位置，发球员的球拍头第一次向前挥动即为发球开始。一旦发球开始，球被发球员的球拍触及或落地即为发球结束。

（8）双打比赛中，发球员或接发球员的同伴站位不限，但不得阻挡对方发球员或接发球员的视线。

（三）单打

（1）发球员分数为“0”或双数时，双方运动员均应在各自的右发球区发球或接发球；发球员的分数为单数时，双方运动员均应在各自的左发球区发球或接发球。如再赛，发球员应以该局的总得分按上述规定站位。

（2）接发球员违例或因球触及接发球员场区内的地面而成死球，发球员就得1分。随后，发球员再从另一发球区发球；发球员违例或因球触及发球员场区内的地面而成死球，发球员即失去发球权。随后，接发球员成了发球员，双方均不得分。

（四）双打

（1）一局比赛开始和每次获得发球权的一方，都应从右发球区发球。

（2）只有接发球员才能接发球；如果他的同伴去接球或被球触及，则发球方得1分。

（3）自发球被回击后，由发球方的任何一人击球，然后由接发球方的任何一人击球，如此往返直至死球。自发球被回击后，运动员可以从网的各自一方的任何位置击球。

（4）接发球方违例或因球触及接发球方场区内的地面而成死球，发球方得1分，原发球员继续发球；发球方违例或因球触及发球方场区内的地面而成死球，原发球员即失去发球权，双方均不得分。

（5）每局开始首先发球的运动员，在该局本方得分为0或双数时，都必须在右发球区发球或接发球：得分为单数时，则应在左发球区发球或接发球。

每局开始首先接发球的运动员，在该局本方得分为0或双数时，都必须在右发球区接发球或发球；得分为单数时，则应在左发球区接发球或发球。

上述两条相反形式的站位，适用他们的同伴。

如有再赛，则以该局本方总得分，按规则的规定站位。

（6）发球必须从两个发球区交替发出。

（7）任何一局的首先发球员失去发球权后，由该局首先接发球员发球，然后由首先接发球员的同伴发球，接着由他们的对手之一发球，再由另一对手发球，如此传递发球权。

（8）运动员不得有发球顺序错误和接发球顺序错误，或在同一局比赛中连续两次接发球。

（9）一局胜方中的任一运动员可在下一局先发球，负方中的任一运动员可先接发球。

（五）发球区错误

（1）以下情况为发球区错误：①发球顺序错误；②从错误的发球区发球；③从错误的发球区准备接发球，且球已发出。

（2）发球区错误的处理：①如果错误在下一次发球击出前发现，应重发球，只有一方错误并输了这一回合，则错误不予纠正；②如果错误在下一次发球击出前未被发现，则错误不予纠正。

（3）如果因发球区错误而重发球，则该回合无效，纠正错误重发球。

（4）如果发球区错误未被纠正，比赛也应继续进行，并且不改变运动员的新发球区和新发球顺序。

（六）违例

（1）发球不合法。

（2）发球员发球未击中球。

（3）发球时，球过网后挂在网上或停在网顶。

（4）比赛时：①球落在球场界线外；②球从网孔或网下穿过；③球不过网；④球碰屋顶、天花板或四周墙壁；⑤球触及运动员的身体或衣服；⑥球触及场外其他人或物体。

（5）比赛时，击球点不在击球者网的这一方（击球者击球后，球拍可以随球过网）。

（6）比赛进行中：①运动员球拍、身体或衣服触及网或网的支撑物；②运动员的球拍或身体从网上侵入对方场区；③运动员的球拍或身体从网下侵入对方场区，妨碍对方或使对方分散注意力；④妨碍对方，如阻挡对方紧靠球网的合法击球。

（7）比赛时，运动员有故意分散对方注意力的举动，如喊叫、故作姿态等。

（8）持球：击球时，球夹在或停滞在拍上紧接着又被拖带。

(9)连击：同一运动员两次挥拍连续击中球两次或双打中同方两名运动员连续各击中球一次。

（七）运动员不端行为及处罚

比赛时，运动员不得有下列行为：①故意引起比赛中断；② 故意改变球的速度；③举止无礼；④规则未述的其他不端行为。

裁判员对运动员不端行为的处理：①警告；②对已被警告过的一方判违例；③对严重违犯或屡犯者判违例并立即向裁判长报告，裁判长有权取消其比赛资格。

（八）重发球

遇下列情况应重发球：①遇不能预见或意外情况；②除发球外，球过网后挂在网上或停在网顶；③发球时，发球员和接发球员同时违例；④发球员在接发球员未做好准备时发球；⑤比赛进行中，球托与球的其他部分完全分离；⑥司线员未看清，裁判员也不能作出决定时。

第四节　羽毛球运动的比赛欣赏

羽毛球比赛是非常精彩体育赛事，观看羽毛球比赛首先要对羽毛球规则进行了解，结合规则来判断运动员在实际比赛过程中所运用技术、战术的巧妙之处。在双打时更应着重注意运动员与同伴之间的配合，在比赛不同阶段所采取的心理战术和技术战术，如何采用出奇不易的技术、战术来制胜对方或扭转战局，从中体会运动员在比赛中顽强拼搏、斗智斗勇的体育精神。

如何选拍子

首先肯定是价格越高，总体性能越好，但是对于一般的业余选手来说，选个适合自己的拍子才是最关键的。先说拍子的材质，其中材质最好的是钛金属，往后依次为全碳素、铝碳纤维一体、铝合金和纯铁、纯铝。目前市场上较为普遍的是全碳素，一般的业余选手或初学者大多选择这个类型的拍子。再说羽毛球拍的重量，重量一定要合适。通常人们会认为越轻就越好，其实，并不是这样的。拍子轻，挥动的速度虽然快，但是，高手在扣球的时候就会使不上劲，从而大大影响击球的力量，进攻型选手适合选用中硬型，重量稍重，平衡点比较靠近拍头的球拍；如果是防守型选手，则应该选用质量较轻，平衡点较靠后的球拍。头尾重量平均的拍子适合技术平均的选手和初学者。球拍的长度，一般单打比较适合选用加长型球拍，双打应选用标准长度的羽毛球拍。总之，要选择适合自己的拍子，打起来才会发挥出最大的威力。

思考题：

1. 发高远球的动作要领是什么？
2. 结合自己的体会说说如何更好地练习移动技术。
3. 怎样在发球时避免“过腰”和“过手”违例？
4. 谈谈自己在练习羽毛球的过程中有什么好的方法。

第十三章　乒　乓　球

第一节　乒乓球运动概述

一、乒乓球运动简介

（一）乒乓球运动概念

乒乓球运动是由两名或两对选手用球拍在中间隔放一个球网的球台两端轮流击球的一项球类运动。乒乓球直径40 mm，质量2.7 g。球拍底板为木质，用来击球的拍面的覆盖物可以是颗粒胶或海绵胶。球台长2.74 m，宽1.525 m，高76 cm，网高15.25 cm。乒乓球运动的特点是球小、速度快、变化多、趣味性强，设备比较简单，不受年龄、性别和身体条件的限制，具有广泛的适应性和较高的锻炼价值，比较容易开展和普及。常参加这项运动可以发展人体的灵敏性和协调性，提高动作的速度和上下肢活动的能力，改善心血管系统的机能，促进新陈代谢，增强体质，培养勇敢顽强、机智果断等意志品质。

（二）常用术语

1. 球台

（1）左、右半台：又称1/2台，通常指击球范围，其左右方向是对击球者而言的。

（2）2/3台：击球范围占球台的三分之二。

（3）全台：击球范围占整个球台。

2. 站位与击球距离

（1）站位：运动员开始击球前的基本位置。

（2）近台：站位离球台端线30～50 cm以内的范围。

（3）中近台：站位离球台端线50～70 cm以内的范围。

（4）中远台：站位离球台端线70～100 cm以内的范围。

（5）远台：站位离球台端线100 cm以外的范围。

3. 击球路线

（1）击球路线：球在球台上方飞行弧线的投影线。

（2）五条基本线路：包括右方斜线、右方直线、左方斜线、左方直线、中路直线（左右以击球者为标准）。

4. 击球时间

击球时间是指来球在本方台面弹起后，其运动轨迹从着台点上升再下落至触及地面以前的过程，大致分为五个时期。

（1）上升前期：球从台面反弹刚上升的阶段。

（2）上升后期：球从上升前期到接近最高点的阶段。

（3）高点期：球从上升期到最高点的阶段。

（4）下降前期：球从高点期开始下降的最初阶段。

（5）下降后期：球下降到接近地面之前的阶段。

5. 击球部位

击球部位指球拍接触球的部位。以球的圆弧来分，有上部、中上部、中部、中下部和下部。

6. 拍面角度和拍面方向

（1）拍面角度：拍面与台面所形成的角度。

（2）拍面方向：针对接球者而言，球拍接触球时拍面所对的位置。

7. 击球点

击球点是指击球时，球拍和球接触的那一点所属空间的位置，是对击球者所处的相对位置而言的。它包含三个因素：①击球时，球处于身体的前后位置；②击球时，球和身体的远近距离；③指击球时，球的高低位置。

二、乒乓球的起源与发展简况

（一）起源

乒乓球运动起源于 19 世纪末的英国，后流行于整个欧洲，最早被称为“Table Tennis”。从这个命名可以看出，网球是乒乓球运动的前身。从某种意义上讲，乒乓球运动的发展史是在球拍工具不断革新，使球在速度和旋转之间相互竞争过程中向前推进的。从 1926 年第一届乒乓球锦标赛到现在，乒乓球运动的发展可概括为以下几个阶段。

1. 第一发展阶段——欧洲全盛期

翻开前 18 届世锦赛的历史，其中 17 届比赛是在欧洲举办的，世界冠军的金牌共有 117 枚，欧洲选手就获得了 109 枚，占总数的 93%。这一时期可谓欧洲的全盛时期。

2. 第二发展阶段——优势转向亚洲

日本运动员在 1952 年第 19 届世界锦标赛中以远台长抽打法，结合快速的步伐移动，击败了欧洲的下旋削球打法，在这届世界锦标赛上，一举夺得了 4 项冠军。这一阶段共举行过 7 届世界锦标赛，冠军金牌共 49 枚，日本选手夺得了其中的 24 枚，占总数的 49%。在第 25 届世界锦标赛上日本选手达到了巅峰状态，同时也标志着乒乓球运动的优势开始转向亚洲。

3. 第三发展阶段——中国登上世界乒坛

在 1961 年第 26 届世界锦标赛上，中国运动员创造了以“快、准、狠、变”为技术风格的独特的直拍近台快攻打法，超越了欧洲削球关，也战胜了日本的远台打法，第一次获得男子团体世界冠军，并连续获得第 27 届、28 届男子团体冠军。在此期间产生金牌共 21 枚，中国运动员夺取了其中的 11 枚，占总数的 52%，震撼了世界乒坛。

4. 第四发展阶段——欧洲乒乓球的复苏

跌入谷底后，欧洲乒坛从失败和挫折中总结经验教训，吸取了亚洲运动员在打法上的优点，创造出了适合他们的以弧圈球为主结合快攻和以快攻为主结合弧圈球两种先进打法。他们把旋转和速度紧密地结合起来，把世界乒乓球技术推到了一个新阶段。

5. *第五发展阶段——跨入奥运时代*

1988 年，乒乓球被列入第 24 届奥运会正式比赛项目，更加引起了各国的高度重视，在经济、科研、训练手段、方法上的投入更多。欧洲和亚洲的乒乓球技术、战术水平非常接近，在某种程度上，各国乒乓球的对抗在比技术、战术的同时，更重视心理、意志品质、体能的比拼，使乒乓球运动进入了全面发展时期，欧亚之间的竞争更加激烈。

（二）发展方向

根据乒乓球运动的发展规律，可以预见，各种打法还会不断充实和完善，技术将更加精益求精，运动员会在力争积极主动、加快速度、加强旋转和加大力量方面下工夫，也会出现一些新的技术和打法。今后，乒乓球运动的发展趋势将呈以下特点。

（1）技术打法向快速方向发展是总趋势中的一个方面，速度和旋转互相渗透，要求更好地结合。

（2）弧圈球技术与反弧圈球技术将在相互牵制、相互斗争的矛盾中发展提高。

（3）力争主动，先发制人，力争前三板发挥出个人技术特长，是各种类型打法发展的另一个趋势。

（4）削球打法在比赛中增多进攻成分，利用两面不同性能球拍加强旋转变化，寻找机会强攻等，都要在“变、转、攻”上下工夫争主动。

（5）推攻和两面攻打法的运动员，除加快进攻速度外，还会进一步提高反手攻球的威力，力争更加全面地掌握技术。

总的来说，世界乒乓球技术将朝着“更加积极主动、特长突出、技术比较全面、战术变化多样”的方向发展。

三、乒乓球运动的特点与锻炼价值

（一）乒乓球运动的特点

乒乓球比赛的特点是快速多变。我国乒乓球水平之所以长期在国际上处于绝对领先地位，依靠的就是“快、准、狠、变、转”的近台快攻打法。比赛要求运动员回球时要有合适的弧线和质量，即回击球时必须有速度、力量、旋转和落点的变化，打球时一味求稳，那是难以取胜的。

（二）乒乓球运动的锻炼价值

乒乓球运动是智能、技能、体能三者兼容，以智能为主隔网对抗的运动项目，是球类运动中最富有旋转、要求反应速度最快的一项运动。

乒乓球运动集健身、竞技、娱乐于一体。经常打乒乓球能提高视觉的敏锐性和神经系统的灵活性，使人心情舒畅，想象力丰富，有利于提高学习和工作效率；能改善人的心血管、脑血管系统的机能，使人的反应加快，身手敏捷，动作协调，四肢灵活、柔韧，形体健美；能提高控制情绪的能力及培养机智果断、勇敢顽强、勇于进取和敢于拼搏的优良品质与作风。此外，生活、工作中产生的不良情绪，也可在乒乓球运动锻炼中得到缓解和宣泄，起到积极的心理调节作用，提高社会适应能力。

四、乒乓球赛事

1. 世界乒乓球锦标赛（World Table Tennis Championships）

国际乒乓球联合会主办的世界乒乓球锦标赛，原称欧洲乒乓球锦标赛，后改此名。第 1 届于 1926 年在伦敦举行。比赛共设男子团体、男子单打、男子双打、女子单打和混合双打 5 项，以后每年举行 1 次。从第 2 届瑞典斯德哥尔摩锦标赛开始设女子双打比赛项目。从第 8 届巴黎锦标赛开始设女子团体赛。1940 年第 14 届乒乓球锦标赛由于第二次世界大战而被迫推迟，1947 年在法国巴黎继续举办了第 14 届乒乓球锦标赛。1957 年的第 24 届瑞典斯得哥尔摩锦标赛后，改为每 2 年举行 1 届。

2. 世界明星巡回赛（World Stars Tour Match）

国际乒乓球联合会为推动乒乓球运动的发展，从 1990 年起开始举办世界明星巡回赛。巡回赛组织工作比较简单，参赛者都是著名的乒乓球运动员，且参赛人数较少。到世界各地比赛是一个广泛宣传、推广乒乓球运动的好形式。

3. 世界杯乒乓球赛（World Cup Table Tennis Tournament）

世界乒乓球赛也称“埃文斯杯”赛，是由国际乒乓球联合会主办的国际乒乓球比赛。只设男子单打 1 个项目，由国际乒乓球联合会指定 16 名运动员参加，其资格为世界单打冠军、主要协会单打冠军及国际乒乓球联合会公布的世界优秀选手名单中名次列前的部分选手。1980 年 8 月在我国香港举行了第 1 届世界杯乒乓球比赛，共有 12 个协会的 16 名选手参加。从 1980 年起每年举办 1 届。

4. 全国乒乓球锦标赛（China Table Tennis Championships）

全国乒乓球锦标赛是由中国国家体育运动委员会和中国乒乓球协会联合举办的全国性的比赛，是我国最高水平的乒乓球比赛，以省、市、自治区和中国人民解放军为竞赛单位。1952 年在北京举行首届比赛，自 1956 年武汉第 2 届锦标赛起每年举行 1 届，1967—1971 年间赛事暂停。全国乒乓球锦标赛设男、女团体和男单、女单、男双、女双、混双共 7 项比赛。

5. 亚非拉乒乓球友好邀请赛（Asia-africa-latin America Table Tennis Friendship Tournament）

亚非拉乒乓球友好邀请赛是洲际乒乓邀请赛。1971 年 11 月，在亚非乒乓球友好邀请赛期间，举行该赛 6 个发起国团长会议，一致同意将友好邀请赛的范围扩大到拉丁美洲，并选出智利、朝鲜、厄瓜多尔、埃及、日本、毛里求斯、尼泊尔、尼日利亚、坦桑尼亚、中国的乒乓球协会的代表团组成亚非拉乒乓球友好邀请赛筹备委员。首届亚非拉乒乓球友好邀请赛于 1973 年在中国北京举行。

6. 亚洲乒乓球锦标赛（Asian Table Tennis Championships）

亚洲乒乓球锦标赛由亚洲乒乓球联盟主办，是亚洲最高水平的乒乓球比赛。比赛设男女团体和 5 个单项共 7 项比赛。自 1972 年起每两年举行 1 届。

7. 亚洲运动会乒乓球比赛（Table Tennis Match in Asian Games）

由亚洲奥林匹克理事会、亚洲乒乓球联合会主办的亚洲乒乓球比赛，设男、女团体和 5 个单项共 7 个项目。从 1958 年起每四年举行 1 届。

8. 亚非乒乓球友好邀请赛（Asia-Africa Table Tennis Friendship Invitational）

亚非乒乓球友好邀请赛是洲际乒乓邀请赛，由中国、朝鲜、埃及、日本、毛里求斯、尼泊尔乒乓球协会共同发起。1971 年 11 月在中国北京举行，亚洲和非洲共计有 51 个国家和地区的乒乓球代表队参赛，规模盛大。比赛项目设有男女团体、男女单打、男女双打、混合双打、男女少年单打和元老赛共 10 项。

9. 全国运动会乒乓球比赛（Table Tennis Match in China National Games）

全国运动会乒乓球比赛简称“全运会乒乓球比赛”，是全国规模的乒乓球比赛，以省、市、自治区和中国人民解放军为竞赛单位，比赛设男女团体和 5 个单项共 7 个项目。自 1959 年 9 月在北京举行了首届会运会乒乓球比赛，之后每四年举行 1 届。

第二节　乒乓球运动的基本技术

一、基本站位和基本姿势

（一）基本站位

基本站位是指一个范围内，运动员相较于球台所处的位置，而不是某个固定点（如图 13-1 所示）。不同打法的运动员其基本站位会有所不同。比赛中运动员的站位是否合理对其技战术水平的发挥有着直接关系。

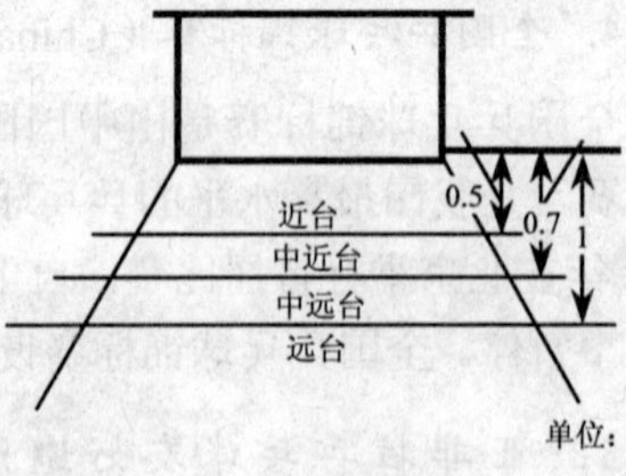

图 13-1

（二）握拍法

乒乓球的基本握拍有两种：一种是直握球拍，另一种是横握球拍。根据个人条件、兴趣爱好、技术特点，可以选择一种适合自己的握拍法。

1. 直握拍法

直握拍法一般是拇指、食指自然弯曲，以拇指第一指关节和食指第二指关节压住球拍的两肩，两指间距适中，中指、无名指、小指自然弯曲斜向重叠，以中指第一关节偏左侧托于拍背面上 1/3 处，无名指微屈，同时压住拍面（如图 13-2 所示）。

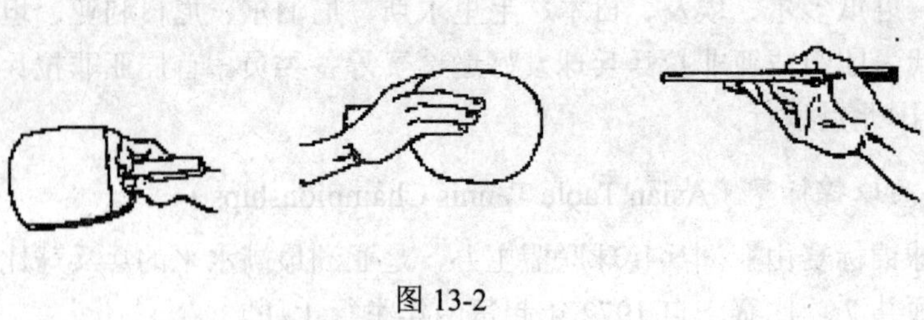

图 13-2

2. 横握拍法

横握拍法一般是虎口压住球拍右上肩，拇指和食指自然弯曲，分别握在拍身前、后面，中指、无名指、小指弯曲握住拍柄（如图 13-3 所示）。如正手攻球时食指在拍身背后，应稍向上移，反手攻击时，拇指稍向上移。

图 13-3

二、基本步法

基本步法是运动员在击球过程中最基本的动作。只有灵活的步法移动，才能确保成功回击对手的来球。基本姿势：两脚平行站立，提踵，前脚掌内侧用力着地，两膝微屈，上体略前倾；中心置于两脚之间，两眼注视来球方向；持拍手臂自然弯曲置于身体侧面，手腕放松持拍于腹前，离身体 20～30 cm，肘关节略外张，准备随时起动。

（一）跳步

一脚前掌内侧用力蹬地，使两脚离地向前后、左右方向跳动，在来球极快、角度较大的情况下可采用这种方法击球（如图 13-4 所示）。

（二）跨步

来球方向的异侧脚前掌内侧用力蹬地，同侧脚向来球方向侧跨一大步，用于回击速度快、角度大的来球（如图 13-5 所示）。

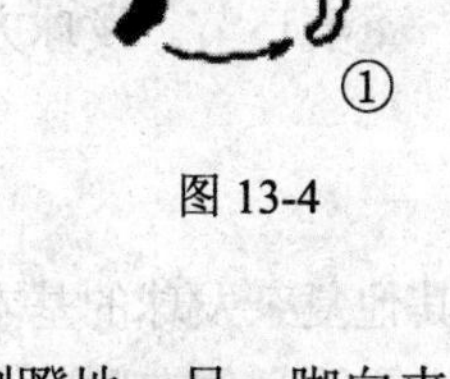

图 13-4

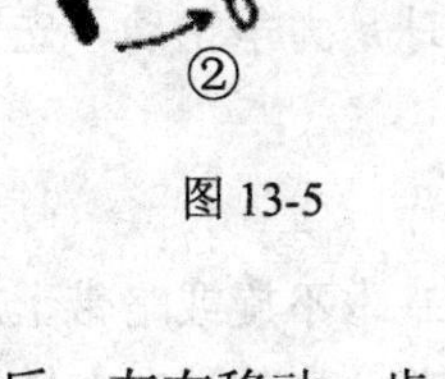

图 13-5

（三）单步

一脚前脚掌内侧蹬地，另一脚向来球方向做前后、左右移动一步，在来球角度不大的情况下可采用此方法（如图 13-6 所示）。

（四）换步

一脚前脚掌为轴，另一脚随即移动一步，从基本站位向左右移动时可采用这种步法（如图 13-7 所示）。

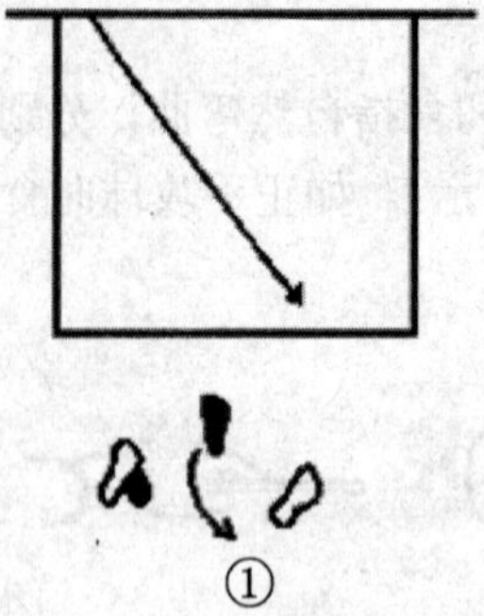

图 13-6

图 13-7

（五）侧身步

左脚先向左侧移动一步，然后右脚向左脚的方向移动，当球逼近身体时可采用这种方法（如图 13-8 所示）。

（六）交叉步

以来球异侧的脚先向来球一侧移动，并超过另一脚，接着另一脚再向来球侧移动，来球离身体较远时多用此法（如图 13-9 所示）。

图 13-8

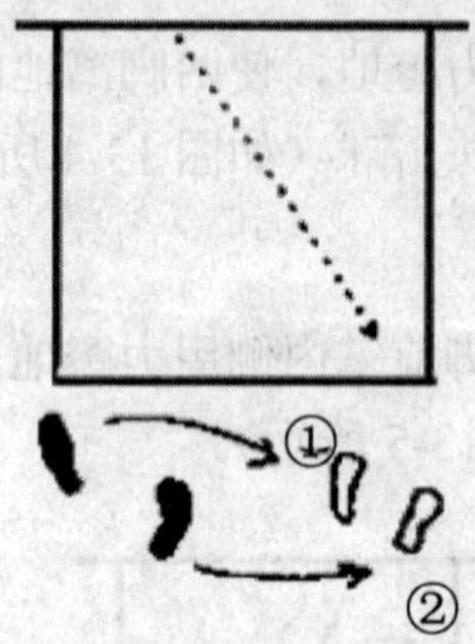

图 13-9

三、发球与接发球

（一）发球

乒乓球比赛时，发球是力争主动、先发制人的第一重要环节。发球方法很多，常用的有以下几种。

1. 平击发球

特点：速度一般，基本不旋或略带上旋，是掌握其他复杂发球的基本技术。

动作要领：左脚在前，身体稍向右转，左手托球，置于身体右侧前方。右手持拍，置于身体右前方，然后左手将球轻轻向上抛起，同时右手向右后方向引拍，并使拍面稍向前倾。当球下落时，右臂向左前方挥动，球下降到稍高于球网时，球拍击球中上部，并向左前方发力，使球的第一落点位于本方球台的中央。球被击出后，右臂顺势向左上方挥动。发球过程中，身体重心要从右脚逐渐移动到左脚上。

2. 正手发左侧上下旋球

特点：有较强的左侧上旋或左侧下旋，飞行中向右转弯。用尽可能相似的手法发左侧上旋或左侧下旋球时，能增加对方辨识旋转的困难，使对方接球下网或出现高球，或向左侧偏离出现失误。

动作要领：发左上旋球时，手腕略向外展，当球回落时，手臂迅速向左下方挥动，待球落到与球网等高时击球，应摩擦球中上部。发左下旋球时，手臂应从右后上方向左前下方挥动。同时两臂略向外旋，拇指与拍后三指用力顶拍，使拍面稍向后仰，击球的中下部，向底部摩擦。

3. 反手发右侧上下旋球

特点：有较强的左侧上旋或左侧下旋，飞行中向右转弯。发球手法相似时，对方不易识别球的旋转方向，回击时容易出现高球或下网，或使球向右偏离出现失误。

动作要领：站位靠近台左方，右脚在前，上体稍左转。左手托球于腹前左侧靠近球台端线，右手持拍在身体左侧。左手抛球时，右手向左上方引拍，使拍柄指向右下方。当球下落时，前臂和手腕向右下方挥动，待球落到与球网同高时击球。若要发右侧上旋球，球拍触球瞬间，手腕向右上方转动，使球拍击球的中部并向右上方摩擦球。击球后，顺势向左上方挥拍。若要发左侧下旋球，球拍触球瞬间手腕向右下方转动，使球拍击球的中部向右下方摩擦球，球离拍后球拍要立即向右上方挥动，与发右侧上旋球相似。

4. 正手发下旋转球与不转球

特点：这是一套下旋加旋转与不旋转的技术，两者转速差距很大，对方不易识别球的转动强度，回击球时易出现高球、出界或下网。

动作要领：发下旋球时，左脚稍前，抛球同时，将球拍引至后上方与肩同高，手腕略向外展，拍面后仰，球回落时，手腕和前臂带动上臂迅速向下方发力，在胸腹前一小臂距离处击球。触球瞬间，手腕猛然借助前臂发力，使球拍通过球体的中下部向底部摩擦。上体垂直或后仰。若发不转球，球拍触球瞬间，手腕不要用力转动，球拍向前撞击球的中部，以减小向下摩擦球的力量，待球离拍后，前臂迅速外旋，带动手腕转动并快速向左前下方挥动，给对方造成错觉。

发转球与不转球动作上的主要区别在于球拍触球瞬间，突然减慢手臂前进的速度，并减小拍向后仰角，使球触板点向球拍上不移动，并稍加前推力量，使动作用力接近球心，从而形成不转球。

5. 侧身正手发球

特点：发球时站位极其偏左，一般在球台角外，故有利于发球后用正手强攻。

动作要领：由于站位极其偏左，故要求左脚在前一步，上体进一步向右偏转，约与球台线成 90° 角。击球动作、手法与各种正手发球基本相同。

（二）接发球

接发球关键是在于判断来球旋转的方向与落点、及时移动到位、正确回击。

接发球分以下几种：当对方发左（右）侧上旋球及急上旋球时，落点在左方用推挡回接，在右方用正手攻击球或弧圈回接；当对方发左（右）侧下旋球时，落点在左方可用搓球回接，在右方可用正手接挡弧圈球回接。

1. 接短球

由于这种发球近网，并常与发急球配合使用，所以，要密切注意来球的落点。发现是短球时，要立即上前，到达合适的击球位置，然后根据来球的旋转方向和强度及本人的技术特长，采用搓、推或攻、拉。因为这种球多半在台内，回击时，球拍往往受台面阻碍，动作不应太大，所以要充分运用前臂和手腕的力量，同时要根据来球的旋转性能，调节拍面角度和用力方向。击球后回到正常的站位位置，准备下次击球。

2. 接正手发左侧上（下）旋球

对于发来的左上旋球，可用推挡回接，推接时将球拍略向左偏移，并迅速使球拍向前倾，然后用力将球推压过去。如果把球回到对方的右角，拍面应正对对方右角，并用力将球推到靠近边线的地方；如果想把球回到对方的左角，则拍面应对着对方球台的中央，尽量利用拍面的斜角来抵消来球的左侧旋转力。也可以以侧身攻球或反手攻球来回接。在拍触球的瞬间，除控制好拍面外，还要注意球的板型要下压一些，主要靠手腕和前臂发力回击。

3. 接反手发右侧上（下）旋球

与接正手发左侧上（下）旋球手法基本相同，只是击球时，球拍向右倾斜，以抵消来球左旋转的力量。

四、挡球和推挡球

（一）挡球

特点：球速慢、力量轻、动作简单易掌握。反复练习可熟悉球性，体会击球的基本结构，提高控球能力。

动作要领：两脚平行或右脚稍后，站位在球台中间或偏左，身体离球台 40 cm 左右，呈基本姿势站立。引拍时前臂与台面基本平行，拍面接近垂直，引拍至身体前方；击球时前臂和手腕稍向前挥动，拍面接近垂直，在来球弹起的上升期击球的中部。挡球主要是借助来球的反弹力将球弹回。

（二）推挡球

特点：回球速度快、力量较轻、落点变化多；在发挥速度上的优势时，能起到助攻作用，也能袭击对方的空当。

动作要领：准备姿势、击球后动作基本与挡球相同。引拍时持拍手上臂和肘关节回收靠近身体右侧，引拍至身体前方。在上臂带动下，前臂和手腕向前伸，食指压拍，拇指放松，拍型稍向前倾，在来球弹起的上升初期推击球的中上部。

五、攻球

（一）正手快攻

特点：站位近、动作小、球速快，借来球反弹力还击，与落点变化结合可调动对方，争取主动，是近台快攻打法的一项重要的基本技术。

动作要领：左脚稍前，站位于球台中间或偏左，身体离球台 40～50 cm，呈基本姿势站立。引拍以前臂为主引拍至身体右侧方，球拍呈半横态状；在上臂带动下前臂和手腕由右侧方向左前上方挥动，拇指压拍；食指放松，拍面稍前倾，在来球弹起的上升期击球中上部。

（二）正手中远台攻

特点：站位稍远、动作大、力量重。在对攻中，力量配合落点变化能争取主动或直接得分。被动防御时也可用此法进行反击。

动作要领：左脚稍前，身体离球台 1 m 左右，呈基本姿势站立。身体向右转动，持拍手臂较大幅度向身体右后方引拍，拍面接近垂直，重心在右脚上；右脚蹬地、向左转体的同时，上臂带动前臂由右后方加速向左前上方发力挥动，手腕边挥边转使拍面逐渐前倾，在来球弹起至下降前期击球的中部或中上部。

（三）反手快攻

特点：站位近、动作小、速度快，借来球反弹力还击，是两面攻打法的重要技术之一。

动作要领：左脚稍后，身体离球台 40～50 cm，呈基本姿势站立。持拍手臂自然弯曲并外旋使拍面前倾，上臂与肘关节自然靠近身体，引拍至腹前偏左的位置；在上臂带动下前臂和手腕向右前上方挥动，同时配合外旋转腕动作，使拍面稍前倾，在来球弹起上升期击球中上部。

横排反手快攻前，略向左后侧引拍，前臂与手腕近乎呈直线，拍柄稍向下。击球时，前臂向右前上方挥动，触球瞬间手腕配合向外转动。击球时间、部位、拍型与直拍基本相同。

（四）反手中远台攻

特点：站位远、动作大、力量较重，在被动防御时可用它进行反击。

动作要领：右脚稍前，身体离台 0.7～1 m。身体左转的同时，持拍手和上臂肘关节靠近身体，前臂向左下方移动，引拍至身体左侧下方，拍面稍前倾；身体右转的同时，手臂由左向前方挥动，前臂在上臂带动下向前上方用力，并配合向外转腕，使拍面稍倾，在来球弹起下落期击球中上部。

六、弧圈球

（一）正手高吊弧圈球

特点：球速较慢、弧线高、曲度大、上旋力特强，球着台后向下滑落快，对方回击不当易出高球或出界。

动作要领：两脚开立，右脚稍后，身体略向右转，两腿微屈，重心在右脚上，离球台约 60 cm。手臂稍向内旋使拍略前倾，前臂自然下垂，右臂稍低于左肩，引拍至身体右下方，固定拍型。

（二）正手前冲弧圈球

特点：弧圈低、球速快、上旋力强，有一定力量，球着台后前冲力大，运用这种打法可直接得分或为扣杀创造机会。

动作要领：两脚开立，右脚稍后，身体稍向右转，重心放在右脚上，根据来球选择站位的远近。手臂内旋使拍面更前倾，引拍至身体的右后方，球拍与来球同高或略低；随腰、髋转动同时，手臂向前上方挥动，前臂在上臂带动下略向前发力，在来球弹起高点或下降前期拍面前倾，摩擦球的中上部。

七、搓球

（一）快搓

特点：动作较小、速度较快、回球下旋力一般，主要借来球的前进力回击，是对付削球和搓球的有效方法。快搓分正手快搓和反手快搓两种。

1. 正手快搓

动作要领：左脚稍前，身体略向右转，离球台约 40 cm。手臂外旋使拍面后仰，前臂向右上方抬起，引拍至身体右前上方；在上臂往左前下方送的力量带动下，前臂和手腕向左下方用力，拍面稍后仰，在来球弹起的上升期击球中下部。

2. 反手快搓

动作要领：右脚稍前，身体离球台约 40 cm。手臂内旋使拍面后仰，前臂向左上方抬起，引拍至身体左前上方；击球时在上臂往前送力量的带动下，前臂和手腕向右前下方用力，拍面稍后仰，在来球弹起的上升期击球中下部。

（二）慢搓

特点：动作较大、速度稍慢、回球下旋力较强，主动发力回击。与快搓结合能主动改变击球节奏，牵制对方，可以为进攻创造条件或直接得分。慢搓分正手慢搓和反手慢搓两种。

1. 正手慢搓

动作要领：左脚稍前，身体略向右转，离球台约 50 cm。手臂外旋使拍面后仰，前臂向右上方抬起，引拍至身体右上方；击球时在上臂往左前下方送的力量带动下，前臂和手腕迅速向左前下方用力，拍面稍后仰，在来球弹起的下降期击球中下部。

2. 反手慢搓

动作要领：右脚稍前，身体略向右转，离球台约 50 cm。手臂内旋使拍面后仰，前臂向左上方抬起，引拍至身体左上方；击球时在上臂往前送力量的带动下，前臂和手腕迅速向右前下方用力，拍面稍后仰，在来球弹起的下降期击球中下部。

八、削球

（一）近削

特点：站位较近、动作较小、击球点高、球速较快、前进力较强，通过旋转和落点变化可控制对方，增加其回球难度，从而伺机反攻或造成对方接球失误而得分。近削分正手近削和反手近削两种。

1. 正手近削

动作要领：左脚稍前，上体稍向右转，重心在右脚上，身体离球台约 1 m。手臂自然弯曲，前臂略抬起，手臂外旋使拍面稍前倾，引拍至身体右上方与肩同高；身体向左转动的同时，在上臂的带动下前臂向左前下方用力，手腕配合下压，拍面稍后仰，在来球弹起上升后期或高点期击球中部或中下部。

2. 反手近削

动作要领：与正手近削基本相同，但方向相反。

（二）远削

特点：动作较大、速度较慢、弧线长，击球点低，以旋转变化为主，配合落点变化，可调动或控制对方，增进回球难度或造成对方失误直接得分。

正手远削技术动作要领是：左脚在前，上体稍向右转，重心在右脚上，身体离球台约 1 m。手臂自然弯曲，前臂略抬起，手臂外旋使拍面稍前倾，引拍至身体右上方与肩同高；击球时身体向左转动，在上臂带动下前臂向左前下方用力，拍面后仰，在来球弹起下降期击球中下部。因站位远，击球点低，所有击球瞬间前臂应加大向前击球的力量。

第三节 乒乓球运动的基本战术

运动员在比赛中，根据自己和对手的具体情况正确而有目的、有意识地运用所掌握的各种技术，充分发挥自己的特点，限制对方的长处，紧抓对方的弱点，为战胜对手而采取合理有效的方法，就是战术。

一、制定战术的基本原则

乒乓球比赛的战术由各种基本技术组成，技术是战术的基础，技术质量的好坏决定了战术运用效果的好坏及战术变化的多寡，只有具备全面、扎实的技术基础才能灵活地运用各种战术。面对不同的打法、不同对手，运动员要根据自己的特点有针对性地采取相应的技战术，只有合理地运用技战术，做到有的放矢、随机应变、观察分析、敢打敢拼，才会收到良好的效果。

二、战术种类

（一）发球抢攻战术

它是一种先发制人的战术，特别是以攻为主的运动员常以此打法作为得分手段。运用发球抢攻战术效果的好坏，取决于运动员的发球质量和进攻的能力。

（二）对攻战术

它是进攻类打法在相互对抗时双方利用速度、旋转和落点变化及力量轻重来控制对方、争取主动的一种战术。一般情况下依靠左推（反手推挡快球）右攻或正反手两面攻结合的打法，可以争取变被动为主动。

（三）拉攻战术

它主要是对付削球类的打法，一般以提拉上旋球和弧圈球技术应对。首先，球要拉得稳且有落点、旋转和力量的变化；其次，拉冲结合和连续扣杀也是得分的手段。

（四）搓攻战术

它是进攻型运动员的一项辅助战术，是利用搓球的旋转速度和落点变化为进攻创造机会，从而达到攻击对方的目的。

（五）削攻战术

它是削球打法赖以得分的主要手段，是对付弧圈球和进攻型打法的重要战术。

（六）接发球战术

它是与发球抢攻战术相抗衡的一项技术，目的是设法减弱发球抢攻的质量，从中获得动力，以破坏对方的战术运用。

第四节　乒乓球运动的双打

乒乓球双打是由双方各出 2 名运动员，按双打规则制定的顺序，轮流击球的比赛项目。其竞赛方法和比赛规则与单打基本相同，但双打在发球、接发球及击球的顺序上有特殊规定。双打比赛在台面中央画有一条 3 cm 宽的白线，作为中线，它将台面均等地分为左右两个半区。比赛时，右半区为发球区，发球必须先落在本方的发球区或中线上，然后落到对方的发球区或中线上，否则判发球方失分。双打第一局发球一方应先确定第一发球员，接发球一方的可任意确定第一接球员，然后按规定的次序，轮流交换发球和接发球。此后各局先发球的一方，则必须由前一局与之相应的发球员来接发球，决胜局交换方位时，发球次序不变，但接发球一方应交换接发球员的次序。这些规定是根据比赛双方机会均等的原则制定的。

一、双打配对和移动

双打配对要求同伴之间合作默契，相互鼓励，彼此谅解。在技术上要能互为补充，共同发挥特长。双打的配对和移动方法主要有以下几种。

（一）左手和右手握拍的攻球选手配对

一个左手握拍同一个右手握拍的攻球选手配对，其基本站位分别保持在球台两侧，左手偏球台右侧，右手偏球台左侧，这样两人都便于发挥正手攻球的威力，在移动时又不至于互相干扰，移动的范围也能缩小。

（二）两面攻和推攻选手配对

一个两面攻同一个推攻选手配对，其基本站位是推攻选手偏前，两面攻选手偏后。推攻选手在近台能够充分利用落点变化调动对手，给同伴创造进攻机会，而两面攻选手则能够充分发挥两面进攻的威力。

（三）两个两面攻或两面拉选手配对

两个两面攻或两面拉选手配对，这在欧洲较为流行，站位是也要略有偏前和偏后的区分。这两种配对能够充分发挥全台进攻的威力，照顾的范围大。

（四）两个削球选手配对

两个削球选手配对的最佳方案是：一个以近削边角为主，一个以远削转与不转为主，两人同时又具备反攻能力。

（五）以攻为主和以削为主选手配对

一个攻球选手和一个削球选手配对，其基本站位是攻球选手在近台，削球选手在中远台。削球选手运用转与不转为攻球选手创造机会。

（六）弧圈和快攻选手配对

一个近台快攻选手和一个中远台弧圈选手配对，近台快攻选手可充分发挥速度优势发动进攻，弧圈选手可多拉强烈上旋球为同伴创造机会。

二、双打发球和接发球

（一）双打发球提示

（1）双打发球限在右半台，发球质量好坏直接影响队友下一板的进攻，所以研究发球落点和旋转很重要。

（2）向中路底线区域发急球或急下旋球，威胁较大。

（3）发不转或加转下旋短球，可牵制对方接发球抢攻。

（4）发左侧上或侧下旋球，对方回球易落在中间偏左处，便于队友反击。

（5）发球应以低、短、转为主，以达到控制对方的目的。

（二）双打接打球提示

（1）左手持拍运动员接打球时，站位可适当靠前，有利于抢攻。

（2）接发球力争抢先进攻，迫使对方处于防守位置。

（3）在不能抢攻的情况下，应控制回球落点，增强旋转，伺机发动进攻。

（4）接球后迅速移动，让出击球位置。

三、双打战术

（一）发球抢攻战术

因双打的发球区是固定的，所以对发球技术要求较高。选择发球技术相对较好并能控制弧线、落点和旋转变化的选手作第一发球员。发球抢攻要强调默契配合，用手势和语言告诉队友要重视第三板发力抢攻或抢拉的技术配合。

（二）接发球抢攻战术

双打的接发球与单打一样，但关键是接发球的质量，使用多变化接发球手段，只要有机会就果断上手，力争抢攻或抢冲掌握主动权。

（三）相持阶段战术

（1）连续打一个点逼对方两人挤到一块，再找机会打另一个点，一般紧盯对方较弱的一点进行扣杀。

（2）有意识攻打追身球，迫使对方两人相撞，然后扣杀空当。

（3）变化击球的速度、力量、节奏、旋转等，使对方陷入被动。

第五节　乒乓球运动的一般规则

一、乒乓球运动的设备器材

（一）球台

球台的上层表面叫做比赛台面，应是与水平面平行的长方形，长 2.74 m，宽 1.525 m，离地面高 0.76 m，双打时各台区应由一条 3 cm 宽的白色中线分为两个相等的半区。

（二）球网装置

球网装置包括球网、悬网绳、网柱及将它们固定在球台上的夹钳部分。球网顶端距球台面为 15.25 cm。

（三）球

乒乓球为空心圆球体，直径约 40 mm，重量为 2.7 g，颜色为白色或橙色，无光泽。

（四）球拍

球拍大小、形状和质量不限。用来击球的拍面应用一层颗粒向外的普通颗粒胶覆盖，连同黏合剂厚度不超过 2 mm；或用颗粒向内或向外的海绵胶覆盖，连同黏合剂厚度不超过 4 mm。

二、乒乓球比赛的主要规则

（一）一分、一局比赛、一场比赛

1. 一分

对方未能合法发球，未能合法还击、连击判对方失 1 分。对方击球后，该球没有触及本方台面而越过本方端线等情况时，判对方失 1 分。

2. 一局比赛

在一局比赛中先得 11 分的一方为胜方。10 平后先多得 2 分的一方为胜方。

3. 一场比赛

一场比赛应采用七局四胜制（单打）和五局三胜制（双打）。

（二）发球、接发球和方位的选择

选择发球、接发球和方位的权利应采用抽签来决定。中签者，可优先选择发球和方位。在双打中，发球方应先确定第一发球员，直到一局结束。此后各局发球一方可以任意确定第一发球员。接发球一方应交换接发球员的次序。

一局中，某一方位比赛的一方，在该场下一局应换到另一方位。决胜局中一方先得 5 分时，双方应交换方位。

（三）发球与接发球次序

一局比赛中，双方共得 2 分后，接发球方即成发球方，依次类推，直到一局结束。比分到 10 平时执行抢换发球，任何一方得分后即交换发球权。在双打时，发球和接发球次序不变，但一个运动员每次只能轮流发一个球直到该局结束。

在双打比赛时，当发球、接发球次序出现错误时，裁判员应立即中断比赛，加以纠正后按正确的次序继续比赛，但出现错误前的比分一律有效。

（四）合法发球

（1）发球时，球应放在不执拍手的手掌上，手掌张开并伸平。球应是静止的，在发球方的端线之后、边线的延长线之内和球台面的水平面之上。

（2）发球员必须将球垂直向上抛起，不得旋转，上升高度不小于 16 cm。

（3）当球抛起到最高点下降时才可击球。球要先触及本方台面，然后越过球网到对方台面。在双打中，球应先触及发球员和接发球员的右半区。

（4）发球时必须让裁判员、对方球员看清发球，即只能无遮挡发球。

（五）重发球

（1）合法发球触及了球网的装置，判重发球。

（2）如果接发球员未准备好时，球已发出，而且接发球员或接发球方没有企图击球，判重发球。

（3）比赛中，发生了运动员无法控制的干扰因素，而使运动员未能合法接球，判重发球。

（4）由于纠正发球、接发球、方位错误及实行轮换发球法等情况，判重发球。

三、乒乓球竞赛组织编排

（一）比赛基本方法

团体赛和单项赛中，主要有循环赛和淘汰赛两种。

1. 循环赛

循环赛是乒乓球竞赛的一种基本比赛方法，就是使参加比赛的各方相互之间都要直接比赛一次。

2. 淘汰赛

这是乒乓球竞赛的另一种比赛方法，就是将所有的比赛选手（队）编成一定的比赛秩序，由相邻的两名（队）选手进行比赛，败者淘汰，胜者进入下一轮比赛，直到最后产生两名（队）选手决胜负。

（二）种子和轮空

1. 种子

乒乓球比赛由于参加的人数和队数较多，一般都采用分组循环和淘汰赛的方法。为了避免强队和强队过早相遇，可把一部分优秀队或优秀运动员确定为“种子”。抽签时，先把种子合理分开，使他们最后相遇，这样在比赛中产生的名次就比较合理。

2. 轮空

在淘汰赛第一轮比赛中，运动员（或队）少于号码位置数时，没有运动员（或队）的位置称为“轮空”位置。

第六节 乒乓球运动的比赛欣赏

观看乒乓球比赛，主要关注的是运动员在激烈的比赛中所展现的智慧及意志品质。乒乓球是一项“高智商”的运动，据统计，乒乓球运动员的反应速度是奥运会所有项目中最快的。短暂的回合球之中，乒乓球运动员要做到正确地判断对手的打法，制定合理有效的战术。

乒乓球运动的特点之一就是属于变化，拿发球、接发球来说，就有很多的变化。发球者可根据场上的局势，发转或不转球、长球或短球，而接发球的人，则可根据对方的发球来决定自己是摆短或搓长、起板或过渡。总之，在观看看乒乓球比赛时，同时需要观众不断开动脑筋判断运动员的打法、战术是否合理。

一、比赛欣赏入门

首先，从发球开始。每个运动员都有自己的发球习惯和杀手锏。但是，只有灵活运用，才能发挥其作用。一般情况下，运动员都会先试探性地发短球，也就是，球的第二落点不出球台或要出而未出，接发球的运动员由于无法借力，也无法形成大的动作幅度，所以大多采取回短球的方法，这样就形成了互斗小球的局面，看谁的手感好、谁的控制力强，谁就能争取主动，动作细腻的运动员往往在这时候就比较占便宜。我国的乒乓球运动员大部分都是这一类型的。控制能力弱的选手容易造成回球过高，这样就给对手的进攻制造了机会。而欧洲运动员的小球动作稍显粗糙一些，在斗小球的时候往往比较容易吃亏。而某些实力型长球选手，在发球这个环节，不采用小球战术，通常直接发长球，迫使对手过渡或起板，从而形成对拉的局面。

第二个环节是接发球。接好发球的关键在于权衡对手的发球状态，判断对方发球是转或不转、上旋或下旋、侧上旋或侧下旋、长球或短球。对方发短球的时候，手感细腻的运动员往往根据其出色的判断以短斗短，在此过程中，再根据回球质量合理采取下一步的打法。如果判断不准，则将是致命的。比赛中，接发球下网，通常都是因对下旋球的判断失误而造成的；接发球过高，通常都是因对侧旋球判断失误而造成的。如果对手发的长球比较追身，最好采取过渡一板或提拉弧圈后再寻找机会。

第三个环节就是相持球。在发球与接发球之后，如果有对手的回球质量不高，形成多拍进攻，那就是相持球的开始。比赛中常常会看到你来我往多个回合，非常具有观赏性。这是欧洲力量型、弧圈型运动员的强项，他们擅长将比赛拖到这种局面。动作幅度大、力量大、旋转速度快。在对拉过程中，我们往往可以欣赏到乒乓球带着优美的弧线，有时还伴有明显的侧拐，打这种乒乓球的运动员被称为实力型选手。

另外，在各个环节中，还有不同的变化。例如，发球不但有长短的变化，还有左右的变化；接发球有搓、摆、挑、拉等不同的方式，而拉球也有时间的变化，如拉球的上升期、高点期、下降期等。乒乓球比赛的速度较快，所以要求运动员的反应能力较强，根据不同的对手、不同的球路来调整自己的打法。

二、观赛礼仪

乒乓球比赛过程中，运动员处于一种高度集中的精神状态，必须仔细观察对手，迅速判断来球的旋转、速度、力量、落点及节奏，以决定自己回球的技术、战术，因此在没有死球的情况下，需要所有观赛人员提供一个良好的赛场环境。

（1）从运动员准备发球开始到这个球成为死球的这一段时间内，整个赛场要保持安静，不要鼓掌、跺地板、大声讲话、呐喊助威、随意走动、展示旗帜和标语等。

（2）不要使用闪光灯拍照。闪光灯对乒乓球比赛的影响是非常大的，因为乒乓球球拍和球的碰撞是在瞬间完成的，闪光灯会干扰运动员的视力，使其无法判断来球的状况，从而影响回球的质量及命中率。

（3）呐喊助威时要尽量含蓄，不要随意将锣鼓和喇叭带进体育馆内，过大的声音、过激的语言会影响运动员的心情和注意力。

（4）场馆内禁止吸烟。

（5）手机关闭或调整到振动或静音状态。

如何提高时间知觉水平

乒乓球运动员的时间知觉是由视觉、听觉、触觉等分析器官联合产生的，时间知觉水平的提高与各个分析器官的感受性有关。据研究，听觉可分辨 1/100 秒，触觉可分辨 1/40 秒，视觉可分辨 1/10 秒。在来球的不同阶段，各个分析器所起的作用不同，球在空中运行阶段，视觉起主要作用，触台瞬间听觉起主要作用，拍触球时触觉起主要作用，通过技术练习，人的各个分析器不断得到强化，有助于提高其感知能力。

思考题：

1．结合自己的体会谈谈乒乓球的锻炼价值。
2．乒乓球的基本步法有哪些？
3．乒乓球的战术有哪些？你能根据对手的技术特点及时的采用对自己有利的战术吗？
4．乒乓球双打比赛应该怎样配对？

第四篇 健身运动

随着运动项目的不断更迭和发展，健身健美已经成为非常热门的体育关键词，人们对身体健康的重视程度也越来越高。健身健美运动所涵盖的内容不仅仅是停留在一个“健”基础之上，对美的追求也越来越高；人们对于形体美的塑造、对气质的培养和外在的表现提出了更高的要求。健身健美运动正是在迎合了人们的这项需求的过程中发展起来的，它把内容分解为健美、健身先生（小姐）、健身形体、体育健身模特等四个具体项目；从项目特征来看，它们都是在健康的基础上以艺术化的体操动作、舞蹈动作为主的运动技能来表现形体美、气质美。

本篇着重对健身健美运动、形体运动、健美操和体育舞蹈做了较为详细的介绍，以帮助大家能够掌握基本的健身运动方法，了解自我的身体状态，采用具有针对性的练习手段使自己更加健康美丽。

第十四章　健身健美运动

本章简要阐述了健身、健美、健身锻炼、健身运动、健美运动等有关概念，介绍了健身健美运动的作用、分类及健身运动锻炼项目的特征，论述了健身运动与健美运动的区别与联系。重点介绍了健身健美训练的技术性方法，健身健美训练方案的编制原则和最优化方案，健身健美训练周期的性质、要点与赛前训练计划建议。同时介绍了健身健美竞赛与表演的基本内容与训练技巧，以及健身先生、健身小姐、男子形体、女子形体、男子体育健身模特、女子体育健身模特和健美竞赛的规定动作等，以期能为同学们进行锻炼和欣赏健身健美表演与比赛提供借鉴和帮助。

第一节　健身健美运动概述

现代健身健美是一项时尚的大众体育锻炼项目。发展至今，“健身”不仅已经成为特定的广义的健身、健美、健心、健智的活动体系，更发展成为内涵不断拓充的独立的运动竞技项目及训练体系。而健美运动、集体健身项群、体能的专项练习等便是健身运动技术方法和理论体系的中坚。健美是在健身和健康基础上的升华和提高，健身运动则是健美运动的母体，它孕育了现代健美运动。从概念上说，一切有益于身心健康的活动皆可以划归为健身体育范畴。

一、健身运动概述

（一）健身运动的概念

1. 健身的概念

健身是指为促进人体健康，达到理想的生活质量的一种行为方式。健身包括智力、机体及社会的行为，这种行为结果将是身体健康状况的明显改善，而不仅仅是一种摆脱疾病的状态。健康的人有很高的心肺功能和智力的敏感性；有良好的社会交往能力；理想的体脂、体力及机体的灵活性。经常性地健身锻炼，养成健康的饮食习惯，避免滥用药品及不断发展摆脱压力的能力便可以达到这种理想的状态。

2. 健身锻炼的概念

以强身健体、健全心智为目的而进行的一切身体活动，都可以称之为健身锻炼。随着人类社会的发展、人类文明的进步，健身锻炼已成为一种有目的、有组织、有计划地促进身心全面地发展、增强体质、健美体形、延缓衰老、提高和丰富生活质量的手段。它不以夺取比赛优胜、摘取金牌及实现个人功利为主要目的；而是以增强体质、提高健康水平和生活质量、谋求身心愉快、延年益寿为主要目的，有时还包含有提高劳动效率等含义。

3. 健身运动的概念

健身运动是根据人体生命科学的原理，运用不同的运动方式，通过各种形式加以练习，以增强人体素质、提高生活质量、延长人类寿命为目的的体育运动。它不是某个单一的项目，而是一个广义的概念，是所有益于身心的运动项目的概括，包括健美、康复健身、形体修塑及娱乐与休闲健身等。

（二）健身运动锻炼项目的分类及其价值

1. 按从事健身运动锻炼的目的分类

（1）健身运动。

这里是指狭义的健身运动，主要指普通健康人群为强身健体、延年益寿而从事的身体锻炼。其目的是通过练习，增强身体各器官、系统的机能，提高身体素质，提高基本运动能力，延缓人体的衰老。健身运动可根据个人特点和爱好，选用各种锻炼手段，即可采用各种竞技性运动项目，也可采用日常生活中一些动作，如走、跑、跳、投、举、拉、抬、骑自行车及利用日光、空气和水等自然因素进行锻炼等。

（2）健美运动。

健美运动是在健身运动的基础上，为增加身体美感而进行的建设性的身体锻炼，它是健身运动的升华和提高。当然，健美运动也属于广义的健身运动范畴，通过练习可以形成良好的体形和姿态。健美锻炼的针对性较强，如发展肌肉体积，可采用负荷和器械练习；为了养成端庄优美的体型，增加协调和韵律感，可采用艺术体操、健身操、健美操和体育舞蹈及轻器械练习等。在体系上，健美运动又可分为以下几种类型。

1）竞技健美：包括健美比赛（也称为肌肉竞赛）和健身比赛（如健身先生、小姐竞赛、形体竞赛、体育模特竞赛等）及其训练体系。

2）大众健美：为改善形体与健康状况而进行的包括徒手练习，如自抗力锻炼、健身操、健美操和有氧练习及器械练习等。

（3）康复健身。

康复健身又称康复体育和医疗体育，是指疾病患者为了治愈某些疾病或恢复身体机能而进行的健身锻炼。康复健身的内容应根据疾病性质采用适宜的锻炼方法，如动作缓慢、负荷较小的散步、慢跑、太极拳、气功、按摩、保健操等。为提高康复效果，锻炼活动常与药物治疗相结合，在医生的指导下，按运动处方要求进行定量锻炼。

（4）形体修塑。

形体修塑又称矫正畸形或矫正体育，特指为了弥补身体某些缺陷或克服功能障碍或使身体更趋完美而进行的身体锻炼。目前，形体修塑已拓展为功能性极强的在健身房较受欢迎的健身健美项目，如整体塑造、局部修塑等。形体修塑练习内容应根据身体的特殊情况进行专门设计，如轻度驼背可做脊柱弯曲矫正操，“鸡胸”、“后缩背”可用俯卧撑进行矫正等。

（5）休闲健身。

休闲健身亦称闲暇体育、余暇体育、休闲体育、娱乐体育等，是人们为了丰富生活、调节情绪、谋求身体满足、善度余暇而进行的自由自在的体育健身娱乐活动。休闲健身以消遣、娱乐、放松为目的，内容选择上以个人爱好为前提，如各种竞技、游戏、球类活动、郊游、钓鱼、艺术欣赏、影视欣赏等。

此外，还有残疾人健身、防卫健身等健身锻炼项目。

2. 按运动时的能量代谢特点分类

（1）有氧运动：如强度适宜的步行、慢跑、自行车、网球、高尔夫球、远足、健身操和健美操等。有氧运动对人们的心肺机能、耐力素质以及生命活动耐受力的提高作用积极。

（2）无氧运动：如短距离全力跑、举重、拔河、跳跃项目、投掷、肌力锻炼、潜泳等。无氧运动是人体功能水平、基本活动能力不断进步的基础。

（3）混合运动：如足球、橄榄球、手球、篮球、冰球、间歇锻炼等。在健身锻炼实践中，有氧运动和无氧运动不规则而混合存在的锻炼项目较多，而且也有同一项目，由于方法强度的改变，而转变为有氧运动锻炼或无氧运动锻炼的项目。例如长跑，放松慢跑是有氧运动锻炼，而竞赛时全力奔跑则转为无氧运动。按体力水平，同样的速度，体力强的人为有氧运动锻炼，而体力差的人则为无氧运动锻炼等。因此，只按项目本身不能一概判定是否属有氧或无氧锻炼，要具体问题具体分析。

（三）健身运动锻炼项目的选择

选择最适宜的运动项目进行健身锻炼，是达到身心健美状态的前提。

1. 选择健身项目的前提

（1）经过医学检查身体条件许可。

（2）运动强度、运动量（也称运动负荷）适合本人的体力。

（3）为本人喜爱的项目，并有此项目的运动经验。

（4）进行运动锻炼的环境适宜、方便，就近有锻炼场所。

（5）运动锻炼设备、器械、用具齐全。

（6）有同伴。

（7）有指导者。

2. 最佳健身锻炼项目

新概念健身运动锻炼要求包括三个运动种类，即有氧运动，伸展运动和力量性运动。

（1）有氧运动的耐力性锻炼：如步行、慢跑、走跑交替、游泳、自行车、滑冰、越野滑雪、划船、跳绳、上下楼梯及室内功率自行车、活动平板（跑台）、健身操锻炼等。

（2）伸展锻炼：如专门伸展操、太极拳、太极功、气功、瑜伽功、普拉提、五禽戏、八段锦及各种医疗体操和矫正体操等。

（3）负重锻炼：中强度的，足以发展和维持去脂体重、发达肌肉、健美体格的力量性锻炼，必须成为成人身体锻炼计划中的重要组成部分。美国运动医学学会推荐的力量锻炼形式为有主要肌肉群参与，每次练 8～10 组，每组重复 8～12 次，每周至少锻炼 2 次。

科学合理地选择并安排好上述锻炼项目及内容，处理好有氧、拉伸和力量练习之间的比例关系，是获得最佳健身锻炼效果的基础。

（四）健身运动锻炼的特征

健身锻炼的目的是增强体质、提高健康水平。因此，健身锻炼必须具备三个基本条件：一是安全性；二是效果好；三是有兴趣。健身锻炼注重健康的结果，锻炼结果不利于健康则无意义，没有效果或效果小的锻炼活动，不论如何爱好，如何安全，也不符合增进健康的目的。而从运动心理学角度来看，科学、有效的锻炼活动，如果不愉快、不爱好，也难以持久进行。不能持之以恒地坚持锻炼，也就不能获得真正的健身健美效果。

享受运动的乐趣、保证运动锻炼安全、得到良好的健身效果，是从事健身与健美锻炼的人们所期望的，也是健身运动之所以为“健身”运动的特征。

二、健美运动概述

（一）健美运动的概念

1. 健美的概念

所谓健美，用审美的观念，顾名思义就是健康而优美，健壮而美观。它是根据健康原则、美学原则以及年龄、性别特征对人体毛发、肤色、体型、姿态、动作和风度等进行的综合评价。通常指人体内外健康无病，身体外表优美协调，整体匀称，并具艺术感。作为专业概念，健美是指通过各种重力练习以发展全身肌肉、塑造体型为目的的体育运动项目。

2. 健美运动的概念

健美运动是指通过徒手和运用各种器械，通过专门的动作方式和方法进行锻炼，并根据人类遗传学、运动解剖学、运动生理学、运动保健学、营养学、运动医学、美学等学科原理，以锻炼身体、增强体质、发达肌肉、修塑体形、陶冶情操、促进人体健美为目的的体育运动。用六个字概括即为“重力”、“营养”和“恢复”。

（二）健美运动的作用与最佳训练动作分类

1. 健美锻炼的主要作用

（1）能有效地发达人体肌肉。

（2）能改善和提高内脏器官的机能水平。

（3）能提高中枢神经系统的机能。

（4）能改善体型和体态。

（5）能调节人的心理状态，陶冶美的情操。

2. 健美运动的动作技术特点与优化分类

动作练习是健美运动的基本载体，健美练习技术强调最大限度地集中局部肌肉即目标肌群或肌肉群的目标部位肌纤维的收缩力量，尽可能不借助或少借用其他肌群或肌肉部位的力量来进行克阻试举，完成动作。把练习的目标部位独立出来进行最大限度的锻炼刺激是健美动作的基本技术特点，为了确保目标肌群在时空上皆能获得充分的刺激效益，动作节奏的“快收缩、慢伸展”即在克阻上举收缩肌肉的动作过程中，速度可相对稍快些，而在还原动作适应阻力方向伸展肌肉的过程时，速度宜相对稍慢些，以实现肌肉退让性工作对肌肉的特殊刺激效率的动作发力方式也是健美锻炼的重要技术环节之一。此外，动作的全过程用力、意念的运用皆是健美练习动作的特别之处。比较举重项目或一般意义上力量训练的“举重若轻”，同样的技术结构，健美训练表现的技术实践多为“举轻若重”。

根据目标肌群的结构，一般可将健美训练的技术动作分为（基本的）两类，一类为“双关节”动作或称基本动作，一类为“单关节”动作，或称孤立动作。所谓基本动作，主要是发达肌肉块和力量的训练动作。它是指在一个动作中有两个关节同时进行活动。双关节动作在训练局部位肌肉时，会产生主动肌和其他协同肌群同时参与用力，这些关节的活动类似机械结构的杠杆运动。由于协同肌群用力的结果，重量可举得更重些。例如，卧推时，主要是训练胸大肌，在上推动作中，由于肩和肘关节产生的杠杆作用，因此，三角肌前束和肱三头肌也会产生协同用力。而孤立动作主要是训练肌肉块的线条和形态的训练动作。它能使肌肉的“分离度”更加清晰，单个肌肉“块”更突出。它在一个动作中只有一个关节进行活动，是以局部肌肉群集中用力，其他部位肌肉群很少或不产生协同肌群用力，这样可以集中加深局部位肌肉的刺激。因此，采用的重量较轻些。在单关节动作中，虽然是使局部位肌肉群处于孤立的情况下进行用力，但在试举到最后几次时，局部位肌肉群无法再使上劲，就造成协同用力，在健美训练中，称为助力训练。例如，在站立杠铃弯举时，主要是集中肱二头肌的收缩力，将杠铃举起，在采用准确的技术动作时，不允许有任何借力。但是在举到最后1～2次时，不能再单独靠肱二头肌的收缩力来完成，允许借助背和腿的协同用力，把杠铃举起来，这就是采用借助发力来完成最后几次试举。

在实践中，不论基本动作或是孤立动作，对目标肌肉进行“孤立”性刺激都是一种技术追求，如表14-1所示。

表14-1　健美训练优选动作分类表

<table>
<tr><th colspan="2" rowspan="2">健美部位
肌肉群</th><th colspan="3">健美训练动作类型</th></tr>
<tr><th>单关节动作（孤立动作）</th><th>多关节动作（基本动作）</th><th>关节运动形式</th></tr>
<tr><td colspan="2">颈　肌</td><td colspan="3">单手侧压颈屈伸、双手正压颈屈伸、头压铁片颈屈伸</td></tr>
<tr><td rowspan="2">斜方肌</td><td>上部</td><td>耸肩</td><td>直立提拉、颈后向上推举、哑铃肩上推举</td><td>肩带上旋</td></tr>
<tr><td>中部</td><td>躬身侧平举</td><td>体侧下拉</td><td>肩水平伸</td></tr>
<tr><td rowspan="3">三角肌群</td><td>前束</td><td>前平举</td><td>双杠屈臂撑起、仰卧推举、扩胸举、过头推举</td><td>屈肩</td></tr>
<tr><td>中束</td><td>侧平举（单臂侧平举）</td><td>直立提拉、哑铃交替推举、颈后向上推举</td><td>肩外展</td></tr>
<tr><td>后束</td><td>躬身侧平举</td><td>躬身提拉、颈后引体向上（直立推举）</td><td>肩水平屈
肩带内收</td></tr>
<tr><td colspan="2">肱二头肌</td><td>杠铃弯举、单臂哑铃弯举
哑铃交替弯举、斜托弯举
（站姿反握弯举、单臂蹲坐弯举、平、斜、直托弯举、低滑轮反握弯举）</td><td>直立提拉、躬身提拉、引体向上</td><td>屈肘</td></tr>
<tr><td colspan="2">肱三头肌</td><td>躬身单手持铃肘屈伸、站姿颈后双手持铃肘屈伸、站姿双臂胸前屈肘下压</td><td>仰卧推举、哑铃交替推举、颈后向上推、双杠屈臂撑起
（单双臂屈伸、躬身臂屈伸、直臂后抬、站姿胸前肘下压）</td><td>伸肘</td></tr>
<tr><td colspan="2">前臂肌</td><td>腕（正、反、侧）弯举
拉力器交替握</td><td></td><td>屈腕、伸腕
旋后、旋前</td></tr>
<tr><td colspan="2">胸大肌</td><td>仰卧扩胸（飞鸟）
侧下拉（夹胸）</td><td>仰卧推举、俯卧撑、双杠屈臂撑起、仰卧上拉
上部：上斜卧推举、卧式两臂上拉；中部：俯卧撑、仰卧推举；下部：下斜卧推举等</td><td>肩水平屈、肩内展、肩内收</td></tr>
</table>

续表

健美部位 肌肉群	健美训练动作类型		
	单关节动作（孤立动作）	多关节动作（基本动作）	关节运动形式
腰腹肌	仰卧起坐、举腿、体侧屈 俯身转体、举髋、侧举髋		屈体 侧屈体
（腰）背阔肌		躬身提拉、体侧下拉、颈后引体向上、坐姿对握腹前平拉 上背肌：立式耸肩、直立划船 中背肌：引体向上、坐姿颈前（后）下拉、俯立划船、并握划船、坐姿划船 下背肌：直腿硬拉、负重躬身、俯卧挺身	肩水平伸、肩内收、肩外展
竖脊肌		蹲起、硬拉、躬身展体、俯卧挺身展体	伸躯干
臀大肌		蹲起、硬拉、腿举	伸髋
股四头肌	坐姿脚踝负重伸膝	蹲起、腿举、硬拉 （肩负重深蹲、颈前负重深蹲、仰卧腿举）	伸膝
股二头肌	俯卧脚踝负重屈膝	蹲起、硬拉（站姿负重屈膝）	屈膝
腓肠肌群	站姿双肩负重提踵	骑驴式提踵	跖屈

三、健身运动与健美运动的区别与联系

（一）健身运动与健美运动的关系

1. 健身运动是健美运动的母体

从历史的演进过程来看，健身运动孕育了健美运动。虽然关于体育健身运动的起源有“劳动说”、“游戏说”和“活动说”之争，但它是健美运动之母却毋庸置疑。而且起源也绝不是一元的，而是多元的。它不但与生产劳动和生活（如狩猎、捕鱼、采集、种植、农耕等）有关，也与军事、宗教、医学、娱乐和教育（如格斗、奔跑、跳跃、投掷、攀爬、游戏、杂技、舞蹈、娱乐、祭祀、礼仪、艺术）等紧密相连。有关学者还认为，人类体育健身运动的三个最直接的渊源应该是最初的教育、文化娱乐和医疗卫生。总之，是上述所有这些活动的发展及其综合因素，推动了体育健身运动的发展，并且孕育了古代健美运动（如古希腊的裸体运动、古罗马的搬动和高举重物）与现代健美运动（其开山鼻祖为 19 世纪的德国大力士山道 Sandow）。反过来，健美运动的发展又极大地丰富了现代健身运动的内涵，促进了健身运动的发展。

2. 健美是健身和健康的升华

健身健美都属于体育的范围，都是一种社会现象和社会体育活动的形式，都是以身体运动为基本手段。顾名思义，前者侧重于健身，后者侧重于健美；前者是一种行为和方式，后者则还是一种体育运动项目。同时，它们也都属于体育科学的范畴。但健身运动并非指某个单一的项目，而是一个广义的概念，是所有健身运动项目的概括，这其中当然也包括健美运动。

从健身健美运动的宗旨来看，两者都主张以健身教育与身体活动的方式，来促进人们身心的发展及健康的维持，但前者以全民健身为主体，后者则在健康的前提下，以肌肉（竞技）

健美为主轴。

从所倡导的精神来看，健身运动注重全民健身主体的体现，更追求身心高度完善状态的锻炼，并以健康、活力、长寿为根本。竞技（肌肉）健美运动则要求不断地提升健康水平和技能、技术水平，以体现“更快、更高、更强、更健美”为目标，重在超越自我及他人。

在实施方法及教育方式上，前者主张以健身运动处方式的科学锻炼为主体，并结合娱乐、休闲、旅游及竞赛等多功能活动方式来增强其趣味性及目的性。后者（竞技健美）则较早地完善了处方式的教学训练方式，主张利用树立榜样的方式，来鼓励进取和参与，并强调以“运动精神”为主，“夺取金牌”为辅，以求建立在努力中求欢乐及一般伦理基本原则所推崇的新型、健康、科学的生活方式。

从运动水平和层次来看，健身和健康是健美的基础，而健美则是健身的升华和健康的标志。

（二）健身运动与健美运动的区别

1. 目的相近，侧重点不同

健身运动是通过各种方式的身体锻炼，达到心理、生理（各内脏器官及系统）的机能平衡，最终达到增强体质、延年益寿的目的。健美运动则是在健康的基础上，运用不同的器械和各种训练方法，达到增强体质、发达肌肉、修塑健美体型的目的。

从两者的目的看，都可以增强体质，但健身运动侧重于健康，诸如强身健体、疗疾康复、消遣、娱乐、延年益寿等。而健美运动则侧重于身体外形美观，诸如发达肌肉（本质性特点）、增强肌力、修塑体形体态、矫正畸形、减肥、增高等。同时，两者都可以不同程度地改善和提高人体心血管、呼吸、消化及中枢神经系统等的机能水平，调节心境、陶冶情操和培养良好的气质与融洽的社会关系，以及养成良好的生活习惯等。

2. 锻炼内容和方式方法各异

从锻炼的内容、方式、方法及锻炼效果的评价看，广义上的健身运动包含了健美运动，两者有着非常紧密的联系。但从狭义分析，两者又有所区别，有时甚至是质的区别，如表 14-2 所示。

表 14-2　健身健美锻炼方式方法区别

项　目	健　身	健　美
器械使用	徒手为主，器械为辅	徒手为辅，器械为主
锻炼方式	集体为主，个人为辅	集体为辅，个人为主
锻炼方法	重复次数较多，负荷较轻	重复次数较少，负荷较重
供能系统	有氧供能为主，无氧为辅	有氧供能为辅，无氧为主
锻炼内容	按不同的器官系统锻炼	按不同的部位锻炼

此外，在锻炼效果的测量与评价方面，两者也各不相同，健美运动侧重于人体形态，尤其是肌肉的围度和质量等。健身运动则侧重于生理功能，如器官系统的机能水平及身体、心理素质与适应能力。

3. 服务对象有别

健身运动和健美运动的区别还体现在各自的教练及其所教的对象上，竞技健美运动员对教练员的意图甚至意志必须服从；而健身教练（尤其健身私人教练）则恰恰相反，必须为服务对象提供人性化、个性化、多样化、鼓励化的教学和服务，即做到以人为本，全心全意地为服务对象提供全方位的健身技能、技术指导。

第二节 现代健身健美训练的最优化方法与方案

一、健身健美训练的最优化方法

在健身健美训练实践中，技术性方法主要是指各种各样锻炼肌肉、修塑体型的方法，或作用于整个体型、肌肉组织，或有选择地作用于某些局部肌肉群的，为不同的健身健美训练目的和健身健美训练任务服务的具体操作方法。

依负荷内容的联系可将健身健美训练的技术练习方法分为动力训练法、完整训练法、分解训练法、动作优先训练法、动作多变训练法、渐增负荷训练法、负荷增减训练法、循环训练法、程序训练法、意念训练法等；依负荷与间歇的关系则分为负荷固定训练法、持续训练法、间歇训练法、动作组合训练法和重复训练法等；依能量代谢特点可分为无氧代谢训练法，混合代谢训练法及有氧代谢训练法等；依外部条件分则有语言训练法、示范训练法、助力训练法、加难训练法及模拟训练地等。限于篇幅，这里只选择我国常用的健身健美训练方法作简要叙述。

（一）动力训练法

动力训练的特点是人体在运动中，通过肌肉的收缩和放松来克服和控制阻力以实现锻炼效应。健身健美锻炼的多数动作皆服从动力学原理。正确选用重量、组数、次数、速度及间隔时间是贯彻动力训练法的关键。

（二）动静结合训练法

动静结合训练法的特点是在一次动作练习过程中，动中要有静，也就是说动力性动作练习过程中，要安插有动作停顿的“定格”动作，甚至出现几次“定格”，每次“定格”一般要持续 4～6 s，以达到所练肌肉群有轻微颤动的程度。这种训练方法比单纯使用健身器械（如哑铃、拉力器和杠铃等）的静力训练法效果更佳。

（三）定量间歇训练法

定量间歇训练法指一个动作在一次训练课中所用的重量、练习组数与每组次数基本固定，组与组之间按照一定的间歇时间进行练习，直至练完全部动作为止。

（四）退让训练法

退让训练法是动力训练的一种形式，是健身健美运动中最具特色的主要训练方法之一。其特点是肌肉作离心收缩。当肌肉收缩后，慢慢地克阻还原，让肌肉始终处于紧张用力状态，从而加深对肌肉群的刺激。

（五）动作优先训练法

动作优先训练法指在平时的训练周期中，允许健身健美训练者根据自身体型和体质状况，优先安排锻炼身体某些薄弱或不够匀称部位的练习动作，以保证有充沛的体力、高度的意念集中来完成高质量的动作，提高训练效率。

（六）动作多变训练法

动作多变训练法指在平时的训练周期中，为杜绝目标肌群因习惯于某种固定的动作方式、角度、重量、次数而导致效率低下时所采取的经常变换动作、运动量和训练程序，以使肌群不断感受新异刺激，增加训练的兴奋性，避免枯燥乏味感，提高训练效果的方法。这一方法应始终贯穿于整个训练过程中。

（七）动作组合训练法

动作组合训练法指选择一种或多种训练器械，并根据其特点，采用 2～3 个训练作用相近似或方法相近似的不同动作，组成一个循环练习，以训练相同部位或不同部位的肌肉群。动作组合训练法主要有超级组合和复合组合两种形式。一般来说，体能水平高的可选择三个以上动作进行组合练习，体能水平低的选择两个动作即可。每组动作组合可练习 3～5 个循环，每组之间间歇 2～3 min，每个动作练习 8～15 次为宜。

（八）循环训练法

在健身健美训练实践中，循环训练法可以设计成发展力量、速度、协调能力、爆发力、肌肉耐力、增强心肺功能以及去脂减肥等具有综合功能的不同方法。把多个锻炼身体不同部位的动作按一定的秩序编排好，训练者按事先编排的内容、程序，逐项依次练习直至完成所有动作的练习法即为循环训练法。

循环训练法有时间固定、增加重复次数的方法；重复次数固定、缩短时间的方法；重复次数固定、不断增加负荷量的方法和改变动作难度四种方法。

循环训练法比较适合好、初学者或训练水平较低者。

二、健身健美训练的最优化方案

按规律、有计划是健身健美训练的重要形式。在时间序列或实际训练水平上，一般将健美训练分为初级阶段、中级阶段、高级阶段和高级后阶段。各阶段各有目标，除在运动负荷、训练频度上的差异外，几个阶段的总体训练方案基本相同。而训练计划性质上，则有平时训练、赛前训练两个大类。

（一）健身健美训练方案的编制原则与方法

健身健美训练方案是指预先为健美训练作出的总体规划和具体安排。编排训练方案是科学、规范化训练的第一步，也是获得最佳训练效果的前提和保证。其具体编排原则与步骤如下：

1. 确定全身各部位肌肉群的训练顺序

（1）遵循大肌肉群先于小肌肉群的训练顺序。这条原则有两个含义：首先是对大肌肉群进行训练，小肌肉群从中得到训练。或者说，在大肌肉群得到发展的基础上，再安排小肌肉群训练。而不应过早地进行小肌肉群的训练。如腕弯举动作不可安排先于肘弯举的训练动作，也不应盲目地做大量分离练习。如训练大腿股四头肌群的首选练习是负重下蹲动作，而不可先做坐姿负重伸小腿的动作练习。其次是在一次训练课中，应将大肌肉群练习安排在前，否则会由于小肌肉群出现疲劳，而影响到大肌肉群的正确训练。如臂屈伸动作练习不应先于仰卧推举动作练习，否则会由于肱三头肌群的疲劳，而影响到胸大肌群的正常训练。

（2）不宜连续进行两个相同性质的动作练习，不连续进行两个相同性质的动作练习如卧推动作和推举动作，其目的是让参与运动的肌肉群能得到足够的休息，以避免目标肌群因连续工作而引起过度疲劳或伤害事故。

（3）全身各部位肌肉群训练的顺序，一般宜大肌肉群（如胸大肌、背阔肌和臀肌、股四头肌）编排在前，上臂、前臂练习居中，小腿、踝和腹肌编排在后。或上肢练习编排在前，下肢练习编制在后。

2. 各部位肌肉群训练的安排方法

在制定全身各部位肌肉群周训练顺序分配表时，必须做到以下三点：

（1）全身各部位肌肉群的训练要有顺序；

（2）每个部位的肌肉群，在一周以内应得到两次以上的训练；

（3）每周除了保持全身各部位的肌肉群都有训练机会外，还必须让每个肌肉群有一天以上的休息时间。

全身各部位肌肉群周训练顺序分配如表 14-3、表 14-4 所示。

表 14-3　每周健身健美训练三次肌肉部位分配表

星　期	健美训练肌肉部位及顺序
星期一（二）	胸大肌群（乳房）、三角肌群、肱二头肌群、肱三头肌群、大腿肌群、臀部肌群、小腿肌群、腰腹部肌群
星期三（四）	胸大肌群（乳房）、背阔肌群、肱二头肌群、肱三头肌群、大腿肌群、臀部肌群、前臂肌群、腹肌群
星期五（六）	胸大肌群（乳房）、心脏肌群、背阔肌群、肱三头肌群、肱二头肌群、前臂肌肉群、小腿肌群、腹肌群

表 14-4　每周健身健美训练四次肌肉部位分配表

星　期	训练肌肉部位及顺序
星期一（二）	胸大肌群（乳房）、背阔肌群、三角肌群、肱三头肌群、肱二头群、小腿肌群、
星期二（三）	心脏肌群、前臂肌肉群、大腿肌肉群、臀大肌群、腹肌群
星期四（五）	背阔肌群、腰肌群、胸大肌群（乳房）、三角肌群、大腿肌群
星期五（六）	心脏肌群、肱二头肌群、肱三头肌群、小腿肌群、臀大肌群、腹肌群

（二）年度健身健美训练方案范例

根据健身健美训练阶段的特点要求以及实践效果，下面列举了健身健美训练的两个方案，其形式、要求、内容与方法等仅供参考。在健身健美训练阶段的前 6 个月可采用方案 1，后 6 个月可以采用方案 2。方案中所列举的“健身健美动作”须根据训练者自己身体状况的变化与知觉来定期交换和调整。更高级阶段的计划结构与此类似，只是分化得更细致，周训练次数有所增加而已。

1. 健身健美训练方案 1

（1）训练时间：每次训练课时间为 1～1.5h。

（2）训练次数：每周训练 3 次。

（3）训练任务：①学习和掌握健身健美动作的技术要领与训练方法；②进行适应性的全面身体训练；③提高身体素质，增强体能。

（4）训练项目及运动负荷分配具体如表 14-5 所示。

表 14-5 健身健美训练方案 1

星 期	顺 序	动作名称	组 数	重量次数	主要健美部位
星期一、三、五	1	徒手热身操	1	5～10min	活动全身肌肉关节
	2	俯卧双臂屈伸	3	12～15RM 10～12 次	胸大肌群（乳房）
	3	站姿双臂持铃反握弯举	3	12～15RM 10～12 次	上臂肱二头肌群
	4	躬身双手持铃上拉	3	12～15RM 10～12 次	背部肌群
	5	仰卧撑挺身	3	12～15RM 10～12 次	上臂肱三头肌群
	6	坐姿颈前向上推举	3	12～15RM 10～12 次	肩部肌群
	7	站姿肩上负重深蹲起	3	12～15RM 10～15 次	腿部肌群
	8	仰卧直腿上举	4	20RM 15 次	腹部肌群
	9	放松慢跑 按摩肌肉	1	3～5min 5～10min	放松全身肌肉
备注	1. 重量单位为 kg。 2. RM：能够重复完成一定次数的负荷重量，如 12～15RM 是指能重复完成 12～15 次动作的重量。				

2. 健身健美训练方案 2

（1）训练时间：每次训练课时间为 1～1.5h。

（2）训练次数：每周训练 4 次。

（3）训练任务：①巩固健身健美动作的技术要领与训练方法；②发展全身主要肌肉群；③提高身体素质，增强体质。

（4）训练项目及运动负荷分配

具体如表 14-6 所示。

表 14-6 健身健美训练方案 2

星 期	顺 序	动 作 名 称	组 数	重 量 次 数	主要健美部位
星期一、二、四、五	1	徒手热身操	1	5～10min	活动全身肌肉关节
	2	躬身双手 持铃上拉	3	12～15RM 8～12 次	背阔肌群
	3	站姿持铃前 （侧）平举	3	12～15RM 8～12 次	肩部三角肌群
	4	平卧双手持铃扩胸 （仰卧飞鸟）	3	12～15RM 10～15 次	胸大肌群（乳房）
	5	坐姿托肘双 手反握弯举	3	12～15RM 10～15 次	上臂肱二头肌群
	6	站姿双手持 铃躬身展体	3	12～15RM 12～15 次	腰背部肌群
	7	站姿双臂胸 前屈肘下压	3	12～15RM 12～15 次	上臂肱三头肌群
	8	坐姿重锤双 臂颈后下拉	3	12～15RM 10～15 次	肩背部肌群
	9	坐姿双腿 负重蹬伸	3	12～15RM 10～15 次	腿部肌群
	10	仰卧屈膝起身	4	25RM 20 次	腹部肌群
	11	站姿双手卷棒	4	30RM 25 次	前臂部肌群
	12	放松慢跑 按摩肌肉	1	3～5min 5～10min	放松全身肌肉
备注	重量单位为 kg。				

（三）执行健身健美训练方案时应注意的问题

（1）要集中精力完成健身健美训练方案中的动作，认真对待每次试举。

（2）练习结束后，记录使用器械、选择的重量、完成的组数、次数情况。例如：①站姿持铃前平举（哑铃），3 组×15RM/12 次，能够完成用“√”表示。②平卧双手持铃推举（杠铃），3 组×15RM/10～12 次，难以完成用“×”表示。③站姿双手持铃反握弯举，3 组×15RM/12 次，轻松完成用“★”表示。④下次课适当调整标有“×”、“★”的训练方案。

（3）每个动作力求准确到位，练后要感觉所练部位肌肉群有酸、胀、饱满的效果，这种效果越强烈越好，但应在 48h 后恢复。

（4）训练之前必须做准备活动。使身体从松弛状态调整过渡到训练所需要的紧张兴奋状态，把全身肌肉关节活动开，使身体发热，以避免受伤。

（5）训练结束后，要做放松练习和全身按摩。皮脂含量超标者可增做 15～30min 的有氧练习。洗热水澡，可助尽快消除肌肉紧张和疲劳。

（6）次日晨起要测量基础脉搏，如果每分钟增加 5 次左右，说明你的身体仍能适应下次练习，如果增加 10 次以上，则应视具体反应调整运动负荷。

（7）健身健美训练方案中的部分内容，既要重复旧的动作，又要学习新的动作；既可增减动作组数、次数和重量，也可根据自己的体会，在同一部位肌肉训练过程中调换同性质的动作，给肌肉以新异的刺激。如原来做平卧持铃推举的动作可换成平卧双手持铃扩胸或平卧拉力器扩胸的动作。

（8）必须定期调整健身健美训练方案，并保持练习一个训练方案直到感到没有进展时为止，这样才能保证健身健美训练获得全面成功。

（四）周期健身健美训练的性质及要点

在训练方案即训练计划的框架中，不同目标的训练活动各有不同的因素构成。因此，在竞技健身健美训练中，不同性质的训练周期同样具有不同的训练原则与训练要求。

1. 平时训练周期的训练原则与要点

平时训练周期的训练原则与要点如表 14-7 所示。

表 14-7　平时训练周期的训练原则与要点

原　则	要　点
1. 以发达肌肉、增长肌肉块、增进体力为主 2. 大重量、少次数、少组数、长间歇、强刺激 3. 训练负荷轻、重交替 4. 3～4 次有氧训练/周，20～30 min /次 5. 采用基本动作的比重较大	1. 中、大重量负荷：90%MW～60%MW，定期安排≥100%MW 的重量训练日 2. 少次数：6～8 次，最多 8～12 次，最低 4 次 3. 少组数：大肌群 3～4/动作，总组数 12～14 组；小肌群 3～4/动作，总组数 8～10 组 4. 少动作：大肌群 3～4 个，小肌群 2～3 个 5. 长间歇：60s，不超过 90 s

2. 赛前训练周期的训练原则与要点

赛前训练周期的训练原则与要点如表 14-8 所示。

表 14-8　赛前训练周期的训练原则与要点

原　则	要　点
1. 保持肌肉块、缩减皮脂、增进肌肉线条 2. 中重量、多次数、多组数、短间歇、密度刺激 3. 5～6 次有氧训练/周或更多，30～45 min /次 4. 多有角度刺激目标肌，孤立动作比重较大 5. 结合采用相关韦德法则安排训练	1. 重量负荷稍小：≤80%MW，最低 40～50% 2. 多次数：大肌群 12～15 次，小肌群 15～20 次 3. 多组数：大肌群 4～5/动作，总组数 14～16 组；小肌群 4～5/动作，总组数 10～12 组 多动作：大肌群 4～5 个，小肌群 3～4 个 短间歇：30～45 s，不超过 60 s

第三节　健身健美运动竞赛表演与欣赏

美学家认为，人体是一种高贵的存在，对它的观照将会在人们的心里唤起强烈的青春和生命的意识，健身健美运动及竞赛就是其中之一。所以，把它从画家、雕刻家、小说家的表现程式中解放出来，活生生地推向健身房和竞技舞台，以启导人们更真实、更浪漫地去认识自身、发现自身、超越自身，是对人类进步与文明发展的贡献。

健美竞赛不同于其他体育项目竞赛的独特之处，就在于它是以人体本身作为评判目标，是以人体姿态和造型的美为追求目的的。健美比赛绝对不是孤立静止地展览体型和肌肉，而是要通过体型和肌肉的位移，即通过由此而产生的动感去追求整个身体的表现力和人体的动态美，同时呈现出非凡的壮实感和强劲的力量感。运动员只有使自己的身体和各个部分由内而外地充分显示出力度、强度和人体的美，才能充分地显示出人的生命的本质——优美雄壮且不可战胜。

而健身先生与健身小姐，男子形体与女子形体，男子和女子体育健身模特竞赛则因更贴近大众，而受到了广大年轻人的欢迎，它们源于健美，又区别于健美，它们既可以展示人体通过健身锻炼而获得的健美体格，又可以充分展示个人的运动特长和气质、风度，还可以挖掘人体健、力、美、智的潜能，故而备受人们推崇。

由于健身健美表演与竞赛本身有着一种高度的气韵和创造的神采，因而它可以吸引观赏者并令其陶醉其中。它不同于文学家用语言来描写人体，不同于画家用颜料来描绘人体，不同于雕塑家用刻刀来塑造人体，也不同于服装设计大师用衣饰来装扮人体，而是直接把活生生的人体，通过艺术化的姿态和造型推向前台、推向观众，让广大的观众直接感受到人的肉体的明亮和肉体的人的光辉，感受到一种具有真实的人体才能激活起来的荡人肺腑的审美气息。可以说，健身健美运动及竞赛是表现人体艺术的最高手段和最高层次。为了提高自身修养，大学生们不妨也学习一点健身健美运动的表演技巧和了解一些裁判知识。

一、健身健美竞赛表演内容与技巧

目前中国的健身健美比赛分为健美比赛、健身先生、健身小姐、男子形体、女子形体、男子和女子体育健身模特竞赛等。几类比赛虽各具特色和魅力，却也有着近似的体态展现与艺术追求。

（一）健身竞赛与表演

依据健美竞赛规则，各项健身比赛内容主要如下。

1）健身先生、健身小姐：设形体、运动特长、晚（正）装展示（简称晚装展示）三项比赛内容。

2）女子形体：设分体式比基尼和连体式泳装等项形体比赛内容。

3）男子形体：第一轮着纯黑色健美三角赛裤，第二轮着健身先生形体轮赛裤，第三轮着连体齐膝紧身服比赛。

4）男子体育健身模特、女子体育健身模特：设形体、服装展示（运动装和晚装）二项比赛内容。

1. 形体比赛规则动作

（1）自然站立。

动作要领：自然站立，吸腹挺胸，头部正直，两眼平视，两臂垂于体侧，两脚并立；站立时展示全身肌肉线条的流畅和“V”形外观，掌握重心，自下而上收紧身体、挺拔向上；在到达指定位置后，在尽可能短的时间内，先伸展后收缩、先放松后收紧、先呼气后吸气，充分展开背部肌群，收缩上臂、臀部、腿部等部位肌群，动作完成后保持一定时间并控制呼吸，进行连续小呼吸。具体如图 14-1 所示。

易犯错误：全身各部肌肉收缩过度，僵硬或未收腹挺胸或松弛疲沓以及耸肩等。

训练提示：面对镜子按要领反复练习动作及表情；学会肌肉收缩与放松，使各部肌肉群协调配合。

（2）四分之一转体。

形体比赛与健身比赛形体轮比赛动作技术标准相同，形体小姐、形体先生比赛规定动作技术标准及评判依据内容相同。

1）正、背面基本站立。

运动员并脚站立，吸腹挺胸，头部正直，两眼平视，两臂自然下垂于体侧，全身各部位肌肉不得过度收缩，从正、背面展示体形。

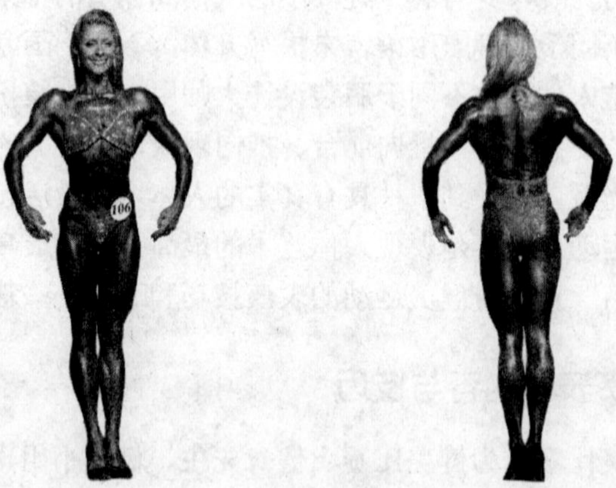

图 14-1

2）左、右侧面基本站立

运动员侧向裁判自然站立，吸腹挺胸，头部正直，两眼平视，全身各部位肌肉不得过度收缩，从左、右侧面展示体形。具体如图 14-2 所示。

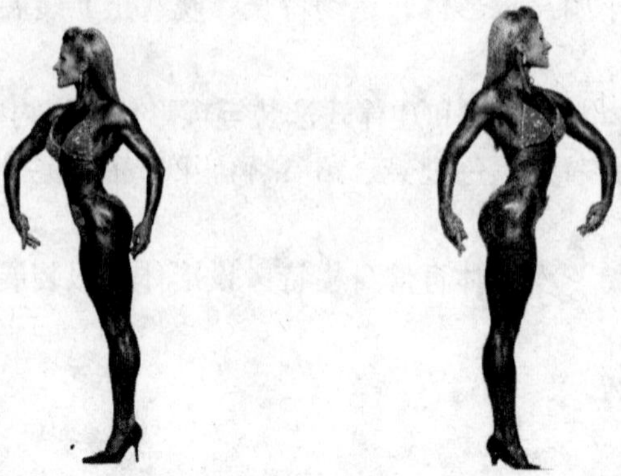

图 14-2

动作要领：动作干净，角度精确；过渡自然流畅，转体过程不生硬，动作衔接自然，包括表情的连续性。

易犯错误：角度不到位没有展现出身体侧面的线条，转体过程中身体松懈、表情呆滞。

训练提示：面对镜子按要领反复观察表情、练习转体与站立动作，重点放在连接部分；多练习以锻炼肌肉的身体的控制能力。

（3）行走及自选造型。

动作要领：步伐挺拔平稳、行走及表情自然，行走时要收腹挺胸，双臂自然摆动或扶于髋上，并展现出健康、时尚、朝气；路线准确，造型到位。

易犯错误：行走时身体起伏过大、左右摆动过大、髋部扭动过大，身体过于松懈，女子因竞赛用鞋而导致屈髋、屈膝的体态。

训练提示：对镜子进行行走的练习，适当增加舞蹈形体部分的练习，以纠正错误体态及不良身体习惯；女子适当进行身体柔韧的练习，并多穿着比赛用鞋进行行走练习。

建议：四个规定位置上的自选造型动作很具观赏性，它是一种体育与艺术综合能力的反映。因此，编排的自选造型要有艺术性和独创性，能充分展现个人健美的体态和个性特点。另因服装的限制，女子尽量不要选用身体位置过低的和单腿直腿举的造型动作。

2. 运动特长展示规定。

（1）编排

成套动作形式健康，编排新颖、流畅，富有激情，具有感染力。在成套动作中，以下各类型的动作每类至少出现一次，动作自行选择。

1）俯卧撑类：如分腿俯卧撑或俯卧撑、单腿或单臂俯卧撑、单腿单臂俯卧撑、夹肘或侧倒俯卧撑、后倒俯卧撑等俯卧撑类以及俯卧撑转体 360° 成俯卧撑、俯卧撑腾空转体 360° 等俯卧撑腾起类。

2）支撑类：如分腿支撑或分腿支撑转体、直角支撑或直角支撑转体、高直角支撑或高直角支撑转体、分、并腿水平肘撑或加转体、单臂水平肘撑或加转体等支撑类。

3）跳跃类：如①直体垂直向上跳转 360° 、跳转 180° 成纵劈腿、跳转 720° 、身体向上腾空前倒手脚同时着地以俯卧撑动作结束的自由倒地及自由倒地转体 180° 俯卧撑、自由倒地 360° 成俯卧撑等；②团身跳、屈膝跳、跨交换腿跳、剪踢跳等。

4）柔韧类：如：高踢腿、垂直劈腿、纵劈腿、横劈腿、仰卧劈腿等。

（2）音乐

音乐要与成套动作的风格、设计和谐一致，有利于表现运动员的个性特点和技术风格，如有衔接要转换流畅，音效音质高低适宜，并有相配的动作与之呼应。音乐碟片只能有一首参赛曲目。

（3）表演

运动员通过成套动作展示出表演技巧，以高质量的动作展示运动能力，形神一致，以自然的表演及表情展现出激情和自信。

（4）服装道具

服装道具与成套动作风格相一致，禁止使用危险道具。

2. 健身竞赛的表演技巧

要在健身比赛中取得优异的成绩，具有适度发达肌肉健康体格和比例匀称的骨骼、漂亮出众的容貌是获胜的必要前提。但表演技巧的好坏也是成败的关键。因此，在平时训练时就必须思考如何做好各种造型动作及成套动作，如何保持在各种状态下的良好体姿，展现优良的竞技水平。

（1）形体比赛的表演技巧。

在行列中站立时，表情和姿态不容丝毫松懈。在赛场上的任何时候，运动员都要表现出自信、光彩照人的一面。

（2）运动特长的表演技巧。

首先，在编排上有独特性、艺术性，同时要展现出与自己运动能力相匹配的技术水平，把个人的力量、柔韧、个性特征表现得淋漓尽致。其次，要选择与成套动作的风格、节奏、特点相匹配的乐曲，音乐要节拍清晰，旋律优美，具有激发、振奋人心的效应，并具欣赏价值。再次，运动员要全身心地投入到音乐中进行表演。

（3）晚装（正装）展示的表演技巧。

服饰要得体，符合个人的外形和气质。女子或仪态端庄、气质高雅，或清纯可人、阳光朝气，或魅力时尚、高雅大方，尽显个人风格魅力。男子在展现个人健康形象时，要充分地突显男性的阳刚之气。

（4）肌肤色彩的调配技巧。

肤色的美化是健身竞赛的一个重要部分。健身运动员的肌肤色调必须符合规则的要求，棕色是运动员的整体色调，它使皮肤健康、显现光泽、富有弹性，能展现出运动员的健康魅力。每个运动员都有自己的皮肤色调，有的偏黑、有的偏黄、有的偏红、有的偏白。健身竞赛所用的油彩根据型号不同有深浅之分，就是为了调整和改变肤色的基调，遮盖瑕疵与缺陷。

（二）健美竞赛与表演

依据健美竞赛规则，健美竞赛性表演动作包括自然常态站立（含四个转向）、规定动作和自由造型动作三个部分。

1. 健美竞赛规定造型动作的学与练

（1）自然站立动作。

动作要领：自然站立，吸腹挺胸，头部正直，两眼平视，两臂外展垂于体侧，两脚左右开立，各部位肌肉不得故意收缩。

易犯错误：全身各部肌肉故意收缩、僵硬，未收腹挺胸或松弛疲沓、耸肩等。

训练提示：面对镜子按要领反复练习；学会肌肉收缩和放松；保持自然常态姿势行走，使各部肌肉群协调配合。

（2）男子个人竞赛七个规定造型动作。

1）前展肱二头肌。

预备姿势：面向裁判员自然站立，而脚间距约同髋宽，吸腹挺胸。

动作要领：两臂经体侧上举至肩部高度，然后屈双肘，肘与肩齐平，两手握着拳，拳心向下，用力收缩肱二头肌及全身肌肉，吸腹形成空腔，如图 14-3 所示。

易犯错误：耸肩，吸腹、挺胸不够；全身肌肉未收缩。

训练提示：按动作要领面对镜子反复体会；三角肌放松使肩部下沉；肱二头肌收缩后，再用力收缩全身肌肉；吸腹使胸腔上提，保持挺胸。

2）前展背阔肌。

预备姿势：面向裁判员自然站立，而脚间距约同髋宽，吸腹挺胸。

动作要领：两臂经侧向正前方伸展，然后沿弧形慢慢收回两臂，并屈肘握拳，拇指伸直置于胸廓下缘，吸腹形成空腔，用力伸展背阔肌，同时收缩全身肌肉，如图 14-4 所示。

易犯错误：耸肩，未收腹挺胸；两肘过后，使背阔肌无法展示；全身肌肉未收缩，尤其腿部肌群。

训练提示：按动作要领面对镜子反复体会；三角肌放松使肩部下沉，这样更易展示背阔肌；双肘略朝前移，把肩部留在后面；收缩背阔肌的同时收缩全身肌肉。

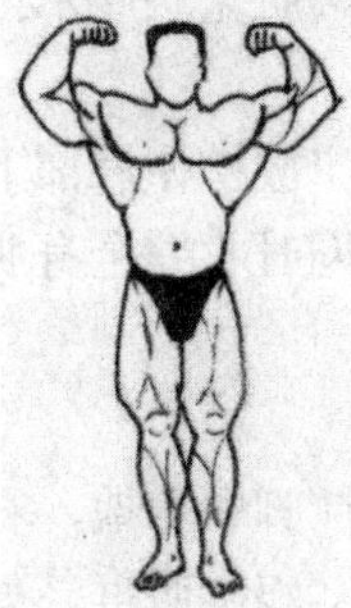

图 14-3

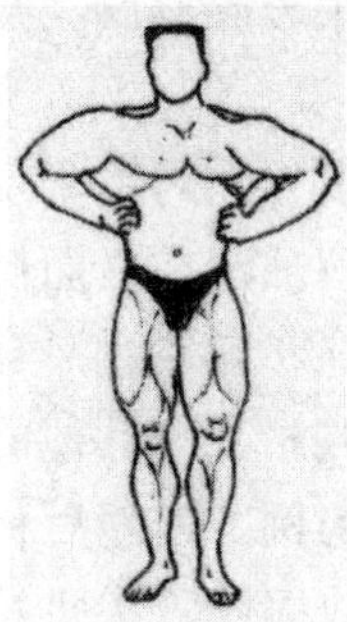

图 14-4

3）侧展胸部。

预备姿势：侧向裁判员自然站立，其他同上。

动作要领：以左侧为例，左肘弯曲，紧握拳，右手握住左手腕，左腿屈膝，前脚掌着地，吸腹挺胸，使左臂肱二头肌收缩隆起，同时收缩胸部及全身肌肉，所展示一侧的肩低于另一肩，如图 14-5 所示。

易犯错误：身体前倾或后仰，使胸部无法隆起；肱二头肌及腿部肌群收缩；未吸腹挺胸，影响胸部收缩。

训练提示：按动作要领面对镜子反复体会；收缩胸部，将弯曲的大腿紧靠直立的大腿；展示侧的肩要低于另一肩，用力收缩肱二头肌；用力收缩大腿肌和小腿三头肌及全身肌肉。

4）后展肱二头肌。

预备姿势：背向裁判员自然站立，两脚间距约同髋宽，吸腹挺胸。

动作要领：两腿前后开立，后腿自然弯曲，前脚掌着地，抬两臂，屈肘与肩齐高，两手握拳，拳心向下，收缩肱二头肌及全身肌肉，如图 14-6 所示。

图 14-5

图 14-6

易犯错误：耸肩，两肘尖上抬过高；两臂太向前内收；未吸腹挺胸及收缩全身肌肉。

训练提示：按动作要领面对镜子反复体会；三角肌放松使肩部下沉；两肘不能高于肩或不能太内收；吸腹挺胸，用力收缩肱二头肌及全身肌肉。

5）后展背阔肌。

预备姿势：背向裁判员自然站立，两脚间距约同髋宽，吸腹挺胸。

动作要领：两腿前后开立，后腿自然弯曲，前脚掌着地；两手以握拳或张开的方式置于腰部，髋关节略前顶，肘部张开，伸展背阔肌，同时收缩全身肌肉，如图 14-7 所示。

易犯错误：耸肩，未收腹挺胸；两肘过后，使背阔肌无法展示；全身肌肉未收缩，尤其腿部肌群。

训练提示：按动作要领面对镜子反复体会；三角肌放松使肩部下沉，这样更易展示背阔肌；双肘略朝前移，把肩部留在后面；收缩背阔肌的同时收缩全身肌肉。

6）侧展肱三头肌。

预备姿势：侧向裁判站立，其他同前。

动作要领：以右侧为例。左腿后移，自然弯曲，前脚掌着地，右臂贴体侧伸直，左臂经体后，手握住右手腕，收缩肱三头肌及全身肌肉，尤其腿部肌群，如图 14-8 所示。

易犯错误：耸肩，未吸腹挺胸；肩部前移，肱三头肌展示不充分；身体前倾或后仰；弯曲腿的足趾未用力踮起。

训练提示：按动作要领面对镜子反复体会；三角肌放松使肩部下沉，上体略后仰，肩部略后移，背阔肌收缩顶住展示的肱三头肌；收缩全身肌肉。

7）前展腹部和腿部。

预备姿势：同前展二头肌。

动作要领：一腿前伸半步，脚尖着地，膝向外略分，身体重心置于后腿，微屈，双手置于头后部，收缩腹部、腿部及全身肌肉。如图 14-9 所示。

易犯错误：身体前倾，影响腋部收缩；前伸腿肌，未收缩全身肌肉。

训练提示：按动作要领面对镜子反复体会；前伸腿脚尖着地用力收缩小腿肌及大腿肌；吸气后缓慢吐气至闭气，收缩腹直肌及全身肌肉。

图 14-7

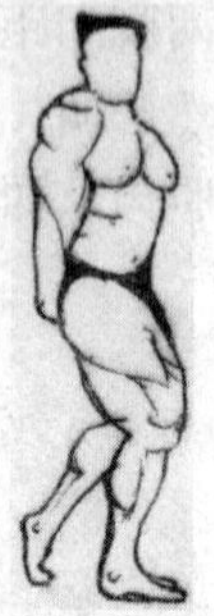

图 14-8

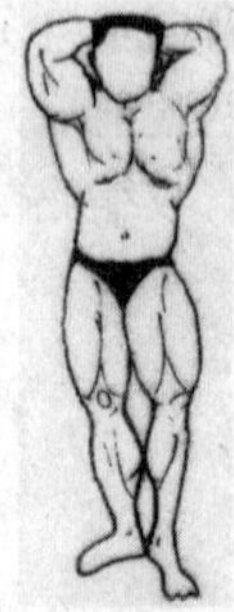

图 14-9

（3）女子个人竞赛的五个规定造型动作。

1）前展肱二头肌。

除在要领上两手可张开、放松或握拳，髋部重心移向一侧腿，另一腿向侧蹬伸，足趾踮地外，其余皆同男子。如图 14-10 所示。

2）侧展胸部。

动作要领具体如图 14-11 所示。

3）后展肱二头肌。

动作要领具体如图 14-12 所示。

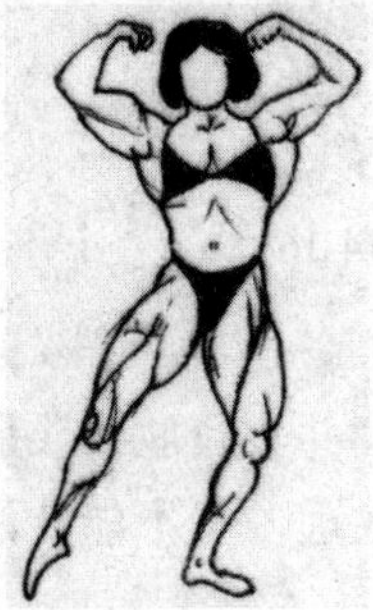

图 14-10

图 14-11

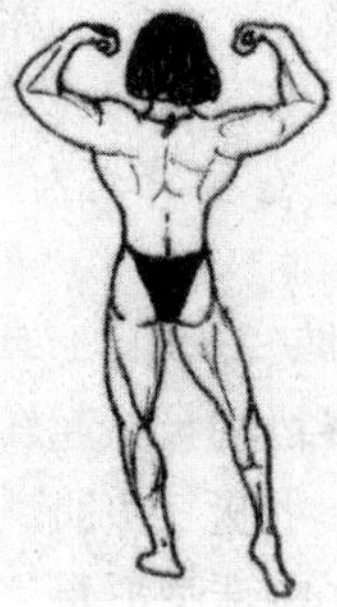

图 14-12

4）侧展肱三头肌。

动作要领具体如图 14-13 所示。

5）前展腹部和腿部。

动作要领具体如图 14-14 所示。

图 14-13

图 14-14

上述女子五个动作的预备姿势、动作要领、易犯错误、训练提示等皆同男子。

（4）男女混合双人的五个规定造型动作。

男女混合双人的五个规定动作同女子规定动作。

1）前展肱二头肌。

宣布入场后，女参赛运动员在前，男参赛运动员在后，两人相距约两步远的距离走到赛台中央，同时立定后一起转向裁判，自然站立。宣布动作开始后，男女参赛运动员同时做动作，其侧伸的腿部朝向对方，以使动作对称。如图 14-15 所示。

2）侧展胸部。

动作做法与单人规定动作相同，男女参赛运动员要注意整个动作的一致性。两人转向同一侧，双腿紧靠，同时展膝抬起脚跟（前脚掌着地），收紧小腿二头肌和整个大腿肌群。然后同时完成两臂动作，将胸和头转向裁判。如图 14-16 所示。

图 14-15

图 14-16

3）后展肱二头肌。

两名参赛运动员一起转体将背部朝向裁判，同时举起两臂，并收紧肱二头肌、上下背肌和股二头肌、小腿三头肌。两人相距位置要适中，既不能离开太远，又不能让两个人的身体重叠，以免影响造型质量。如图 14-17 所示。

4）侧展肱三头肌。

图 14-17

图 14-18

男女参赛运动员选择同一侧面向裁判，转体时动作要一致，然后同步做两臂动作，双臂伸直贴在身后，绷紧背阔肌，使肱三头肌更加突出。如图 14-18 所示。

5）前展腹部和腿部。

男女参赛运动员可将动作分为两个步骤，每个步骤同时完成。两运动员同时将两臂上举，屈肘抱头，选择靠近对方的一侧大腿前伸，这是第一步。第二步为双方同时将上身前压，腹部成空腔后收紧。如图 14-19 所示。

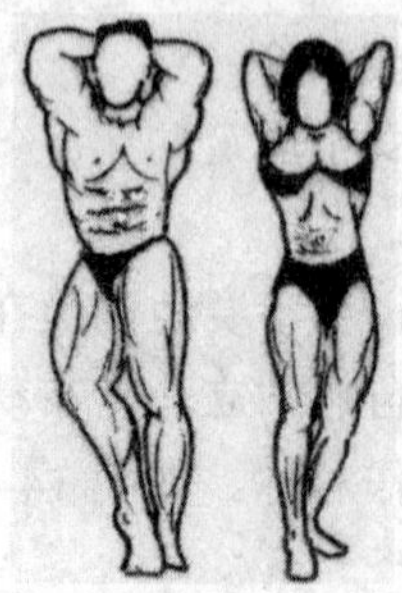

图 14-19

6）男女混合双人规定动作训练指导。

①配对要协调。如身高、脸形、发型及肌肉匀称和发达程度应相近。

②做动作时要协调大方，配合要默契。如两人应在同一时间完成动作，给裁判与观众以整体和谐之感。

③除前展和后展动作外，其他可采用相同方向或相反方向完成动作，但站位要对称。

④男女在各自完成动作中，男子可采用男子规定动作的技术要求，体现其雄健的力量，女子可采用女子规定动作的技术要求，体现其柔美的特征。刚柔相济以构成整体的美。

（5）自由造型动作。

1）造型：应从前、后、左、右、上、下等方位展示身体各部位肌群和体形。

2）动作数量：男子不得少于15个；女子不得少于20个。每个造型应有停顿。

3）造型时间：男子个人为60秒；女子个人为90秒；男女混合双人为120秒。

2. 健美竞赛造型动作的表演技巧

（1）自然站立与转体动作的表演技巧。

健美比赛第一轮的“自然站立加向右转体四次”的动作似乎比较简单，实际上，要站好，要时刻保持良好的站姿也非易事。在赛场上曾见到过不少运动员，在行列中站着站着，就懒散疲沓起来，显得精神不振；特别是当站在后排时，以为可以放松一下；还有些运动员的时候一肩高，一肩低，或是让其脊柱斜向一边，这样就会破坏身体的匀称状态，从而给裁判员一个不良印象。在赛场上运动员任何时候都不要表现出缺乏自信，畏畏缩缩；也不可洋洋得意，盛气凌人。

（2）规定动作的表演技巧。

在完成基本的规定要求的前提下，可以基于个人的体格特点，做出利于展示自己长处的动作，应该找到如何做对自己最为合适而仍符合规则的规定动作。如大腿前部肌肉线条很好，那就不必在做“前展双肱二头肌动作”时，把一腿横置在侧面，因为把两腿靠在一块，更能显示大腿前部的优势。同样的在做“侧展胸部”和“侧展三头肌”时，两腿的位置也可以有所不同，但都要注意收缩腿部肌肉。做规定动作时，往往会耗能很多，气喘不止。要学会对各种肌肉进行自如的控制，并学会调整呼吸。在台上不要精神紧张而应时时微带笑容。

（3）自由（自选）造型动作的表演技巧。

一般人在最初参加比赛时，往往会模仿选用一些名手们的动作，这是正常的。但当选手的水平和经验逐步提高到一定程度时，就应努力寻求和创编能充分表现出自己体格、个性、气质和感情特点的动作套路。

要做好任何造型动作，都必须掌握平衡和提高控制能力，这两者都是从动作经验中产生和增强的。如果没有良好的运动能力和强大的肌肉，就不要做幅度很大、转动猛烈的动作。在台上时，眼神要有意和观众和裁判相接触，造型动作应是出自内心的呼声、是个性的表现、内在的感情流露。只有这样，才能架起同裁判及观众的思想和感情交流的桥梁。如能这样，则不论所获名次高低，都会体验到成功的愉悦。

二、健身健美竞赛评分依据

（一）健身竞赛评分依据

1. 健身形体

（1）体型：正、背面呈“V”字形状，侧观身体“S”形曲线适度，性别特征明显，各部分比例匀称，富有美感。

（2）肌肉：身体各部位肌肉发达适度、富有力度感，肌肉比例协调、匀称，轮廓清晰，形状美观。

（3）动态：行走步态自然、优雅，节奏准确。造型动作优美，能突出形体特征，有内涵。

2. 运动特长表演

（1）编排：整套动作的编排具有新颖性、独特性。

（2）音乐：音乐的选配具有完整性、独特性。

（3）表演：①整套表演动作与音乐相融；②主题突出，有激情，富有表现力；③表演套路应当充分体现运动员的综合运动能力，并包括力量性动作、柔韧性动作、协调性动作等。力量性动作：如支撑分腿、并腿的各种造型，单臂俯卧撑等。柔韧性动作：如高踢腿、横叉、竖叉等。协调性动作：如各种移动、跳跃、技巧、翻转动作等。

3. 晚装展示

（1）服装：与运动员的形象相符，服装须为晚（正）装服系。

（2）形象：五官端正，化妆、发型、服饰与形象相融。

（3）气质：高雅（阳刚）、大方。

（4）仪态：仪容端庄、健康，步态、站姿优雅。

（二）形体比赛评分评判依据

（1）体型：运动员性别特征突出，先天骨架匀称，头、躯干、四肢比例协调。

（2）肌肉：身体各部肌肉结实、圆润，富有弹性，轮廓清晰、形状美观。

（3）皮肤和肤色：皮肤紧实健康、光滑、有弹性，没有脂肪球及外科手术疤痕、斑点、痤疮或文身等。着色干净而均匀。

（4）仪态：仪容端庄、形象健康，步态、站姿优雅。阳光、自信，朝气蓬勃。

（三）体育健身模特运动服装评分依据

（1）整体评价选手应健康、美丽、时尚、动感，是具有魅力的优秀健身运动员和体育健身模特。

（2）气质应展示出健康女子、男子独特的风情和气质。

（3）运动服装的款式色彩选择与运动员的形象相符，可携带相关项目的运动器材（赛前检查），整体搭配和谐独具风格。

（4）表现大方得当，展示出运动员的文化修养和独特神韵。

（四）健美男子个人竞赛评分依据

（1）肌肉：身体各部位肌肉发达，结实、饱满，肌肉线条清晰、精细，围度差显著。

（2）匀称：骨骼发育良好、各部分比例协调，全身肌肉均衡发展。

（3）造型：动作规范、协调，重点突出，富有美感。

（4）肤色：皮肤光洁，色泽和谐。

（五）健美女子个人竞赛评分依据

（1）匀称：骨骼发育良好、各部分比例协调，全身肌肉均衡发展。

（2）肌肉：身体各部位肌肉发达，肌肉形态、线条清晰。富有女性特征。

（3）造型：动作规范、协调，重点突出，富有美感。

（4）外表：容貌端庄，肤色光洁、色泽和谐。

（六）健美男女混合双人评分依据

（1）匀称：男、女体格及各部位肌群和谐、相配。

（2）肌肉：男、女各部位肌肉发达、清晰、相配。

（3）造型：造型规范，动作流畅，配合默契，变化中蕴含统一。

（4）配对：外表、气质和谐，整体感强。

“燃烧脂肪”

研究表明，人体内储存的脂肪至少要在激烈运动 1h 后才开始被肌肉用作“燃料燃烧”，身体一进入这种状态，储存在身体各部位的脂肪多会被调动起来，通过血液输送到需要燃料来产生能量肌肉细胞中。“燃料燃烧”一般需要 2 h 左右，以保证脂肪“燃烧”的效果。

思考题：

1．简述健身、健身锻炼、健身运动、健美、健美运动、形体修塑、休闲健身的概念。
2．简述健身运动锻炼项目的分类、项目的选择及锻炼的特征。
3．试述健美运动的作用、动作分类及健身健美运动的关系与区别。
4．简述健身健美训练的技术性方法。
5．简述健身健美训练方案的编制原则与方法。
6．简述健身健美竞赛与表演训练的主要内容。

第十五章　形 体 训 练

第一节　形体训练概述

一、形体训练的起源和发展

舞蹈起源于人类求生存、求发展的劳动实践和其他多种生活实践的需要，是人类最早产生的艺术形式之一。随着音乐的引入、东西方观念的融合，产生于劳动，又回归于职业的形体训练便应运而生了。

二、形体训练的概念和内容

（一）概念

要了解形体训练，首先要知道什么是形体。形体是人在先天遗传产生变异和后天获得的基础上所表现出来的身体形态上的相对稳定的特征，是包括人的表情、姿态和体型在内的人的外在形象的总和。而形体训练则是指以身体练习为基本手段，匀称和谐地发展人体、塑造体形，培养正确、优美的姿态和动作，增强体质，促进人体形态更加完美的一种体育运动。

追求美是全人类的共同心愿，是人的天性，共同的审美对象就是人的高级形态——人体。不同国家和地区，在不同的时期、不同的时代、不同的阶层、不同的地位和不同的生活条件下，人们有着各自不同的审美观念，对美的概念也有所不同，评价人体形态美的标准也就不尽相同。但是形体美的评价标准也是相对的。人的美不仅是外在美——人体体型美（基本要素为均衡、对称、对比和曲线）、人体姿态美（包括人的站姿、坐姿以及走姿等），还包括内在的美——行为、心灵、气质等，是“综合美”在一个人身上的体现。形体训练是一项比较优美、高雅的健身项目，主要通过舒展优美的舞蹈基础练习（以芭蕾为基础），以塑造体型美、姿态美、动作美的身体练习为主，结合古典舞、身韵、民族舞蹈、体操、艺术体操、健美操、瑜伽等动作素材结合音乐进行综合训练，可塑造人们优美的体态，培养高雅的气质，纠正生活中不正确的姿态。

（二）构成形体健美的要素

构成形体健美的要素主要有四个方面。第一，健康。健康是形体健美的基础。第二，体型。体型是指人体的外形特征与体格类型，即人类身体结构的类型。体型的类型主要由人体的脂肪蓄积、肌肉发育程度、遗传的影响和环境、性别差异等决定的。第三，优美的姿态为形体健美增色不少。第四，气质美是形体美的核心。

（三）形体训练的基本内容

形体训练课程内容同样是一个完整、系统的教学锻炼体系，其内容根据形体训练课程不同目标以及所练习的部位和作用可以分为以下几个方面。第一，形体素质的训练。形体素质主要包括力量、柔韧性、控制能力、人体的协调性、灵活性和耐力等要素，最重要的是力量和柔韧性。第二，身体基本形态训练。在形体训练者在音乐的伴奏下进行的大量的徒手练习、地面练习以及把杆练习等。通过大量的各种练习，可以培养练习者正确的体态及完成动作的协调性和准确性，进一步改变身体形态的原始状态，逐步形成正确的站姿、坐姿、走姿以及优雅的举止，提高形体动作的灵活性和表达能力。第三，形体综合练习。主要通过节奏的形体动作为主要练习手段，采用基本舞步、舞蹈组合、韵律操、健美操、体育舞蹈等多种项目进行综合训练，用以提高练习者的有氧代谢能力，促进身体全面均衡的发展，提高练习者的节奏感、音乐表现能力和形体表达能力，增强练习者的兴趣，陶冶情操，培养高雅的气质和风度，提高美的感受及欣赏美的能力，丰富学生的想象力和创造力，保持健美的体型，促进优美体态的形成。

二、形体训练的作用

（一）能改善神经系统和大脑功能

形体训练，是外环境对机体的一种刺激。这种刺激具有连续、协调、速度、力量的特点，使肌体处于一种运动状态。这种状态下中枢神经将随时动员各器官及系统使之协调、配合肌体的工作。经常参加形体训练，就能使神经活动得到相应的提高。除此之外，形体训练还要求动作要迅速、准确；而迅速、准确的动作又要在大脑的指挥下来完成。脑是中枢神经的高级部位。形体训练时，脑和脊髓及周围神经要建立迅速而准确的应答式反应，而脑又要随时纠正错误动作，储存精细动作的信息。经过经常、反复不断的刺激，提高人的理解能力、思维能力和记忆能力，从而使大脑更加聪明。所以说，经常参加形体训练，可以加强肌体神经系统的功能和大脑的工作能力，使之更加健康和聪明。

（二）能提高心血管系统的功能

心血管系统是指由心脏与各类血管所组成的，并以心脏为动力的闭锁管道系统。形体训练主要由运动系统即骨骼与肌肉运动参与完成。运动系统在进行工作时要消耗大量的氧气、养料又要排泄大量的废物，在消耗的同时又要不断地补充供给大量的新鲜氧气及养料，与此同时还要排泄大量的废物。这一繁重的任务，只有依靠体内的闭锁的管道系统——心血管（循环）系统来完成。人体在处于安静状态时，平均心率为 75 次/min，而心脏的每博血液输出量为 50～70ml，每分钟输出量为 4.5L 左右。在强烈的肌肉运动时，可以达到安静时的 5 到 7 倍，这就势必使心肌处于激烈收缩的状态。经常的刺激会使心肌纤维增粗，心房、心室壁增厚，心脏体积增大，血溶量增多，从而增加了心脏的力量。由于心肌力量的增加，每博射出的血量增多，心跳的次数相应减少，在平时较为安静的状态下，心脏能够得到较长时间的休息，从而减轻心脏的工作负担。

（三）矫正形体

其实每个人的形体都有自己独特的魅力，怎样去发掘我们形体独特的长处弥补我们的短处至关重要。其实没有人能完全符合现代模特标准的比例。而市面上名目繁多的减肥手段，改善形体的方法，或多或少都存在着一定的弊病，并不能真正起到矫正形体的作用。例如，健美操：可能会起到一些燃烧脂肪和减肥的作用，但是对形体局部的改善却起不到太大的效果。而且单一的跳跃，爆发力过于强，甚至可以导致肌肉线条过于粗大（大的肌肉块）失去女性肌肉的纤细长线条的美。瑜伽：虽然注重气息、内在的调节和身体的柔韧，但训练方式过于缓慢、单一，短期内很难见到成效。负重器械训练：只是为了增加训练的难度，让你有“训练感”，但它不但不能使你的姿态变得挺拔，相反还容易加重脊柱的弯曲。对女性来说，过于发达的肌肉线条也破坏了女子纤细、清秀的柔美。而其他的有氧健身方式一般只能起到燃烧脂肪的作用，起不到真正的改善形体的作用，对局部线条的改善塑造并没有太大的效果。其实真正形体训练的概念是改变我们自身形体的不足，并延缓随着时间的流逝女性生理形体难以避免的衰老。

三、形体训练的原则

人的体型可以通过改善营养结构、形体训练以及各种力量和耐力项目的锻炼而发生变化。青少年正处在身体生长发育的关键阶段，尚未定型，可塑性很大，是形成良好的体型和姿态，增进形体健美的关键时期。因此，应抓住这一时机，并遵循以下训练原则，长期、系统、科学地进行形体训练。

（一）目的性原则

形体训练的积极性主要来源于明确的目的和正确的动机。因此，首先要对练习者进行经常性的思想教育，使他们把形体训练的目的同提高全民素质和形象联系起来，同促进身体正常发育和强健体魄联系起来。其次，在形体训练的每一个阶段，要力求达到预期目的。形体训练是一项长期的任务，短期内不易产生明显的变化。因此，每个训练阶段都要有明确的目的和要求，这些要求应成为练习者预期达到的目标。例如，腰、腿的柔韧性训练，应以掌握动作为目标，从而让练习者对内容产生兴趣，兴趣又会促使练习者积极主动地训练，这必然会对机体产生良好的影响，并随之在形体、气质上有所变化。这样，练习者会感到有所收获，对调动和巩固训练的积极性有着重要的作用。

（二）从实际出发原则

从实际出发是指要根据练习者不同的年龄、不同的性别、不同的身体基础、不同的训练水平，制定出相应的训练方案，选择相应的训练内容，使练习者在参与训练的过程中，既能对身体各部位产生有效的刺激，又不至于产生畏难情绪或引起过度疲劳。在训练过程和训练内容的安排上，对同一水平的人的共同点提出一般要求，而对每个人的不同点要加以区别对待。

（三）坚持经常原则

青少年进行形体训练，必须长期坚持，持之以恒，使形体训练中各种有效的方法对人体各部位产生持久的影响，并逐渐形成一种“习惯”，使举手投足都体现出一种“行为美”。青少年进行形体训练，应有足够的时间保障，保证有足够的时间接受全面系统的训练。这样不仅有助于训练者在概念上正确理解形体姿态的规范要求，在实际训练中掌握形体训练的方法手段，使人体各部位都能得到有效的锻炼，进一步提高锻炼效果，而且对于培养学生“终身体育”的意识有着极其重要的意义。

（四）循序渐进原则

形体训练必须遵循由易到难、由简到繁，逐步提高教学难度和要求的原则。在内容方法和运动负荷安排上做到合理有序，应能反映形体训练教学过程的客观规律。例如，对于年龄较小或刚刚参加形体训练的人来讲，应重视基础内容，如在基本素质身体素质及动作感知觉水平的提高，逐步提出新的要求，逐渐由初级向中级和高级课程过渡。

（五）全面性原则

形体训练应注重全面发展身体的各个部位、发展各种身体素质和基本活动能力，认真细致地“雕琢”人体的每一个部位。形体训练要力求全面影响人体，在各个不同的阶段又要突出重点，并兼顾其他方面。同时，要把身体形态训练与内在气质的培养结合起来，使形体训练者通过形体训练产生正确的审美意识，既使形体得到良好的发展，又拥有高雅脱俗的气质，在美好的艺术环境中得到健康成长。

第二节　形体训练的基本技术

一、形体训练的术语

形体训练的术语是用来描述形体动作和技术的专门用语。运用术语对动作进行准确而有条理的描述，能表达出形体训练动作的基本特征。完整的术语一般由基本术语和专门术语构成，用基本术语说明动作是方向、路线、节奏、方法和相互的关系，用专门术语说明动作的性质、类别。

（一）形体训练的基本术语

用来表示身体或器械运动的方向、路线、节奏、方法和相互的关系的术语是形体训练的基本术语。

1．肢体名称

按解剖术语描述运动部位的名称。

2．动作方向的术语

动作方向指身体各部位运动的方向，一般是根据人体直立时的基本方向确定。

（1）基本方向：主要有前、后、侧（有左侧和右侧之分）、上和下几个方向。

（2）动作的方向：动作的方向主要是指身体和身体各部位运动是方向。在基本方向是术语前加一个“向”字，表示动作的方向，即向什么方向运动。主要有向前、向后、向侧（有向左侧或向右侧运动）、向上和向下几个运动方向。

（3）中间方向：指两个基本方向之间 45° 的方向。主要说明上、下肢动作的方向（以上肢动作为例），如前上、前下、后、向下、侧上、侧下、侧前和侧后几个方向。

（二）说明动作之间相互关系的术语

这类术语主要包括；同时、依次、接、由、经、至、成等术语。

（三）形体训练的专门术语

这类术语主要是指身体动作术语等，包括弹性、波浪、跳跃、平衡、转体、旋转和翻身、劈腿、舞姿和步法等。

二、形体训练之徒手练习

徒手练习是形体训练的基础。只有掌握了良好的徒手动作，持器械的技术动作才能得以完成。

（一）基本姿态

动作姿态优美是形体训练的特征，要充分利用形态结构特点，在动作中加大关节弯曲度、转动的幅度，使身体线条婀娜多姿，造型符合美学特征。

1. 基本站立姿势

站立时，通过脚的位置变化和腿形变化可形成多种姿势。常用的两脚站立位置有以下几种：并步（正步）、自然站立（小八字立）、开立、丁字步。

2. 站立姿势

两脚在任一位置上以全脚掌或前脚掌、脚尖、脚跟等不同部位支撑地面，两腿伸直或弯曲形成各种姿势。主要包括直立、起踵立、点地立、蹲立：半蹲、全蹲；弓步：前弓步、侧弓步、后弓步。

（二）手臂基本姿态

1. 手形和臂形

在形体训练动作中，手臂可保持伸展、弧形或屈臂的形状。手的基本形状是手指并拢，拇指和中指向里合。当手臂伸展时手指和手腕随之伸展，在手背处呈反弓形。当手臂呈弧形时，手指、手腕放松（稍屈），使整个手臂从肩至手指呈一柔和的弧形。手形随手臂姿态而灵活变换，在某些具有特殊风格的动作中，手掌伸展呈五指分开或屈呈半握拳的形状。

2. 常用手臂基本位置

两臂正前方的举。两臂中间方向和斜方向的举。两臂不同方向的举：两臂在不同的正方向，如一臂上举，另一臂前举；一臂上举，另一臂侧举；一臂前举，另一臂侧举；一臂前举，另一臂后举。两臂在不同的中间方向，例如一臂前上举，另一部侧后举；一臂侧上举，另一臂侧下举；一臂后上举，另一臂前下举。

3. 芭蕾舞手臂的七个基本位置

一位：两臂成弧形于前下方，指尖相对，掌心稍向内。

二位：两臂保持弧形前举（稍低于肩），掌心向内。

三位：两臂保持弧形上举（食指对眉梢），掌心向内。

四位：一臂在三位，另一臂在二位。

五位：一臂在三位，另一臂保持弧形侧举，掌心向前下方。

六位：一臂在二位，另一臂保持弧形侧举，掌心向前下方。

七位：两臂保持弧形侧举，掌心向前下方，肘稍向上抬。

（三）基本的身体动作

徒手练习包括各种走、跑、舞步、摆动、绕环、弹性屈伸、波浪、平衡、转体、跳跃等动作。

1. 基本步法与舞步

（1）柔软步：柔软步可向后、向侧或沿弧线行进，如图 15-1 所示。

（2）足尖步：在足尖步的基础上加快节奏（1 拍 4 步）、缩小步幅（两大腿靠拢）做成足尖碎步，如图 15-2 所示。

图 15-1

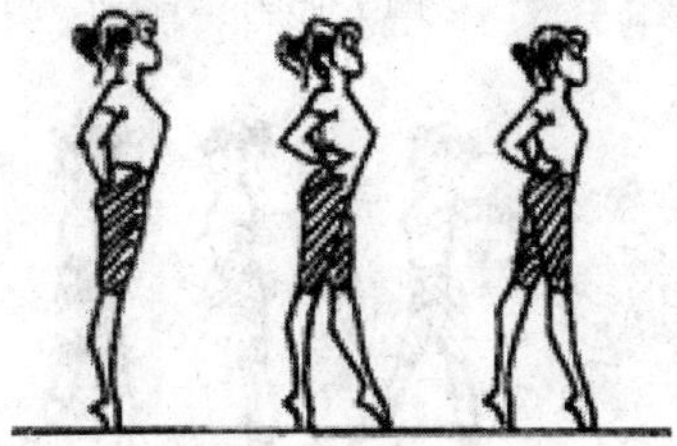

图 15-2

（3）弹簧步：以左脚为例，弹簧步可向前、向侧行进，还可在第 2 拍做举腿或原地小跳动作，如图 15-3 所示。

图 15-3

（4）滚动步：滚动步可原地进行，也可向前、后进行，还可配合髋部的扭转及手臂的各种动作作相应变化，如图 15-4 所示。

（5）跑跳步：跑跳步由跑步、跑跳步、并腿跳、开并腿跳、弹踢跳、吸腿跳等组成，如图 15-5 所示。

图 15-4

图 15-5

（6）侧交叉步：以向左侧交叉步为例，如图 15-6 所示。

（7）交换步：变换步可向前、后、侧进行，有普通变换步（以向前为例）（图 15-7）；举腿变换步（见图 15-8）；转体变换步，前半部分同普通变换步，唯第 3—4 拍左脚向前做柔软步。

经稍屈膝蹬直起踵立的同时右腿前摆向左转体 180° 后右腿后举，两臂经二位摆至三位，见图 15-9（1）。向后做转体变换步动作同向前，唯向后进行，见图 15-9（2）。

图 15-6

图 15-7

图 15-8

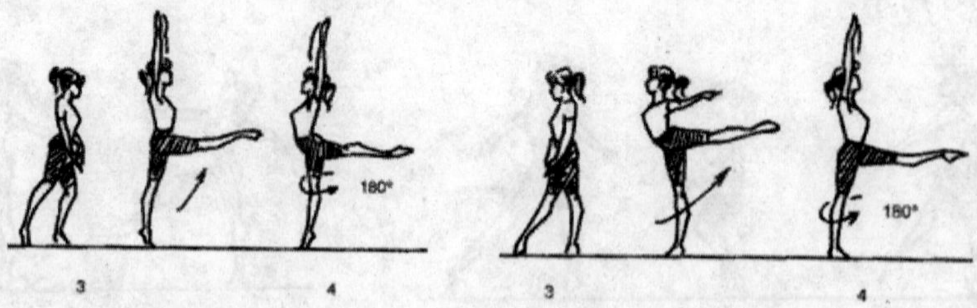

（1）　　　　（2）

图 15-9

（8）华尔兹：华尔兹是常用的 3/4 节拍的步法（以左脚为例），包括：向前华尔兹（见图 15-10）、向后华尔兹、向侧华尔兹（见图 15-11）、华尔兹转体 180°（见图 15-12）、华尔兹转体 360°（见图 15-13）。

图 15-10

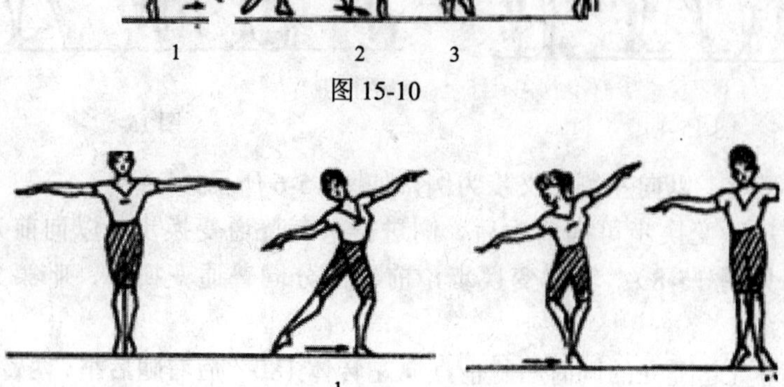

图 15-11

图 15-12

图 15-13

（9）柔软跑：在自然跑的基础上，摆动腿自然向前伸出，脚面绷直，用前脚掌先着地，随重心前移过渡到全脚掌着地，另一腿在向前摆，两腿交替进行如图 15-14 所示。

（10）足尖步：在自然跑的基础上缩小步幅，增加步频，摆动腿膝部自然伸直，脚面充分绷直，以脚尖过渡到全脚掌着地，两脚快速地交替蹬地，身体重心平稳移动，如图 15-15 所示。

图 15-14

图 15-15

2. 伸展和弯曲动作

（1）颈部屈伸：由头部正直开始，头部向前、后、左、右做弧线运动，颈部放松拉长，随头的运动做颈前屈（低头）、颈后屈（抬头）和颈侧屈（偏头）动作。

（2）上肢屈伸：包括手屈伸、臂屈伸。

（3）下肢屈伸：下肢各关节可同时弯曲、伸展，也可依次弯曲、伸展。主要包括以下几个动作：勾脚与绷脚，屈腿与伸腿；移重心：可前后移重心，见图 15-16（1）、左右移重心，见图 15-16（2）。

（4）躯干弯曲：在站立、坐、卧、跪立等支撑条件下，躯干各关节协同一致地向前、后、侧弯曲，形成上体前屈、后躯侧屈动作，如图 15-17 所示。

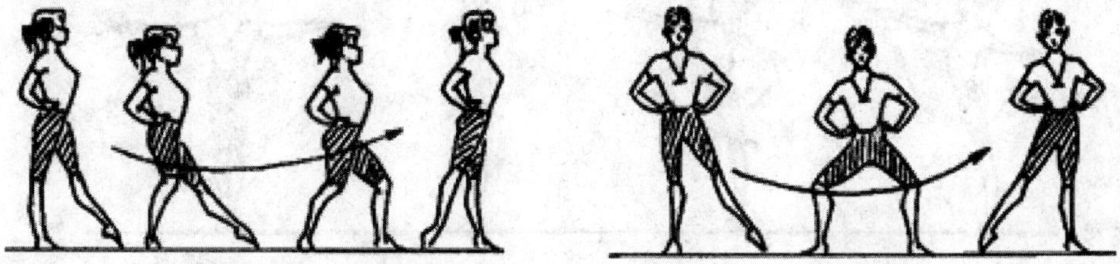

（1）　　（2）

图 15-16

图 15-17

3. 腿的弹动

下肢的弹性屈伸有助于发展力量和动作的弹性。腿的弹动有屈膝弹动，见图 15-18（1）；起踵弹动，见图 15-18（2）；弹腿动作，见图 15-19。

（1）　　（2）

图 15-18

图 15-19

4. 摆动

（1）手臂摆动：手臂以肩为轴摆动，两臂向同一方向或不同方向、同时或依次进行摆动。包括：两臂同时向前、向后摆动；两臂同时向左、向右摆动；两臂分别向前、向后摆动，见图 15-20（1）；两臂体前交叉摆动，见图 15-20（2）。

（2）腿的摆动：腿以髋关节为轴，向前、后、侧各方向摆动。包括：腿伸直或屈膝向前、后摆动，见图 15-21；腿伸直或屈膝向左、右摆动，见图 15-22。

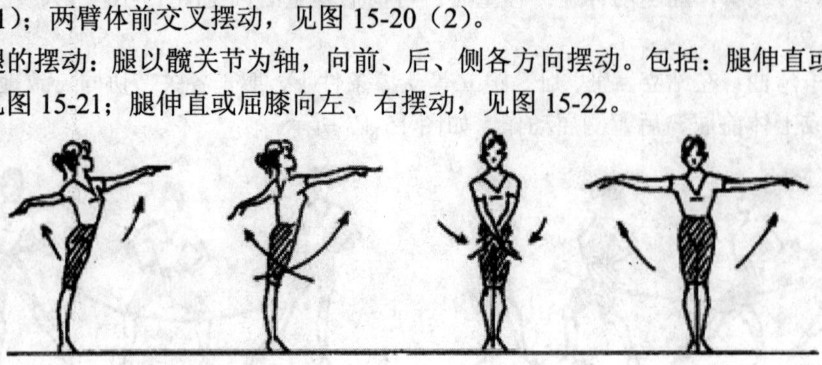

（1）　　（2）

图 15-20

图 15-21

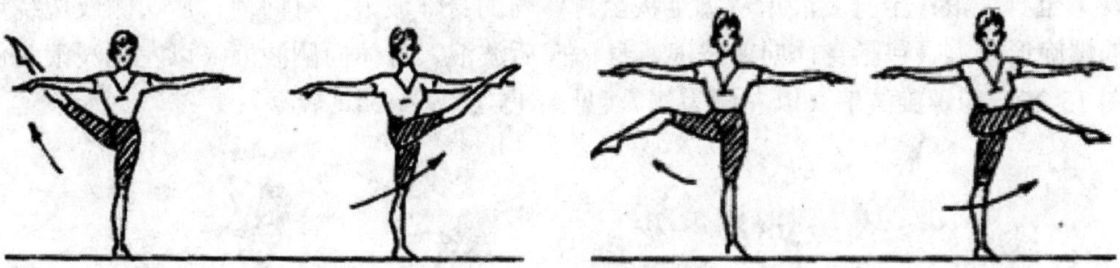

（1）　（2）

图 15-22

5. 绕和绕环

身体某一部位以向邻关节为轴做移动范围在 180°～360° 或 360° 以上的绕和绕环。

（1）手臂绕环：两臂以肩、肘、腕为轴，同方向或不同方向，同时或依次进行大、中、小绕环。由站立、两臂体侧下垂开始：两臂经前上向后绕环；两臂经后上向前绕环；两臂经体前交叉向外绕环；两臂经头上交叉向内绕环；两臂经右上向左绕环；两臂反向前、后绕环；右臂反向前、后绕环；两臂向外小绕环。

（2）躯干绕环：两脚开立，两臂右侧举。上体向前下由上体前屈向左经左侧屈、后屈、右侧屈向前屈绕环一周，还原成直立，如图 15-23 所示。

图 15-23

6. 波浪动作

波浪形动作是艺术体操的典型动作，可提高身体的柔韧度、灵活性及动作协调能力。

（1）手臂波浪：以左臂向前波浪为例，如图 15-24 所示。

图 15-24

（2）躯干波浪：以跪坐波浪为例，如图 15-25 所示。躯干波浪还可在跪立、坐、卧以及站立的条件下进行。

图 15-25

（3）全身波浪：全身波浪指从脚至头全身参与的身体波浪，有向前、后、侧或边绕环边进行的螺旋形波浪。包括身体向前波浪、身体向后波浪、身体向侧波浪（以左侧波浪为例）（见图 15-26）和螺旋波浪（以左侧为例）（见图 15-27）。

图 15-26

图 15-27

7. 转动和转体动作

身体某部分以身体为纵轴可向左、右或内、外作转动。整个身体以一脚或两脚为支撑点，绕垂直轴做各种转体动作。

（1）转体：头部或躯干绕身体纵轴向左右转动，转动时，相邻的部位固定，以形成稳定的支点（如转头固定肩、转上体固定髋），肢体平行拧动，如图 15-28 所示。

（2）双脚转体 360°：包括双脚转体 180°，见图 15-29（1）；双脚转体 360°，见图 15-29（2）。

图 15-28

（1）　　　　　　　　（2）

图 15-29

（3）单腿后举转体 360°：具体如图 15-30 所示。

（4）平转：具体如图 15-31 所示。

图 15-30

图 15-31

8. 跳跃动作

常见的跳跃动作包括双脚小跳、单脚小跳和技术比较简单的大跳。跳跃动作对增强下肢力量、发展弹跳力、增强下肢的灵活性有特殊效果。

（1）双脚小跳：动作主要包括并步小跳，此动作可原地进行，见图 15-32（1），也可蹬地向前、后、左、右移动跳，还可在脚落地时加扭髋转膝动作，见图 15-32（2）；换位跳（见图 15-33）；双跳单落（见图 15-34）。

（1）　　　　　　　　（2）

图 15-32

图 15-33

图 15-34

（2）单脚小跳：动作主要包括原地单脚小跳，见图 15-35。上步单脚小跳：踏跳步，见图 15-36（1）；吸腿跳，见图 15-36（2）。

图 15-35

（1）　（2）

图 15-36

（3）原地双脚大跳：动作主要包括：分腿跳，见图 15-37；屈腿跳，见图 15-38。

图 15-37

图 15-38

（4）跨跳：跨跳是单脚起跳、单脚落地的大幅度跳跃动作，以右腿跨跳为例，具体如图15-39（1）所示；跨跳在空中可以变换各种姿势，比较简单的如前腿屈、后腿直—— 鹿跳，如图15-39（2）所示。

（1）　　　　（2）

图 15-39

三、形体训练之扶把基本姿态练习

利用把杆练习的目的是为完成以后的徒手动作、各种姿态的组合训练作准备。它可以用来矫正身体姿态，发展腿部力量、耐力，进行身体的柔韧性练习，提高动作的稳定性，改善身体的协调性。对形体训练初学者来说，要掌握正确的动作要领，把杆训练显得尤为重要。把杆的高度一般位于练习者腰部的水平位置。扶把的方法有两种，一种是双手扶把，即面对把杆站立，身体与把杆相距 30cm 左右，双臂自然弯曲，两手肩距同肩宽。另一种是单手扶把，即侧对把杆站立，单臂弯曲肘关节，手轻放在体侧的把杆上，小臂稍靠前，肘关节在身体与把杆之间。

把杆练习有很多种类，常见的有擦地练习、小踢腿练习、蹲的练习、下腰练习、划圈练习、控制练习、半脚尖练习、大踢腿练习等。

以擦地练习为例。擦地是一个基础动作，即脚由全脚掌着地逐渐用力远伸至脚尖点地，再由脚尖点地用力回收至全脚掌着地的过程。擦地练习可以锻炼腿部肌肉，增强脚底肌群、腿外侧肌群的力量和脚踝关节的灵活性。擦地时上体要正直，收腹、立腰、提臀、大腿外旋，重心始终在支撑腿上，向外擦出时，膝盖伸直，脚跟用力前顶，并经过半脚掌到最后完全绷起脚尖点地。在收回过程中，膝盖伸直，由脚尖点地经过前脚掌、脚跟渐渐地道全脚着地收回，向前向后擦地从五位开始，向侧擦地从一位开始。

一位擦地（以左侧为例）。

预备姿势：面对把杆一位站立，双手扶把，见图 15-40。

准备拍：1—8 拍一位站立不动，收腹、立腰、提臀、肩下沉、大腿外旋，膝盖伸直对准外开的脚尖，头颈保持正确姿态，目视前方。

第一个八拍：1－4 拍左脚向侧擦出点地，5－8 拍停止不动，如图 15-41 所示。

第二个八拍：1－4 拍左脚收回成一位，5－8 拍停止不动，如图 15-42 所示。

第三、四个八拍同第一、二个八拍。

第五个八拍：1－4 拍左脚向侧擦出点地，5－8 拍左脚收回成一位站立，如图 15-43 所示。

第六个八拍同第五个八拍，第七、八个八拍同第五、六个八拍。

第九个八拍：1－2 拍左脚向侧擦出，3－4 拍勾脚，脚跟前顶，5－6 拍绷脚，脚尖点地，7－8 拍左脚收回成一位，如图 15-44 所示。

图 15-40

1-4　5-8

图 15-41

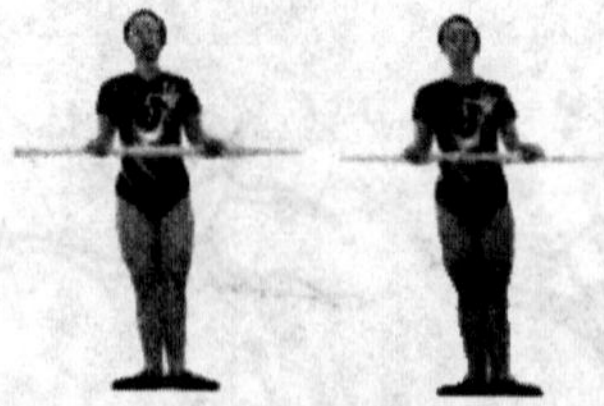

1-4　5-8

图 15-42

1-4　5-8

图 15-43

1-2　3-4　5-6　7-8

图 15-44

第十个八拍同第九个八拍，第十一、十二个八拍同第九、十个八拍。

第三节　形体训练套路组合

一、手臂姿态组合（芭蕾七位手练习）

预备姿势：面向左前方，八字步站立，两臂自然下垂。

第一个八拍：1－2 拍两臂一位，头稍向右转；3－4 拍两臂二位，目视前方；5－6 拍两臂三位，稍抬头；7－8 拍两臂四位，目视前方，如图 15-45 所示。

1-2　3-4　5-6　7-8

图 15-45

第二个八拍：1－2 拍两臂五位，头右侧转稍后仰；3－4 拍两臂六位，目视前方；5－6 拍两臂七位，头左侧转稍后仰；7－8 拍两臂还原成预备姿势，如图 15-46 所示。

1-2　　3-4　　5-6　　7-8

图 15-46

芭蕾舞的发展

芭蕾艺术孕育在意大利，诞生在17世纪后期路易十四的法国宫廷，18世纪在法国日臻完美，到19世纪末期，在俄罗斯进入鼎盛时期。它是一种贵族艺术，所以具备了特有的贵族气质与典雅。今天随着人们生活水平的不断提高，精神生活也随之有了更高层次的追求。许多都市人从芭蕾训练中寻求到了一种独特的精神享受。

思考题：

1．形体训练的概念是什么？

2．形体训练的作用是什么？

3．芭蕾舞手臂的七个基本位置在哪里？

第十六章　健　美　操

第一节　健美操概述

一、健美操的概念及术语

（一）健美操的概念

健美操是在音乐伴奏下，以身体练习为基本手段，以有氧运动为基础，达到增强健康、塑造形体和娱乐目的的一项体育运动。它以自身固有的价值和魅力风靡世界，深受广大群众尤其是青年学生的喜爱。健美操是具有独立竞赛体系的新兴体育运动项目。

（二）健美操的术语

健美操术语是用来表达健美操动作名称及描述动作、技术过程的专门用语和专有词汇。术语一般使用语言中已有的词汇，按语法规则构成。

1. 运动方向术语

运动方向术语是指身体各部位运动的方向。运动方向一般根据人体直立时的基本方位来确定。

（1）向前：做动作时胸部所对的方向。

（2）向后：做动作时背部所对的方向。

（3）向侧：做动作时肩部所对的方向，必须指明左侧或右侧。

（4）向上：头顶所对的方向。

（5）向下：脚底所对的方向。

（6）中间方向和斜方向：指两个基本方向之间 45° 的方向，如侧上、前下。

（7）顺时针：转动过程与时针运动方向相同。

（8）逆时针：转动过程与时针运动方向相反。

（9）向内：指肢体由两侧向身体正中线的运动。

（10）向外：指肢体由身体正中线向两侧的运动。

（11）同向：指不同肢体向同一方向运动。

（12）异向：指上、下肢体向相反方向运动。

2. 运动形式术语

运动形式术语一般用于描述动作形式或技术要求，以下是一些常用语。

（1）举：手臂或腿向上抬起，停在一定位置，如臂上举、举腿。

（2）屈：身体某一部位形成一定角度，如屈腿、体前屈。

（3）伸：身体某一部位形成一定角度后伸直，如伸臂、侧伸。

（4）踢：腿由低向高做加速有力的摆动动作，如剪踢、弹踢。

（5）转体：以身体为纵轴转动的动作，如单脚转体、水平转体。

3. 基本步法名称术语

步法是在特定节奏下脚步的运动方法，包括下肢的各种走、跑、跳及舞步。

（1）弹动：膝关节有弹性地屈伸。

（2）踏步：在原地两脚交替落地。

（3）走：踏步移动身体。

（4）“一”字步：向前一步并腿，向后一步并腿。

（5）“V”字步：一脚向斜前方迈一步，紧接着另一脚向相反的斜前方迈一步，屈膝，然后依次退回原位。

（6）曼步：脚向前踏一步，屈膝，另一脚稍抬起然后落回原处，接着先迈步的那只脚再向后踏一步，后迈步的那只脚同样稍抬起然后落回原处。

（7）并步：一脚向同侧迈一步，另一脚前脚掌并于之前迈步脚脚弓处，稍屈膝下蹲。

（8）交叉步：一腿向侧迈出，另一腿在其后交叉，稍屈膝，随之再向侧一步，另一脚并拢。

（9）点地：一脚尖过脚跟触地，另一脚稍屈膝。

（10）弓步：一腿向前（侧、后）迈步屈膝，另一腿伸直。

（11）吸腿：一腿站立，另一腿屈膝向上抬起。

（12）踢腿：一腿站立，另一腿直膝加速上踢。

（13）弹踢腿：一腿站立，另一腿先屈膝，然后向前下方弹直。

（14）跑：两腿依次经腾空落地，要求小腿向后屈膝折叠。

（15）开合跳：由并腿跳成分腿，然后再跳回并腿。

二、健美操的起源与发展

（一）国际健美操的起源与发展

健美操的起源应追溯到 2000 多年前。古希腊人对人体美的崇尚世人皆知。他们认为，在世界万物之中，只有人体的健美才是最匀称、最和谐、最庄重、最有生气和最完美的。他们提出了“体操锻炼身体，音乐陶冶精神”的主张。

现代健美操实际上是从 20 世纪 60 年代初开始萌芽的，源于美国太空总署医生库帕博士为太空人设计的体能训练“阿洛别克（Aerobic）项目”；1969 年杰姬·索伦森综合体操和现代舞的特点创编了健美操，这种操带有娱乐性，简单易学，深受人们的欢迎。70 年代健美操在美国迅速兴起，并掀起热潮。

目前，国际上共有七个健美操组织。其中最有国际影响的是 IAF（国际健美操联合会），总部设在日本；FTSAF（国际健美操健身联合会），总部设在美国；1994 年，FIG（国际体操联合会）这个资格最老的体育单项联合会成立了专门的健美操委员会，并于 1995 年 12 月在法国巴黎举办了首次比赛，中国也派出代表队参加，迈出了历史性的第一步。

（二）我国健美操的兴起与发展

健美操在我国并非无源之水、无本之木。早在 2000 多年前，中国古代导引图上，就彩绘着 44 个不同性别、不同年龄、栩栩如生、做着各种不同姿势的人物，有站、立、蹲、坐等基本姿势和臂屈伸、方步、转体、跳跃等各种动作，它和当今的健美操动作十分相似。

自 1949 年新中国成立后，我国首次推广的第一套广播体操到现今的第八套韵律体操，都是把肢体活动与音乐节奏融为一体的健身体操。

现代健美操在我国的兴起应该是在 20 世纪 70 年代末 80 年代初。在各种新闻媒体的大力宣传下，世界性的健美操在我国拉开了序幕。1982 年底，上海电视台录制了娄琢玉的形体健美操、持环健美操等专题节目；1983 年，人民体育出版社出版了体育报增刊《健与美》；从 1984 年，中央电视台相继播放了孙玉昆创编的“女子健美操”、马华“健美 5 分钟”、“美国健身术”、“动感组合”等。为健美操在我国的宣传与普及起到了积极的引导作用。

随着健美操的深入开展，健美操从社会进入了学校，根据国家教委对体育教学的要求健美操被列入各级学校的体育大纲之中，目前健美操已成为我国各级各类学校体育课或课外活动中一项深受师生欢迎的教学内容和锻炼方法。在我国健身健美操蓬勃发展的同时，以竞技为主要目的的竞技健美操也在迅速发展。

三、健美操的分类

目前，健美操种类繁多，分类方法也各不相同，如果根据健美操活动的目的和所要解决的主要任务为标准来划分，归纳起来可分为健身健美操、竞技健美操和表演健美操。

（一）健身健美操

健身健美操也称大众健美操，是集健身、娱乐、防病于一体的群众性、普及性健身运动，不同的年龄段的人都可以参加学习和锻炼。健身健美操的主要目的在于健身，通过锻炼身体，可增强体质，促进身体全面发展，提高工作能力。在掌握健身练习基本技能的过程中，在欢快娱乐的操舞中调节身心，陶冶情操。健身健美操的动作简单、活泼、流畅，实效性好，节奏感强，节奏速度适中，每 10 s 做 20 拍左右的动作。健身健美操是在有氧供能条件下进行的练习，它的练习时间较长，运动强度中等，并按照一定的顺序来锻炼身体的各个部位，对健身强体、减少脂肪有明显作用。

（二）竞技健美操

竞技健美操是根据竞赛规则与规程的要求组编的一套具有较高艺术性、以参加比赛取得优异成绩为主要目的的健美操。竞技健美操只进行自编动作的比赛，自编动作必须符合规则要求。每套动作有规定的时间要求，成套动作根据基本规定动作、特色难度动作、完成情况、现场表现、体形、成套动作时间等因素进行评分。目前，我国大型竞技性健美操比赛有全国健美操锦标赛、全国大学生健美操锦标赛、冠军赛、精英赛等。竞技健美操分为单人、混双、三人、混合六人健美操。

（三）表演健美操

表演健美操的主要目的是在表演中展示自己的价值和魅力，陶冶情操，净化心灵，促进健美操活动的广泛开展，满足人们展开和表现自我的需要。表演健美操是将健身健美操或竞技健美操在预定的某种活动、某种场合、某种节日庆典中进行表演，使之成为观赏、娱乐的体育节目。健身健美操用于表演极普遍，竞技健美操用于表演时可不受规则的限制，用于表演的健美操人数、形式、规模比较自由，成套动作的设计和选择上侧重于艺术性、观赏性，体现健美操的健、力、美，是深受人民群众喜受的一种运动和娱乐形式，对于弘扬民族文化、艺术，促进两个文明建设具有重要作用。

四、健美操的特点

（一）本能性

健美操不同于其他项目的一个显著特点是：以自然人体为对象，运用自己的力量把自身作为对象，实现自我塑造。健美操的自我塑造是遵循人体的可塑性，如肌肉的强弱和发达程度、脂肪的沉积程度脊椎和胸廓的形状、关节的灵活程度等这些决定身体姿态、体形改变的可变因素。

健美操是建立在美学等学科基础上的人体运动方式，讲究造型美，要求动作美观大方，准确到位。讲求有效地训练身体各个部位的正确姿势，使人体匀称和谐地发展，培养健美的体形和风度。健美操是表现美的人体运动，美是健美操给人特有的感受。健美操既注重外在美的锻炼，又强调内在美的培养，较为明显地反映了健身、健心、健美的自然性整体效应。人体运动是受主观意识指挥的一种精神作用的外在表现，所以人体又能在运动中体现出思想、意志、道德、情操、情感、作风、气质等内在美。现代科学已证明，人体是身心辩证的统一体，人体动态所表现出的力与美既是外在美，又是内在美，二者共同构成健美操的自然美。

（二）力度性

生命的特性是运动，动作是人生命的最基本表现形式。人体运动的基本规律建立在人体动力学上，按照人体运动规律和人体运动时的自然法则而进行。健美操动作的基本规律是身体与空间、身体与时间的学问。身体与各部位之间的运动关系都是建立在不同方位、不同时空所组成的立体范围内的。健美操的运动方式所表现出的力与众不同，这是健美操的一个显著特点。

健美操以力量性为主的徒手动作为基础，它所表现的力是力量、力度、弹力、活力的综合。健美操动作要求的力度和力量性很强，不论是短促的肌肉力量、延续力量，还是瞬间的控制力量，都展现出较高的力度感。健美操的力量性与体操相比较，少些呆板、机械，趋于自由、自然；与舞蹈相比较，少些抒情、柔软，多些欢快、有力。由于身体动作的快速变化及脚下富于弹性、连续不断的跑跳，使全身充满生命活力。健美操所形成的动作力量性风格，可充分表现出人体健的风采、美的神韵、力的坚韧。表现形式为狂热奔放，并有情感上的力度。健美操的力量性最能发挥人的个性，具有强烈的表现力、感染力和吸引力，这是它的生命力之所在。它以自身独有的力量性运动风格活跃于体坛。

（三）节奏性

健美操的节奏性特征表现在以下几个方面。

（1）生理节奏：呼吸节奏、心率节奏，反映出一定负荷运动量。

（2）运动节奏：动作技术节奏中的速度快慢、力度强弱、幅度大小、强度的增减等。

（3）时空节奏：空间节奏、时间节奏。

（4）色彩节奏：服装、灯光的色彩、明暗节奏。

（5）音乐节奏：也是最重要的节奏。

健美操是在节奏鲜明、欢快奔放的现代乐曲伴奏下进行的一种身体练习，练习者因受音乐节奏的感染而情不自禁地进入运动状态之中，随着振奋人心的节律，将上百个动作一气呵成，并且始终保持精神饱满、情绪激昂的状态。这一特殊锻炼身体的方式，是其他体育项目不能相比的。

健美操所有的动作均在一定的节奏下进行，它是将人体动作经过有节奏的组织和规范，使之摆脱自然状态，使人体的动作节奏化。健美操锻炼时的节奏感是通过身体运动表达的，节奏性运动使健美操能充分表现出人体运动的艺术美。

（四）创新性

健美操不仅保留了徒手体操各种类型的基本动作，而且从相关的运动项目和艺术门类中吸收了诸多动作，经过加工、提炼、操化，使之成为具有健美操风格的动作。健美操很少是单关节的局部运动，大多为多关节的同步运动。它不仅可变化身体各关节的活动次数，而且可以变换运动组合形式，形成丰富多彩的动作。总之，人体运动是创编健美操取之不尽的源泉。

随着健美操运动的发展和变化，独特新颖的并有显著特征的健美操动作不断被创编出来，成为健美操长盛不衰的显著特点。

五、健美操的价值

健美操是时代的产物，是基本体操艺术化、动力化、健身化趋势的反映，也是一项具有实用锻炼价值的运动项目。长期进行健美操锻炼，能够增进健康，增强体质；改善体形体态，矫正畸形；调节心理活动，陶冶美好情操；提高神经系统机能，培养顽强的意志品质。

（一）增强体质，增进健康

经常从事健美操锻炼，对身体许多器官、系统会产生积极的影响。长期参加健美操锻炼可以使心肌增厚，心腔容量增大，血管弹性增强，进而提高心脏的功能。

健美操锻炼对呼吸系统的机能也有良好的影响。它能提高呼吸深度，增加每次呼吸时的气体交换量。这既有利于呼吸肌的休息，又可提高呼吸系统的功能储备，从而保证在激烈运动时满足气体交换的需要，提高机能水平。

健美操锻炼还能提高消化系统的机能。因为肌肉活动可消耗大量能量，加之健美操的髋部全方位活动较多，刺激了肠胃蠕动，可增强消化机能，有助于营养物质的吸收和利用，从而提高对疾病的抵抗能力。

经常进行健美操锻炼，还可以提高关节灵活性，增强肌肉和结缔组织的弹性。

（二）改善体形，培养端庄体态

体形主要是指全身各部位的比例是否匀称和谐，体态主要是指整个身体及各主要部位的姿态是否端庄优美。俗话说：“站如松，坐如钟。”如果长时间不注意体态端正，就可能影响某些骨骼的正常生长发育，造成如脊柱弯曲、含胸驼背等不良体态。

健美操的独到之处是它可以对身体比例的均衡产生积极的影响，特别是能增加胸背肌肉的体积，消除腰腹部沉积的多余脂肪，使体态变得丰满、优美、秀丽动人。此外，通过经常性正确的形体动作训练，能矫正不正确的身体姿势，培养端庄的体态，使锻炼者的形体和举止风度都会发生良好的变化。

（三）调节心理活动，陶冶美好情操

健美操是在音乐伴奏下进行的身体练习。通过健美操练习，不仅能形成美的体魄，而且对人的心理状态也有积极的影响。通过优美明快的音乐节奏、活泼愉快的形体动作，可使人陶醉在美的韵律之中，很快消除心理上的紧张与烦恼，使身心得到全面调节，改善和提高人的精神面貌和气质修养。

健美操是一种群体运动，在进行集体练习时，能使练习者体验到个人与集体的关系，把“我”置于“我们”之中，起到协调人与人之间关系的作用。通过集体配合的练习，健美操还有助于增进友谊，结交朋友，提高群体意识。

（四）提高神经系统机能，发展身体素质

跳健美操是在中枢神经系统的支配调节下进行的。反过来，通过健美操锻炼也能提高中枢神经系统的机能水平，使人的视野广阔，感觉敏锐，分析综合能力增强，同时，还可以提高人体的全面身体素质。健美操是一项要求力度和幅度的身体练习，经常参加健美操运动可使肌肉的力量得到增强，肌腱、韧带、肌肉的弹性得以提高，从而增强人体的力量和柔韧素质。体育锻炼中肌肉经常要工作到极限，产生酸痛和疲劳，而健美操是在强劲的音乐伴奏下进行的，可以使人忘我投入，在不知不觉中提高身体的多方面素质。通过运动中对路线、方向、速度、类型、力度等不断变化，健美操可以加强人的动作记忆和再现力，提高神经系统的灵活性和均衡性，全面发展人体的协调性。

六、健美操运动的发展趋势

（一）人们健康意识的增强将使得健美操的市场前景更加美好

随着知识经济的到来和人们生活水平的提高，人们的生产和生活方式发生了巨大的变化，其特点是体力活动减少，脑力劳动增加，工作和生活压力加大。这种情况引发了各种文明病、都市病的流行与蔓延，使人们意识到健康的重要性，人们对健身的需求日趋强烈，加快了社会体育的发展。健身健美操作为社会体育的重要组成部分，以其独特的形式和功能特点受到人们喜爱。因此，健美操的市场前景将会越来越广阔。

（二）健身健美操的种类和练习形式将更加多样化

为了不断满足健身者的各种要求，目前，健身健美操的种类和练习形式呈多样化的趋势，如近年来出现的水中健美操、搏击健身操、拉丁健美操、瑜伽、街舞、爵士、莱美健身体操等。这些健身形式不仅与时尚接轨，带给练习者更多的选择，更使练习者在健身的欢乐氛围中收获了健康。

（三）健身健美操练习的科学化程度将不断提高

首先，科学化是保证健身健美操练习效果的关键。对不同人群体质和不同年龄人群锻炼的最佳心率范围的研究可提供科学有效的运动处方。其次，科学化也是健美操运动自身发展的需要。随着科学素质的不断提高，人们不再满足于只是活动一下、出一身汗的锻炼形式，而是寻求更加科学的健身方式。

总之，知识经济的到来和信息技术的发展，将对健美操运动科学化起到极大的促进作用，从而与国际发展保持同步。

第二节　健美操特色项目介绍

一、有氧踏板操

踏板操，即在踏板上随着动感音乐有节奏地上下舞动（每分钟120拍左右），进行健美操的动作和步伐。它具有健美操的所有特点，同时，由于大部分动作是在踏板上完成的，所以能更有效地增强心肺功能及协调性。因其主要针对的部位是下肢和臀部，具有明显的耗能减脂、提臀美腿、改善女性肌肉线条的作用。踏板操作为健美操的一种形式在国际上日益成为时尚的减肥方法。主要原因是其将体能测试中的台阶实验练习与健美操的动作和步伐结合在一起，放在特制踏板上完成。因此，它具备了健美操的所有特点，再加上其高度可以随意调节，练习者可根据自身情况很清晰地保持运动减肥的有效强度，能更加有效地提高自身的协调性。另外，踏板操的安全性较好，由于主要是在踏板上不停地上下移动，跳跃性动作相对较少，自然使下肢关节具有明显的屈伸和缓冲，这样就能够大大减轻对各关节的冲击，最大程度上避免了长时间跳跃造成的运动损伤。

（一）踏板操的特点

1. 运动负荷可控性

有氧健身要求运动强度始终保持在中、低水平，而踏板操则可以通过调整踏板下的垫板高度，来调节运动强度。完成同样的动作，踏板高度越高则运动强度越大，能量消耗也越大；反之，则小。这样，练习者就可以根据自身条件和锻炼目的选择不同高度的踏板。

2. 安全性好

踏板练习通过重心高度提高、腿和臀部发力、肌肉控制，达到保护关节和韧带的作用，减少运动中的损伤。对于关节冲击较大的跑跳练习，也有较大幅度地删减，为锻炼者提供了安全的保证。

3. 动作变化多，娱乐性强

由于踏板的使用，动作内容大幅增加。比如原来简单的踏、点动作，在充分利用踏板的板面高度及四个直角的基础上可变成板上、板下的连接动作或单纯的板上运动，还可按需求将板摆在不同位置、摆成不同造型，如横板、竖板、双踏板、多踏板练习。该特点为踏板提供了一个立体的全方位的活动空间，使之变化多样而且更具趣味。

（二）踏板操的功能

1. 大量消耗能量，增强心肺功能

由于要克服重力作用，所以完成同样的动作，有氧踏板操比在平地上进行单纯的有氧操要消耗更多的能量，同时运动负荷的合理增加也有利于心肺功能的提高。

2. 培养良好的方位感

由于踏板是一个立体物，有长度、宽度和高度，所以在练习时，就不能像在平地上那样随心所欲，如离板太近或抬腿高度不够容易将踏板踢翻，离板太远又踏不上板，迈步过大或踩在踏板边缘容易摔倒。这都需要练习者有良好的位置感觉，包括对自身位置及踏板位置的感觉。另外，踏板的形状接近于一个长方体，练习者在踏板上完成组合动作时，经常会有方向的变化，如果方向把握不正确往往会踏不到正确位置或赶不上节拍，而通过长期踏板练习可帮助人们加强方位感。

3. 对腿和臀部的塑形作用

踏板操属于长时间的小重量抗阻肌肉练习。在完成所有上下踏板的动作中，主要用力的是大腿（股四头肌）及臀部肌肉（臀大肌），能够消耗腿部、臀部多余脂肪，达到突出肌肉线条而又不增加肌肉围度的作用，对塑造健美的腿部和臀部有较大的帮助。

二、有氧搏击操

有氧搏击操，英文名为 Kickboxing，最早是由一名黑人搏击世界冠军创造的，近些年在国内发展起来。其具体形式是将拳击、空手道、跆拳道、功夫和一些舞蹈动作混合在一起，在激烈的音乐中，进行一些拳击和跆拳道的基本拳法和腿法练习，动作刚劲有力。在出拳、踢腿的过程中，随着音乐挥动双拳，尽情地发泄、流汗。运动医学专家认为，有氧搏击操的套路配合音乐节奏挥拳、踢腿的有氧运动，由于瞬间爆发力强、肢体伸展幅度大，不但运动量比传统的健美操更大，也可缓解身心压力，很适合现代人的生活方式。

（一）有氧搏击操的特点

1. 全面有效

有氧搏击操的练习包括：手臂、躯干、步法、腿法及综合练习。即使只是简单的一个动作，也需要动用躯体的多部位联合参与。以直拳动作为例，首先应通过右腿蹬地，将力量传达到大腿、髋，然后经过腰部转动的力量传递到胸、肩、臂，最后才到拳上。因此，对人体的锻炼具有实效性、全面性。

2. 简单易学

有氧搏击操采用中速偏慢（每 10 s 20～24 拍）的迪斯科音乐，节奏分明，易于分辨。搏击的动作是有选择的，被吸纳的动作是经过简化分解的，如拳击中的直拳、勾拳、摆拳等，腿法中的前踢、侧踢、摆踢等。这些动作直观，且动作要求也只限于用力的顺序与用力的位置正确，并不要求像拳击、搏击实战与比赛中那样快速准确，因此，一般人都能够完成这些练习。此外，它不强调复杂的动作组合，运动中的变化特别是方向变化也较少，教学上再多采用分解及慢速的方法，就更有利于练习者掌握了。

3. 科学安全

有氧搏击操是遵循有氧健身操的锻炼原则而进行的。它属于有氧运动，而有氧运动可以使人体的各个循环系统都得到锻炼并增强其功能。同时，有氧锻炼还可以有效地消耗能量，减少体内多余的脂肪，达到减肥的目的。有氧搏击操严格地按照健身操的结构进行编排，强度适中，运动量可以控制，动作的选择以增进身体健康与避免伤害为原则。它只有想象中的对手而非面对面地进行搏击，使锻炼更为安全。

4. 具有挑战性与娱乐性

在音乐伴奏和教练员的带领下，有氧搏击操的动作整齐有力。在发力间伴着整齐有力的喊声，整个课堂的气氛非常热烈。练习者在这种氛围之下练习热情会得到极大地提高，使锻炼成为一种娱乐，原本艰难的锻炼过程变得轻松愉快。当练习者面对假想的对手并投入激情时，就已经在娱乐中迎接了挑战。

（二）有氧搏击操的功效

1. 增强肌肉的力量、弹性与身体的柔韧性

有氧搏击操的动作在发力时要求腰腹发力，爆发力强，但仍强调保持关节周围机群持续收缩，以避免关节过度伸展而受损。在练习过程中动作速度逐渐加快，通过局部和综合练习逐渐增大幅度重复练习，肌纤维反复伸缩，肌肉的力量和弹性都得到了增强，动作反应速度加快，同时，各种踢腿练习对提高下肢的柔韧性非常有效。

2. 消耗大量的热量

有氧搏击操采用的是长时间（30～60 min），保持中、低强度（最大心率的65%～85%）的运动形式，此过程需要动用体内大量的能源物质——糖元和脂肪。热烈的练习氛围使练习者神经系统的兴奋性保持在较高水平，人体新陈代谢率同时提高，因此，有氧搏击操练习非常有利于减脂。

3. 针对腰腹的特殊锻炼效果

有氧搏击操中的各种拳法与腿法都要求腰腹收紧发力，这既是自我防御的技术要求，也是完成各种进攻练习的技术要求。腰腹练习始终贯穿整个练习之中，大量的腰部转动及腹肌收缩，使练习者的腹部变得强健、平坦。

4. 增强自信心，调节情绪，放松精神

通过有氧搏击操的练习，身体素质、健康水平将得到提高，体形得到完善，练习者在日常的生活和工作中更具活力与自信。一旦投入其中，很快就会被其热烈的气氛所感染，从而释放压力，缓解情绪，使得身心得到充分放松。

（三）注意事项

（1）避免热身时间不够而且身体未得到足够的伸展。上课时腿部应每15～20 min做一次伸展运动。

（2）腹部、下颚收紧，两手握拳于脸前（防御姿势），保持呼吸，不屏气。

（3）避免和专业运动员一样进行长时间的训练，应交替进行大和小的运动量的练习。

（4）膝盖不要僵直，以减轻缓冲。在转身时要抬起膝盖，否则会扭伤十字韧带。

（5）击拳时要由肩部带动出拳，在完成击拳和踢腿动作前一直看着目标。

（6）避免肘、膝部用力过猛，避免进行闪躲或猛击动作时由于动作过大而脱臼。

（7）若发生以下情况，可停止练习：腿部疲劳、身体局部出现不适、眩晕、心率过快等。

三、街舞

20 世纪 70 年代，在追求彻底自由与解放的社会心态下，纽约黑人社区的一些街头（特别是布鲁克林街），许多黑人青年成天在街头聚会、跳舞，自娱自乐，有时还要比舞助兴，渐渐形成了街舞不同的风格和流派，较有代表性的舞蹈有霹雳舞（Brealing Dance）、锁舞（Locking）和电流（Wave），这些舞蹈主要以即兴为主，有的还伴有一些背旋、头旋等技巧动作。

街舞的动作伴随着时间的推移和音乐的发展而有所改变。HIP-HOP 音乐流派的出现使街舞获得了全新的演绎，伴随着流行歌星的表演和他们的 MTV 作品，这阵“酷”风吹向世界各地。如迈克尔·杰克逊（Michael Jackson）、汉默（Hammer）以及韩国的酷龙、H.O.T、东方神起组合。目前，随着 HIP-HOP 的风靡，街舞不但在流行乐坛占有一席之地，并且已经转化演变为一种非常时尚的健身方式。

（一）街舞的特点

1. 表演性与娱乐性

街舞被搬进健身房，其内容和练习方式在体育健身原则的指导下有一些相应的改变，但它固有的流行舞蹈的表演性与娱乐性，随着基础的移植而保留下来，这是街舞之所以体现时尚与活力的根本所在。

2. 自然狂放，不拘一格

街舞非常重视身体与步法的节奏变化，并增加了许多手臂组合，在随意、松弛的动作感觉之外，更强调动作的韵律感与爆发力。在动作的编排过程中，不同的 HIP-HOP 音乐会带给街舞教练员不同的灵感与发挥空间。学员在练习过程中除了学习到教练员的基本动作外，还可以在头部、手臂等部位做一些自己喜欢的简单变化，进行再创造，尽情展现自己的风格。

（二）街舞的功能

1. 有氧锻炼

作为一种健身锻炼形式，街舞中一些对关节、肌肉有可能造成损伤的动作已经被尽可能地避免，而一些高强度的技巧动作也不会被采纳，教练员采用的分解及循环式教学方法使练习过程易于掌握，使运动持续不断，保证了街舞所具备的有氧锻炼的功效。

2. 对韵律感和协调能力的发展

街舞动作变化丰富，规律性不强，而且多数动作都是涉及小关节和小肌肉群的。为了增加动作的动感和美感，身体各个部位的配合动作也较多，节奏变化忽快忽慢，很多动作出现在音乐的弱拍上（一拍两动），需要练习者全力调动个人的协调性。可以说，街舞的练习过程对改善人的协调能力是卓有成效的。

3. 对心理的调节

街舞采用的是舞蹈动作，在动感十足的音乐伴奏下进行练习，很容易使人兴奋起来，使压抑、低迷的情绪提高到比较积极的水平。街舞自由奔放的动作形式及充分展示自我的风格取向，使人们的身心变得愉悦，特别是在缓解精神压力、调节人的情绪方面起着积极的作用。

（三）街舞的主要内容

1. 弹动技术

街舞的弹动技术主要表现在膝关节的弹动、踝关节的缓冲及髋关节的屈伸上。弹动技术不仅可以让学员把握住街舞的动作特点，而且与动作的安全性息息相关。在街舞练习中，膝关节几乎很少伸得很直，多是在微屈或弹动的状态下完成动作的。例如，在最基本的点地和提膝动作中，踝关节的缓冲和髋关节的屈伸动作往往与之协调配合，使动作律动感很强而且松弛自然，对关节也起到了保护的作用。

2. 控制技术

街舞的控制技术主要表现在肌肉的用力方式和用力顺序两个方面，街舞的多数动作具有很强的动感和力度美，为了表现这些特点，需要频繁地使用肌肉的爆发力，有时某些动作会出现在音乐的弱拍上（一拍两动），这就要求动作速度很快，因此肌肉的紧张与松弛必须协调控制，这样才可以达到应有的动作效果。

3. 重心移动技术

街舞的重心移动技术主要表现在动作的方向变化上，通过前、后、左、右的移动，使身体运动的路线发生丰富的变化。街舞的重心移动技术主要通过左、右两脚支撑的变化来实现，除了上肢和躯干的动作之外，这一技术动作占据了很大的比例，它使街舞动作具有律动感和技巧性，从而展现了街舞的基本特点。

四、水中健身操

水中健身操的全称是水中有氧健身操（Aquaticaerobics），是一种随着音乐的伴奏，根据不同人群的需要进行不同方式的有氧、形体、康复等训练，并在健身教练的指导下进行的有氧健身运动。水中健身操一般在齐腰或齐胸的水中进行，健身者可以根据自身的身高，选择不同的水位，水位越深则动作难度越大，健身者一定要根据自身的情况选择动作的难易度。一节水中健身操课程一般是50 min，课程主要包括热身、伸展、力量、灵敏、柔韧和放松等练习。水中健身操充分利用了水的浮力、传热性及水流按摩等特性，塑造形体，调节人体姿势和脊柱生理弯曲，水可以使精神和身体得到平衡，从而使压力所造成的紧张得到有效缓解。

（一）水中健身操的训练内容

水中健身操课程的内容相当丰富，有池边垫上操、水中有氧操、水中塑形操和水中伸展操等，有的健身俱乐部还开设了水中搏击操、水中瑜伽和产后形体康复操，比起其他单一的训练方式更容易让人产生兴趣。练习者就像做游戏一样，跟着健身教练在音乐的伴奏下在水中进行跑、跳、走等运动，利用水的阻力、浮力和传热性进行全身耗氧运动，有效地消耗全身的热量。

1. 锻炼效果有别于游泳

一提起水中健身，许多人就会简单地认为是游泳，其实水中健身操与单纯的游泳还是有很大的区别。游泳是一项全身性的运动，对人体非常有益，但它对运动者水性要求较高，对那些不识水性及水性较差的人来讲，只能是“望水兴叹”了。而水中健身操是一种新型的有氧健身运动，它结合了不同节奏的身体动作和舞蹈步伐，既有陆上运动，又有水中练习，是多种风格的融合。

水中健身操的训练强度比游泳低 20%～30%，但水中有氧操的效果却比游泳更加明显。由于它是热身运动和精神放松运动的一种结合形式，所以它可以起到塑形美体、按摩护肤、缓解压力的作用，对身体受过伤的人而言还可以起到一定的康复作用，而且水中健身操还可以全面带动身体各部位的肌肉群，这些效果都是一般游泳训练很难达到的。

2. 水中练习无伤害

水中健身操是在水中进行的一种很安全、很容易的有氧活动，水的浮力作用可大大减轻地面对身体各关节的冲力，只要在上课之前按照教练的要求做好准备活动就不会有什么伤害，练习者最好有一些水性，即使不会游泳也没有关系。因为一般的练习水中健身操的水池都在 1.2～1.4 m，双脚完全可以触及池底，所以不习水性的初学者完全不必害怕。

（二）水中健身操应注意的环节

1. 池水温度不能忽视

水中健身操训练所用的水，温度以 27～29℃为宜，应该比一般游泳池的水温略高一些，但一些健身俱乐部的水池水温基本在 24～26℃之间，因此一些人在刚下水时就会感觉比较凉。虽然偏凉的水使身体产生冷感，对放松神经有较强的刺激作用，使精神压力所造成的紧张得到缓解，但如果在下水几分钟后仍感到不适应，建议上岸休息片刻再做一些准备活动使身体充分预热后再下水。

2. 时间、强度、频率三注意

每次进行水中健身操的时间在 30～45 min 为最佳，最好选择在饭前和工作结束之后进行，这样有利于更好地缓解精神压力。

活动的强度应由练习者自己体会，体力稍好的人可以练习得久一些，但每分钟的心率不要超过自己最大心率的 85%（人的最大心率为 220 减去自己的年龄），练习的频率为每周 2 次即可，间隔 3 天。

另外，水中健身操最好与瑜伽或哑铃等器械训练搭配进行，这样锻炼的效果会更好。

（三）水中健身操的注意事项

（1）患有心脏病、糖尿病、高血压的人必须在医生的建议下方可练习。

（2）患有传染性疾病的人不可进行水中锻炼。

（3）运动中如身体不舒适，应立即到陆地休息。

（4）不要在水中单独锻炼，包括会游泳的人。

（5）在下水前了解水的深度。

（6）孕妇、发烧或体温过低者及有运动损伤，如扭脚、拉伤者不宜参加水中锻炼，运动前后需要各做 5 min 的准备活动，让肌肉先预热一下，然后再下水就不会受损伤。

（7）为了达到减肥的效果，饮食方面也应注意：训练要在饭后 1 小时进行，运动之后 1 小时才可以吃东西，在水中运动时可以喝水，但不要过量。

五、瑜伽

“瑜伽”这个词，是从印度梵语|“Yoga”而来，其含意为“一致”、“结合”或“和谐”。瑜伽是一个通过提升意识，帮助人们充分发挥潜能的哲学体系及在其指导下的运动体系。瑜伽是一个运用古老而易于掌握的方法，提高人们生理、心理、情感和精神方面的能力，是一种达到身体、心灵与精神和谐统一的运动形式。

近年在世界多个地方流行的瑜伽，不只是流行或时髦的健身运动这么简单。瑜伽是一个非常古老的能量知识修炼方法，集哲学、科学和艺术于一身，其基础建筑在古印度哲学之上。

（一）瑜伽的起源

瑜伽信徒发展了瑜伽体系，因为他们深信通过运动身体和调控呼吸，可以控制心智和情感以及保持永远健康的身体。在数千年前的古印度，高僧们为追求“天人合一”的境界，经常僻居山林，静坐冥想。在长时间的清净生活之中，高僧们领悟了不少大自然法则，再从生物的生存法则验证到人的身上，逐步感应身体内部的微妙变化，于是懂得了和自己的身体对话，进而探索自己的身体，开始进行健康的维护与调理以及对疾病创痛的医治。几千年的钻研归纳下来，逐步衍化出一套理论完整、确切实用的养身健身体系，这就是瑜伽。

再简单一点来说，瑜伽是生理上的动态运动及心灵上的练习，是应用在每天的生活哲学。瑜伽的练习目标是达到对自身心灵的良好理解及调控，能熟知并掌握肉身感官。这种技巧不但对肌肉和骨骼的锻炼有益，也能强化神经系统、内分泌腺体和主要器官的功能，通过激发人体潜在能量来促进身体健康。

瑜伽包含伸展、力量、耐力和强化心肺功能的练习，促进身体健康，有协调整个机体的功能，学习如何使身体健康运作的同时也增加了身体的活力。此外，培养心灵和谐和情感稳定的状态也引导人们改善自身的生理、感情、心理和精神状态，使身体协调平衡，保持健康。

（二）瑜伽的特点

一般的体育运动归纳起来主要是使身体机械式地反复运动，通过锻炼使肌肉发达，从而提高心肺功能、柔韧性反应能力等。在一个不断变化的环境中体力易消耗，肌肉易疲劳，需要长时间睡眠来恢复体力。而在练习瑜伽时，因必须集中意识，使身体在某种姿势下静止维持一段时间，从而达到身心的统一，所以可使内分泌平衡，身体四肢均衡发展，全身舒畅，心灵平静，内在充满能量，在练习过程中还可配合适当的睡眠。这些是瑜伽自身区别于其他运动的显著特点。

（三）瑜伽的价值

长期练习瑜伽姿势、调息法及放松法可预防疾病，尤其对糖尿病、高血压、饮食失衡、关节炎、动脉硬化、静脉曲张、哮喘等慢性疾病颇有疗效。研究显示，长期练习瑜伽的人比普通人更懂得控制自身的体温、心跳率和血压水平。近年医学界已证实瑜伽可以有效调节神经系统及内分泌系统，进而改善个人整体健康，而它在心理及精神方面的影响力，更被用来改善囚犯的精神健康，帮助他们减轻精神压力、恐惧感、攻击性以及改善他们重归社会的能力。瑜伽的益处多不胜数。当人们明白生理、心理和精神三方面的健康并不能分割处理时，自然会对整体生命有更透彻的了解。瑜伽的最终目的是拓宽个人意识，令人们更了解当下生命的意义和价值。

（四）练习瑜伽的注意事项

（1）瑜伽应保持空腹状态练习，饭后3～4个小时、饮用流体后半个小时左右练习为佳，练习中另有规定的不依此例。

（2）在做各种瑜伽练习时一定要在极限的边缘温和地伸展身体，千万不要用力推拉牵扯，如果超出自己极限边缘的动作就是错误的练习。

（3）如果在练习的过程中出现体力不支，或身体颤抖，请即刻收功还原，不要过度坚持。

第三节 健美操比赛的一般规则

一、健美操比赛的意义、种类及内容

（一）健美操比赛的意义

1. 对促进健美操的普及与发展有着十分重要的意义

开展各种形式的健美操比赛活动可扩大社会宣传面，使更多的人了解健美操、热爱健美操。在比赛中，可通过视、听器官来感受运动员结实健壮的形体、优美矫健的动作、朝气蓬勃的精神面貌和来自音乐的动感振奋等，从中学到有关健美操运动与人体健康的知识，从而吸引更多的人参与健美操运动。

2. 有利于提高该运动项目的水平

比赛为教练员、运动员提供了检验教学、训练成果和交流的机会。通过比赛，各参赛队可充分展示自身水平，互相观摩学习，广泛交流，总结经验，促进技术水平的提高。

3. 促进对健美操运动发展方向的研究，使该项运动的技术更向健康的方向发展

裁判员通过学习规则、比赛评分提高业务水平，获得实践经验，成为推动健美操开展的骨干力量，对该项目的发展起到导向作用。另外，比赛还能为科学研究提供数据，促进健美操理论与技术的全面发展。

（二）健美操比赛的种类

健美操比赛可分为健身性健美操比赛和竞技性健美操比赛两大类。健身性健美操比赛以“锻炼身体、推动群众性运动及提高社会参与性”为目的，因此，技术要求较低，比赛操作及相关规则简单；竞技性健美操比赛以“夺标和提高技术水平”为目的，因此，比赛要求参赛者必须具备一定的身体素质和专项技术水平，参赛人数和年龄受到一定的限制，并严格执行比赛规则。竞技性健美操比赛主要形式有：锦标赛、冠军赛、邀请赛、大奖赛、运动员等级赛及大众等级赛。

（三）健美操比赛的内容

健美操比赛的内容有规定动作比赛和自编动作比赛。规定动作比赛是主办单位根据比赛

目的、任务、参赛对象层次等因素而特意在赛前创编好的成套动作，作为参赛队共同的比赛套路。自编动作比赛是参赛单位按照赛前下发的比赛规程和特定的比赛规则要求，进行不同项目的自编动作比赛，每个项目都有严格的评分规则。

二、健美操比赛的裁判方法

健身性健美操的评分规则参照中国健美操协会编写的《大众普及性健美操评分规则》（2001 年版）。竞技性健美操的评分规则参照《FIG 国际健美操竞赛规则》（2001—2004 年版）。

（一）对裁判员的要求

（1）经常参与和健美操运动相关的各种活动。

（2）对健美操运动的项目特点及技术要求有很好的理解。

（3）明确评分规则的要求并具备一定的评分技巧与经验。

（4）评分态度严肃、认真、公正、准确。

（二）裁判组的成员

裁判组一般由裁判长 1 人、裁判员 4～5 人、记录员 1～2 人、计时员 1 人、视线员 2 人、检录员 1～2 人、放音员 1～2 人组成（可根据比赛规模大小适当增减裁判员人数）。

（三）评分方法

根据规程，比赛可采用公开示分或不公开示分的方法。一般中小型比赛可采用 10 分制，成套动作的满分为 10 分。裁判员各自独立进行评分，评分精确到 0.1 分。最后得分的计算为去掉几名裁判员评分中的最高分和最低分，中间的平均分即为最后得分，最后得分精确到 0.01 分。

（四）评分要求

健身性健美操的评分因素有以下几个。

（1）热情与活力：能体现出一种健康向上、充满活力的情绪以及吸引观众、感染观众的能力。

（2）对健美操运动的项目特点及技术要求有很好的理解：包括身体姿态、动作的准确性、熟练性、幅度和力度及动作与音乐的配和。健身性健美操的技术要求是动作自然、协调连贯、节拍准确。

（3）动作的编排：首先是健身的科学性，不能选择对身体造成损伤的动作；其次是健身的有效性和全面性，能达到有效和全面锻炼身体的目的；最后是艺术性，动作的设计要新颖、美观，成套动作的连接要合理、巧妙、流畅，动作素材多样，队形变化自然清晰，音乐的选择要和动作协调，配合统一。

第四节　健美操的比赛欣赏

健美操作为群众性的健身手段和方法，在进行迪斯科操、形体健美操、舞蹈健美操、有氧健美操等练习时，不要刻意追求其形式或模式。健美操的难易程度、动作幅度、运动量大小和运动强度要因人而宜。健美操的编排要合理，达到全面锻炼身心的目的。

健美操的比赛不同于群众性的健身活动，它是根据相关规则的要求编排而成的。虽然已有普及性的健美操比赛规则，但各地区、各单位可根据自身的比赛性质及特点提出要求，制定规程。无论是中老年或青年健美操比赛，还是竞技健美操比赛，要看成套操是否具有全面锻炼身体的价值、动作设计是否符合年龄的特点以及本人所具备完成套路的能力。在观赏健美操比赛时，应从成套动作的艺术性和完成情况两个方面去欣赏。

一、艺术性

动作的编排设计要新颖、舒展、美观、大方，动作之间的连接要合理、巧妙，动作素材要新颖、多样化。

一套动作要有好的开始和成功的结尾。动作的开始应和后面的动作很好地融合在一起，结束动作要和前面的动作相呼应。动作类型、表现应和音乐的风格协调统一。集体项目，运动员之间的配合要默契，相互间要有交流；队形变换要自然、流畅、清晰，并且要充分利用场地；选择的音乐要动听、优美、健康。

二、完成情况

身体姿势要正确，技术规范，动作准确到位。力度是健美操的特点之一，做动作时不能松懈、无力。集体动作要整齐划一，包括动作幅度的大小都要一致。完成动作时的表现力也是很重要的，运动员通过自己的表演和表情去感染观众，同时激发自己的情绪。设计新颖、合体、统一的健美服装、鞋子和整洁的发式，使运动员的形体更加优美展现出运动员的精神面貌，为比赛或表演增添魅力。一套好的健美操，集健身、艺术表现为一体，使人赏心悦目，振奋精神，给人以美的享受。

椅上健美操练习小方法

1. 坐在椅子上，伸直身体，做一次深呼吸，紧腰收缩。保持2～3s，重复4至8次。
2. 坐在椅子上，伸直身体，两肩向后用力使背肌收紧，两肩胛骨靠拢。保持4至6秒，重复4至8次。
3. 坐在椅子上，双腿屈膝抬起，双手抱住小腿，尽力往回使膝盖贴近胸部，重复4至8次。

思考题：

1. 简述健美操的概念。
2. 健美操的基本技术有哪些？
3. 简述健美操的分类和锻炼价值。

第十七章　体育舞蹈

第一节　体育舞蹈概述

体育舞蹈是体育与艺术高度结合的一个新兴的体育项目。它集娱乐、运动、艺术于一体，是文明社会里的一种高雅活动。舞蹈产生于人类的生活、劳动和情感，是一种人体文化。研究表明，各种舞蹈都起源于原始舞蹈，体育舞蹈也不例外。体育舞蹈的发展过程经历了原始舞蹈—公众舞—民间舞—宫廷舞—社交舞—新旧国际标准舞等发展阶段。体育舞蹈的前身就是近年来所说的社交舞，也称交际舞、交谊舞。

一、体育舞蹈的基本理论知识

体育舞蹈也称国际标准交谊舞，是体育运动项目之一。体育舞蹈是以男女搭伴的一种步行式双人舞竞赛项目，分 2 个项群、10 个舞种。其中摩登舞项群含有华尔兹、维也纳华尔兹、探戈、狐步和快步舞，拉丁舞项群包括伦巴、恰恰、桑巴、牛仔和斗牛舞（见表 17-1）。每个舞种均有各自的舞曲、舞步及风格。

标准交谊舞起源于古代土风舞，经历对舞、圈舞、行列舞、集体舞等演变过程，成为广泛流传的社交舞蹈。

表 17-1　体育舞蹈的分类

摩登舞	拉丁舞	团体舞
华尔兹 探戈 狐步 快步 维也纳华尔兹	伦巴 恰恰 桑巴 斗牛 牛仔	摩登舞 拉丁舞 混合舞

二、体育舞蹈的起源与发展趋势

（一）体育舞蹈的起源

体育舞蹈又称国际标准交际舞，原先称做“社交舞（Social Dancing）”、“舞厅舞（Ballroom Dancing）”和“舞会舞（Party Dancing）”，起源于西欧。欧美舞蹈界人士在广泛研究宫廷舞、交际舞及拉美国家的各式乡土风情舞的基础上经过不断加工，吸取各类舞蹈的精华，于 1925 年正式颁布了华尔兹、探戈、狐步、快步四种舞的步伐，总称摩登舞，并将此种舞蹈在西欧推广并进行了比赛，继而又推广到世界其他国家，受到了许多人的欢迎和喜爱。

1950 年，英国 ICBA（世界舞蹈组织）主办了首届世界性的大赛——“Black Pool Dance

Festival 1950”（黑池舞蹈节），把规范后的舞蹈命名为国际标准交际舞，并在每年的 5 月底举行。随着此种舞蹈在世界的不断推广，摩登舞自身也得到了发展，又增加了维也纳华尔兹。

1960 年，非洲和拉美一些国家的民间舞经过了规范加工后形成了拉丁舞项群。拉丁舞也有了五个舞种：伦巴、恰恰、桑巴、牛仔、斗牛。

（二）体育舞蹈的发展趋势

1. 体育舞蹈动作创编方面的变化

在动作方面，已由最初强调编排时注意动作规范、方向精确、线路格式化，到动作自然潇洒、多角度与多空间转换，并且躯干动作向灵活、多变的方向发展。

2. 体育舞蹈音乐选编方面的变化

在音乐方面，改变了体育舞蹈音乐最初运用单一的宫廷乐曲而缺乏时代气息的缺陷，呈现出现代音乐与古典音乐、西洋音乐与民族音乐综合运用并完美结合的趋势。

3. 创编意图方面的变化

目前，体育舞蹈研究者注意的是，以往的体育舞蹈创编仅仅把运动健身和竞赛服务作为最初目的，但自从受到周围越来越多的艺术形式感染和熏陶后，也增加了舞蹈语言中经常运用的表达方式，即出现以生活内容为依据，表现人物内心的情感发展、事件情节及矛盾冲突等艺术形式。

三、体育舞蹈与中国传统舞蹈文化的撞击与融合

从文化角度来看，中国传统舞蹈演绎了 5000 多年来在各民族文化积淀下形成的丰富多彩的舞美篇章，同时也能从中领略到中华民族的风土人情和人文史迹。体育舞蹈源于西方，发展至今不过数百年，却展示了近代西方的整个文明发展历史，影响着整个世界。这二者具有的文化底蕴使得这种肢体语言在相互交融中得以诠释，把握了体育舞蹈与中国传统舞蹈的发展，也就能够窥视其社会生活的一角，能比较直观地解析二者的审美文化。

（一）中国传统舞蹈的发展

1973 年在青海大通县出土的新石器时代的陶盆图案上，从整齐一致的服饰和动作可以看出，当时我们的祖先就已创造出有一定艺术表现力的民间舞蹈。汉代设立了采集民间歌舞的专门机构——乐府，在汉代盛行的百戏中出现的龙舞、狮子舞、高跷、剑舞、绸舞等至今仍是普遍流行的汉族民间舞蹈。唐宋以后至明清，舞蹈在民间取得进一步发展。清末民初建立的各类戏曲科班，整理了戏曲演员舞蹈基本动作训练的教材，确立了各类动作规范，大大促进了中国传统舞蹈创造性的发展。1919 年，“五四”运动掀起了探求新思想、新文化、新知识的社会思潮，在这个思潮的影响下，舞蹈艺术也发生了巨大的变化。20 世纪 20 年代前后，西方的舞蹈如“土风舞”、“形意舞”、“体操舞”等，曾在中国大城市的学校中流传。40 年代后期，出现了融合中西方舞蹈成分的“新舞蹈”运动。从时代意义来说，这是中国新文化运动的一个组成部分。这一概念的出现，标志着舞蹈在中国成为一门独立的舞台艺术。

从 1980 年以后，中国舞蹈进入了一个“舞蹈新时期”阶段。中国的舞蹈编导们勇敢地从单纯的“庆丰收、过节日、歌功颂德”的创作模式中摆脱了出来，开始注意寻求和探索舞蹈艺术的文化内涵，探索民族文化的深层底蕴。中国舞蹈在整个 20 世纪取得了令世人瞩目的成就，很多舞蹈家在扎根于本民族文化深厚土壤的基础上，努力寻求中西方舞蹈文化的结合点，不断尝试着以西方现代舞的思维模式来解读中国传统舞蹈文化，并取得了可喜的成绩，而这种探索在 21 世纪将表现得更加突出。

（二）体育舞蹈与中国传统舞蹈文化的融合

进入 20 世纪以后，西方大量的社交舞、芭蕾舞、现代舞、民间舞团来华演出，并在 20 年代达到高潮，形成了 20 世纪初中国舞蹈史上一个特殊的文化现象。1926 年西方现代舞鼻祖依莎多拉·邓肯的学生爱玛·邓肯率领的莫斯科邓肯舞蹈团，表演了具有依莎多拉·邓肯风格的现代舞，它们的舞蹈具有很强的前卫意义，给当时的中国观众留下了深刻影响。

西方舞蹈团体的一系列演出活动，给中国带来了很大的震动。从此，在中国这片古老的土地上，特别是大都市里，西方式的生活方式成为人们追求的一种时尚，这就是以华尔兹、探戈、列对方阵舞等为代表的西方社交舞。于是，围绕学习教授交际舞的机构迅速产生，出现了很多交际舞学校和介绍或教授交际舞的书籍。这些机构培养了一大批舞蹈爱好者，他们的成立与存在为西方舞蹈文化在中国的传播起到了很大的推动作用，使交际舞很快成为了当时社会最流行的生活方式之一。

第二节　健身舞蹈基本技术与花步组合介绍

一、慢三步

（一）基本技术

慢三是属于三步舞，每小节有 3 拍，它的重音在第 1 拍，后 2 拍是弱音，节奏是“强、弱、弱”。在男士邀请女士之后，摆好舞姿，男进左脚，女退右脚。在慢三中，对于男士，第一小节的重音在左脚，第二小节的重音就换到了右脚，以后都是重音在左右脚轮换。对于女士也是一样，第一小节的重音在右脚，第二小节的重音就换到了左脚，依次轮换。

（二）花步组合

左转顺手花+翼步+开位荡腿转+藏族舞步单手转。

二、慢四步

（一）基本技术

慢四是一种慢节奏的舞蹈，应表现出来从容不迫、雍容华贵的气度。当慢四的舞曲较慢时，可采用等间隔的跳法，根据舞曲的节奏，4 拍一小节，每 1 拍走一步。至于舞姿，则同慢三一样。走直步时，可前 2 拍步伐稍大，后 2 拍做调整。要注意，对于男士，重心始终在左脚（女士在右脚）。当舞曲的节奏稍快时，可采用两慢两快的跳法，即“慢、慢、快、快”。慢拍包含舞曲的 2 拍，快拍包含 1 拍。实际上一小节包含 6 拍。初学者可跳第一种慢四，简单易学。当然，第二种跳法节奏感强，花样稍多。

（二）花步组合

妨背舞步+左转前进步+右转前进步+右轴转步+下沉舞步。

三、吉特巴

（一）基本技术

吉特巴是起源于美国西部的一种牛仔舞。有人说吉特巴是水兵舞，是美国大兵在军舰上发明的一种舞蹈，所以跳起来有点像在军舰上站不稳摇摇晃晃的感觉，有一种幽默诙谐的味道。吉特巴的节奏为 4/4，每分钟 45 小节左右。基本节奏为慢、慢、快、快，慢步 2 拍一步，快步 1 拍一步。重音在第 1、3 拍。

（二）花步组合

双打+拉手换位+双手错+荷叶步。

第三节　拉丁舞基本技术与基本组合介绍

古巴是拉丁舞和拉丁音乐的发源地，当地人用拉丁舞庆祝丰收和胜利，后来逐渐发展成年轻人之间表达爱慕之情的一种方法。拉丁舞包括伦巴、恰恰、桑巴、斗牛、牛仔。

一、伦巴（Rumba）

伦巴是起源于古巴的拉丁舞，它的特点是浪漫且舞态柔媚。节奏为 4 / 4 拍，每分钟 27～29 小节，每小节 4 拍。音乐特点是强拍落在每小节的第 4 拍，舞步从第 2 拍起跳，由 1 个慢步和 2 个快步组成。4 拍走 3 步，慢步占 2 拍（第 4 拍和下一小节的第 1 拍），快步各占 1 拍（第 2 拍和第 3 拍）。胯部摆动 3 次，胯部动作是由控制重心的一脚向另一脚移动而形成向两侧作“∞”形摆动。

（一）基本技术

1. 闭式舞姿

男士右手放在女士肩胛骨下部，肘部在胸的水平位置，左手上半部手臂抬起，手腕伸直；女士左手轻放在男士右肩顶部，右手轻握在男士手中。

2. 矩形步

矩形步的节奏为“2、3、&、4、1”，双脚分开与肩同宽，重心在右脚。“2”时，先左脚上正前方，完成一个“Check”；“3”时，右脚蹬直，重心在两脚间更偏向前些；“&”时左脚经过右脚；“4”时，左脚到达左边原位；“1”时，重心迅速转移到左脚，右脚半脚掌着地。然后，“2”时，右脚经过左脚向后撤出；“3”时，重心跟随右脚，左脚为半脚掌；“&”时，右脚经过左脚往身体右侧迈出；“1”时，右脚着地，重心由左脚转移到右脚。方步不可以左右脚交换，必须左脚上步，右脚后退。

3. 纽约步

纽约步呈现出左脚在右侧前方、右臂向左后上方打开的姿态，回到原位。然后转身呈现出右脚在左侧前方、左臂向右后上方打开的姿态，并回到原位。注意转身时上身要直立，姿态要优雅。

（二）基本组合

矩形步+扇形步+曲棍球+基本移动+后退走步+臂下右转+手对手+原地左转步。

二、恰恰（Cha-Cha-Cha）

恰恰的节奏是4/4拍，每分钟30～32小节，4拍走5步，且不可有起伏。它的特点是音乐有趣，舞态花哨，步法利落、紧凑。恰恰舞是古巴的舞蹈，与伦巴舞一样，以音乐的第2拍开始前进或引导。

（一）基本技术

1. 开式并进舞姿

男士左转1/4周，女士右转1/4周，并同时用内侧腿完成一个“Check”，注意保持身体的平衡和扭头动作。

2. 扇形步

男士向左转动1/8周，然后带领女士左转，两人同时打开成扇形步，最终舞姿形成角度为135°左右。

（二）基本组合

闭式基本步+扇形步+曲棍球+前进锁步+后退锁步+臂下右转+手对手+原地左转。

三、桑巴（Samba）

桑巴舞起源于巴西，节奏是2/4拍，第2拍为重拍，每分钟52～54小节。它的特点是音乐欢快，步伐摇曳绵密。桑巴的弹动是由膝部和脚踝的弯曲与伸直的配合、臀部的转动来完成的。在弯曲和伸直膝部与脚踝的同时，用臀部的转动来抵消身体的起伏。

（一）基本技术

1. 左轴转

（1）男子舞步：胸部作引导，左转身时，右手搂女伴，左脚向前踏并脚尖朝外，左膝下沉（慢）；右脚向前踏，向左轴转身时左脚跟进，伸直膝部，同时改换重心（快）；继续左转身，将重心回复到左脚，双膝下沉（慢）；继续左转身，右脚向后踏，脚尖朝里，右膝下沉（慢）；左脚向后踏，向左轴转身时右脚跟进，改换重心，双膝弯曲（快）；继续左转身，将重心回复到右脚，双膝伸直（慢）。

（2）女子舞步：右脚向后踏，脚尖朝里，右膝下沉，胸向左转（慢）；左脚向后踏，向左轴转身时，右脚跟进，改换身体重心，双膝弯曲（快）；继续左转身，将重心回复到右脚，双膝伸直（慢）；继续左转身，左脚向前踏，脚尖朝外，左膝下沉（慢）；右脚向前踏，向左轴转身时，左脚跟进，伸直膝部，同时改换重心（快）；继续左转身，将重心回复到左脚，双膝下沉（慢）。

2. 推移步

男女双脚靠拢，重心在右脚。推移步的韵律为“慢、快、慢”。左脚向前踏，双膝弯曲（慢），左膝伸直（快），左膝弯曲（慢），到此完成一次推移步，面向舞程线，伸直左膝，右脚向前踏，双膝弯曲（慢），右膝伸直（快），右膝弯曲（慢）。

（二）基本组合

左右叉形步+侧行桑巴走步+桑巴旁步+垫步+左轴转+推移步+跑步转。

四、斗牛（Paso Doble）

斗牛舞源于法国，盛行于西班牙。它的音乐为 2/4 拍，每分钟 62 小节左右。它的特点是音乐雄壮、舞态豪放、步伐强悍振奋。男士象征斗牛士，女士是斗牛士用以激怒公牛的红色斗篷。

（一）基本技术

基本动作、原地踏步和追步这些舞步的重心都是在脚底，脚跟离开或是轻微接触地面，而前进的舞步通常是以脚跟引导。

（二）基本组合

原地踏步+侧行并步+高举步+攻击步+原地踏步+分离步+原地踏步向左+追步向左侧形步完成+侧行并步+行步相对侧行步+八步（披肩动作）+扭转步。

五、牛仔（Jive）

牛仔舞起源于美国，音乐是 4/4 拍，每分钟 40～44 小节。它的特点是音乐热烈、舞态豪放、步伐活泼浪荡。第 2 拍为重拍，髋部左右摆荡加之膝部快速弹动，所以特别消耗体力。

（一）基本技术

牛仔舞的弹性不在于往上跳，而在于自由落体般的下降所产生的弹性，并且不是向上弹，而是向下。牛仔舞的重拍在双数，跟桑巴一样。

（二）基本组合

右至左换向步+左至右换向步+连结步+绕转步+侧行走步（慢）（快）+右至左换向步+美式旋转步+左至右换向步+背后换手+左至右换向步。

第四节　摩登舞基本技术与基本组合介绍

摩登舞主要包括华尔兹、探戈、狐步、快步、维也纳华尔兹。除了探戈，其他都源于欧洲大陆。它的音乐时而激情昂扬、时而缠绵性感，动作细腻严谨，舞者的穿着十分讲究，体现了欧洲国家男士的绅士风度和女士的端庄妩媚。男士需身着燕尾服，系白领结；女士则以飘逸、艳丽长裙表现出她们的华贵、美丽、高雅之态。

一、华尔兹

华尔兹的音乐是 3/4 拍，重音在第 1 拍，每分钟 32 小节左右。它具有优美、柔和的特质，舞姿优雅。

（一）基本技术

“ONE”代表起动到一步的极限。“&”代表重心完全到达新重心脚。所以 ONE 是半拍，& 也是半拍，合计等于 1 拍的时间。走步时要保持身体姿态的挺拔，女士略开胸、腰，头部偏向八点位。

（二）基本组合

左足并换步+右转步+右足并换步+左转步+拂步+由侧行至追步+右旋转+左转步。

二、探戈（Tango）

探戈分阿根廷探戈和英国探戈两种。前者动作轻柔，较优雅妩媚，具有绅士风度；后者音乐抑扬顿挫刚强有力，令人热血沸腾，如摆头顿足、欲进还退，舞蹈风格充满豪迈精神，是标准式探戈，它的音乐是 2/4 或 4/4 拍，每分钟大约 33 小节。

（一）基本技术

探戈的走步应重心稍低，双膝微曲，且固定曲度，在移动中没有升降。同时因腰左扭，每一左脚前进均在反身位置，每一右脚前进均右肩引导，所以连续走步须向左曲转。

（二）基本组合

常步，慢慢+直行侧步，快快慢+常步，慢慢+分式左转步+常步，慢慢+右摇转步，快快慢+快快慢。

三、狐步（Foxtrot）

狐步舞的音乐是 4/4 拍，重音在第 1 及第 3 拍，每分钟约 28 小节。其舞步如行云流水，充满悠闲轻松、流畅优美的特性。

（一）基本技术

（1）上身直立，重心置于任一脚，膝盖放松（尚未屈膝）。ONE：重心脚掌着地，稍微屈膝推进身体前进，此时重心脚的脚跟渐渐离地，身体移动并保持在前进脚及重心脚之间。

此时，后脚趾及前脚跟着地。

（2）后脚趾推进身体继续前进至前脚位置，前脚掌着地之际，身体重心移至前脚而成为新的重心脚。而推进身体前进以后，脚会稍离地、摆荡，此时已移至重心脚旁，这一动作称为“经过”。TWO：由“经过”到一步之极限，重复 ONE 的动作。其中一直保持身体在两脚之间等速移动，尤其在经过时不可停下。

（二）基本组合

预备步+羽步+右转步+右转后三步+纺织步。

四、快步（Quickstep）

（一）基本技术

快步舞是摩登舞中速度较快的一种舞蹈，动作伶俐、活泼轻快。它的音乐是 4/4 拍，每分钟约 50 小节。快步舞是以直线轻快移动为主轴，因此舞步不宜急着向前冲刺，太大步的移动将有可能失衡，反而无法表现其轻快活泼的本质。

（二）基本组合

左足常步，慢+直角右转步，慢快快慢+直行追步，慢快快慢+前进锁步，慢快快慢+踌躇右转步，慢快快+慢慢慢+追并左转步，慢快快+直行追步，慢快快慢+减弱右旋转步，慢快快+慢慢慢。

五、维也纳华尔兹（Viennese Waltz）

（一）基本技术

维也纳华尔兹又称为圆舞曲或宫廷舞，因其具有欢愉及自由气氛故极受欢迎。维也纳华尔兹步法不多，多半以快速的左右旋转动作交替，绕舞池飞舞，间或加入原地左右旋转动作，舞者裙摆飞扬，华丽多姿。它的音乐是 3/4 拍，每分钟约 56 小节。

（二）基本组合

右转+左转+换步+原地右转+原地左转。

第五节　体育舞蹈的比赛欣赏

一、体育舞蹈的比赛种类

比赛分团体赛和个人赛两种，按预赛（淘汰赛）、复赛（选拔赛）、半决赛（资格赛）、决赛（名次赛）的程序进行。团体赛由每个参赛单位的 8 对男女运动员组成，按顺序进行比赛。个人赛分职业组和业余组，分别进行不同要求的比赛，对比赛舞种也有不同规定。比赛场地长 23 m，宽 15 m。

比赛按音乐节奏配合、身体基本姿势、舞蹈动作、旋律的掌握及对音乐的理解、舞步等方面评定运动员的成绩。体育舞蹈的音乐不超过 270 s。视比赛规模设 5～9 名裁判员，按国际评判标准规定的基本技术、音乐表现力、舞蹈风格、舞蹈编排、临场表现、赛场效果等六个方面进行评分。1992 年，国际标准交谊舞被列为奥运会表演项目。

国际标准交谊舞于 20 世纪 30 年代传入中国，80 年代开始迅猛发展，先后与日、美、英等国进行交流活动。1987 年我国举办了首届全国国际标准交谊舞比赛，1991 年举行了首届全国体育舞蹈锦标赛。

二、体育舞蹈的相关规则（见表 17-2）

（一）基本技术

（1）足部动作：各种步法的方位、角度准确；脚和地面接触部位准确；脚步的时间值准确。

（2）姿态：各个不同舞种的握持动作准确；运动过程中的姿态准确、漂亮。

（3）平衡、稳定：舞伴之间力度使用得当，动作能保持平衡、稳定；在完成高难度动作时能保持身体平衡、稳定。

（二）音乐表现力

（1）清楚对各种不同舞种的节奏，表现准确。

（2）对各种不同音乐的风格有很好的理解，并能很好地体现音乐的意境与情调。

（3）脚步踩在节拍上，身体流动在旋律里，能跳出音乐独特的风格与境界。

（三）舞蹈风格的体现

（1）能细致区别出各种不同舞种在风格、韵味上的差别。

（2）在表现各舞种风格的同时，还能发挥出舞者个人的特点。

（四）舞蹈的编排

（1）动作编排应流畅新颖，运用自如。

（2）舞蹈的编排既体现舞种的基本风韵又有一定的技术难度。

（3）动作编排有章法，并符合音乐的风格及结构。

（五）临场的表现

（1）比赛现场遇到意外情况时应变能力快，并能很好地控制情绪。

（2）比赛时能保持良好的竞技状态，专注、自信，赛场发挥正常。

（六）赛场效果

舞者的气质、风度、仪表、仪态、出场、退场的总体形象完美。

表 17-2　体育舞蹈的相关规则

标　　准	评分比例		
	预赛和复赛	半决赛	决　赛
基本技术	40%（脚步、姿态、稳定和移动各占 10%）	15%	全面考查各项要求
对音乐的表现力	20%	20%	
对舞蹈风格的体现	15%	20%	
舞蹈的编排	10%	20%	
临场的表现	10%	15%	
赛场效果	5%	10%	

体育舞蹈的形体训练

首先应了解身体的正确姿势，即收颚立颈，闭唇微笑；沉肩挺胸、收腹紧腰，夹臂并腿，提气于胸。通过由简单到复杂的徒手或其他专门练习，训练身体各部位准确姿势和肌肉感觉，培养美的意识，形成正确的立、走、蹲、坐等姿势。

正确的动作姿势训练一般经过两个阶段：第一，通过持之以恒地运用正确意念控制动作训练过程，形成正确的动作姿势定型。第二，在通过体育舞蹈训练塑造美的形体的同时，美化心灵。两者的统一，要求训练时寓情感于动作姿势之中，使其具有感染力。

思考题：

1．体育舞蹈的概念是什么？
2．简述体育舞蹈的分类。

第五篇 武术与跆拳道运动

武术是以技击动作为主要内容，以套路和格斗为运动形式，注重内外兼修的中国传统体育项目。它在我国有着悠久的历史和广泛的群众基础，它寓健身性、技击性和艺术性于一体，是深受各族人民群众，特别是青少年所喜爱的一种具有广泛社会价值和民族文化特色的体育运动项目。武术又是中华民族在长期的社会生产与生活活动实践中逐渐积累和发展起来的一项宝贵的文化遗产。

跆拳道是朝鲜半岛较普遍流行的一项传统项目(类似中国的武术)，是一项以用脚踢、踹为主，用手击打为辅进行格斗的朝鲜民族体育项目。它由套路、对抗、击破、特技等内容组成，具有较高的防身自卫及强壮体魄的实用价值。它通过竞技、套路和功力检测等运动形式，使练习者增强体质，掌握技术，并培养坚忍不拔的意志品质。

本篇着重对武术和跆拳道做了较为详细的介绍，以帮助大家能够掌握基本的武术或跆拳道运动技能，强身健体，弘扬优秀的民族体育文化。

第十八章 武　术

在漫长的历史进程中，不同时期对武术概念的表述不尽相同，其内涵和外延是随着社会历史的发展和武术本身的发展而变化发展的。

首先，武术属于中国传统的技击术。它是以踢、打、摔、拿、击、刺等技击动作为主要内容，通过徒手或借助器械的身体动作来表现攻防格斗能力。无论是对抗性的搏斗运动，还是势势相承的套路运动，都是以中国传统的技击方法为技术核心的。

其次，武术是体育项目。它明显区别于使人致伤、致残的实用技击技术。套路运动尽管包含丰富的技击方法，但其宗旨是通过演练来提高人的身体素质和攻防能力，进行功力与技巧上的较量，在技术要求上与实用技术有一定的区别。

其三，武术是优秀的民族文化。任何体育项目都有一定的文化意义，但是，没有任何项目像武术这样具有浓郁的文化特征和民族色彩。武术是传统的，它在民族文化的总体氛围中孕育、产生、衍化、发展，融汇了易学、哲学、中医学、伦理学、兵学、美学、气功等多种文化思想的文化观念，注重内外兼修，诸如整体观、阴阳变化观、形神论、气论、动静说、刚柔说等，逐步形成了独具民族文化特色的武术文化体系。它内涵丰富，寓意深邃，既具备了人类体育运动强身健体的共同特征，又具备东方文明所特有的哲理性、科学性和艺术性，集中体现了中华民族在体育领域的智慧结晶。

大量的事实证明，武术对强身健体、锻炼意志、开发潜能，甚至对某些疑难杂症的治疗有积极的作用。因此，自 19 世纪开始，中国武术就走出国门，开始在世界上掀起一股中国武术热。有不少外国人对中国武术情有独钟，他们不远万里来中国学习武术，学成后回国开设武馆传授武术，这对于传播中国文化、促进中外文化交流，起到了重要作用。正是认识到中国武术对强健体魄、振奋民族精神所具有的重要价值，我国政府也极为重视武术，1956 年成立中国武术协会，并相继制定了不少武术规则。1990 年，武术被列为第 11 届亚运会正式比赛项目。1991 年，在北京举办了首届世界武术邀请赛。2008 年，武术比赛成为北京奥运会特设项目。目前，武术界人士正在努力让中国武术成为奥运赛场的常规项目而进行不懈的努力。

第一节　武术运动概述

一、武术的起源和发展

武术历史悠久，源远流长，萌发于中华民族远古时代的生产和生活技能中，产生和生存于社会劳动生产、军事斗争、养生保健和礼教戏乐等活动中。它随着中华民族在各个社会历史阶段的政治、经济、思想、文化和艺术等方面的不断进步和发展，逐渐形成了具有鲜明特色的民族传统体育项目。

武术的发展，经历了一个极其漫长的历史时期。新中国的建立，为武术的发展开拓了广阔的道路，使武术作为社会主义精神文化和体育事业的一个组成部分，受到党和人民政府的高度重视。武术被列为国家正式的体育运动竞赛项目，国家体委设立了专门的武术组织，并且组织编写了以武术主要项目为内容的技术教材，各有关学校还把武术列入了教学大纲，成为学校体育课的组成部分，有关体育院校、系科设立了武术课程，积极培养和造就武术的专门人才。群众性的武术活动蓬勃开展，遍及城乡，特别是青少年的武术运动技术水平有了很大的提高和发展，涌现出一大批有发展前途的青少年武术人才。

二、武术的内容与分类

武术的内容丰富多彩，按其运动形式可分为套路运动和格斗运动。

（一）套路运动

套路运动是以技击动作为素材，按攻守进退的运动变化规律编成的整套练习形式。套路运动按练习形式分为单练、对练和集体演练。

1. 单练

单练包括徒手拳术与器械。

拳术是徒手练习的套路运动。它的种类很多，主要有长拳、太极拳、南拳、形意拳、八卦拳、通背拳、劈挂拳、翻子拳、地躺拳、象形拳等。

器械的种类也很多，可分为短器械、长器械、双器械、软器械四种。短器械主要有刀、剑、匕首等；长器械主要有棍、枪、大刀等；双器械主要有双刀、双剑、双钩、双枪、双鞭等；软器械主要有三节棍、九节鞭、流星锤等。

2. 对练

对练是两人或两人以上按照预定的程序进行的攻防格斗套路，包括徒手对练、器械对练、徒手与器械对练等。

3. 集体演练

集体演练是集体进行的徒手、器械或徒手与器械的演练。

（二）格斗运动

格斗运动是两人在一定条件下，按照一定的规则进行斗智斗勇、较技较力的对抗练习形式。格斗运动主要有散手和太极推手。

三、武术的特点和作用

（一）具有独特的民族风格

武术具有独特的民族风格。中华民族是一个有着数千年发展历史的文明古国，武术作为中华民族特有的一项传统项目，在长期繁衍和发展过程中，受到我国各民族思想文化的影响，才得以形成较完整的运动技术与理论体系。由于我国地域广阔、民族众多，武术体现出各种不同的技术流派和风格特点。其动作强调全神贯注、气势饱满、刚健有力、内外合一和刚柔相济等特点和风格。例如，在我国广泛流传的少林拳、太极拳、南拳、八卦拳等，均特点突出，风格各异。

（二）既有套路演练，又有技击格斗

武术既有套路演练形式，又有技击格斗形式，集两种不同的运动形式于一身。长期以来，武术一直循着技击格斗和套路演练这两种运动形式广泛流传和发展着。就套路演练形式而言，武术具有各种不同类别的拳术流派，内容丰富，形式多样。套路有长有短、有刚有柔，而且有单练有对练、有徒手有器械等，风格不同，各具特色。就技击格斗形式而言，有散打、推手和短兵等。

（三）具有攻防技击性

攻防技击性是武术的主要特点。武术的动作都要求具有攻防特点，无论是套路演练形式，还是技击格斗形式，都是以踢、打、摔、拿、击和刺等技击法为主要内容，决不是停留在原始的“打斗”状态，而是经过长期精心提炼，按照攻防规律，以训练和提高人们的攻防格斗技能达到锻炼身体和增强体质的目的。

（四）具有内外合一和形神兼备的练功方法

内外合一和形神兼备的练功方法是武术的一大特点，武术讲究“内练一口气，外练筋骨皮”。许多拳种和流派都十分强调内外合一和形神兼备的练功方法，既有手、眼、身法、步等外在的形体活动，又有精神、气息、劲力等内在的神志活动。例如，太极拳要求“以气行气，用意识引导动作”，形意拳讲究“心与意合、意与气合、气与力合、手与足合、肘与膝合、肩与胯合”的内三合与外三合等。通过内外合一和形神兼备的练功方法，能够达到活关节、强筋骨、壮体魄、调精神、通经脉和理脏腑的功能，使人们的心身得到全面的锻炼。

（五）具有广泛的适应性

武术运动不仅有较高的健身和防身价值，而且具有一定的艺术欣赏价值。武术的内容丰富，形式多样，技术要求有难有易，运动风格千姿百态，运动量有大有小，它不受年龄、性别、体质、季节、场所和器材的限制，人们可以根据自己的条件和需要，选择合适的项目进行练习。由于武术具有广泛的适应性，所以给广大城乡人民开展群众性活动提供了方便条件，从而促进了它的普及与发展。

四、武德修养

（一）武德概述

武德，顾名思义就是武术道德，即习武者的道德品质和修养。从伦理学的角度来理解，武德不仅是个人体现武术伦理规范的主体和意义，侧重于个人意志的选择，而且还包含了整个武术活动参与其他社会活动时的秩序和规范。同时，个人的武德只有适应社会实践才能提升其品格，武德也只有在社会共识的秩序规范中，才有实践的价值和意义。概括来说，武德就是武术伦理规范与习武者道德行为准则的总和。

“武德”一词早在3000多年前就已出现，在春秋各诸侯国史事的典籍《国语》中，就已

有了“武道以羞正卿”的说法，意思是说有武德的人即可做得高官。追溯中华武德的产生和发展，可以看到它是伴随着武术自身和民族传统文化的发展而发展的，明清时期是武术集大成的时期，流派林立、拳种繁多，形成较完善的武术体系。这时期的武德也有了新的发展，被赋予许多新的内容，较为全面和系统，表现在各拳种流派都有一整套武德规范，而且把武德教育放在首位。武德作为中国传统伦理的一个组成部分，其道德精神表现实质上还是中国传统伦理精神在武术领域内的具体体现。它的内容虽然也随着各个不同时期的发展而不断地补充和丰富，但其本质仍表现为：仁、义、礼、智、信、勇等。

（二）武礼的规范

武术行礼的方式有徒手的抱拳礼、注目礼及持器械礼。

“抱拳礼”是融合了我国传统的“作揖礼”和少林拳的抱拳礼（四指礼）且加以提炼、规范、统一而得来的，并赋予了新的含义，是在国内外一致被采用的具有代表性的礼法。

行礼的方法是并步站立，左手四指并拢伸直成掌，拇指屈拢；右手成拳，左掌心掩贴右拳面，左指尖与下颏平齐。右拳眼斜对胸窝，置于胸前屈臂成圆。肘尖略下垂，拳掌与胸相距 20～30 cm；头正，身直，目视受礼者。

抱拳礼的具体含义是：①左掌表示德、智、体、美“四育”齐备，象征高尚情操；屈指表示不自大，不骄傲，不以“老大”自居。右拳表示勇猛习武。左掌掩右拳相抱，表示“勇不滋乱”、“武不犯禁”的意思。②左掌右拳拢屈，两臂微屈成圆，表示五湖（泛指五洲四洋），意为天下武林是一家，以示谦虚团结、以武会友。③左掌为文，右拳为武，文武兼学，虚心求知，恭候师友、前辈指教。

五、武术段位制简介

中国武术段位制是国家体育总局武术研究院和武术运动管理中心本着振奋民族精神、增强人民体质、进一步推动武术运动发展、建立规范的全民武术锻炼体系、全面评价习武者的武术水平的目的，而制定的一项全民武术锻炼的等级制度。

中国武术段位制规定，根据个人从事武术锻炼和武术活动的年限，掌握武术技术和理论的水平、研究成果、武德修养对武术发展所做出的贡献，将武术段位定为九个并有相应的等级标志：初段位，含一段（青鹰）、二段（银鹰）、三段（金鹰）；中段位，含四段（青虎）、五段（银虎）、六段（金虎）；高段位，含七段（青龙）、八段（银龙）、九段（金龙）。

第二节　武术运动的基本技术

一、手形

（一）拳

五指卷紧，拳面要平，拇指压于食指、中指第二指关节上（如图 18-1 所示）。

（二）掌

拇指外屈或屈曲，其余四指伸直并拢向后伸张（如图 18-2 所示）。

（三）勾

屈腕，五指撮拢（如图 18-3 所示）。

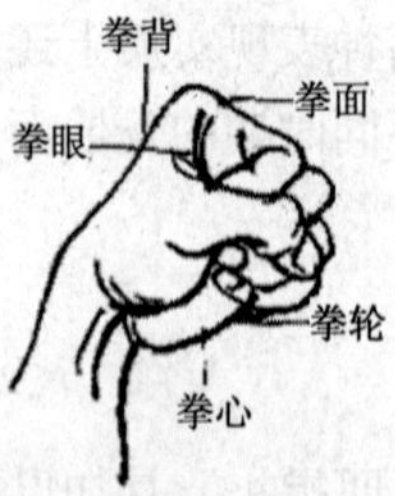

图 18-1

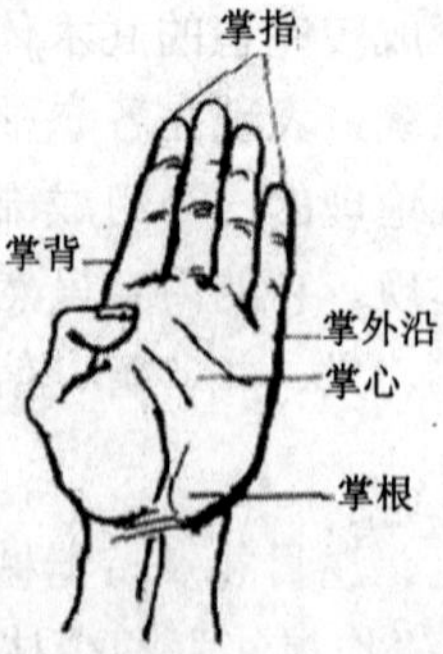

图 18-2

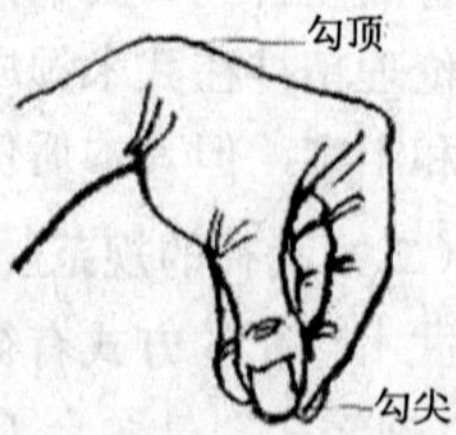

图 18-3

二、手法

（一）冲拳

拳从腰间旋臂向前快速击出，力达拳面（如图 18-4 所示）。

（二）推掌

掌由腰间旋臂向前立掌推击，速度要快、臂要直，力达掌外沿（如图 18-5 所示）。

图 18-4

图 18-5

三、步形

（一）弓步

前脚内扣，全脚着地，屈膝半蹲，大腿呈水平，膝部与脚尖垂直；另一腿挺膝伸直，脚尖里扣，斜向前方，全脚着地（如图 18-6 所示）。

（二）马步

两脚左右开立约脚长的 3 倍，脚尖正对前方，屈膝半蹲，大腿成水平（如图 18-7 所示）。

图 18-6

图 18-7

（三）虚步

后脚尖斜向前，屈膝半蹲，大腿接近水平，全脚着地；前腿微屈，脚面绷紧，脚尖虚点地面（如图 18-8 所示）。

（四）仆步

一腿全蹲，大腿和小腿靠紧，臀部接近小腿，全脚着地，膝盖与脚尖稍外展；另一腿平铺接近地面，全脚着地，脚尖内扣（如图 18-9 所示）。

（五）歇步

两腿交叉屈膝全蹲，前脚全脚着地，脚尖外展；后脚脚跟离地，臀部外侧紧贴小腿（如图 18-10 所示）。

图 18-8

图 18-9

图 18-10

四、步法

（一）丁步

一脚经另一脚前横迈一步，两腿交叉（如图 18-11 所示）。

（二）纵步

一脚提起，另一脚蹬地前跳落地（如图 18-12 所示）。

图 18-11

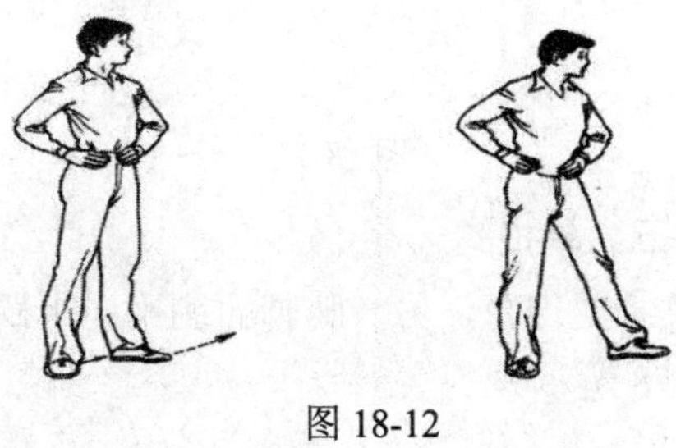

图 18-12

（三）击步

后脚击碰前脚腾空落地（如图 18-13 所示）。

图 18-13

五、腿法

（一）正踢腿

支撑腿伸直，全脚着地；另一腿膝部挺直，脚尖勾起前提，接近前额，动作要轻快有力。上体保持正直（如图 18-14 所示）。

（二）侧踢腿

脚尖勾起，经体侧踢向脑后，其他同正踢腿（如图 18-15 所示）。

图 18-14

图 18-15

（三）里合腿

支撑腿自然伸直，全脚着地；另一腿从体侧踢起经面前向里做扇面摆动落下。其他同正踢腿（如图 18-16 所示）。

（四）外摆腿

同里合腿，唯摆动方向相反（如图 18-17 所示）。

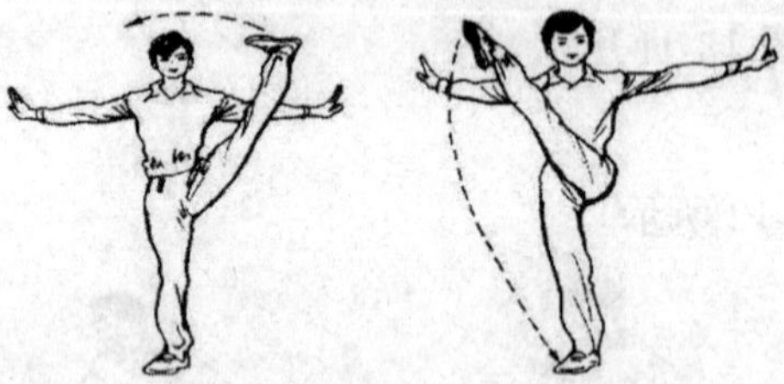

图 18-16

图 18-17

（五）单拍脚

支撑腿伸直，另一腿脚面绷平向上踢摆；同侧手在额前迎拍脚面，击拍要准确响亮（如图 18-18 所示）。

（六）弹腿

支撑腿直立或微屈；另一腿由屈到伸向前弹出，高部过腰，膝部挺直，脚面绷平（如图 18-19 所示）。小腿弹出快速有力，力达脚尖。

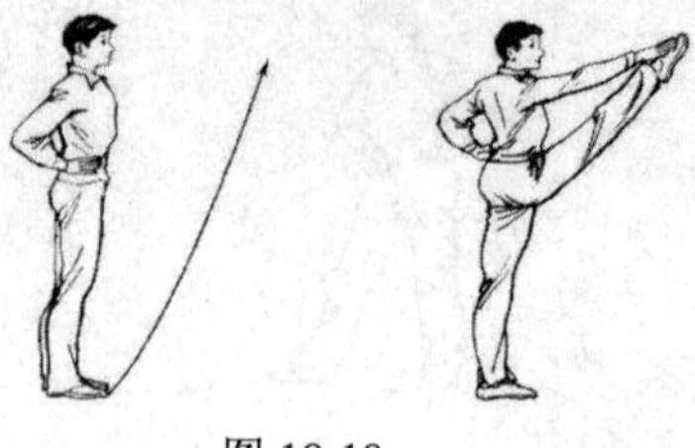

图 18-18

图 18-19

（七）蹬腿

支撑腿直立或稍屈；另一腿由屈到伸，脚尖勾起，用脚跟猛蹬出，高不过胸、低不过腰（如图 18-20 所示）。

（八）踹腿

支撑腿直立或稍屈；另一腿由屈到伸，脚尖勾起内扣或外摆用脚底猛力踹出，高踹与腰平。低踹与膝平；侧踹时上身倾斜，脚高过腰部（如图 18-21 所示）。

（九）伏地后扫

上身前俯，两手扶地。支撑腿全蹲做轴，扫转腿伸直，脚尖内扣，脚掌擦地，迅速后扫一周（如图 18-22 所示）。

图 18-20

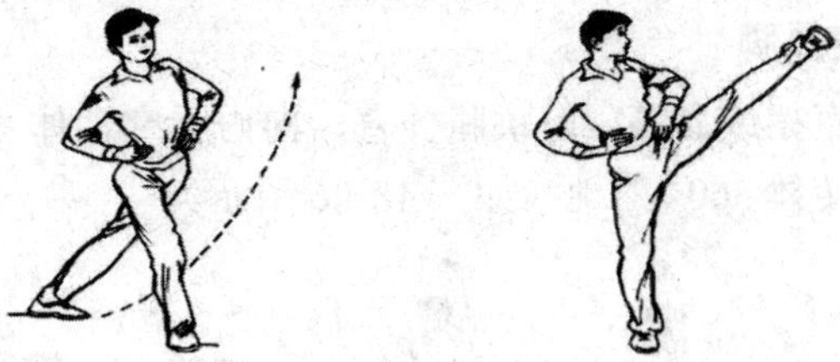

图 18-21

图 18-22

六、平衡

（一）提膝平衡

支撑腿直立站稳，上体正直；另一腿前屈膝高提近胸，小腿斜垂里扣，脚面绷平、内收（如图 18-23 所示）。

（二）望月平衡

支撑腿直立站稳；上体侧倾拧腰向支撑腿同侧方上翻，挺胸塌腰；后举腿在身后向支撑腿的同侧方上举，小腿屈收，脚面绷平（如图 18-24 所示）。

图 18-23

图 18-24

七、跳跃腾空

（一）腾空飞脚

摆动腿高提，起跳腿上摆伸直，脚面绷直，脚高过肩，击手和拍脚连续快速、准确响亮（如图 18-25 所示）。

图 18-25

（二）旋风脚

摆动腿直摆或屈膝，起跳腿伸直，向内腾空转体 270°，异侧手击拍脚掌，脚高过肩，击拍响亮，转体 360° 落地（如图 18-26 所示）。

图 18-26

（三）腾空摆莲

摆动脚要高，起跳腿伸直，向外腾空转体 180°，脚面绷平，脚高过肩；两手依次击拍脚面，不能一手拍空（如图 18-27 所示）。

图 18-27

第三节　简化二十四式太极拳

一、学习太极拳的注意事项

太极拳是我国民族文化遗产中的一项重要内容，是一种较好的增强体质和预防疾病的手段。经常打太极拳能提高人们的健康水平，保持充沛的精力。

太极拳动作柔和、缓慢、圆活、连贯。因此，打太极拳时必须全神贯注，上下相随，虚实分明，连贯圆活，速度均匀，动作运行路线处处带有弧形，整套练习起来，好像行云流水，连绵不断。

学打太极拳时要注意以下几点。

（一）速度要均匀

初学太极拳时宜慢不宜快，要在“慢”上下工夫、打基础，先把动作学会，掌握好要领。熟练以后，不论速度稍快或稍慢，都要从头到尾保持均匀。打一套简化太极拳，正常的速度是用 4～6 min。有的人慢练，时间可长达 8～9 min，但也不能太慢。

（二）架式不可忽高忽低

初学时架式可以高一点，也可低一点，但在“起势”时就要确定高低程度，以后整套动作，要大体上保持同样的高度（除“下势”动作以外）。体弱者最好采用高架式练习，随着动作的熟练和体质的增强，再练中架式或低架式。

（三）要适当掌握运动量

太极拳运动虽然不如体操运动和其他长拳运动激烈，但是由于它要求上、下肢各关节都在一定的弯曲度下做慢动作，这就延长了身体有关部位的运动时间，所以，还是有一定运动量的，特别是下肢的运动量比较大。因为打太极拳，一方面要求两腿分清虚实，身体的重量经常由一条腿来负担，而这条腿又是在弯曲情况下来支撑的；另一方面，由一个姿势转到另一个姿势，身体重心由一腿过渡到另一腿上时要求缓慢，用的时间较长，这就大大增加了下肢的负荷量。所以，初学者练完一趟太极拳，往往会感到两腿酸痛，这是正常的生理现象。

此外，初学者如果没有专人指导，可采用互教互学的办法。例如，先由一个人按照图解的动作说明，来指导其他的人学练，然后依次轮换。这比一个人自己看图解学拳要快一些，效果也要好一些。

二、简化太极拳的动作名称

简化太极拳的动作名称见表 18-1。

表 18-1　简化太极拳动作名称

组　数	动　作	组　数	动　作
第一组	1. 起势 2. 左右野马分鬃 3. 白鹤亮翅	第五组	12. 高探马 13. 右蹬脚 14. 双峰贯耳 15. 转身左蹬脚
第二组	4. 左右搂膝拗步 5. 手挥琵琶 6. 左右倒卷肱	第六组	16. 左下势独立 17. 右下势独立
第三组	7. 左揽雀尾 8. 右揽雀尾	第七组	18. 左右穿梭 19. 海底针 20. 闪通臂
第四组	9. 单鞭 10. 云手 11. 单鞭	第八组	21. 转身搬拦捶 22. 如封似闭 23. 十字手 24. 收势

三、动作说明

预备势：身体自然直立，两脚开立与肩同宽，脚尖向前,两臂自然下垂，两手放在大腿外侧，眼平看前方。

要点：头颈正直，下颏微向后收，不要故意挺胸或收腹；精神要集中（起势由立正姿势开始，然后左脚向左分开，成开立步）。

（一）第一组

1. 起势

（1）两臂慢慢向前平举，两手与肩平，手心向下。

（2）上体保持正直，两腿屈膝下蹲，同时两掌轻轻下按，两肘下垂，两膝相对，眼平看前方。

要点：两肩下沉，两肘松垂，手指自然微屈，重心落于两腿中间。屈膝、松腰，臀部不可突出。两臂下落要和身体下蹲的动作协调一致。

2. *左右野马分鬃*（*如图 18-28 所示*）

要点：上体勿前俯后仰。两手分开要保持弧形，身体转动要以腰为轴，做弓步与分手的速度要一致。做弓步时，迈出的脚，脚跟先着地，然后慢慢踏实，膝盖不要超过脚尖；后腿稍后蹬，使该腿与地面保持约 45° 角。前后脚的脚跟在直线两侧，两脚横向距离（身体的正前方为纵轴，其两侧为横向，下同）应为 10～30 cm。

图 18-28

3. 白鹤亮翅（如图 18-29 所示）

要点：完成姿势胸部不要挺出，两臂上下都要保持圆形，左膝微屈，身体重心后移和右手上提、左手下按要协调一致。

1　2　3

图 18-29

（二）第二组

4. 左右搂膝拗步（如图 18-30 所示）

要点：手推出后，身体不可前俯后仰，要松腰、松胯；推掌时须沉肩、坠肘、坐腕、舒掌，推掌的动作要与松腰、弓腿上下协调一致；做弓步时，两脚跟的横向距离一般不少于 30 cm。

图 18-30

5. 手挥琵琶（如图 18-31 所示）

要点：身体要平稳自然，沉肩、垂肘，胸部放松；左手上起时不要直向上挑，要由左向上、向前，微带弧形；右脚跟进时，前脚掌先着地，再全脚落实；重心后移和左手上起要协调一致。

图 18-31

6. 左右倒卷肱（如图 18-32 所示）

要点：前推的手不要伸直，后手也不可直向回抽，仍走弧线。前推时，要转腰、松胯，与两手的速度要一致，避免僵硬。退步时，脚尖先着地，再慢慢踏实，同时前脚居正，退左脚略向左后斜，退右脚略向右后斜，避免使两脚落在一条直线上；后退时，眼神随转体动作向左右看（约转 90°），然后再转看前手。

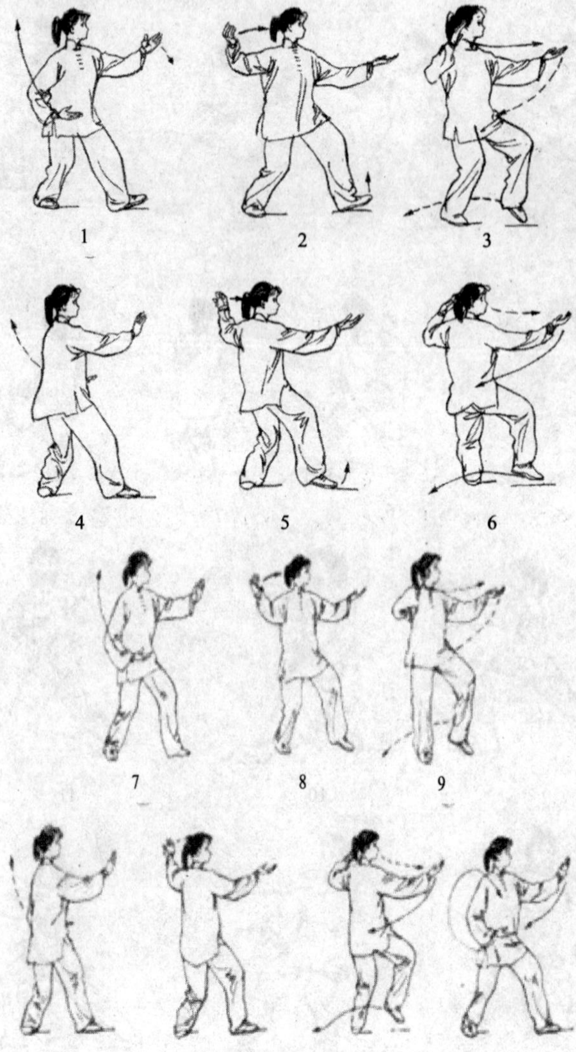

图 18-32

（三）第三组

7. 左揽雀尾（如图 18-33 所示）

要点：外掤时，两臂前后均保持弧形，分手、松腰、弓腿三者必须协调一致；下捋时，上体不可前倾，臀部不要突出，两臂下捋必须随腰旋转，仍走弧线；向前挤时，上体要正直，动作要与松腰、弓腿相一致。

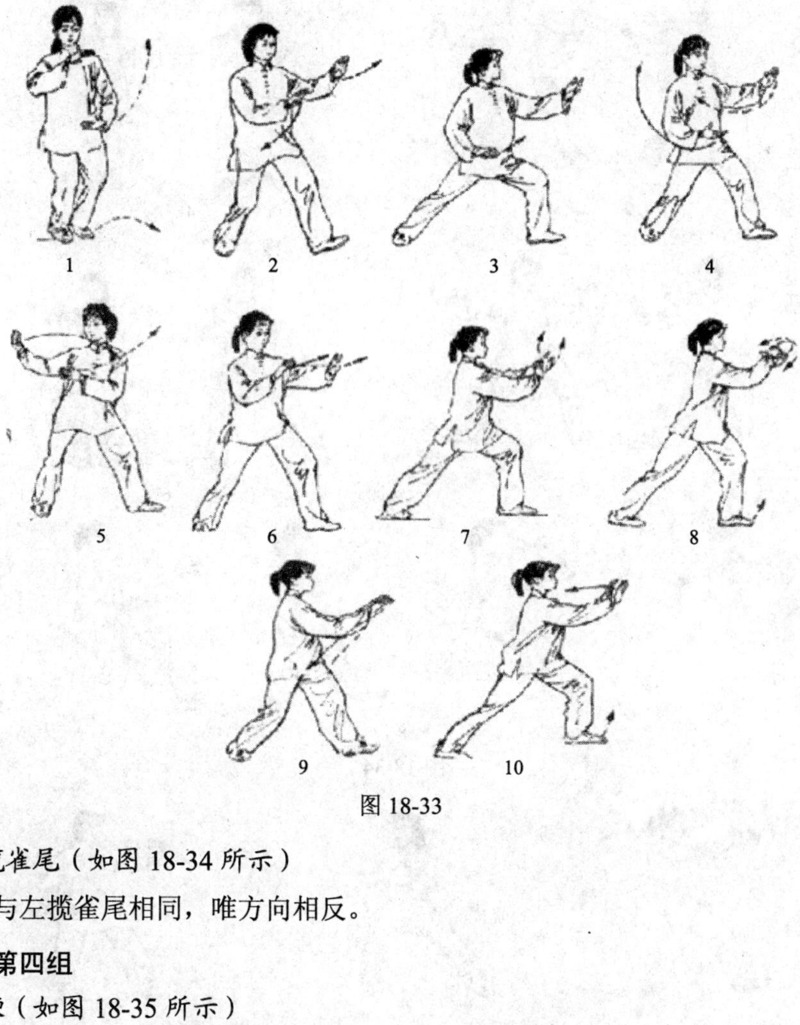

图 18-33

8. 右揽雀尾（如图 18-34 所示）

要点：与左揽雀尾相同，唯方向相反。

（四）第四组

9. 单鞭（如图 18-35 所示）

要点：上体正直，松腰；右臂肘部稍下垂，左肘与左膝上下相对，两肩下沉；左手向外推时，要随转随推，不要翻掌太快；全部过渡，上下要协调一致。

10. 云手（如图 18-36 所示）

要点：身体转动要以腰脊为轴，带动两臂，身体重心要平稳，不可忽高忽低；两臂转动要自然圆活，速度要缓慢均匀；移动时，脚掌先着地再踏实，脚尖向前；目随云手移动。

图 18-34

图 18-35

图 18-36

11. 单鞭（如图 18-37 所示）

要点：与前单鞭式相同。

图 18- 37

图 18-38

（五）第五组

12. 高探马（如图 18-38 所示）

要点：上体自然正直，双肩下沉，右肘微下垂。

13. 右蹬脚（如图 18-39 所示）

要点：身体要稳定；两手分开时，腕部与

肩齐平；左腿微屈，蹬脚时脚尖回勾，脚跟用力，分手和蹬脚必须协调一致；右臂和右腿上下相对。

图 18-39

14. 双峰贯耳（如图 18-40 所示）

要点：头颈正直，松腰，两拳松握，沉肩、垂肘，两臂均保持弧形。

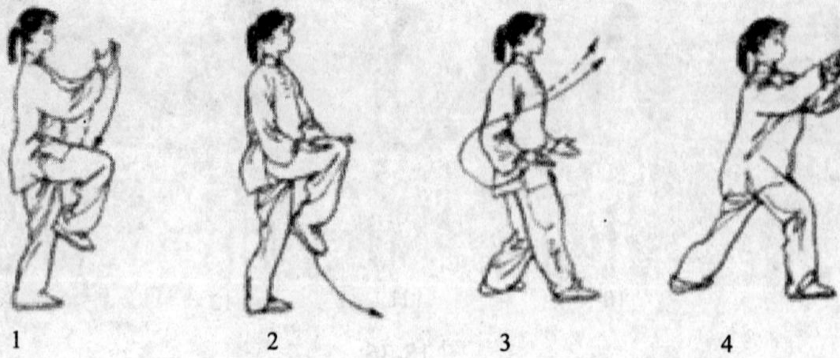

图 18-40

15. 转身左蹬脚（如图 18-41 所示）

要点：与右蹬脚式相同，唯方向相反。

图 18-41

（六）第六组

16. 左下势独立（如图 18-42 所示）

要点：右腿全蹲时脚尖微向外撇，左腿伸直时脚尖向里扣，脚掌全部着地，左脚尖与右脚跟在一条直线上，上体不可过于前倾；上体正直，独立的腿微屈，右腿提起时脚尖自然下垂。

图 18-42

17. 右下势独立（如图 18-43 所示）

要点：右脚尖触地后必须稍微提起，然后再向下仆腿，其他均与左下势独立相同，唯方向相反。

图 18-43

（七）第七组

18. 左右穿梭（如图 18-44 所示）

要点：推出后，上体不可前俯；手向上举时，防止引肩上耸；前推时，手上举和前推的速度要与腰腿前弓上下协调一致；做弓步时，两脚跟的横向距离以不少于 30 cm 为宜。

图 18-44

19. 海底针（如图 18-45 所示）

要点：身体要先向右转，再向左转，上体不可太前倾，避免低头和臀部外凸，左腿要微屈。

20. 闪通臂（如图 18-46 所示）

要点：上体自然正直，松腰，松胯，左臂不要伸直，背部肌肉要伸展开，推掌和弓腿动作要协调一致。

图 18-45

图 18-46

（八）第八组

21. 转身搬拦捶（如图 18-47 所示）

要点：右掌松握，前臂先慢慢内旋后收，再外旋停于右腰旁，拳心向上。向前打出时，右肩随拳略向前引，沉肩、垂肘，右臂微屈。

图 18-47

22. 如封似闭（如图 18-48 所示）

要点：身体后坐时，避免后仰，臀部不可凸出；两臂随身体回收时，肩肘部略向外松开，不要直着抽回；两手宽度不要超过两肩。

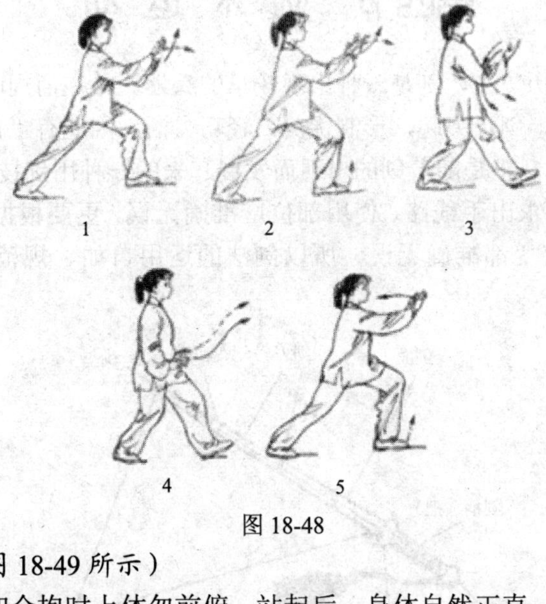

图 18-48

23. 十字手（如图 18-49 所示）

要点：两手分开和合抱时上体勿前俯，站起后，身体自然正直，头微上顶，下颏稍向后收；两臂环抱时要圆满舒适，沉肩、垂肘。

图 18-49

24. 收势（如图 18-50 所示）

要点：两手左右分开，下落时，注意全身放松，同时气徐徐向下沉（呼气略加长）；呼吸平稳后，把左脚收到右脚旁，再走动休息。

图 18-50

第四节 剑术运动

在中国冷兵器发展历史上，剑是一种出现较早的兵器。早在商周时期，就已经出现了青铜制成的剑。剑开双刃，剑脊突起，形制优美，轻巧灵活，因此有“百刃之君”的美称（如图 18-51 所示）。而剑术，正是随着剑的出现而发展起来的一种用剑技术。

剑术的演练不仅要求出手线路、使用部位应准确无误，更要根据其所能使用部位的全部要求，在刹那间的突变都准确无误。所以剑法的运用自如、规范，是剑术技法中的重要要求。

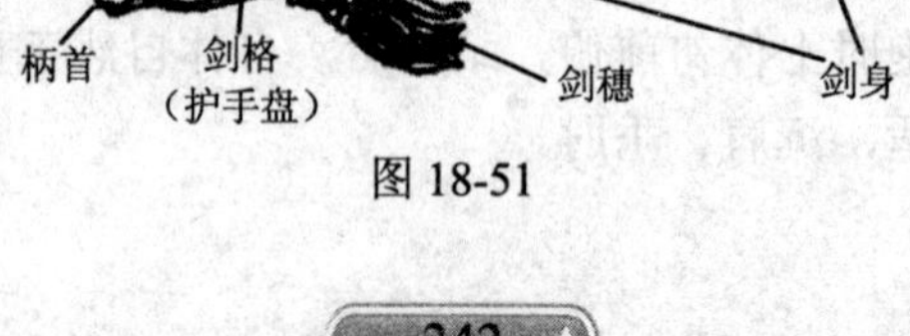

图 18-51

一、持握方法

（一）持剑

掌心贴近剑格，食指伸直按于剑柄，拇指为一侧，其余三指为一侧，直腕，手指扣握剑，剑脊贴近前臂（如图 18-52a）所示）。

（二）握剑

拇指为一侧，其余四指为一侧，握拢剑柄，虎口靠近剑格，并与剑刃相对（如图 18-52b）所示）。练习五指松握剑柄时，手心要空，使剑能在手中灵活转。

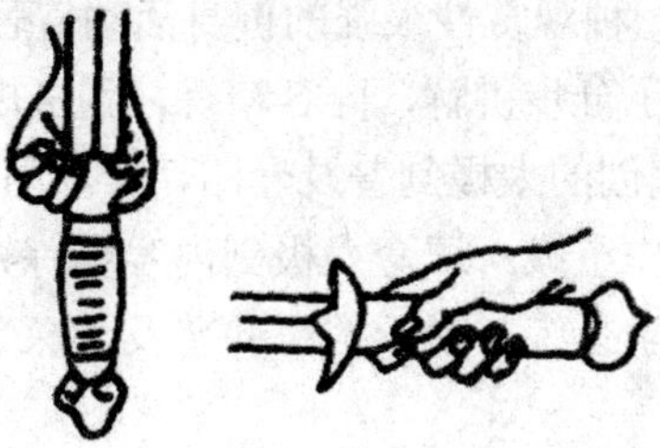

a)　　b)

图 18-52

二、基本剑法要求

（一）刺剑

立剑或平剑，向前直出为刺，力达剑尖，臂与剑成一直线。平刺剑高与肩平，上刺剑剑尖高与头平，下刺剑剑尖高与膝平。

（二）点剑

立剑，提腕，使剑尖由上向前下，臂自然伸直，力达剑锋。

（三）崩剑

立剑，沉腕，使剑尖向上，力发于腕，达于剑锋。

（四）撩剑

立剑，由下向前上方为撩，力达剑身前部为正撩剑。前臂外旋，手心朝上，贴身弧形撩出。反撩剑前臂内旋，其他同正撩。

（五）劈剑

立剑，自上向下为劈，力达剑身。

（六）削剑

平剑，自异侧下方经胸前向同侧前上方斜出为削，手心斜向上，剑尖略高于头。

（七）压剑

平剑，手心朝下，向下为压，剑尖朝前。

（八）斩剑

平剑，向右横出，高度在头与肩之间为斩，力达剑身。

（九）架剑

立剑，横向上为架，剑高过头，力达剑身，手心朝外。

三、三十二式太极剑

（一）简介

三十二式太极剑是著名武术家李天骥在杨式太极剑的基础上简化整理而成的，剑术灵活多变，造型优美，似操如舞，是一种观赏性很强的健身活动。著名国际级武术裁判员李德印先生对三十二式太极剑整套剑法做了分步讲解，内容精练，剑法规范，动作准确。三十二式太极剑是原国家体委于1957年组织编创的太极剑普及套路，全部动作除起、收势外共32个动作，整个套路分四组，每组由8个动作组成。这套太极剑内容精练充实，包括抽、带、撩、刺、点、劈等主要剑法，动作规范，易学易练，易于推广并普及，深受广大太极剑爱好者的喜爱。

（二）动作说明

预备式：两脚并立，面向正南，身体正、直，眼睛平视，虚领顶颈，两臂垂侧，左手持剑，剑尖向上，右手剑指，手心向内。

起势（三环套月）。

（1）左脚开步。要点：点起点落。

（2）两臂前举，曲蹲下按。

（3）转体摆臂，丁步挑掌。

（4）曲肘上步，弓步揉推（前指）。要点：定势方向正东。

（5）盖步穿剑，坐盘展臂。

（6）曲肘上步，弓步接剑。要点：弓步时两脚的横向距离保持在30 cm左右。

1. 并步点剑（蜻蜓点水）

要点：点剑时，要以拇指、无名指和小指着力，力点在剑尖。

2. 独立反刺（大魁星式）

（1）撤步抽剑。要点：右脚后撤时，前脚掌先着地，脚尖外撇45°左右。

（2）扣脚提剑。

（3）收脚挑剑。

（4）提膝反刺。要点：左膝要尽量上提，小腿和脚掌微向里扣，护裆；左膝要正向前方，与左肘上下相对，右手举剑，手心朝外，剑身水平。

3. 仆步横扫（燕子抄水）

（1）撤步劈剑。

（2）仆步压剑。

（3）撇脚扣脚扫剑。

（4）弓步定势。

4. 向右平带（右拦扫）

（1）收脚收剑。要点：右手手心朝上。

（2）上步送剑。要点：上步的方向与中线成30°（偏右）左右。

（3）弓步带剑。要点：右手翻掌手心朝下，直线平带。

5. 向左平带（左拦扫）

（1）收脚收剑。要点：右手翻掌手心朝下。

（2）上步送剑。要点：上步的方向与中线成30°（偏左）左右。

（3）弓步左带。要点：右手翻掌手心朝上，直线平带。

6. 独立抡劈（探海势）

（1）收脚转体，合手抡剑。

（2）上步举剑。

（3）独立劈剑。要点：左膝要尽量上提，小腿和脚掌微向里扣，护裆。

7. 退步回抽（怀中抱月）

（1）退步提剑。要点：剑柄高度同眼高。

（2）虚步抽剑。要点：剑尖高度同头高。

8. 独立上刺（宿鸟投林）

（1）转体垫步。要点：方向正东。

（2）提膝上刺。要点：剑尖高度比头高。

9. 虚步下截（乌龙摆尾）

（1）撤步转体摆剑。要点：右手手心朝里。

（2）虚步下截。要点：右虚步的方向是东偏北约30°；转头目视的方向是东偏南45°；两脚的横向距离不超过10 cm。

10. 左弓步刺（青龙出水）

（1）退步提剑。要点：剑尖指向左前方约30°，剑刃朝上。

（2）扣脚转体撤剑。

（3）收脚收剑。要点：右手翻掌，手心朝上。

（4）弓步平刺。要点：弓步的方向为东偏北约30°；两脚的横向距离约为30 cm。

11. 转身斜带（风卷荷叶）

（1）扣脚收剑。

（2）提膝送剑。要点：右手翻掌，手心朝下。

（3）转体右带。要点：上步的方向为西偏北约30°

（4）弓步定势。

12. 缩身斜带（狮子摇头）

（1）提脚收剑。

（2）撤步送剑。

（3）丁步左带。要点：右手翻掌，手心朝上。

13. 提膝捧剑（虎抱头）

（1）撤步送剑。要点：合手，剑刃朝上。

（2）虚步分剑。

（3）提膝捧剑。要点：左膝要尽量上提，高过水平线。

14. 跳步平刺（野马跳涧）

（1）落脚收剑。

（2）捧剑前刺。要点：剑的高度与胸平。

（3）跳步分剑。

（4）弓步平刺。

15. 左虚步撩（小魁星式）

（1）收脚绕剑。要点：右手先提剑，画弧经面前与左手相合。

（2）垫步绕剑。

（3）虚步左撩。要点：虚步方向正西。

16. 右弓步撩（海底捞月）

（1）收脚转体绕剑。

（2）垫步绕剑。

（3）弓步右撩。要点：坐胯沉肩，剑尖略低于手腕。

17. 转身回抽（射雁式）

（1）扣脚转体收剑。要点：剑柄高同耳朵，眼看剑尖方向。

（2）撇脚弓步劈剑。要点：弓步方向和劈剑方向为东偏南约 30°。

（3）后坐抽剑。

（4）虚步前指。要点：虚步的方向和剑指所指的方向为东偏南约 30°。

18. 并步平刺（白猿献果）

（1）转体移步。

（2）并步平刺。要点：平刺时手心朝上，两腿立直，剑同胸高。

19. 左弓步拦（迎风掸尘）

（1）转体绕剑。

（2）上步绕剑。

（3）弓步拦剑。要点：弓步的方向为东偏北约 30°，剑柄对着左额角，注意要沉肩。

20. 右弓步拦（迎风掸尘）

（1）撤脚绕剑。

（2）收脚绕剑。

（3）弓步拦剑。要点：弓步的方向为东偏南约 30°，剑柄与头同高且对着右额角，注意要沉肩。

21. 左弓步拦（迎风掸尘）

（1）撤脚绕剑。

（2）收脚绕剑。

（3）弓步拦剑。要点：弓步的方向为东偏北约 30°，剑柄对着左额角，注意要沉肩。

22. 进步反刺（顺水推舟）

（1）盖步收剑。要点：在腰间合手，剑要贴身。

（2）转身后刺。要点：此时为高歇步，重心在两脚之间，眼看剑尖方向。

（3）弓步反刺。要点：剑柄与头同高，剑尖高同喉部。

23. 反身回劈（流星赶月）

（1）扣脚转体收剑。

（2）提脚举剑。

（3）弓步劈剑。要点：弓步的方向为西偏北约 30°。

24. 虚步点剑（天马行空）

（1）落指收脚。

（2）转体分手（举剑）。要点：左脚跟落地，方向正南。

（3）弓步落剑。

（4）虚步点剑。

25. 独立平托（挑帘式）

（1）插步绕剑。要点：手的动作是右手一个腕花后两手相合。

（2）转体平抹。

（3）提膝托剑。

26. 步挂劈（左车轮剑）

（1）转体挂剑。

（2）弓步劈剑。要点：方向正西。

27. 虚步抡劈（右车轮剑）

（1）撇脚转体抡剑。

（2）上步举剑。

（3）虚步劈剑。要点：注意劈剑与点剑的区别。

28. 撤步反击（大鹏展翅）

（1）提脚合剑。

（2）撤步击剑。要点：撤步时前脚掌先落地，撤步和击剑的方向为东北方。

29. 进步平刺（黄蜂入洞）

（1）扣脚回抽。

（2）提脚横剑合手。

（3）垫步收剑。

（4）弓步平刺。

30. 丁步回抽（怀中抱月）

（1）摆步横剑。

（2）扣步抹剑。要点：两脚尖相对呈“八”字形。

（3）虚步分剑。

31. 旋转平抹（风扫梅花）

（1）摆步横剑。

（2）扣步抹剑。要点：两脚尖相对呈“八”字形。

（3）虚步分剑。

32. 弓步直刺（指南针）

要点：左脚提起收至右脚内侧后再向前迈出；左剑指先收至腰间，再附于右腕一齐将剑刺出；剑柄正对胸前，不可偏左或偏右。

收势。

（1）后坐接剑。

（2）跟步收势。要点：左手从眼前画弧收到体侧，右手跟着画弧收到体侧，高度同耳朵。

（3）并步还原。

第五节　武术的一般规则

一、比赛场地要求

（1）单练和对练项目的场地：长 14 m、宽 8 m，四周内沿应标明 5 cm 的边线，其周围至少有 2 m 宽的安全区，在场地的两长边中间各做一条长 30 cm、宽 5 cm 的中线标记。

（2）集体项目的场地：长 16 m、宽 14 m，四周内沿应标明 5 cm 宽的边线，其周围至少有 1 m 宽的安全区。

比赛场地上空从地面量起，至少有 8 m 的无障碍空间，两个比赛场地之间的距离应有 6 m 以上。

二、评分规则简介

裁判员依据规则，对武术运动员临场发挥的技术水平进行评分。以 10 分为满分，采用减分制的方法。

根据比赛规则，评分可以概括为以下四个方面的内容。

1. 对动作规范的评分

该类评分是对整套比赛中每个技术动作完成的质量进行评定。一个完整的技术通常由“形”和“法”组成。“形”指各种手形、步形，“法”指各种手法、腿法、步法、身法、眼法及器械方法。

2. 对功力协调的评分

该类评分是对在比赛中整套动技术表现的功力进行评分，即就运动员的功力、协调性进行评分，往往可判断运动员功力深浅。

3. 对精神、节奏、内容、结构、风格、布局的评分

该类评分主要是对运动员在比赛中整套技术的演练技巧和编排技巧进行评判。不同的拳种项目有不同的特点规律，评判中应注意各自的要求。

4. 对其他错误的扣分

其他错误扣分是指运动员在比赛中出现的技术性失误或技术违例，如中途退场，遗忘，器械、服装影响动作，器械变形、折断或掉地，出界，失去平衡，起、收势不符合规定，动作组别不符合规定，时间不足或超出规定等。该栏目在 10 分中不占分值，但出现上述情况按情节程度扣分，同时出现两种以上的其他错误应累计扣分。

从 10 分中减去上述四个栏目的扣分，即为裁判员对该运动员的评分。要注意每栏扣分的区别，避免重复扣分。

第六节 武术运动的比赛欣赏

高水平的武术比赛具有很高的观赏性，能吸引众多的武术爱好者和普通观众的眼球。对武术比赛的欣赏主要从以下三个方面来进行。

一、从技术角度欣赏

在运动员演练过程中，观众要善于发现技术的精湛性，对手法、腿法、步法、身法、眼法及器械运用的熟练性和流畅性，以及对成套动作编排的科学性和艺术性。

二、从体能和运动精神角度来欣赏

武术比赛是一个高强度的比赛项目，对运动员的体能要求非常高，一连串的蹿蹦跳跃会使运动员的体能消耗非常大，功力深厚的运动员无论是在演练的任何部分都会保持高水平的动作姿态、翻转速度和跳跃高度，始终能够保持流畅、娴熟的发挥；功力不好的演练者则很难自始至终保持高标准的技术演练。人们在观赏运动员演练的同时也会对运动员的外貌、风度、动作、习惯、爱好等方面产生兴趣，甚至着迷。有些人把某个运动员当作自己的偶像来崇拜，从中受到优秀运动员的启迪或鼓舞，体现出运动精神的魅力。

三、从文化现象角度来欣赏

武术是中国几千年发展过程中创造出来的宝贵的文化财富，是现代体育发展的重要项目之一。武术运动的内涵和外延非常深刻丰富，它内外兼修、动静相宜，充满时代精神和人生哲理。因此，从文化角度来欣赏武术比赛或演练，会使人们在观念、思维、情趣等方面达到进步和升华。

陈式太极拳

陈式太极拳由著名拳师陈王廷创始于明末清初，所创老架路五套，陈式世代传习、演化，又增新架路二套。经过精心编排，动作速度和强度、身法劲道也有所不同。第一路动

作简单，柔多刚少，以“掤捋挤按”四正劲的运用为主，以“採挒肘靠”四隅手的运用为辅。柔中寓刚，行气运动，以缠丝劲的锻炼为主，发劲为辅。全身内外，动分静和，一动全动，体现柔缠中显柔、缓、稳的特色；第二路（炮捶）动作复杂，急速紧凑，刚多柔少，用劲以“採挒肘靠”为主，以“掤捋挤按”为辅；以刚发劲为主，窜蹦跳跃，腾挪闪展，震足发劲。刚中寓柔，体现柔缠中显刚、快、脆的特点。

陈式太极拳的锻炼原则和练法还要求：意、气、身三者密切配合，以意行气，源动腰脊，旋腰转脊，节节贯穿。在推手中以缠绕粘随为主，“纵放曲伸人末知，诸靠缠绕我皆依”，在粘贴缠绕过程中，运用：“棚、捋、挤、按”等法 则，借力制动，舍己从人，听劲懂劲，发劲制敌。

思考题：

1. 简述武术的起源和发展。
2. 武术的内容包含哪些？
3. 简述武术的特点和作用。
4. 简述武德修养的含义。

第十九章 跆 拳 道

跆拳道是一项运用手足技术，重在足技进行搏击格斗的朝鲜民族传统项目。而现在流行的跆拳道，则集健身、瘦身、减压、自卫于一体，发挥着更多、更广泛的功效。因此，深受广大青少年喜欢。

第一节 跆拳道运动概述

一、跆拳道运动发源概述

跆拳道古称跆跟、花郎道，是起源于古代朝鲜的民间武艺。早在公元688年，新罗王国统一了朝鲜，经济繁荣，百业兴旺，建立了一种“花郎制度”。到真兴王时，便创立了“花郎道”。花郎道是花郎制度的组织形式，即将年轻人组织到一起进行武艺锻炼。其宗旨是“事君以忠，事亲以孝，事友以信，临阵无退，杀身有择”。以此磨炼人的意志、锻炼人的体魄，培养造就了一批又一批忠君事孝、英勇顽强、无所畏惧的战士。在一本描写新罗风俗习惯的书《帝王韵记》中，就记载有跆拳道活动。

1988年，跆拳道在韩国汉城奥运会首次亮相后，为了适应国际重大比赛，跆拳道的技术在不断地变革和发展。世界跆拳道联盟的总部中有一特别技术委员会，其主要任务就是改进现今的跆拳道技术。

跆拳道的“跆”字，意为像台风一样猛烈地、强劲地跳踢的“脚”;“拳”字意为拳头，指用来进攻的武器;“道”是指人生的正确道路，在这里寓意使用手脚的方法和原理。跆拳道运动要求练习者不仅学习跆拳道的技术，还要注重对跆拳道的礼仪、道德修养的学习和遵从，每一次练习都要求“以礼始，以礼终”，培养人的礼仪、忍耐、谦虚和坚忍不拔的精神，这对青少年尤其具有特殊的教育意义。

跆拳道练习者身穿专用的白色跆拳道道服，腰系代表不同段位的腰带进行训练或比赛。跆拳道的水平高低是由练习者的级别和段位体现的，水平越高，其段位越高。跆拳道段位分为初级的十级至一级和高级的一段至九段。跆拳道的比赛是分男、女两个组别按体重分级进行的。

二、中国跆拳道运动的兴起与发展

随着跆拳道运动在国际体育界的蓬勃开展和奥运会正式项目的确立，我国体育界意识到开展跆拳道运动的重要性和必要性。1992年10月7日，经前国家体委综合司、国际司会签，中国跆拳道协会筹备小组正式成立，我国正式开展跆拳道运动。随即，前国家体委几次专门派人去日本、朝鲜和韩国考察跆拳道运动的开展和竞赛情况，并在国内组织全国范围的专门座谈会。1994年5月，在河北正定举行了首届全国跆拳道教练员裁判员学习班；9月，首届全国跆拳道比赛在昆明举行，15 个单位 150 余名运动员参加了比赛。这次比赛标志着跆拳道运动在我国正式开始。1995 年 5 月，首届全国跆拳道锦标赛在北京体育大学举行，22 个单位约 250 名运动员参加了比赛，从此开始了一年一届的全国跆拳道锦标赛。

三、跆拳道运动的礼仪、特点和作用

（一）跆拳道的礼仪

跆拳道中的“礼仪”是跆拳道基本精神的具体表现。

跆拳道运动始终倡导的“以礼始，以礼终”的尚武精神。由于跆拳道是练习者精神和身体的综合修炼，使练习者在艰苦的磨炼中培养出理想的人格和体魄，并能够真正掌握防身自卫的本领，因而对练习者的精神锻炼一环中就必须包括“礼仪”教育和熏陶。“礼仪”是跆拳道运动必不可少而且十分重要的组成部分。

练习者衣着要端正，头发整洁，对教练、同伴时刻要表示出恭敬、服从、谦虚、互助和互学的心态。谦虚和正确的语言，忍让和友好的态度，虚心和好学的作风也是跆拳道练习者应遵循的重要礼仪。

最常用的礼节表示方式是向教练同伴敬礼。敬礼动作的具体要求是：面向对方直体站立，向前屈腰 15°，头部前屈 45°，此时两腿紧贴两腿，两脚跟并拢。训练时，进入体育馆后，以端正姿势向国旗敬礼，然后按馆长、教练和长辈的顺序依次向他们敬礼。训练活动始终在肃静的气氛中行动。训练者妥善保管好自己的道服及其他物品；运动过程中道服松开时，停止运动，转身背向国旗、会旗和教练员及同伴整理道服，整理好后再转回原来方向。

（二）跆拳道的特点

1. *以腿为主，以手为辅，主要关节武器化*

跆拳道技术方法中占主导地位的是腿法，腿法技术在整体运用中约占 3/4，因为腿的长度和力量是人体中最长最大的，其次才是手。腿的技术有很多种形式，可高可低、可近可远、可左可右、可直可屈、可转可旋，威力极大，是比赛时得分和实用制敌的有效方法。其次是手法，手臂的灵活性很好，可以自如地控制完成防守和进攻动作，同时也可以变化为拳、掌、肘、肩的多种用法，进行实战。在竞赛规则之外的跆拳道实战中，人体的一些主要关节部位亦可以用来做进攻的武器，或防守的盾牌，这是跆拳道技术的本质，如人的手、肘、膝、脚等关节部位，是跆拳道实战中最常用、最有效的击打武器。

2. *方法简捷，刚直相向，少用躲闪防守法*

不论是在比赛时还是在实战中，跆拳道的进攻方法都是十分简捷而富有实效的。对抗时双方都是直接接触，以刚制刚，用简练硬朗的方法直接击打对方，或拳或腿，速度快，变化多；防守的动作也是以直接的格档为主，随即是连续的反击动作。防守时很少使用躲闪防守法，追求刚来刚往，硬拼硬打，尽可能保持或缩短双方间的距离，以增加击打的有效性，在近距离拼斗中争取比赛或实战的胜利。

3. *内外兼修，方法独特，以功力验水平*

跆拳道理论认为，经过专门训练，人的关节部位能产生不可思议的威力，特别是拳、肘、膝和脚四个部位，尤以脚和手为甚。长期专门练习跆拳道，可以使人达到内外合一的程度，即内功和外力达到统一的巅峰。由于无法确定人体关节部位武器化的威力和潜力到底有多大，只有通过对木板、砖瓦等物体的击打来测量验定练习者的功力水平。功力测验是跆拳道训练水平、晋级考试、表演和比赛的一个重要内容，以此显示出跆拳道独特的功法和特点。

（三）跆拳道的作用

1. 修身养性，培养优秀的意志

跆拳道练习推崇“以礼始，以礼终”的尚武精神，练习中要以“礼义廉耻，忍耐克己，百折不屈”为宗旨，因此，可以培养人顽强果断、吃苦耐劳的精神，磨炼人坚忍不拔、积极向上的品质，养成人礼让谦逊、宽厚待人的美德，造就人热爱祖国、勇于献身的思想，为社会和国家练就具有优秀品质的建设者。

2. 强体防身，练就健全的体魄

跆拳道运动紧张激烈，对抗性极强，可使人强壮筋骨，提高各关节的灵活性及肌肉的伸展性和收缩能力，提高人的速度、反应能力、灵敏度、力量和耐力素质，提高人内脏器官的机能和人体神经系统的灵活性，增强人体的击打和抗击打能力。通过攻防练习，可以学习掌握实用技击术和防身自卫的能力，为保护自身安全和维护社会正义学习真正本领。

3. 观赏竞技，享受击打艺术的美感

跆拳道比赛或实战时，双方队员不仅要斗智斗勇，而且还要能通过高超的技艺展示跆拳道技术动作的优势。尤其是跆拳道变化多端、尽现人体机能特点的腿法技术，在对抗中高来低往，表现得淋漓尽致，不仅给人以美的享受，还能激发人的斗志，鼓舞人奋发向上，陶冶情操，使人在欣赏跆拳道竞技比赛的同时，潜移默化地受到良好的意志品质教育。

第二节 跆拳道运动的基本技术

跆拳道的技术简单实用，其基本技术是所有技术的精髓和灵魂，任何技术的变化和动用都是在基本技术的基础上发展、衍生出来的。但是，基本技术只是跆拳道技术规范化和理想化的单个技术，在比赛实战中，基本技术需要根据时机、距离、战术和运动员的自身条件加以变形才能有效地使用。又由于竞赛规则的限制，在众多的跆拳道技术中，能够用于赛场的技术十分有限。而且，跆拳道的比赛技术由于规则的制约和导向，在比赛中逐渐形成了自身的特点和技术体系，与传统的品势、技术相比有了较大的差别。因此，要想在赛场上取胜，需要学习先进的比赛技术，更需要刻苦练习，熟练掌握。

跆拳道的基本技术主要包括拳法、腿法和步法三个方面。

一、拳法

拳法的进攻技术是直拳进攻。拳法的防守技术由上格挡、下格挡、内格挡和外格挡组成。

二、步法

跆拳道是一种以腿法为主的武技，实战中步法的灵活运用对保证充分发挥腿的威力、取得实战的胜利具有极其重要的意义。脚法使用时多以后腿进攻，因此跆拳道的步法具有鲜明的特点，即重心落在两脚之间或偏于前腿，而且身体姿势大都以侧向站位，以便保护身体和正面要害部位以及使后腿通过拧腰转髋发力，增加击打的力量和速度。

实战中常用的基本步法包括以下几种。

（一）前进步

以标准实战姿势开始，两脚成斜马步，两手握拳置于胸前。前进时后脚蹬地向前迈步，身体侧转向另一侧，双脚亦成斜马步，双手置于胸前，如图 19-1 所示，可连续进行。这是前进步中的一种——上步。注意拧腰转髋。

图 19-1

前进时，后脚蹬地，前脚向前滑行称为前滑步（如图 19-2 所示）；后脚蹬地，前脚向前跳跃为前跃步。前滑步和前跃步都属于前进步，是主动进攻时采用的步法。也可用于假动作，配合手臂的动作进行，便于快速接近对方。

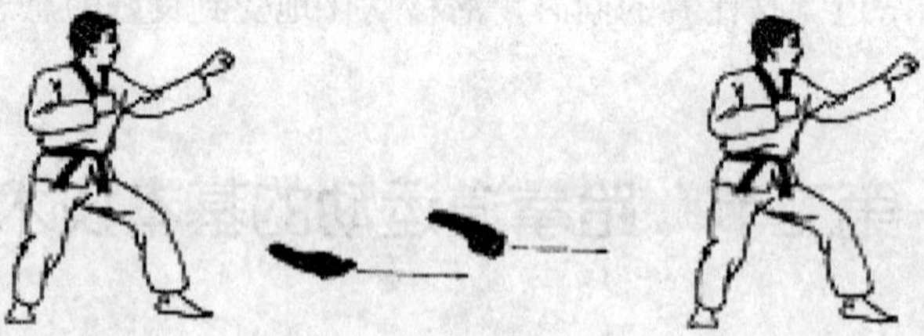

图 19-2

（二）后退步

由标准实战姿势开始，前脚掌用力蹬地，后脚先退后一步，前脚随即后退，两脚以及身体仍保持原来姿势，如图 19-3 所示。

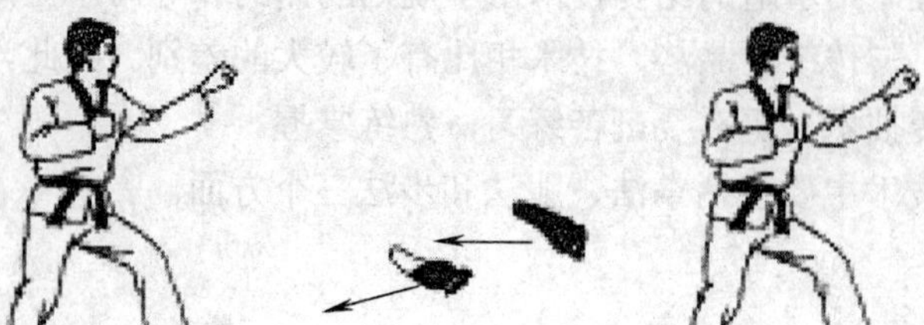

图 19-3

若前脚掌蹬地后，后脚沿地向后滑行一步，前脚随即同样向后滑行一步，两脚以及身体仍保持原来姿势，叫做后滑退（如图 19-4 所示）。这种步法可以拉开和对手的距离，避开对方的进攻，为做反击动作作准备。

图 19-4

（三）后撤步

从标准实战姿势开始，以后脚前脚掌为轴，前脚抬起向后经后脚内侧向后撤一步，形成和原来相反的实战姿势（如图 19-5 所示）；后撤步可根据实战需要左右变化，调整与对方的相对距离，准备进行攻击或反击。

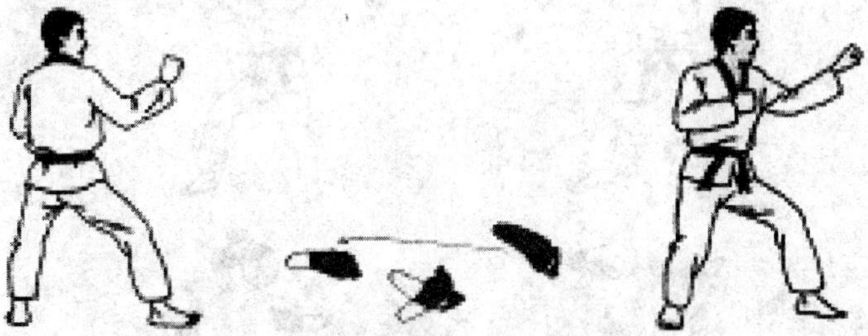

图 19-5

（四）侧移步

由标准实战姿势开始，两脚前脚掌同时向左（右）侧蹬地，使身体向右（左）侧移动，离开原来的位置。向左移叫左移步，向右移叫右移步，如图 19-6 所示；侧移步的作用是避开对方有力的攻击，移动到对方的侧面，为反击作准备。

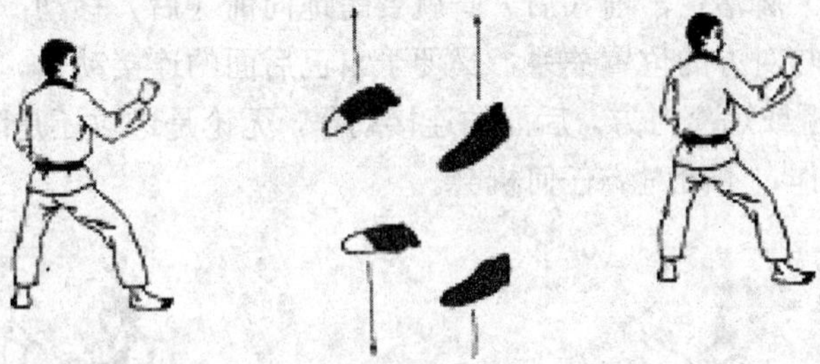

图 19-6

（五）跳换步

由标准实战姿势开始，两脚同时蹬地使身体腾空，空中两脚前后交换，同时转体；落地时身体姿势成另一侧的准备姿势（如图 19-7 所示）；跳换步的腾空不宜高，略离地即可；换步时要拧腰转髋，迅速敏捷，其目的是干扰对方的攻防思路，选择适宜自己进攻的方位和转换自己身体的得分有效部位使对方不能得分，同时争取反击的空间和时间，马上转入进攻。

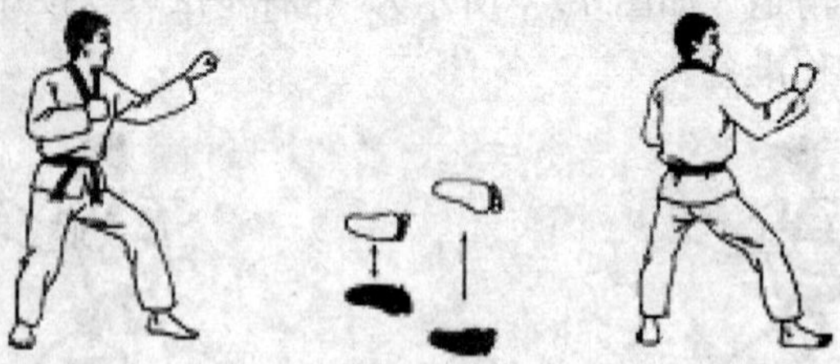

图 19-7

（六）弧形步

由标准实战姿势开始，前脚的前脚掌原地蹬踱地面，后脚同时向左（右）蹬地后右（左）跨移一步，成为和原来准备姿势不同方向的准备姿势。向左跨为左弧形步（或左环绕步），向右跨步为右弧形步（右环绕步），如图 19-8 所示。

图 19-8

（七）前（后）势步

由标准实战姿势开始，后（前）脚向前（后）脚并拢的同时，前（后）脚蹬地向前（后）迈（退）步，仍成原来的实战姿势，如图 19-9 所示。垫步动作的要点是后脚（前）向前（后）要迅速，不等后（前）脚落定，前（后）脚就要蹬地向前（后）移动；前（后）脚移动的距离要适当，既能照顾与对方的位置关系，又便于自己后面的连接动作。垫步动作要迅速、轻捷、连贯，要快速接近或远离对方。后面的连接动作，无论是进攻还是防守，都要连续迅速，可在垫步过程中做动作，不给对方任何机会。

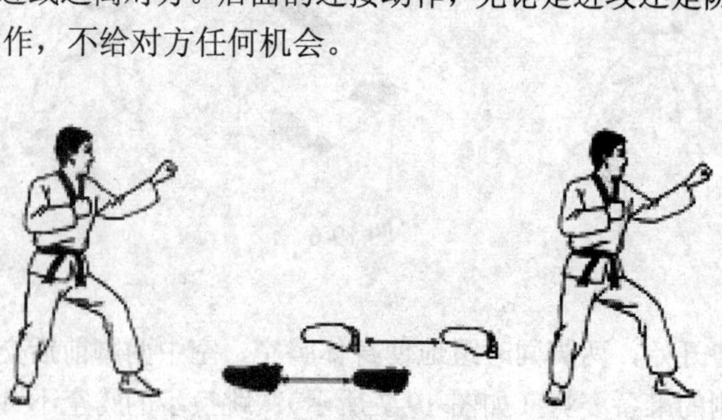

图 19-9

（八）前冲步

由实战姿势开始，后脚向前迈进一步，身体姿势同时转正，随即前脚向前冲一步仍为实战姿势（如图 19-10 所示）。可连续冲几步后成实战姿势。

前冲步的动作要点是两腿动作要连贯快速，类似加速冲刺。步幅要小，频率要快，灵活多变，是主动追击对方的有效步法。连续动作要轻捷快速，给对方造成慌乱。亦可采用向后退的类似方法躲避防守。

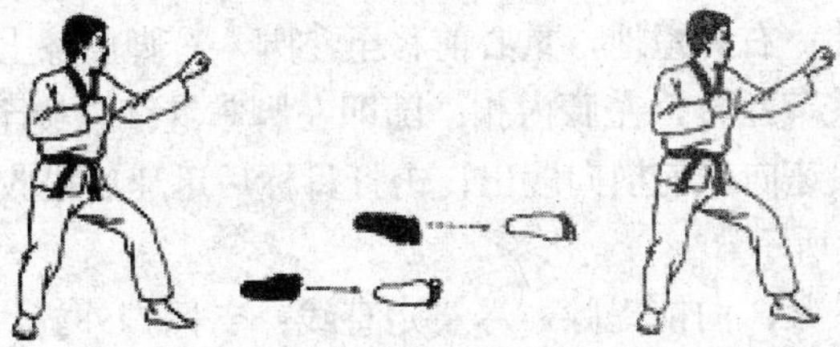

图 19-10

（九）组合步

组合部是指各种步法之间的不同组合。实际上，跆拳道技术在实战运用的过程中，无不通过各种步法的运用和变化而得到实施，而且使用的步法都是有意或无意地组合起来综合运用的。运用步法的目的是为了调整距离，使自己的动作更加快速灵活，进而达到进退自如、控制节奏、有效攻击和有效防守的目的。步法的组合应根据实际情况的变化而改变，把攻击和反击的技术与步法紧密结合起来，做到在移动中进攻、在移动中防守、在移动中反击，使步法的运用和拳法、腿法融为一体，成为进攻、防守、反击的有机连接技术，从而达到取得实战胜利的目的。

三、基本腿法

（一）前踢

动作从实战姿势的基本姿势开始；右脚蹬地，髋关节向左旋转，双手握拳置于体侧；同时，右腿以髋关节为轴屈膝上提；当大腿抬到水平或稍高时，髋关节向前送，向前顶，小腿以膝关节为轴快速向前上方踢出，力达脚尖，整条腿绷直；踢击后迅速放松，右腿沿原路线弹回，右腿屈膝回收，右脚落回原处，成实战姿势，如图 19-11 所示。

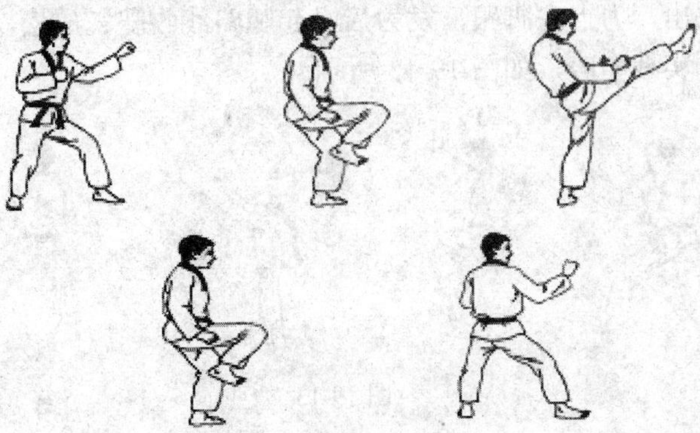

图 19-11

动作要领：膝关节夹紧，小腿放松，要有弹性：髋往前送，高踢时髋往上送；身体挺直，脚背板平；小腿回收与前踢的速度一样快，落地后快速找好重心，主要攻击部位有面部、下颏、腹部。前踢亦可用于防守。

将前踢发力部位由脚尖改换为脚跟时，前踢动作就为前蹬动作，动作方法、要点相同，只是脚的形状发生了变化。

（二）横踢

动作从实战姿势开始；右脚蹬地，重心前移至左脚，右脚屈膝上提，两拳置于胸前；左脚前脚掌碾地内旋，髋关节左转，左膝内扣；随即左脚掌继续内旋至 180°，右腿膝关节向前抬至水平状态，小腿快速向左前横向踢出；击打目标后迅速放松收回小腿，右腿落回原地成实战姿势，如图 19-12 所示。

动作要领：膝关节夹紧，向前提膝，尽量走直线；支撑脚外旋 180°；髋关节往前顺，身体与大小腿成直线；严格注意击打的力点在正脚背；踝关节放松，击打的感觉是“面团”、“鞭梢”。横踢攻击的主要部位有头部、胸部、腹部和肋部。

图 19-12

（三）侧踢

动作从实战的基本姿势开始；右脚蹬地右腿以髋关节为轴屈膝提起，两手握拳置于体侧；随即左脚以前脚掌为轴外旋 180°，髋关节向左旋转，右腿以膝关节为轴向前蹬伸，右脚快速向右前上方直线踢出，力点在脚跟，发力后沿起腿路线收腿、放松，重心落下（原处或向前均可），再次回到实战姿势，如图 19-13 所示。

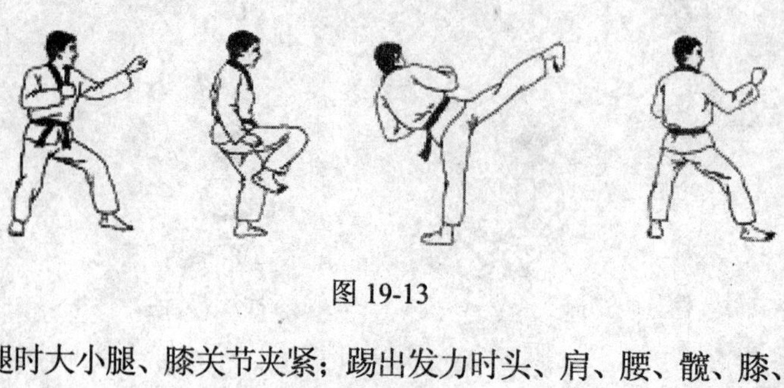

图 19-13

动作要领：起腿时大小腿、膝关节夹紧；踢出发力时头、肩、腰、髋、膝、腿和踝成一直线；

大小腿直线踢出，原路线收回。侧踢动作的主要攻击部位有膝部、腹部、肋部、胸部和头面部。

（四）劈腿

动作从实战姿势开始；右脚蹬地，重心前移至支撑腿；同时，右腿以髋关节为轴屈膝上提，两手握拳置于胸前，随即充分送髋，上提膝关节至胸部，右小腿以膝关节为轴由上伸直，将右腿伸直举于体前，右脚过头，然后放松向下以右脚后跟（或脚掌）为力点劈击，一直到地面，成实战姿势，如图 19-14 所示。

图 19-14

动作要领：腿尽量往高、往头后举，要向上送髋，重心往高起；脚放松往前落，落地要有控制；起腿要快速、果断；踝关节要放松。劈腿的主要攻击部位有头顶、脸部和锁骨。

（五）摆踢

动作从实战姿势开始；右脚蹬地重心前移，右腿以髋关节为轴屈膝上提，两手握拳置于体侧；左脚以前脚掌为轴外旋 180°，右腿以膝关节为轴继续向前上方伸成直线，顺势右脚掌用力右侧屈膝鞭打，顺鞭打之势上体右转；右腿屈膝回收，右脚落回原处，成实战姿势，如图 19-15 所示。

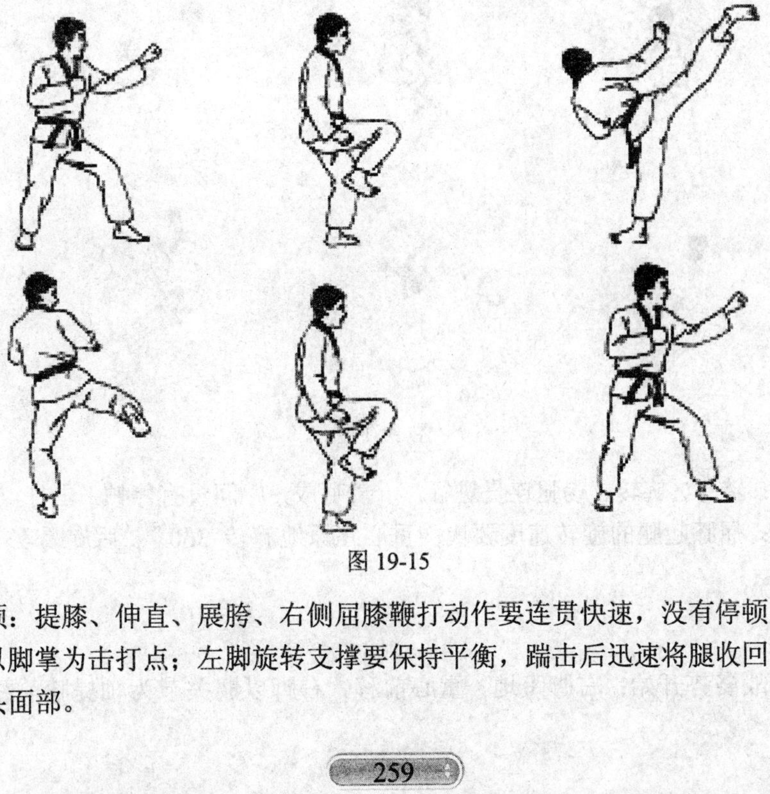

图 19-15

动作要领：提膝、伸直、展胯、右侧屈膝鞭打动作要连贯快速，没有停顿；击打点在体前偏右侧，以脚掌为击打点；左脚旋转支撑要保持平衡，踹击后迅速将腿收回。摆踢攻击的主要部位是头面部。

（六）后踢

动作从实战姿势开始；转身后腿后撤背对对方，重心后移至左脚；右脚蹬地后屈膝提起，右脚贴近左大腿，两手握拳置于胸前；随即左脚蹬地伸直，右脚自左大腿内侧向后直线踢出，力达脚跟；踢击后右脚沿原路线快速收回，成实战姿势，如图 19-16 所示。

图 19-16

动作要领：起腿后上体和大小腿折叠收紧；后踢时动作延伸要长，用力延伸；转身、提腿、出脚动作连续一次性完成，不能停顿；击打目标在正后方偏右。后踢动作的主要攻击部位有腹部、胸部和头面部。

（七）后旋踢

动作从实战姿势开始；两脚以两脚掌为轴均内旋约 180°，身体随之右转约 90°，两拳置于胸前，上体右转，与双腿拧成一定角度；右脚蹬地将蹬地的力量与上体拧转的力量合在一起，将右腿向后上以髋关节为轴直腿摆起，右腿继续向右后旋摆鞭打；同时上体向右转，带动右腿弧形摆至身体右侧；右腿屈膝回收，右脚落到右后成实战姿势，如图 19-17 所示。

图 19-17

动作要领：转身、旋转、踢腿连贯进行，一气呵成，中间没有停顿；击打点应在正前方，呈现水平弧线；屈膝起腿的旋转速度要快；重心在原地旋转 360°。后旋踢攻击的主要部位有面部和胸部。

（八）推踢

动作从实战姿势开始；右脚蹬地，重心前移，右脚以髋关节为轴提膝前蹬，用右脚脚掌向前蹬推，力点在脚掌，推力向正前方；右腿屈膝回收，右脚落回原处，成实战姿势，如图 19-18 所示。

图 19-18

动作要领：提膝后尽量收紧膝关节；重心往前移，利用身体的重量和力量；推的时候腿往前伸展、送髋；推的路线水平往前。推踢的主要攻击目标是腹部。

（九）跳踢

跳踢是指先跳起使身体腾空，然后在空中完成各种踢法的攻击技术。跳踢包括旋风踢、双飞踢、腾空后踢、腾空劈腿、腾空后旋踢、跳步樱花踢等多种方法，是跆拳道高难技术动作。

（十）单腿连踢

单腿连踢是指同一条腿连续进行两次以上的进攻方法。这种技术也属于跆拳道高难技术动作。

（十一）双腿连踢

双腿连踢是指两条腿连续进行两次以上的进攻。这种技术同样属于跆拳道高难技术动作。

第三节　跆拳道比赛的规则简介

一、跆拳道比赛的场地

跆拳道比赛的场地是 12m×1m 水平的、无障碍物的正方形场地。比赛场地应为有弹性的垫子。有必要时，比赛场地可根据实际情况高出地面 50～60 cm，为了安全，比赛台的支撑装置与地面的夹角要小于 30°。

12m×12m 见方的比赛场地正中 10m×10m 见方的区域称为比赛区，其余部分为警戒区。比赛区和警戒区的表面用两种不同颜色划分，同色时要用 5cm 宽的白线加以区别。这种划分比赛区和警戒区的线称为警戒线，比赛场地最外面的线称为边界线（如图 19-19 所示）。

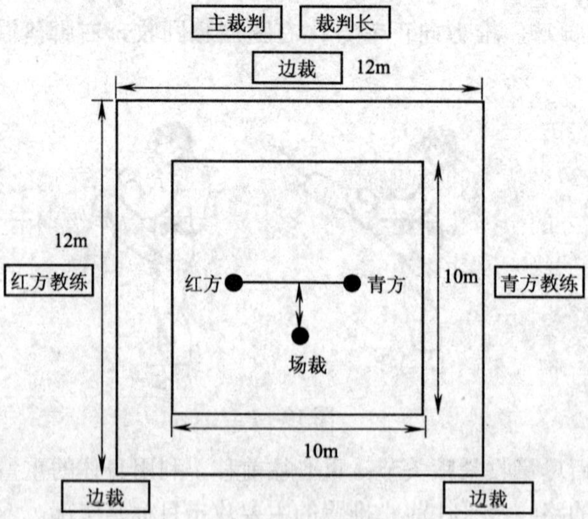

图 19-19

二、跆拳道比赛级别

跆拳道比赛按性别和体重分级别进行。男子组有 8 个体重级别：54 公斤以下、54～58 公斤、58～62 公斤、62～67 公斤、67～72 公斤、72～78 公斤、78～84 公斤和 84 公斤以上级；女子组有 8 个体重级别：47 公斤以下、47～51 公斤、51～55 公斤、55～59 公斤、59～63 公斤、63～67 公斤、67～72 公斤和 72 公斤以上级。

三、比赛的运动员

（一）运动员的参赛资格

参赛者必须是属于某个在中国跆协注册的团体会员，并在当年度登记注册的运动员，参赛运动员必须持有中国跆协颁发的段位证书，或根据比赛要求持有相应的段位及级位证书。

（二）参赛运动员的比赛服装

参加比赛的运动员必须穿戴中国跆协认可的道服和保护用具。比赛时运动员必须穿戴好护身、头盔、护裆、护臂、护腿后方能进入比赛场地，护裆、护臂、护腿应穿在道服里面。参赛运动员可以携带经中国跆协认可的护具以备自己使用。

（三）运动员的药物控制

所有参赛运动员禁止使用国际奥委会禁用的任何药品。世界跆拳道联盟、中国跆拳道协会在认为需要时，可进行药检，以确认运动员是否违反规定；如任何胜方拒绝药检或药检触犯有关规定者，将被取消比赛成绩取消，并将比赛成绩顺序将递补给下面的运动员。

四、跆拳道比赛的种类与方法

（一）跆拳道比赛的种类

跆拳道比赛的种类分为个人赛和团体赛两种。个人赛是按各个体重级别在个人之间进行比赛，在必要时可把相邻两个级别合并后进行比赛。团体赛有 3 种赛制，分为 5 人制、8 人制和 4 人制。

（二）跆拳道比赛的方法

跆拳道比赛采用单败淘汰赛和循环赛两种形式。奥运会的跆拳道比赛采用个人赛制，没有团体赛。中国跆协主办的全国性竞赛至少有 4 个队参加，每个级别至少有 4 名运动员参加比赛，不足 4 名运动员的级别不计比赛成绩。

（三）跆拳道比赛的时间

跆拳道每场比赛为 3 局，每局比赛的时间为 3 min，局间休息 1 min。青年锦标赛每场比赛为 3 局，每局比赛为 2 min，局间休息 1 min。必要时，经中国跆协批准，男子每场比赛为 3 局，每局比赛为 3 min，局间休息 1 min；女子每场比赛为 3 局，每局 2 min，局间休息 1 min。

五、跆拳道比赛中允许使用的技术和允许攻击的部位

（一）允许使用的技术

拳的技术：使用拳的技术须紧握拳，用拳正面的食指和中指部分击打。

脚的技术：使用脚的技术时，必须用踝关节以下的脚的前部击打。

（二）允许攻击的部位

（1）躯干：可用拳或脚的技术攻击髋骨以上至锁骨以下以及两肋部，但背部没有被护具保护的部位禁止攻击如图 19-20（1）所示。

（2）面部：从两耳向前的头颈的前部，允许用脚的技术攻击如图 19-20（2）所示。

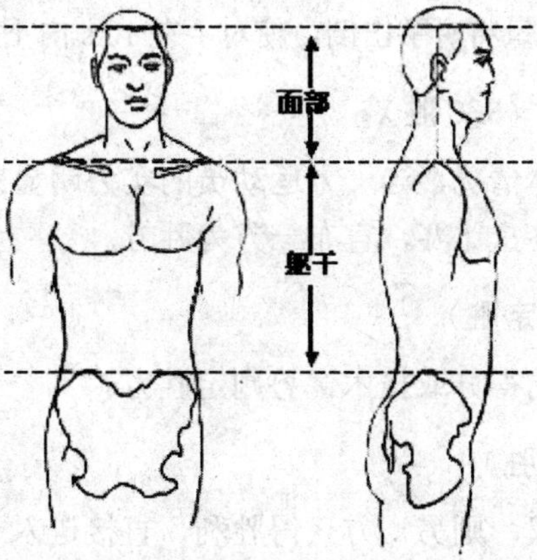

（1）　　　　（2）

图 20

六、跆拳道比赛的有效得分

（一）有效得分部位

（1）躯干：包括腹部和两肋部（如图 19-21 所示）。

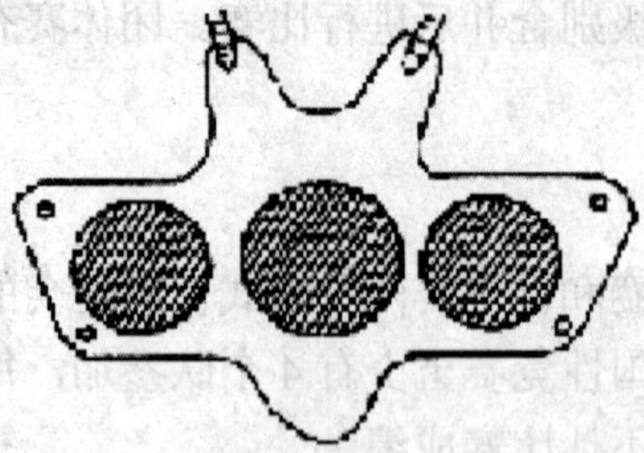

图 19-21

（2）面部：面部被允许攻击的部位。

（二）有效得分

有效得分是使用允许的技术，准确有力地击中有效得分部位。但使用允许的技术，攻击被护具保护的非有效得分部位，击倒对方时，按得分计。得分一次累加一分，最后比分为三局比赛得分的总计。

（三）不计分的情况

（1）攻击后故意倒地。
（2）攻击后有犯规行为。
（3）使用任何犯规动作进攻。

七、跆拳道比赛结果的判定

（一）击倒胜（K. O 胜）

K.O 胜即用正确的技术力量将对手击倒，使对手在 10 s 内不能够重新投入比赛而获胜。

（二）主裁判终止比赛胜（RSC 胜）

主裁判根据比赛中的具体情况，当一方运动员的实力明显差于对手时，或一方队员因受伤不能比赛时，主裁判有权终止比赛，宣布一方为胜方。

（三）比分或优势胜（判定胜）

主裁判根据双方运动员的得分或技术优势判定胜方。

（四）对方弃权胜（弃权胜）

由于一方运动员因故弃权，则另一方获得胜利，直接进入下一轮次的比赛。

（五）对方失去资格胜（失格胜）

若一方运动员因各种原因导致失去比赛资格，则另一方运动员将直接获胜，进入下一轮次的比赛。

（六）主裁判判罚犯规胜（犯规胜）

由于一方运动员因犯规被主裁判直接判为犯规败，则另一方获胜，进入下一轮次的比赛。

跆拳道的级别

跆拳道分为 10 级 9 段，区分跆拳道的级别主要从腰带上来看。

10 级为白带：表示空白，完全没有跆拳道知识，意味着入门阶段。

9 级为白带加黄杠。

8 级为黄带：表示大地，草木在大地上生根发芽，意味着学习基础阶段。

7 级为黄带加绿杠。

6 级为绿带：表示草木，成长中的绿色草木，意味着技术的进步阶段。

5 级为绿带加蓝杠。

4 级为蓝带：表示蓝天，草木向着蓝天茁壮成长，意味着进度达到相当高的阶段。

3 级为蓝带加红杠。

2 级为红带：表示危险，已具备相当的威力，意味着克己和警告对手不要接近。

1 级为红带加黑带。

初学者从 10 级开始逐渐升至 1 级，然后再入段，获得段位以后，系黑带：表示白色的对立，相对白色技术已经熟练，意味着在黑暗中也能发挥自身能力。

思考题：

1．跆拳道运动的特点有哪些？

2．跆拳道运动的基本技术包括哪些方面？

3．简单介绍跆拳道运动的起源。

4．简述跆拳道运动的作用。

第六篇 水上运动

水上运动是指全部过程或主要过程都是在水下、水面或水上进行的各种形式的体育比赛和活动。它是为了区别于陆上和空中体育项目，根据所处的运动环境而命名的。水上运动可分为水上竞技项目、船类竞技项目、滑水运动、潜水运动。水上竞技项目包括游泳、跳水、水球、花样游泳和蹼泳5项；船类竞技项目包括划船运动、赛艇运动、皮划艇运动、帆板运动、摩托艇运动；滑水运动包括水橇、滑水板和冲浪；潜水运动在游泳池中进行的有竞速潜泳、水下橄榄球、水下曲棍球等，在自然水域中进行的有长距离蹼泳、水下定向、水中狩猎、水下摄影等。为了追求新的带有刺激性和冒险性的运动，人们把许多陆上的运动项目移植到水中进行，创造出水下、水上形形色色的新项目。

第二十章　水上运动概论

20 世纪初，国际性的体育运动会日渐增多，而奥运会的出现则使这一趋势达到顶峰。在 1896 年首届现代奥运会上设置了 3 个游泳比赛项目，但当时游泳比赛尚没有统一的竞赛规则及标准，为有效应对这种情况，国际游泳联合会（简称“国际泳联”，英文缩写为 FINA）于 1908 正式成立。

在国际泳联成立以前，奥运会游泳比赛曾包括一些非常规项目，如 1900 年奥运会上的潜泳、200 m 障碍泳及 1904 年奥运会上的水上跳远等。奥运会游泳赛场也是五花八门：1896 年奥运会游泳比赛是在海中进行的，1900 年奥运会游泳比赛是在塞纳河中进行的，1904 年奥运会的游泳比赛则选在美国圣路易斯的一个小湖中举行，直到 1908 年伦敦奥运会才开始使用 100 m 泳池。

为了统一游泳竞赛规则，建立一个国际泳坛的交流场所，在第 4 届奥运会期间，来自德国、比利时、丹麦、芬兰、法国、英国、匈牙利和瑞典等 8 个国家的相关领导人于 1908 年 7 月 19 日在伦敦的曼彻斯特酒店开会，决定成立一个世界范围的游泳协会。这个协会的首要目标是非常明确的：规范统一游泳、跳水和水球比赛规则；负责审核、确认及更新世界纪录；指导奥运会游泳、跳水和水球比赛。

在过去的几十年中，游泳运动取得了一系列突出成就，产生了世界游泳锦标赛（1973 年）、世界杯赛（1979 年）、世界短池游泳锦标赛（1993 年）、跳水系列大奖赛（1994 年），花样游泳项目被列为奥运会正式比赛项目（1984 年）。与此同时，高科技设备在游泳比赛中的应用，特别是在电子计时设备上的应用取得了长足发展。游泳比赛的项目迅速扩展，产生了大师赛及公开水域赛等多种新项目。

一、帆船

1906 年，国际帆船运动联合会（ISAF）成立，这是世界上最大的单项体育联合会之一。1981 年，中国帆船帆板运动协会（CYA）成立。

现代竞技帆船运动出现于 17 世纪初的欧洲；帆板运动起源于 20 世纪 60 年代的美国；1896 年，帆船被列为第一届现代奥运会正式比赛项目；1984 年，帆板被首次列入奥运会帆船比赛项目。

我国现代帆船运动开始于 1978 年，我国第一条帆板于 1979 年诞生在青岛航校。开展帆船运动的地区主要是沿海省份，也有少数沿大湖的省、市。

帆船项目的分级：男子、女子 470 级，男子、女子 420 级，女子激光雷迪尔级，女子欧洲级，男子激光级，男子芬兰人级，男子、女子 OP 级，大帆船混合级别。

帆板项目的分级：男子、女子 NP 级，男子、女子米氏板级，女子翻波板级，男子、女子公开级。

二、赛艇

赛艇是由坐在艇上的一个或几个桨手运用其肌肉力量，以桨和桨架作为杠杆进行划水，使小艇背向桨手前进的一项划船运动。赛艇运动多在江河湖泊等大自然水域中进行。

赛艇运动的起源被认为是18世纪欧洲的简易划船赛，而正规比赛源于1829年英国牛津大学和剑桥大学之间的校际赛艇比赛。这项传统的划船比赛，每年都在天然的泰晤士河上举行，迄今已延续了180多年。

世界赛艇锦标赛的男、女项目共24项，世界青年赛艇锦标赛的男、女项目共14项，奥运会赛艇比赛的男、女项目14项。

赛艇比赛是由一个或多个项目组成的运动比赛。舟艇的种类按人数的多少、操桨的方式、有无舵手划分为以下几种。

（1）单人双桨（1×，Single Scull）。

（2）双人双桨（2×，Double Scull）。

（3）双人单桨无舵手（2–，Pair）。

（4）双人双桨有舵手（2+，Coxed Pair）。

（5）四人单桨有舵手（4+，Coxed Four）。

（6）八人单桨有舵手（8+，Eight）。

按照运动员的性别有男子、女子之分，按照运动员的重量分为公开级和轻量级。

赛艇比赛的距离为2000 m。

三、皮划艇

皮划艇运动是用无支点的桨按照一定的规则推动各种类型的船前进的一种体育项目。

皮划艇分为皮艇和划艇两种小艇。皮艇是运动员坐在船内面向前进方向用双叶桨划行；划艇是运动员跪在船内面向前进方向用单叶桨划行。

皮划艇分为静水皮划艇和激流皮划艇，分别采用肥仔艇和橡皮艇两种皮划艇。皮划艇是奥运会正式比赛项目，在奥运会上设有12枚金牌。

皮艇起源于格陵兰岛，是爱斯基摩人用兽皮制作的用来捕鱼的一种小船；划艇则起源于加拿大，因此又称“加拿大艇”。在亚洲的一些国家和地区皮划艇又被称为“独木舟”。现代皮划艇运动产生于1865年，苏格兰人麦克格雷戈参照独木舟制造出了第一只皮划艇“诺布·诺依”号。

四、水球

水球比赛是在两队之间进行，每队7人。在比赛过程中，队员们不得触池壁或池底，要一直游动或踩水。比赛分为四节，每节实际比赛时间为7 min，每节比赛之间休息2 min。然而，由于常会出现违例或犯规，比赛常常中断。通常一场比赛要持续65～70 min。

奥运会男子比赛中，入选队分成两个小组，每组6个队进行循环赛。每组积分靠前的四个队进行四分之一决赛。四分之一决赛的胜者进入争夺奖牌的循环决赛。女子比赛则进行单循环预赛，积分靠前的四个队进入半决赛，其余两个队加赛决定第五名和第六名的名次。

通常水球比赛使用一个标准的50 m游泳池，水深要超过2 m，比赛区用浮绳标出。

男子比赛场地是30 m×20 m，女子是25 m×17 m。彩色浮标标出了比赛区内的各种标记。白色浮标标出球门线和中线。红色浮标标出双方球门前的2 m线，黄色浮标标记4 m线，绿色浮标标记7 m线。红色的处罚区位于泳池的两端，在球门线后面，距离正对比赛官员席的池角大约2 m。球员进入该区即意味着该球员离开了比赛区，被罚球员在处罚区等待重新进场比赛的信号。水球球门宽2 m，高0.19 m，浮在水面上。

五、摩托艇

摩托艇的比赛形式为闭合场地的环圈竞速。摩托艇的主要技术关键有起航、加速、绕标、超越和冲刺等。比赛过程马达轰鸣、浪花飞溅、高潮迭起、扣人心弦。

摩托艇运动包括：竞速艇（船）、运动艇（船）、游艇（船）、汽艇、水上摩托、气垫（船）艇、喷气（船）艇、电动（船）艇等运动。

六、滑水

滑水运动包括：水橇回旋、花样、跳跃、特技、竞速、脚滑、滑水表演等。

项目设置：男、女尾波板，男、女花样滑，男、女回旋，男、女跳跃，表演项目与群众参与。

游泳七大忌

1. 忌饭前饭后及酒后游泳。空腹游泳会影响食欲和消化功能，导致头昏乏力；饱腹游泳影响消化功能，产生胃痉挛，甚至呕吐、腹痛现象。餐后半个小时内不要游泳。酒后游泳体内储备的葡萄糖大量消耗会出现低血糖。

2. 忌剧烈运动后游泳。剧烈运动后马上游泳，会加重心脏负担，引发感冒、咽喉炎等疾病。

3. 忌不做准备活动即游泳。水温通常比体温低，因此下水前必须做准备活动，否则易导致身体不适。在游泳前，可先用水在身上拍打，并适当淋浴。

4. 忌游泳时间过久。一般不应超过2h。皮肤对寒冷刺激一般有3个反应期。第一期：入水后，受冷的刺激，皮肤血管收缩，肤色呈苍白；第二期：在水中停留一定时间后，体表血流扩张，皮肤由苍白转呈浅红色，肤体由冷转暖；第三期：停留过久，体内热量消耗过大，皮肤出现鸡皮疙瘩和打寒战现象，这时应及时出水。

5. 忌在不熟悉的水域游泳。在天然水域游泳时，切忌贸然下水。凡水域周围和水下情况复杂的都不宜下水游泳，以免发生意外。在海边游泳时要注意潮水时间，尽量不要在退潮时游泳，以免退潮时往回游体力消耗过大发生意外。

6. 忌游泳后马上进食。游泳后宜休息片刻后再进食，否则会突然增加胃肠的负担，久之容易引起胃肠道疾病。

7. 忌长时间曝晒游泳。长时间曝晒会产生晒斑，或引起急性皮炎。上岸后最好用伞遮阳，或用浴巾在身上保护皮肤，或涂抹防晒霜。

思考题：

1. 请列举5个以上的水上运动项目。
2. 赛艇包含哪些小项的比赛？
3. 简述帆船运动的发展。

第二十一章　游　泳

第一节　游泳运动概述

一、游泳运动的概念及术语

游泳是一种凭借自身肢体动作与水相互作用，使身体在水中活动或游进的技能活动。人类的游泳是一种有意识的活动，它一直与人类的生存、生产、生活紧密联系，是人类在同大自然斗争中为求生存而产生，随着人类社会的发展而发展，逐渐成为体育运动的一个重要项目。

每个运动项目都有其专用的技术本语，游泳也一样。常用的游泳技术语有以下几种。

（1）动作周期：是指一次完整腿臂配合动作的全过程，一般指划水过程。爬泳、仰泳以左（或右）手入水到下一次左（或右）手入水为一个动作周期；蛙泳、蝶泳动作周期则指一次划水动作。

（2）动作频率：是指单位时间内划水打腿或蹬腿动作的次数，也称划频，常以“次/min”表示。计算公式是：

动作频率=动作次数/成绩（不包括出发转身时间）

（3）动作节奏：是指游泳时每一动作周期内各技术组成部分的动作速度与时间的比例关系。以爬泳划臂技术为例，入水和抱水时较慢，划水时加快，划水将近结束时最快，出水和移臂较快。

（4）划水次数：是指游完一定距离所用的划水动作次数。例如，50 m 的距离，运动员用了 21 次划水动作游完，其划水次数就是 21 次。划水次数要与划水效果结合起来分析，这样才能反映运动员的技术状况。教练员常通过统计运动员 50 m 或 100 m 划水动作次数来评价其划水效果。一般情况划水次数越少，划水效果越好。

（5）划水距离：也叫划步、划距、划幅，是指在一个完整动作周期里身体前进的距离，是划水技术量化指标的体现，常以 m/次表示。计算公式是：

划水距离=比赛距离（不包括出发转身距离）/划水动作次数

二、游泳运动的发展简介

据史料考证，远古时代就有了游泳活动。古代人类在布满江河湖海的地球上生活、生存，必然要和水打交道。他们在长期的生产劳动和与大自然的抗争中，在捕捉鱼类和水鸟为食的过程中，模仿青蛙和鱼类在水中浮游的动作，逐步学会了游泳。古希腊人为了使智力和体能得到全面发展，把游泳列入健身项目之一。从希腊出土的公元前 570 年的一只花瓶上，就能看到绘有类似爬泳动作的图案。

现代游泳运动起源于英国。17 世纪 60 年代，英国的游泳活动就有了相当的发展。1828 年，在利物浦乔治码头修建了第一个室内游泳池；1837 年，在伦敦成立了第一个游泳组织；1868 年 1 月，在伦敦成立了大城市游泳俱乐部（英国游泳协会的前身），至此，英国将游泳作为专项运动项目固定下来。

18 世纪中叶以后，游泳运动在澳大利亚、新西兰、德国、荷兰、奥地利等国家和地区相继得到开展。1896 年，在雅典举行的第 1 届现代奥运会上就已设有男子 100 m、500 m、1200 m 三项自由泳比赛。1912 年第 5 届奥运会又开设了女子项目。1908 年，在伦敦第 4 届奥运会上正式成立了国际业余游泳联合会，并正式审定游泳世界纪录。从第 1 届奥运会到第 29 届奥运会，游泳项目从 3 项发展到男、女 26 共个单项和 6 项团体接力，金牌总数达 32 块，是仅次于田径的体育大项。

我国的游泳运动始于汉魏时期，那时已经有端午节举行游泳比赛的民间习俗。唐宋时，每年端午节的钱塘江上都要举行规模很大的游泳比赛。唐代有个游泳家名叫曹赞，能在水中“回旋出没，变化千状”，而且善于跳水，能在“百尺樯上，不解衣投身而下，正坐水面，若在茵席”。南宋民族英雄文天祥精于象棋，爱好游泳。每到暑天，就和象棋能手周子善去游泳，并“于水面以意为枰，行弈决胜负，愈久愈乐，忘日早暮”。

如今，游泳运动已经在许多学校成为体育课程中的重要内容，一些大学把游泳作为学生未来的生存技能进行培养，要求学生必须掌握。因此，游泳运动在各级各类学校得以蓬勃开展。

三、游泳运动的特点和锻炼价值

游泳是在水环境中进行的运动项目，可以说是水浴、空气浴、日光浴三者结合，对人体十分有益，也是生活、生产、竞赛和军事活动中十分有价值的一种技能。学会游泳并经常进行游泳锻炼对强身健体具有重要的意义。

1. 保障生命安全

地球上布满江河湖海，人类在生活中不可避免地要与水打交道。不论是主动地下水游泳、玩耍或进行水上生产作业，还是被动地失足落水或乘船发生意外，假如不会游泳，生命安全就会受到威胁。如果会游泳，自身的生存就会有保障，不但可以自救，还可以救助他人。因此，会游泳成了保证生存的重要手段之一，是人类的一种基本生存技能。世界上不少国家将游泳列为青少年学生必修的运动项目，要求从小掌握游泳技能。

2. 治病保健

经常进行游泳锻炼能有效地增强体质，因而游泳也是防病治病的手段。游泳时，由于冷水的刺激. 长期锻炼能增强机体适应外界环境变化的能力，抵御寒冷，预防疾病，所以经常游泳者不易感冒；由于水的浮力作用和身体平卧水面，脊柱充分伸展，所以对预防和治疗脊柱侧弯颇有益处；由于水流和波浪对全身体表产生特殊的按摩功效，所以游泳能帮助和促进功能恢复，对瘫痪病人和残疾人的康复很有帮助。据报道，经常游泳，对于身体疲弱者和许多慢性病患者，如慢性肠胃病、神经衰弱、习惯性便秘、慢性支气管炎、哮喘等有明显疗效。很多康复中心，都把水中运动当做治疗慢性病和身体恢复的重要医疗体育手段。

3. 提高身体机能

坚持游泳锻炼，能增强人的神经系统功能，还能使肌肉发达，在力量、速度、柔韧、耐力等身体素质方面都有明显的提高。由于经常在水中锻炼，体温调节机能改善，机体对外界气温变化的适应力也会有明显的增强。经常参加游泳运动，可使心脏得到很好的锻炼，使心肌发达，收缩能力增强，能更好地促进机体的新陈代谢。

4. 锻炼意志品质，培养勇敢顽强精神

初学游泳时，要克服怕水心理。要长期坚持游泳，就要克服怕苦、怕累、怕冷的心理。尤其是在大风大浪的江河湖海中游泳和进行冬泳，没有勇敢顽强的精神和坚强的意志是坚持不下去的。因此，长期的游泳锻炼可锻炼意志，培养勇敢顽强、吃苦耐劳、不怕困难的品质。

5. 休闲娱乐，促进身心健康

大众游泳活动是一项不拘形式与内容，不受年龄、性别限制的休闲体育活动。人们可与亲朋好友一同到泳池、水上游乐园或海滩游泳、嬉戏，不但能使肌肉得到放松，而且能使紧张的神经得以松弛，促进身心健康。

第二节　游泳运动的基本内容

一、内容介绍及分类

游泳形式有多种，在竞技游泳中，有自由泳、仰泳、蛙泳、蝶泳四种（自由泳比赛时均用爬泳，蝶泳比赛时均用海豚泳），它们都是通过臂、腿、躯干的有效动作，在水中游进的，因此在动作结构上有许多共同地方。

二、技术内容简介

（一）蛙泳技术

蛙泳是古人模仿青蛙游水姿势所创造的一种游泳技术。蛙泳速度虽慢，但实效大，流传极广，所以人们对它倍加青睐。

1. 身体姿势

当臂腿完成有效动作后，为减少起伏和波浪的阻力，身体应力求保持流线形，以便充分利用臂划水和腿蹬夹水产生的推进力。吸气时下颏前伸并稍升肩，使嘴露出水面，身体压浪前进（如图 21-1 所示），吸足气后头随手的前伸和肩胸下降而没入水中。

图 21-1

2. 腿部动作

蛙泳的腿部动作是推动身体前进的主要动力，腿部动作可分为收腿、翻脚、蹬腿和滑行四个阶段，它们是紧密相连的完整动作（如图 21-2 所示）。

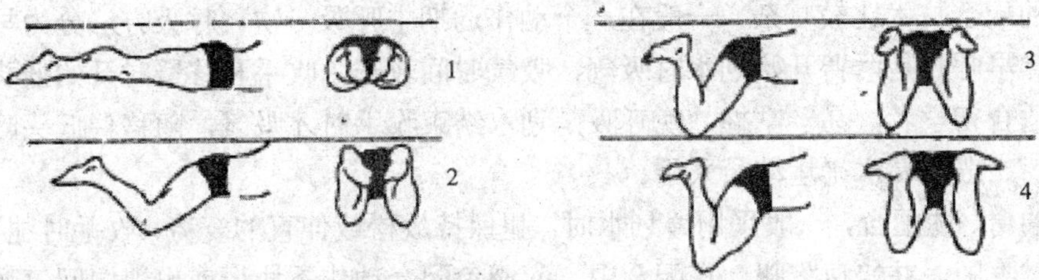

图 21-2

（1）收腿：开始收腿时，大腿稍放松屈膝屈髋，小腿和脚跟在大腿和臀部的后面，减少投影面。收腿结束后，大腿与躯干之间呈 130°～140° 角，大腿于小腿之间呈 40°～45° 角。

（2）翻脚：当脚跟接近臀部时，两脚迅速翻转勾脚腕，使脚跟相对，脚尖向外，对准蹬水的方向，以加大对水面，此时两脚之间的距离大于两膝之间的距离。

（3）蹬腿：蹬腿时，由大腿发力先伸展髋关节，依次伸展膝关节、踝关节，小腿内侧和脚掌做向下和向后的鞭状蹬夹水动作，直至两腿并拢，两脚自然伸直。蹬夹水要用较大的力量和较快的速度来完成。

（4）滑行：由于蹬腿的惯性作用，有一个短时间的滑行阶段，为下一个周期做好准备。

3. 臂部动作

蛙泳的臂划水可产生较大的推进力。现代蛙泳技术更强调臂的作用。动作分滑下、划水、收手和伸臂四个阶段。划水路线类似画一个“桃子”（如图 21-3 所示）。

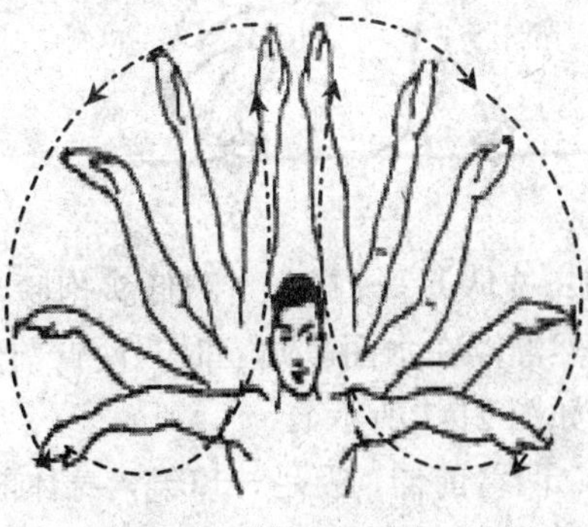

图 21-3

（1）开始姿势。蹬腿结束时，两臂前伸与水平面平行，掌心向下，身体保持流线形。

（2）滑下。滑下也叫抓水，两手掌转向斜下方勾手，两臂分开向斜下方压水，感觉到水对手掌和前臂有压力时，抓水结束，两臂分开约成 45° 角。

（3）划水。划水开始时，手臂向外旋转，同时屈肘、屈腕，随后两臂同时向内、向下和向后屈臂划水。在划水的过程中，应逐渐加速，肘关节保持较高位置以形成有利的划水面。当肘关节屈至约 90° 角时，手位于肩的前下方。

（4）收手。划水结束后，手臂向外旋转，两手同时向内、向上和向前快速转动，收手结束时，两手掌心相对，肘关节低于手，形成较小的锐角。

（5）伸臂。伸臂是由两臂前移，向前伸肩和伸肘来完成的。

4. 完整配合技术

蛙泳的配合技术比较复杂，一般在一个动作周期中呼吸一次。呼吸方法分为早呼吸和晚呼吸两种。早呼吸是两臂开始划水时吸气，吸气时间较长，收手和移臂时开始低头呼气，早呼吸方法适合初学者，易于掌握。晚呼吸是划水结束收手时才吸气，随移臂低头呼气，吸气时间较短，一般被高水平运动员采用。

蛙泳的臂、腿配合，一般采用臂划水时，腿保持放松或伸直的姿势，收手时腿自然屈膝，开始伸臂时收腿，并快速蹬腿。在配合中，应避免配合动作不协调或出现中间停顿现象。

5. 练习方法

1）熟悉水性练习

（1）水中行走练习：手扶池边或由同伴手拉手或单独做各种方向的行走或跑、跳练习（如图 21-4 所示）。

（2）水中憋气：先将气吸足，然后憋气将头浸入水中，坚持一段时间再将头抬出水面呼吸换气（如图 21-5 所示）。

（3）呼吸练习：用鼻和嘴在水中慢慢呼气，抬头，嘴露出水面一瞬间，把最后的气用力呼出，嘴出水面后，即用口快速地吸足气（如图 21-6 所示）。

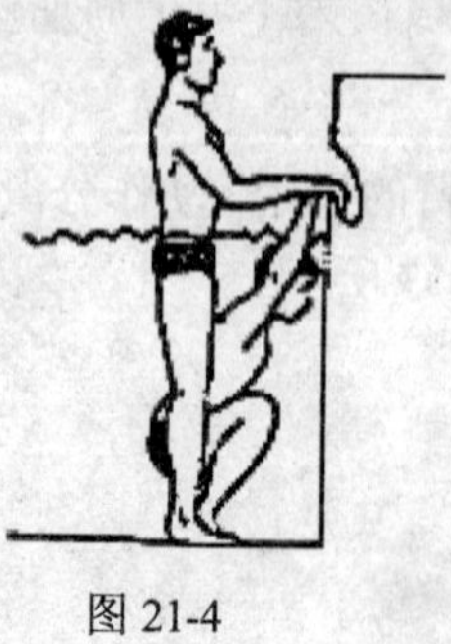

图 21-4

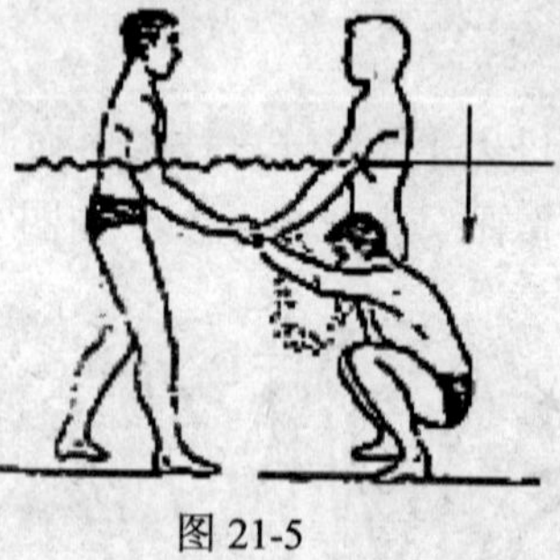

图 21-5

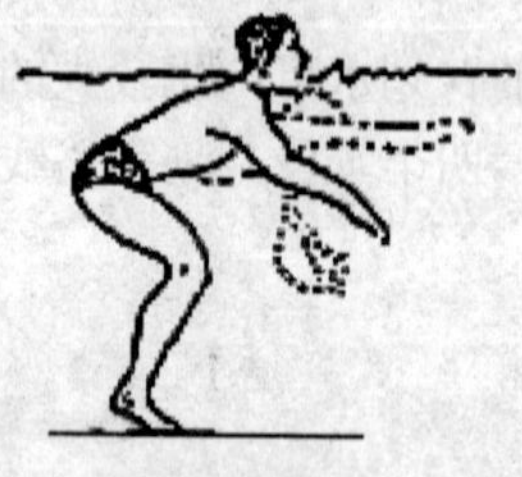

图 21-6

（4）抱膝漂浮与站立练习：先吸足一口气， 蹲低头抱膝，双膝尽量靠近胸部。脚前掌蹬离池底，借助水的浮力，自然漂浮在水面。站立时，两臂前伸，双手向下压水并抬头，两腿向池底伸，脚触池底站立（如图 21-7 所示）。

（5）展体漂浮与站立练习：两臂前伸，吸足一口气，身体前倾，脚蹬离池底漂浮于水中，站立时稍收腹收腿，双臂向下压水并抬头，两腿向池底伸，脚触池底站立（如图 21-8 所示）。

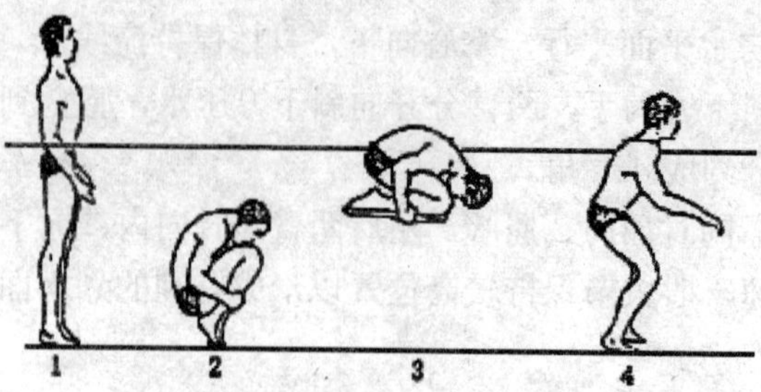

图 21-7

图 21-8

（6）滑行练习：背向池壁，两臂前伸，一脚贴池壁，一脚站立；吸足一口气，身体前倾入水，收站立脚成双腿屈膝，接着用力蹬离池壁，身体成流线型向前滑行。

2）腿部动作练习

I. 陆上模仿练习

（1）坐姿蹬水：坐在池边，上体稍后仰，双手体后撑，做蛙泳收腿、翻脚、蹬夹、停的动作（如图 21-9 所示）。

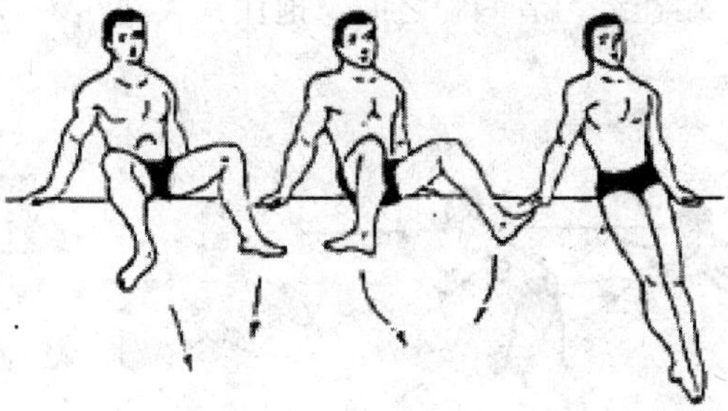

图 21-9

（2）卧姿蹬水：俯卧凳上做收、翻、蹬、夹、停动作（如图 21-10 所示）。

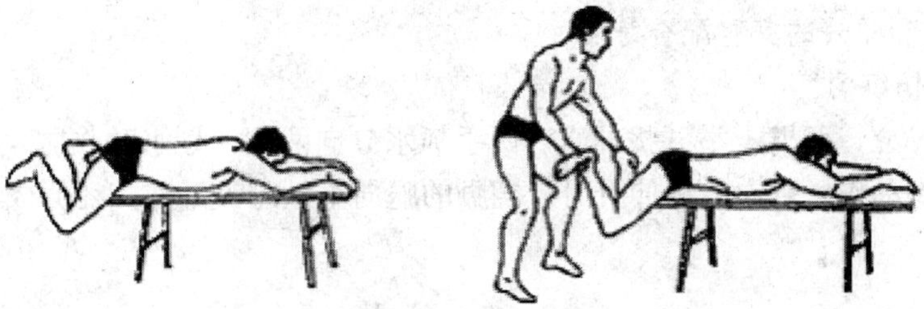

图 21-10

II. 水中练习（如图 21-11 所示）

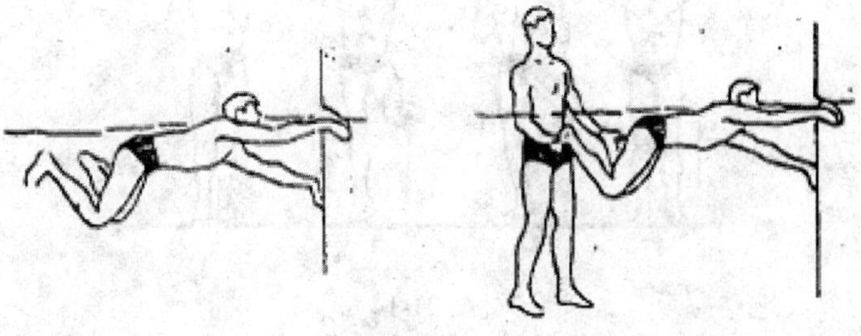

图 21-11

（1）固定支撑做蛙泳腿练习：手扶池仰卧或俯卧做蹬腿动作。

（2）滑行做蛙泳腿练习：蹬离池壁，在滑行中做蛙泳腿动作。

（3）游动支撑做蛙泳腿练习：手扶打水板，两臂前伸，做蛙泳腿动作。

3）手臂和呼吸配合练习

I. 陆上模仿练习

站立姿势，上体前倾，两臂前伸，掌心向下，做抓水、划水、收手、伸臂动作。划水时抬头吸气，伸臂时低头呼气，体会臂的动作与呼吸的配合。

II. 水中练习

（1）两脚开立站在齐胸深的水中，上体前倾，两臂前伸做臂的动作。划臂时要用力体会水对手的压力及划水路线。

（2）练习同上，配合呼吸，臂划水时抬头吸气，伸臂时低头呼气，借助划水惯性，可向前走动（如图 21-12 所示）。

（3）双人练习：同伴站在练习者两腿之间，抱住其大腿，练习者做臂部动作和呼吸配合练习（如图 21-13 所示）。

图 21-12

图 21-13

4）臂、腿和呼吸的完整配合练习

I. 陆上模仿练习

（1）原地站立，两臂上举并拢伸直。两手抓水分向两侧，划水时收肘、收手，此时，一腿做收腿、翻脚动作。臂向上将伸直时，翻脚的腿向下做蹬夹动作，还原成开始姿势（如图 21-14 所示）。

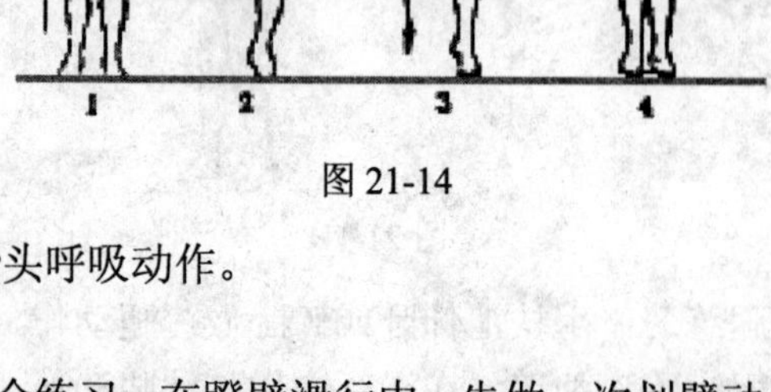

图 21-14

（2）练习同上，做抬头呼吸动作。

II. 水中练习

（1）臂、腿的间断配合练习：在蹬壁滑行中，先做一次划臂动作，再做一次腿的收、翻、夹、蹬、停动作。手臂和腿交替进行，以建立臂先腿后的技术概念。

（2）闭气滑行：在上述练习基础上，逐渐过渡到连贯的配合练习。

（3）闭气滑行加呼吸配合：由多次蹬腿一次划臂过渡到一次臂、一次腿和一次呼吸的完整配合。

（二）爬泳（自由泳）技术

爬泳是身体俯卧于水面，依靠两臂轮换划水而前进的泳姿。因动作很像爬行，所以称为爬泳。爬泳是速度最快的一种游泳姿势，在自由泳项目中比赛中多采用这种泳姿，故被称为自由泳。爬泳在防洪抢险、横渡急流、抢救溺水者时能发挥积极作用。

1. 身体姿势

爬泳时身体保持水平，髋略低于肩，身体纵轴与水平面构成 3°～5° 迎角（如图 21-15 所示）。两眼注视前下方，游进中躯干围绕身体纵轴自然转动 35°～45°（如图 21-16 所示）。这种转动便于呼吸、手臂出水和空中移臂，同时有助于手臂在水中抱水和划水。

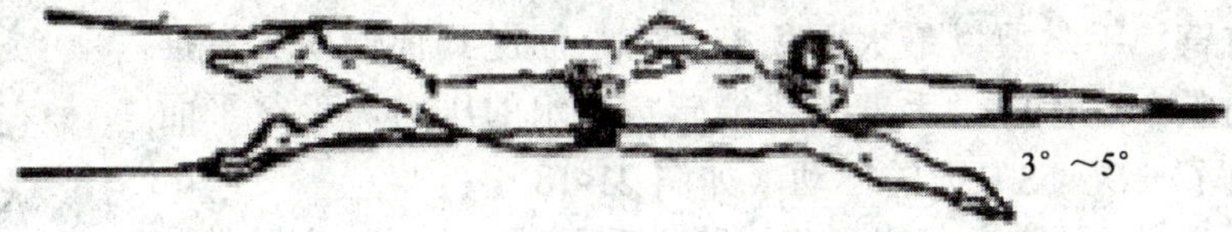

图 21-15

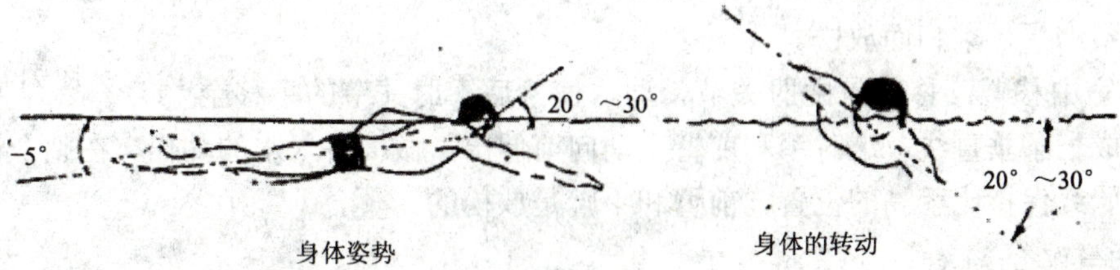

图 21-16

2. 腿部动作

爬泳打腿主要起着维持身体平衡的作用，使下肢抬高保持身体的流线型，并协调配合划水动作。爬泳打腿由向下和向上两部分交替进行，向下是屈腿打水，向上是直腿打水。要求两腿自然并拢，脚稍内旋，脚尖相对，以髋关节为轴，由大腿带动小腿到脚部做鞭状打水，动作既有力又有弹性，打水幅度为 30～40 cm，膝关节弯曲约呈 160° 角（如图 21-17 所示）。

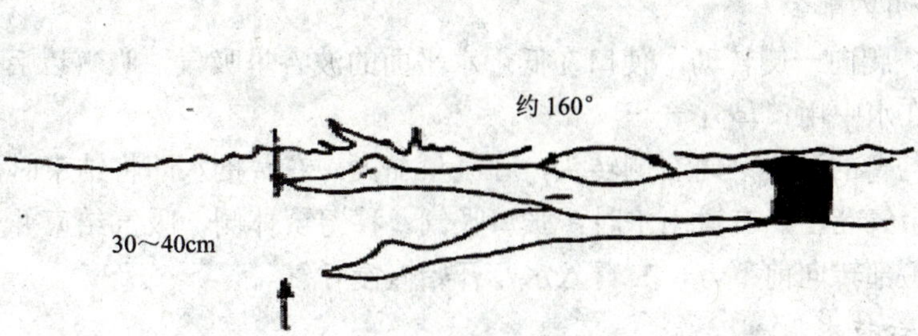

图 21-17

3. 臂部动作

爬泳的臂划水动作是推动身体前进的主要动力，臂部动作分为入水、抱水、划水、出水、空中移臂几个紧密相连的阶段。其中，划水阶段速度最快，其次是出水、入水和空中移臂，抱水阶段相对最慢。

（1）入水：臂入水时，肘关节略屈，高于手，大拇指领先向斜下方切插入水，然后，前臂和上臂依次入水，入水点在肩的延长线或身体中线与肩的延长线之间。

（2）抱水：臂入水后，前臂和上臂积极外旋，手臂由直逐渐屈腕、提肘，像抱球一样，使肩带肌群充分拉开，掌心由外侧转为几乎正对后方，成向后对水姿势，为划水创造有利条件。

（3）划水：划水是获得推进力的主要阶段，这个阶段又分为拉水和推水两部分。拉水是从直臂到屈臂的过程，手同时向内、向上、向后运动，保持高肘，当臂划至肩下方，手在体下靠近身体中线时，屈肘 90°～120°，即而转入推水阶段。推水在拉水基础上快速、连贯地完成，前臂、手掌要以最大面积推水，从屈肘到伸臂向后方推水。在划水的整个过程中，手臂始终能感觉到水的压力，手掌平面像摇橹一样做了一次“S”形的摆动（如图 21-18）。

图 21-18

（4）出水：划水结束后，肩部和上臂几乎同时出水，由上臂带动肘关节向外上方做屈肘提拉动作，将前臂和手提出水面。手臂出水动作必须迅速不停顿，柔和而放松。

（5）空中移臂：移臂是由肘关节带动，使落后于肘关节的手移至与肩、肘成一条垂直线，这时手和前臂主动向前伸出，做准备入水的动作。在整个移臂过程中，肘部始终保持比手高的位置，前臂和手腕是放松的。

4. 两臂配合

爬泳的两臂配合有三种形式，即前交叉、中交叉和后交叉。

（1）前交叉：当一臂入水时，另一臂处于肩前方，与水平面约成 30° 角，这种配合适合初学者，但速度均匀性差。

（2）中交叉：当一臂入水时，另一臂处于肩下垂直部位，与水平面约成 90° 角。

（3）后交叉：当一臂入水时，另一臂划水至腹部下，与水平面成约 150° 角。与中交叉一样，后交叉一般被高水平运动员采用。

5. 呼吸与臂的配合

（1）呼吸：爬向一侧转动，使口在低于水平面的波谷里吸气，吸气以后做短暂的憋气，当头复原后，在水中用口鼻呼气。

（2）呼吸与臂的配合：向右侧转头，呼气量加大，右臂推水即将结束时，呼气量进一步加大并快速将余气吐出，右臂出水时，张口吸气，移臂至体侧，吸气结束并开始转头复原，做短暂憋气，脸部转向前下方，右臂入水，开始慢慢呼气。

6. 完整配合技术

爬泳配合技术形式很多，其中 6:2:1 是采用较多的一种，也就是打腿 6 次、两臂各划水 1 次、呼吸 1 次。另外还有四次打腿和二次打腿配合技术。

7. 练习方法

1）腿部动作练习

I. 陆上模仿练习

（1）坐姿打腿：坐在池边，两手后撑，两腿伸直，脚腕内旋，脚尖相对，以髋为轴，由曲髋开始，大腿带动小腿，上下交替做打水动作（如图 21-19 所示）。

（2）卧姿打腿：俯卧在池边或凳上，做两腿交替上下打水动作（如图 21-20 所示）。

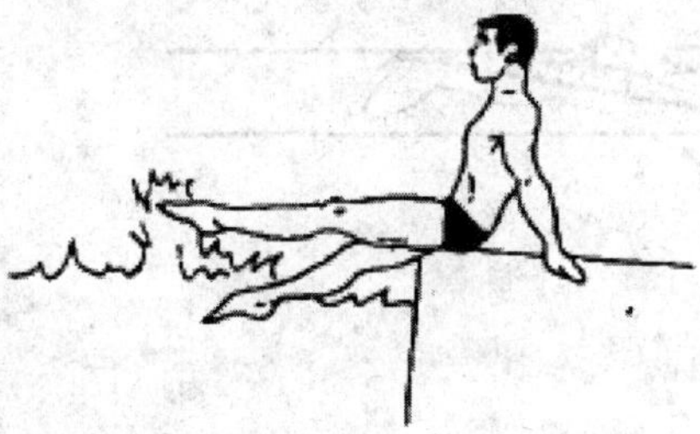

图 21-19

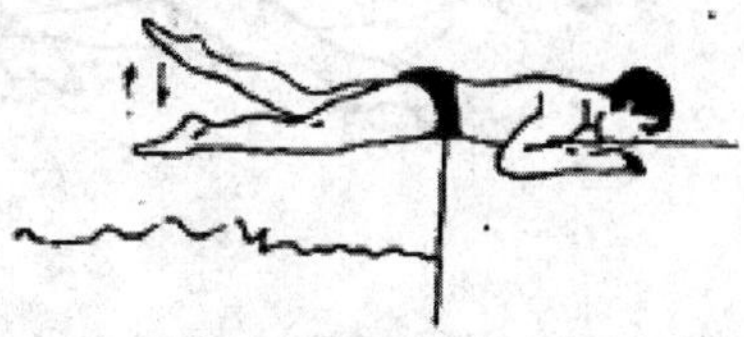

图 21-20

II. 水中练习

（1）俯卧打腿：由同伴托扶练习者腰部，髋关节展开，大腿带动小腿做交替打腿。

（2）滑行打腿：脚蹬离池边后，低头憋气，两臂前伸，做滑行打腿。

（3）扶板打腿：两手扶在打水板上，两臂前伸，打腿时两腿要放松。

2）手臂与呼吸配合动作练习

I. 陆上模仿练习

（1）原地两脚开立，体前屈成 90°，做臂划水的模仿练习。

（2）练习同上，结合呼吸配合。

II. 水中练习

（1）站立水中，上体前倾，肩浸入水，做臂划水，边做边走，同时转头呼吸。

（2）蹬边滑行后憋气，做两臂配合动作。

（3）蹬边滑行后转头呼吸，做两臂配合动作。

3）手臂、腿与呼吸配合动作练习

站立水中，上体前倾做划臂与呼吸配合练习，借助惯性，蹬离池底，两腿打水形成完整配合。蹬边滑行打水前进 5～10 m，做爬泳臂划水与呼吸配合练习（如图 21-21 所示）。

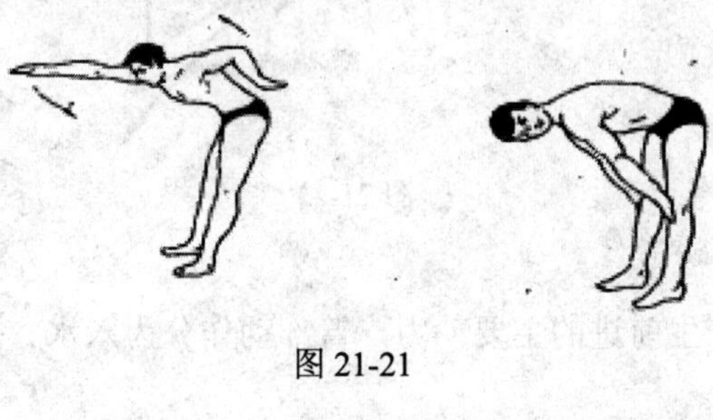

图 21-21

（三）仰泳技术

仰泳是身体成仰卧姿势的泳姿，其动作结构和爬泳基本相似，包括反蛙泳和爬式仰泳两种。

1. 身体姿势

仰泳时，身体要自然伸展，仰卧在水中形成较好的流线型，头和肩稍高，腰腹和腿部保持水平，身体纵轴在水平面上构成较小的 4°～6° 角，腹部和两腿均在水面下 10～15 cm（如图 21-22 所示）。

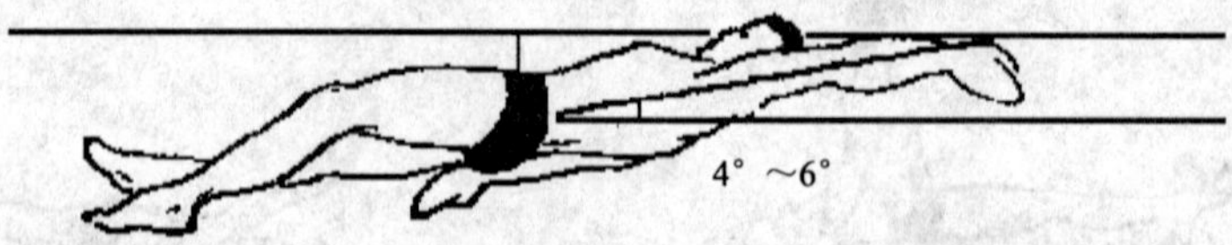

图 21-22

仰泳的头部姿势很重要，仰泳时头应保持相对稳定，不要左右晃动，颈部肌肉要自然放松。从整个身体姿势看上去，好像平躺在床上一样。

2. 腿部动作

仰泳的腿部动作与爬泳相似，主要是保持身体平衡。仰泳腿部动作是以髋关节为轴，大腿带动小腿，小腿带动脚的“鞭打”形式来完成。与爬泳不同的是，身体在水中的位置比爬泳低，腿的打水推动作用比爬泳要大。仰泳打水时大腿动作幅度比爬泳小，但小腿的弯曲角度和打水幅度都要比爬泳大（如图 21-23 所示）。

仰泳腿部动作可分为下压和上踢两个部分。前进时主要靠向上踢水的动作，踢水时，脚背应稍向内旋，并向后上方踢，以加大踢水面。不要向两侧踢水，也不要使膝和脚踢出水面，降低踢水的效果。下压动作有一定推进作用，但主要是为上踢动作作准备，起着使身体上升和保持平衡的作用。

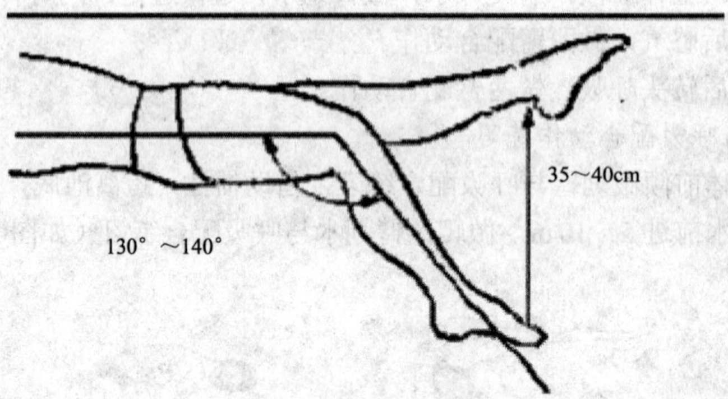

图 21-23

3. 臂部动作

仰泳的臂部动作是产生前进的主要动力，臂部动作分为入水、抱水、划水、出入和空中移臂五个阶段。

（1）入水：入水时臂自然伸直，手形要求掌心朝外下方，小指首先入水。手稍内收，与小臂呈 150°～160° 角（如图 21-24 所示）。入水点在肩的前方延长线上。臂的入水动作要轻松、自然，不应击水。其顺序是大臂先入水、小臂和手接着入水。

（2）抱水：手臂入水以后，躯干上部稍向入水臂一侧转动。直臂向前下方伸，向时转手腕对准水成屈臂抱水姿势。这时大臂与前进方向构成40° 角，手掌离水约为30cm（如图21-25所示）。

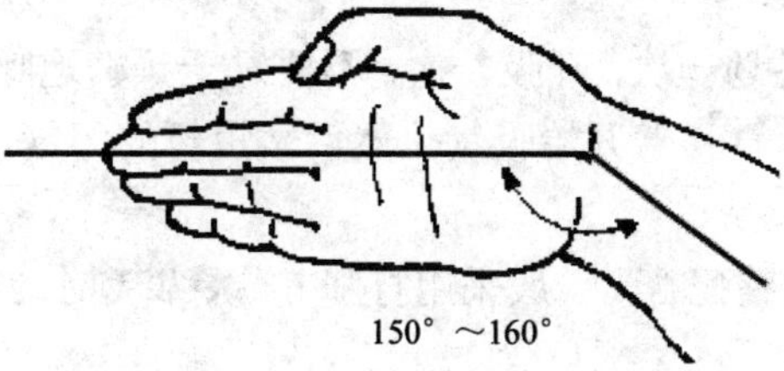

图21-24

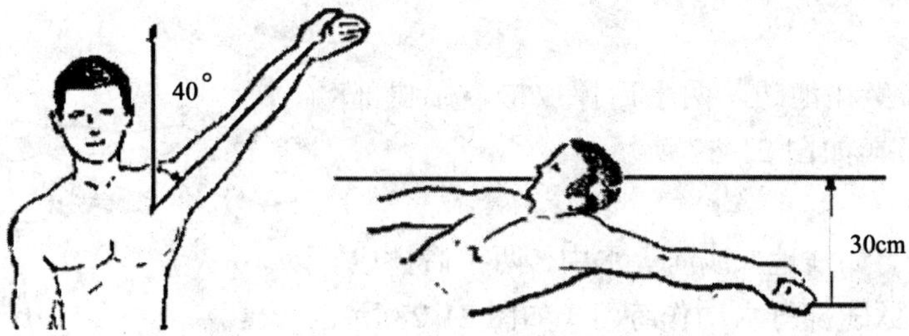

图21-25

（3）划水；仰泳的划水动作是推进身体前进的主要动力。整个动作是从屈臂抱水开始，向后划水到大腿侧下方为止。划水动作由拉水和推水两个部分组成。

① 拉水：拉水时，肘关节应屈成150° 角。随着划水力量的加大，屈肘角度也逐渐减小。当划至肩部垂直平面时，手掌离水面15cm左右，小臂和大臂呈90° ～110° 角（如图21-26所示）。

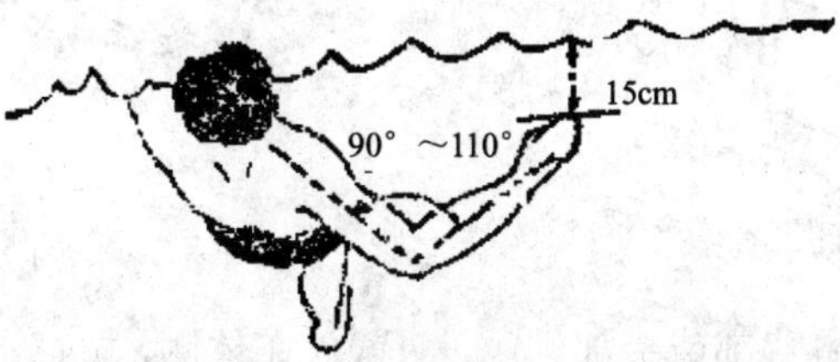

图21-26

② 推水：推水时，应充分利用拉水的速度和划水面，使整个手臂同时用力向下方做推压的动作，并利用推水的惯性，使大臂带动小臂和手加速内旋抱水，并以手的下压结束推水动作，这时手掌在大腿侧下方，离水面15～50cm。

从仰泳的整个臂部动作可以看出，手掌因在不同部位时所处的深度不同，所以在整个划水动作中形成一个“S”形路线。

（4）出水：正确的出水动作是先压水后提肩，使肩露出水面后，由肩带动大臂、小臂和手依次出水。为了减小水的阻力，出水时，手掌心应向内，大拇指向上。

（5）空中移臂：当臂提出水面后，应迅速沿着肩的垂直面向肩前移动。移臂时不要偏离，否则身体会左右摇探，增加前进的阻力。当手臂移过垂直部位后，手掌即开始内旋，使掌心向外翻转，接入水动作。移臂时，臂要放松，移臂的后阶段，要注意肩关节充分伸展。

仰泳时，两臂的动作始终是对角交替的。当一臂完成出水时，另一臂抱水；当一臂空中移臂时，另一臂则划水。

4. 呼吸和完整的技术配合

仰泳的呼吸一般两臂各划一次，呼吸一次，不要过于频繁地呼吸，不然会引起动作紊乱。呼吸时用口来进行，一般一臂移臂开始吸气，然后做短暂的闭气，另一臂移臂时进行吐气，按此循环进行。

仰泳腿、臂、呼吸的完整配合，一般采用打腿 6 次、臂划水 2 次、呼吸 1 次的配合方法。

5. 练习方法

1）腿部动作练习法

I. 陆上练习

坐姿打水，即坐在池边，两手后撑放松，做腿部上下交替打水练习（如图 21-27 所示）。

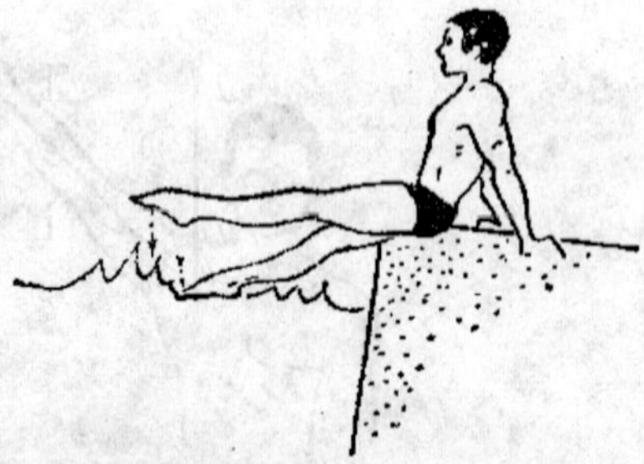

图 21-27

II. 水中练习

（1）在浅水处，如浅地、浅河等水中，两手后撑成仰卧姿势，进行仰泳腿部打水动作练习（如图 21-28 所示）。或在游泳池，两手反握池槽，仰卧水中做腿部上下交替打水练习（如图 21-29 所示）。

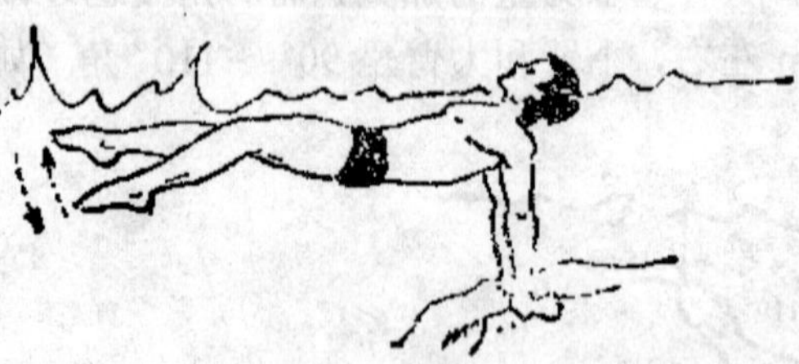

图 21-28

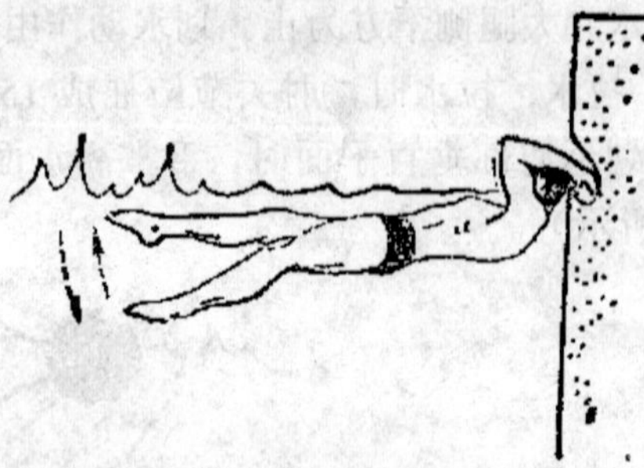

图 21-29

（2）练习者由同伴扶着背部或头部仰卧，两臂放在体侧，做打水练习（如图 21-30 所示）。

（3）自己蹬池壁或池底，做仰泳腿的打水练习。练习时，两臂可以在体侧做拨压水动作，以增加浮力（如图 21-31 所示）。

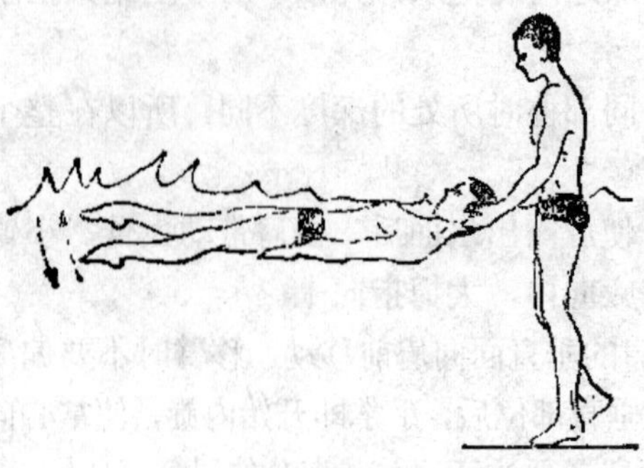

图 21-30

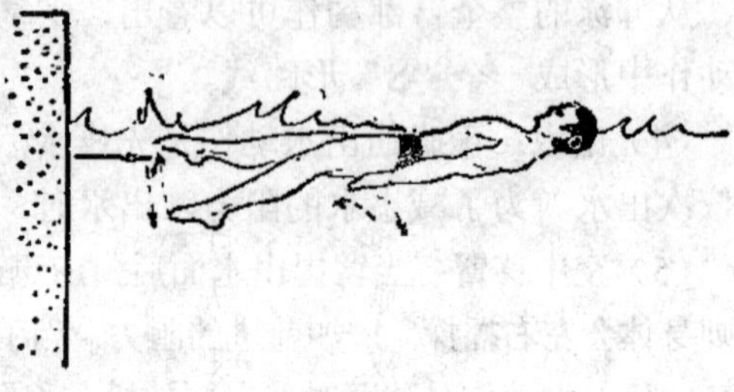

图 21-31

（4）上面几个练习熟练后，可做单臂或双臂前伸的仰卧滑行打水练习（如图 21-32 所示）。开始可以由同伴帮助，慢慢自己独立做。

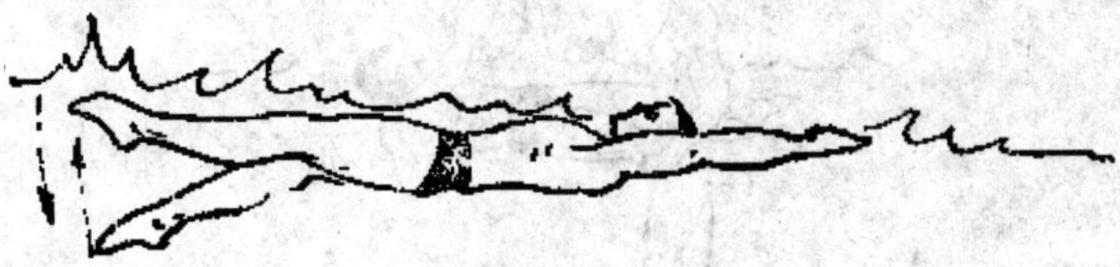

图 21-32

2）臂部动作练习

I. 陆上练习

（1）单臂练习：站立，单臂上举，做抱水、拉水、推水、出水、空中移臂、入水的动作（如图 21-33 所示）。

（2）双臂练习：站立，一臂上举，另一臂在大腿旁，做左臂划水右臂前移、右臂划水左臂前移的动作（如图 21-34 所示）。

图 21-33

图 21-34

（3）在平地上后退走，边走边做两臂交替的划水动作。

（4）在凳上仰卧，先作单臂划水动作，然后做双臂交替划水动作（如图 21-35 所示）。

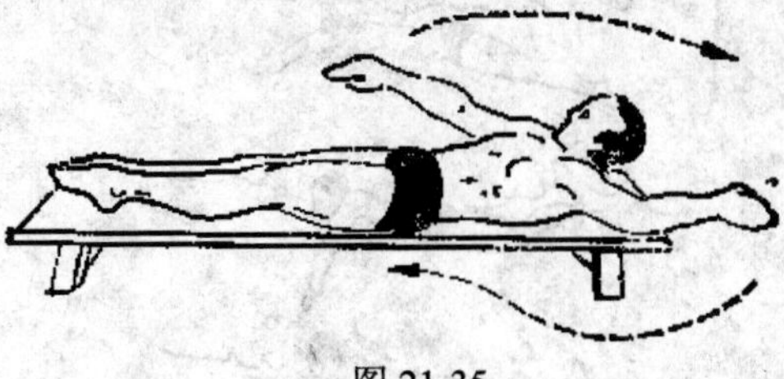

图 21-35

II. 水中练习

（1）在水中模仿陆上的几种练习。

（2）练习者的两腿由同伴扶着，做两臂的划水动作（如图 21-36 所示）。

（3）用救生衣或救生圈，使身体漂浮后，做两行交替的划水动作。

（4）自己蹬池壁漂浮滑行后，做两臂的划水动作。

（5）仰卧水面，两腿不停地上下打水，两臂做交替划水动作。

图 21-36

（四）蝶泳技术

蝶泳是由蛙泳演变而成的一种泳姿，游进时因两臂动作形似蝴蝶展翅而得名。后来匈牙利运动员董贝克模仿海豚躯干的波浪动作，创造了海豚泳姿，使游速得到了很大的提高，从而产生了海豚式蝶泳，所以蝶泳又称海豚泳。

1. 身体姿势

蝶泳时，身体俯卧在水中，两臂同时向前方入水，经抱水、划水至大腿处，然后提肘出水，在空中移臂后再入水；躯干以腰部发力，带动大腿、小腿及脚进行波浪形的“鞭状”打水。整个动作从头、颈、躯干到脚部沿着身体纵轴做传动式的起伏，形成波浪式动作（如图 21-37 所示）。

图 21-37

蝶泳时要求身体姿势应相对稳定，身体应有节奏地起伏，给臂和腿部动作提供有利的条件，但不应起伏太大，不然会破坏身体的水平游进，并增加水对身体的阻力。

2. 腿部动作

蝶泳时，虽然身体的游进主要靠臂部动作，但是蝶泳的打水动作在游进中也起着十分重要的作用。它不但可以弥补臂部动作间断时速度下降的不足，而且还能使身体处于平衡，给臂和呼吸动作创造良好的条件。

躯干和腿部动作的开始姿势是：两腿并拢，脚掌稍加内旋，踝关节放松。在“作鞭”打水时，从腰发力，带动脊柱、髋、膝、踝各部位相继屈仰，形成波浪式动作。

向下打水时开始屈膝约 110° 角，髋关节几乎伸直，脚上抬到最高点至水顶，然后向后下方打水。当小腿继续向下打水，腿部打水的反作用力使脚部升高，大腿和躯干约为 160° 角，脚跟距水面约为 50 cm（如图 21-38 所示），然后两腿伸直向上移动。由腰部发力，带动臀部下降，髋关节逐渐展开后，使脚后跟与臀部几乎成水平，经过伸直膝关节，身体也几乎成水平，这时在臀部带动下，大腿开始下压，膝关节随大腿的下压而逐渐弯曲，随着屈膝程度增大，脚向上抬到最高点接近水面，再准备向下打水。

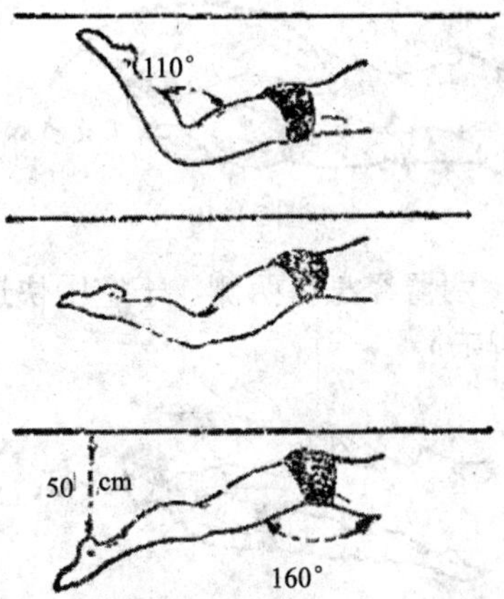

图 21-38

3. 臂部动作

蝶泳的臂部动作是推进身体向前的主要动力，也是其游泳姿势中推进力最大的一种，两臂是同时对称进行的。蝶泳的臂部动作分为：入水、抱水、划水、出水和空中移臂五个部分。

（1）入水：两臂经空中移臂后在肩前插入水中，入水时两手距离略与肩同宽，掌心向两侧，手指向下，依手、前臂、上臂依次切入。

（2）抱水：臂入水后积极插向前下方至有利于抱水部位，此时前臂和上臂应积极外旋，并屈腕、屈肘。

（3）划水：划水时两臂屈臂向后，靠上臂内旋，前臂和手加速向后划水。划至与肩平直时，屈肘约 100° 角。然后继续向后推水直至大腿旁。划水时两手臂的路线形成双“S”形（如图 21-39 所示）。

图 21-39

（4）出水：推水结束后，手臂充分推直，然后借助惯性提肘，迅速将两臂和手提出水面（如图 21-40 所示）。

图 21-40

（5）空中移臂：臂出水后，两臂经身体两侧，于空中快速向前移动。移臂时，整个臂部动作要自然放松（如图 21-41 所示）。

图 21-41

4. 呼吸与臂部动作的配合

当臂部入水后，用鼻和嘴慢慢吐气，两臂进入划水时，下颏微抬。划水到胸腹下方时抬头，嘴露出水面用力完成吐气，然后迅速张嘴吸气。两臂出水在空中移臂时闭气，头放平。

5. 完整技术配合

蝶泳的动作配合比例为2:1:1，也就是说采用打腿2次、两臂划水1次、呼吸1次的配合方法。

臂和腿的具体配合方法是：两臂入水时，做第一次打水，抱水时腿向上，当两臂推水结束，同时打水结束。当然也可以用打腿1次、两臂划水1次、呼吸1次的配合，但一般游泳爱好者采用2:1:1的配合方法。

6. 练习方法

1）腰、腿的练习法

I. 陆上练习

（1）原地站立，两手把头，做挺腹、屈膝、提臀、伸膝的连续动作。一开始可以按挺、屈、提、伸一拍一个动作，然后把四个动作连贯起来做，主要体会腰腹腿的波浪形动作。

（2）原地站立，两臂上举做挺、屈、提、伸的腰、腹、腿的波浪动作（如图21-42所示）。做时强调手、头、肩要固定。

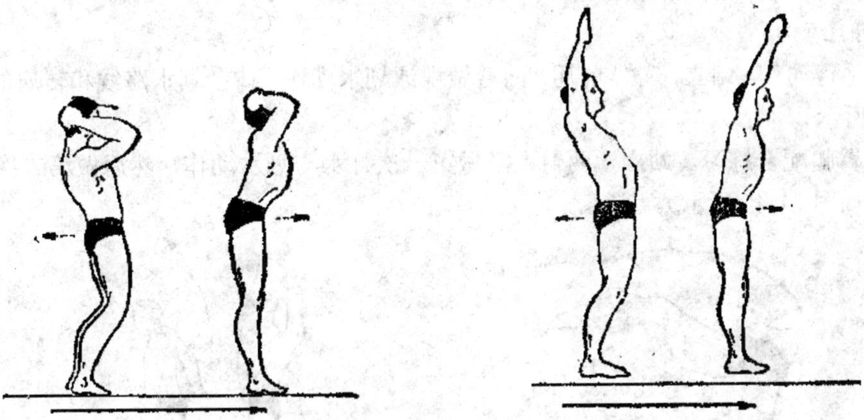

图 21-42

II. 水中练习

（1）站在水中或俯卧在水中，做陆上模仿练习。

（2）扶水槽，俯卧打水。可先采用爬泳的快速打水动作，然后做两腿同时打水的练习。

（3）扶水槽，侧卧打水练习。要求头和肩部要固定，身体要自然、放松，做时要有节奏（如图21-43所示）。

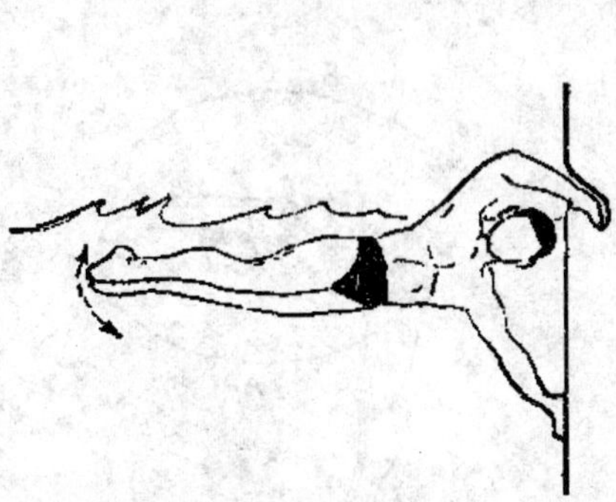

图 21-43

（4）蹬池壁滑行后做打水动作，要做出挺、屈、提、伸四个动作，做时要连贯有节奏

（如图 21-44 所示）。

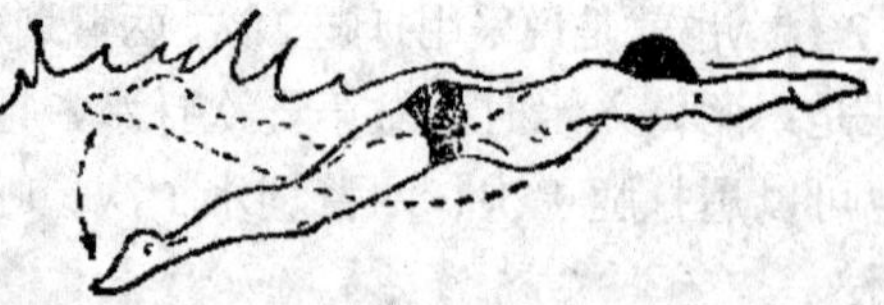

图 21-44

（5）扶板做蝶泳的打水动作（如图 21-45 所示）。

图 21-45

2）臂和呼吸的配合练习法

I. 陆上练习

（1）手臂动作。站立，身体前屈，两臂做蝶泳划水动作，体会划水路线和转肩的动作（如图 21-46 所示）。

（2）臂腿配合练习。站立，两臂上举做第一次打水与划水动作，然后做第二次打水与移臂动作（如图 21-47 所示）。

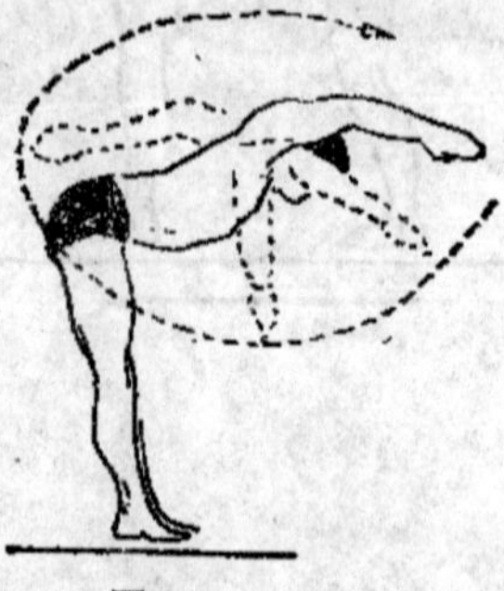

图 21-46

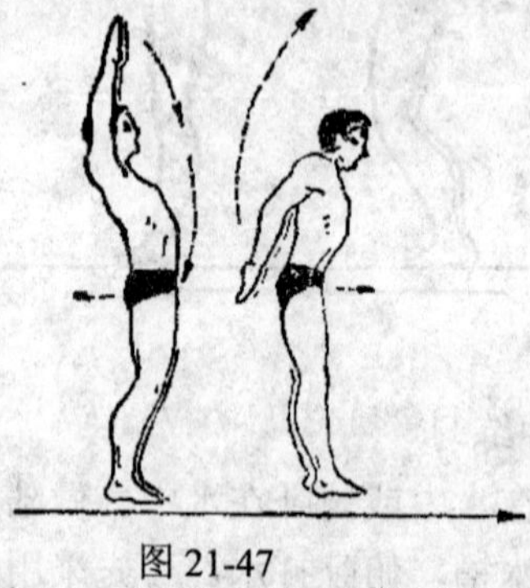

图 21-47

（3）臂与呼吸配合练习。站立，身体前屈，做划水、抬头吸气、移臂、闭气、呼气的动作（如图 21-48 所示）。

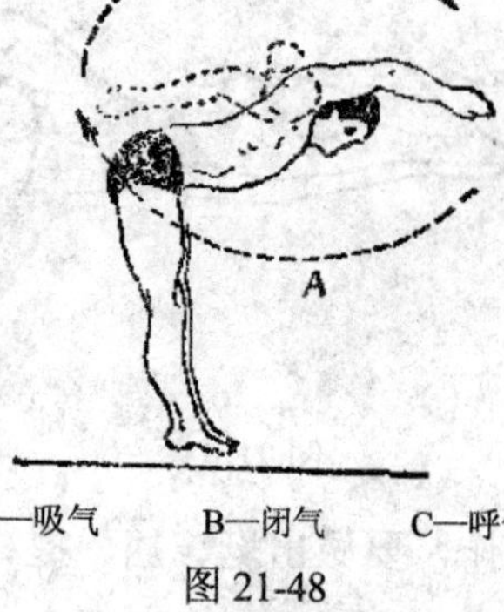

A—吸气　　B—闭气　　C—呼气

图 21-48

II. 水中练习。

（1）在浅水中做陆上三个模仿练习，体会水中手臂划水路线及划水时对身体的推动力。

（2）划水跳跃练习。在浅水中，两臂向后划水的同时，两脚蹬池底使身体向前上方跃起，抬头吸气，而后低头，两臂经空中前移，在肩前入水，然后收腿站立（如图 21-49 所示）。

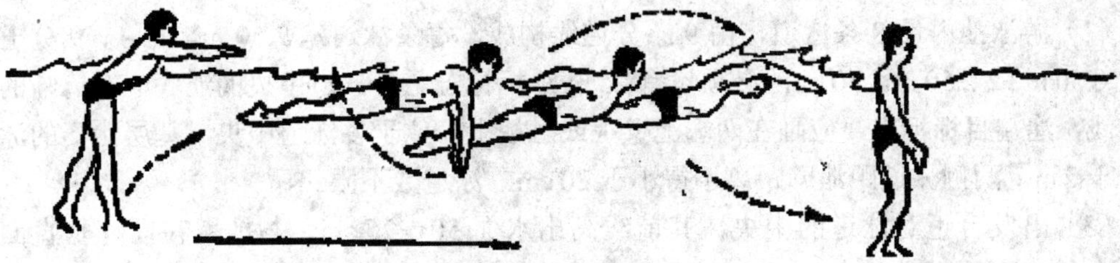

图 21-49

（3）在水中闭气进行腿和臂的配合游进练习。

（4）练习者的腿由同伴扶着，做臂与呼吸的配合练习。

3）腿、臂、呼吸的完整配合练习

（1）站立，两臂上举，先做腿和臂的配合练习，然后做臂和呼吸的配合练习。

（2）做 2 次打水和 1 次臂部动作的配合练习。

（3）做多次打水和 1 次完整动作的配合练习。

（4）做 2 次打水、1 次划水和 1 次呼吸的完整技术配合练习。

第三节 场地、器材简介

一、场地

（一）游泳池的位置选择

游泳池应设在环境优美、水质洁净、不受外界污染的相对独立的地段。天然游泳场宜结合江河湖海等自然条件，选址应结合旅游、度假、疗养和集训营地的开发，并注重生态环境的保护。海滨游泳场需有广阔及坡度平缓的沙滩，在不破坏海滩自然景观的前提下，设置足够的更衣、淋浴、休息和排污环保设施。游泳池设置应为使用者提供方便的交通和停车条件。

（二）游泳场馆分类

根据环境、使用要求及项目，可将游泳场馆分为以下三种。

（1）按环境分：天然游泳场、海滨浴场、室外游泳池、室内游泳池。

（2）按使用要求分：比赛池、教学训练池、娱乐休闲健身池、康复医疗航天失重模拟训练池。

（3）按项目分：游泳池、跳水池、潜水池、水球池、造浪池、滑梯戏水冲浪池等。

（三）游泳比赛池的标准

（1）游泳池应长 50 m（短池长为 25 m），宽 21 m 或 25 m（奥运会和世界游泳锦标赛池宽为 25 m），水深应在 2 m 以上，两端自水面上 3 cm 至水下 80 cm 的池壁必须结实、平整、防滑。游泳池与跳水池之间至少应间隔 5 m。基层比赛的泳池池宽不限，在出发端 1～6 m 处，水深至少为 1.35 m，其他地方至少 1 m 深。

（2）游泳池内设 8 条泳道，由 9 条分道线构成，每条泳道宽 2.50 m。第 1、9 分道线距池边 0.50 m 或 2.50 m。50 m 池必须设有 25 m 浮标标志。各泳道中央的池底应有清晰的深色标志线，池端目标标志线应画在两端池壁上或触板上，位于各泳道中央。基层比赛的泳道宽不少于 2 m，两侧泳道距池壁距离不得小于 20 cm。泳道数不限。

（3）出发台正对泳道的中央，其前线高出水面 50～75 cm，与池壁在同一垂直面上。出发台的表面积至少为 50 cm×60 cm。台面前倾不超过 10°，台面厚度不得超过 4 cm，否则出发台两侧应有至少 10 cm 长、前端至少有 40 cm 长深入台体的握手槽。出发台必须有横、竖握手器，设在出发台上，高出水面 30～60 cm。出发台四周应用明显的阿拉伯数字标明泳道号。

（4）出发召回线必须横跨游泳池，并缚在离出发池端 15 cm 的固定柱子上，距水面 1.2 m 以上。仰泳标志线为横跨游泳池的旗绳。旗绳两端固定在离游泳池两端 5 m 的柱子上，高出水面 1.80～2.50 m。

（5）游泳池照明：游泳池的灯光强度不小于 1500 lx，基层比赛池为 600 lx。室外场地光源应选琥珀色，以防止飞蛾等昆虫因趋光而掉落池中造成污染。

二、游泳教学训练常用器材

游泳教学训练用器材分为水上用器材和陆上用器材两大类。

（一）水上常用器材

1. 划水掌

划水掌一般为塑料制品，使用时戴在手掌上，以增大手的表面积，使划水时阻力变大，从而达到发展上肢力量的目的。它是游泳运动员水上训练的辅助器材之一（如图 21-50 所示）。

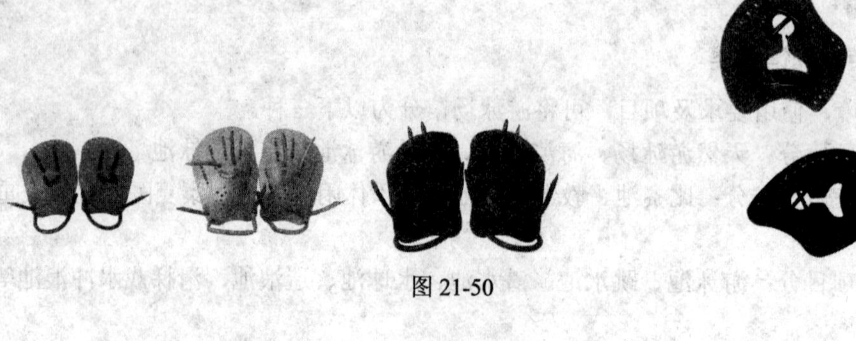

图 21-50

2. 浮板

浮板供练习腿部动作用，也可夹在双腿间供划臂动作练习时使用。其规格可根据使用目的和对象而定，一般厚 3～5 cm，常采用半月形和三角形浮板（如图 21-51 所示）。材料一般为浮力较好的泡沫硬塑料、海绵板或空心塑料盒式板等，以体积轻巧、不吸水为佳。

图 21-51

3. 脚蹼

脚蹼一般为橡胶制品，主要用于做上下鞭状打水的腿部练习（如图 21-52 所示）。由于脚蹼有加大打水负荷的作用，所以常用来锻炼腿部力量和踝关节的柔韧性。在使用中要注意适当的运动负荷，否则容易造成踝关节损伤。

图 21-52

4. 浮漂

由于初学者普遍有怕水的心理负担，借助浮漂可以增加安全感，对学习游泳有一定的帮助。浮漂的种类很多，包括塑料制成的可充气的背心、套在两上臂上的浮袖和套在腰上的背浮等。

5. 呼吸管

呼吸管是蝶泳的专用器材，由塑料或者金属制成（如图 21-53 所示）。利用呼吸管可以帮助练习者固定头部姿势和位置，专注于体会游泳动作，避免因呼吸动作不正确而造成的错误动作。

图 21-53

6. 鼻夹

图 21-54

鼻夹由钢丝或高强度塑料制成，可以用来夹住鼻孔，从而避免呼吸时产生呛水（如图 21-54 所示）。鼻夹不宜过多使用，以免影响体会正确的游泳呼吸动作。

7. 护目镜

护目镜是游泳教学训练必备的辅助器材，由高强度塑料或硅胶做成（如图 21-55 所示）。护目境种类繁多，可根据自己的脸形和眼眶的形状挑选适合自己的护目镜。现在有一些具有特殊功能的护目镜，如防紫外线护目镜、专为近视（或远视）游泳者准备的近视（或远视）护目镜。佩戴护目镜可以避免游泳池池水与游泳者眼睛的接触，从而减少传染眼部疾病的危险。此外，由于佩戴护目镜后可以在水中更清楚地看到水下的情况以及自己的动作，所以有利于减少危险事故的发生，对动作的学习和改进均有一定的促进作用。

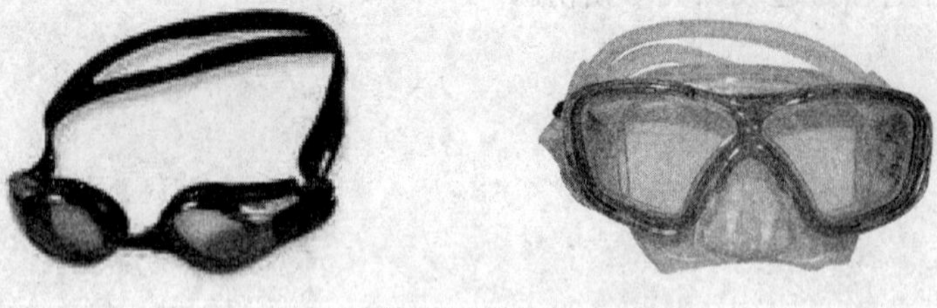

图 21-55

8. 救生杆

救生杆通常为红或橙与白相间的竹制或木制长竿，长 2～3 m。在游泳课中，救生杆既是救生器材，又是教学的辅助器材。

（二）陆上常用器材

1. 游泳练习凳

游泳练习凳主要供陆上动作模仿用。练习者俯卧或仰卧在游泳练习凳上，体会游泳技术动作。

2. 镜子

镜子用途同上。便于练习者观察自己的动作，改进技术，提高陆上模仿动作质量。

第四节　用途与案例

在日常生活、水上作业、生产建设和军事活动中，具有实际运用价值的各种游泳姿势统称为实用性游泳，包括踩水、侧泳、反蛙泳、潜泳、着装泅渡和水上救护等。

一、侧泳

侧泳是指身体侧卧在水中，两臂交替划水，两腿做剪夹动作游进的一种技术。侧泳常用于负重渡河、救生拖带等。

侧泳分为两种技术：一种是两手在水中交替前后划水，两腿做剪夹动作的手不出水技术；另一种是一手划水后经空中在肩前伸入水，两腿做剪夹动作的手出水技术。

二、反蛙泳

反蛙泳即蛙式仰泳，是游进时身体仰卧水中，两腿同时向后蹬夹水，两臂在体侧向后划水的一种游泳姿势。反蛙泳主要用于水中运物和救生拖带溺水者。此时，两臂托物或拖带溺水者不做划水动作，主要依靠腿的动作推进。

三、踩水

踩水的方法很多，比较常见的是采用直立式蛙泳踩水动作。在日常活动中，踩水技术广泛运用于水中等待救助、调节呼吸、抢救溺水者、持物游进和水中观察等。

四、潜泳

潜泳是在水下游进的一种游泳技术，它的实用价值很大，如打捞溺水者和水中沉物等，都要采用潜泳。

潜泳有使用器具装备和不使用器具装备的区别，不使用器具装备的潜泳是将身体潜入水中或水底不做呼吸游进的一种技术。

第五节　游泳运动的比赛欣赏

随着游泳活动的深入开展，人们游泳技术水平的提高，游泳比赛逐渐增多，观看游泳比赛的机会也日益增多。人们在观看游泳比赛时，不应只是看热闹，也应学会看门道。这就需要观众了解有关游泳的基本知识和游泳比赛规则，欣赏运动员的优美技术动作，为运动员的激烈拼搏加油。

一、了解游泳比赛的场地

进入赛场，首先看到的是游泳池。比赛池长为 50 m 或 25 m（短池）。标准比赛池水深 2 m 以上，设 8 条泳道，每条泳道宽 2.5 m。分道线由一个个彩色塑料浮标组成。分道线两端 5 m 以内的全部浮标颜色必须与其他浮标不同。5 m 处设仰泳转身标志线，为仰泳运动员准确转身和到达终点提供标志。距池两端 15 m 处的泳池两侧和泳道分道线上，必须有明显标记，作为运动员出发或转身潜泳界限的标志。泳池 15 m 处设招回线。

基层比赛的游泳池要求可降低规格，出发端 1～6 m 处水深至少 1.35 m，其他地方水深至少 1 m，泳道宽不得少于 2 m，泳道数不限。

二、了解游泳比赛的泳式和项目

每观看一项比赛，首先要知道是什么泳式，是多长距离的比赛。

1. 泳式

竞技游泳有自由泳、仰泳、蛙泳、蝶泳以及由 4 种泳式组合成的混合泳和接力比赛。

（1）自由泳：自由泳比赛运动员可采用任何泳式。因爬泳速度最快，所以运动员都采用爬泳参赛，故爬泳也被称为自由游。游爬泳时，身体平卧水中，两腿上下交替鞭状打水，两臂轮流向后划水，类似爬行。

（2）仰泳：以身体仰卧水中游进的一种泳式。现代仰泳是两腿交替鞭状踢水，两臂轮流向后划水，也称为爬式仰泳，游进速度次于爬泳和蝶泳。

（3）蛙泳：因模仿青蛙游泳而得名。采用这种泳式游泳时两臂必须同时向后划水，于由胸前向前伸出，两腿必须同时在同一水平面上向后蹬水。

（4）蝶泳：两臂动作同时在水下向后划水，在水面上向前摆臂，就像飞舞的蝴蝶，因此而得名。现代蝶泳的躯干和腿的动作模仿海豚上下波浪打水，所以也叫海豚泳。海豚泳的速度仅次于爬泳。

（5）混合泳：分个人混合泳和混合泳接力，个人混合泳是运动员按蝶泳、仰泳、蛙泳、自由泳的顺序游，每个泳式游 1/4 赛程。

（6）接力比赛：每队由 4 名运动员组成，分为自由泳接力和混合泳接力。自由泳接力时 4 名运动员均游自由泳；混合泳接力时按仰泳、蛙泳、蝶泳、自由泳的顺序，每人游一种泳式。接力比赛规定，前一棒运动员手触池壁，后一棒运动员的脚才能离台出发，否则即算抢码犯规。

2. 项目

50 m 池男、女共设 40 项比赛项目，各种比赛根据比赛目的、时间、参赛对象的实际设置比赛项目。目前奥运会游泳比赛共设 32 个项目，金牌数仅次于田径。

三、了解游泳比赛的进行方式

现代的游泳比赛竞争激烈，往往是以 0.01 s 决定胜负。不论什么项目的比赛，赛程可分为出发、途中游、转身和终点冲刺四部分，每部分的技术好坏，水平发挥得如何，都会影响整个比赛的成绩、名次。

游泳比赛现场，游泳运动员的身材、体形非常引人注目。他们肩宽臀窄、臂腿修长，肌肉匀称、富有弹性，男运动员的身高有些在 1.90 m 以上，女运动员的身高有些在 1.75 m 以上。运动员穿着各式各样的游泳衣、游泳帽、游泳镜等，是为了减少游进阻力，使运动员能游得更快，同时这也增加了游泳比赛的观赏性。

游泳小贴士

由于初学游泳的紧张或水温较低、疲劳都会造成肌肉痉挛。游泳前，可以使四肢开始逐渐到全身浇些水，使身体逐步适应水温。

脚趾抽筋，那就马上将腿屈起，用力将足趾拉开、扳直。

小腿抽筋，先吸足一口气，仰卧在水面，用手扳住足指，并使小腿用力向前伸蹬，让收缩的肌肉伸展和松弛。

手指抽筋时，手握成拳头，然后用力张开，如此反复，即可解脱。

脚背、腿的正面抽筋，把腿、踝、指伸成直线。

小腿、大腿背面抽筋，伸直脚，跷起脚趾，必要时将脚掌扳近身体。

思考题：

1．简述游泳运动的发展。

2．简述游泳运动的特点和锻炼价值。

3．竞技游泳包含哪些内容？

第七篇 棋 牌

棋牌类运动属于智力运动，是人们非常喜爱的日常运动，群众基础广泛。它充分体现了“和谐发展”的主题，是群众体育与竞技体育的和谐发展，体力运动与智力运动的和谐发展，奥运项目与非奥项目的和谐发展。积极开展棋牌运动可以吸引更多的人参与到智力运动中来，扩大智力运动在世界范围内的影响力，推动智力运动的普及和发展。

棋牌运动无论是形式还是技法，均有着鲜明的文化特征，蕴涵着人们的聪明才智、丰富的想象力和创造精神，丰富了体育文化，是支撑世界体育文化辉煌殿堂的重要支柱。它充分体现出了当代体育的以增强自身体格体能及娱乐为主的体育精神。

第二十二章 桥 牌

桥牌是扑克游戏的一种，但它与其他扑克游戏的玩法却有很大的不同，其固有的特点较多。桥牌的约定和规则相当严格和复杂，初学者往往感到很困难，但是，桥牌是一种科学的游戏，它是有规律可行的。初学者只要入了门，多实践、多练习，技术会很快得到提高。

第一节 桥牌的起源与发展

一、什么叫桥牌

桥牌是一种四人玩的扑克游戏。打牌时，四人围一桌，南北为一方，东西为另一方。双方通过“竞叫”确定一个“定约”，最终确定“定约”的一方称为“定约方”，而另一方称做“防守方”。在打牌的过程中，双方通过“建桥”或“断桥”等手段来实现或破坏“定约”，并决定输赢。因此，人们根据这些特点把这种扑克游戏叫做“桥牌”。由于桥牌是有定约的，因而又叫“定约桥牌”。

二、国际桥牌运动的起源与发展

桥牌起源于16世纪的英国，早年叫做“惠斯特”，是在英国贵族之间流行的扑克游戏，后来逐渐流行于世界。早年的桥牌是一种比较简单的英国牌戏，后来逐步发展成为“竞叫桥牌”。1925年，美国桥牌专家范德比尔特引进了许多新的体系和规定，把“竞叫桥牌”改成了“定约桥牌”。1932年，埃利·克柏森创立的定约桥牌国际规则得到美国、英国和法国的批准，不久又得到了国际规则的公认，于是，“定约桥牌”在世界范围逐渐流行起来，并最终成为一项国际比赛。

国外桥牌活动虽然开始得比较早，但定约桥牌在国际上流行的时间却不长，属于比较年轻的竞赛项目之一。

桥牌在西欧、北美各国已经普及，而且正在世界各地蓬勃发展，热爱桥牌活动的人日益增多，这项活动已经引起了许多国家的重视。鉴于桥牌活动对人类智力的开发和促进有不可估量的作用，不少国家均将其列入中学必修课程，有的国家甚至倡导小学生学习打桥牌。

三、我国桥牌运动的起步与发展

新中国成立前后，桥牌运动尚未普及，打桥牌的人很少，且大多是高级知识分子。20世纪50年代末期，这项运动有了新的发展，并成立了全国性的桥牌组织。

1979年11月，原国家体委开始组织第一次试验性比赛，桥牌运动在我国各地开始得到了迅速的发展，运动技术水平也随之有了很大的提高。桥牌运动已从科技知识界向厂矿、学校、机关的基层群众中扩展。1982年10月，我国第一次派代表队参加了在法国举行的第6届世界桥牌“对式赛”和团体淘汰赛。1983 年 10 月，我国桥牌队第一次参加了奥林匹克公开团体赛和女子团体赛，并多次参加了国际间的区域性和传统性比赛。1980 年 6 月，中国桥牌协会成立。

四、国际桥牌组织及赛事

国际上为了推动和促进桥牌运动，于 1958 年 8 月成立了“世界桥牌联合会”，这是一个庞大的具有很高权威的国际桥牌组织。世界桥牌联合会组织举行的国际桥牌锦标赛有以下几个。

（一）百慕大杯赛（Bermuda Bowl）

首届百慕大杯赛始于 1950 年，在百慕大举办，是世界最高级别的男子团体赛，第 1 届到第 23 届每年举行一次，1979 年开始每逢单年份举办。由 8 个带际冠军队参加，每次比赛共 8 个队，1995 年开始改为 8 个带际冠、亚军两个队参赛（全世界分为 8 个带：①欧洲，加上以色列和黎巴嫩；②北美，包括百慕大；③南美；④南亚、中东；⑤中美及加勒比地区；⑥远东；⑦南太平洋地区；⑧不属于上述地区的国家，即埃及、南非、北非）。

（二）威尼斯杯赛（Venice Trophy）

1974 年第 1 届威尼斯杯比赛在威尼斯举办，是世界最高级别的女子团体赛。1981 年后改为逢单年份举办，以后与百慕大杯在同一地点举行。

（三）世界奥林匹克队式赛（World Team Olympaid）

世界奥林匹克队式赛与夏季奥林匹克运动会同年举办，凡会员国均可派男、女各一个队参赛，第 1 届在意大利都灵举行。

（四）世界奥林匹克队对式赛（World Pair Olympaid）

世界奥林匹克队对式赛不与夏季奥林匹克运动会同期的逢双年举办，第 1 届于 1962 年在法国戛纳举办，分为公开、女子、混合三种赛制。

除以上四种世界级赛事外，目前国内外的比赛已达几十种之多。

第二节 桥牌术语

一、洗牌、切牌和发牌

桥牌是用 52 张牌（去掉普通扑克牌中的大、小王），除平时练习可用一副牌进行外，一般都用多幅牌进行。正式比赛需要 8 副或 16 副牌。洗牌、切牌、发牌都不是由固定的一个人执行，而是严格按规则轮流进行的。

（一）洗牌

根据规定，第一副牌由北家发牌，那么，洗牌便由发牌人的下家，即坐在桌子东边的人洗牌。

（二）切牌

切牌在普通牌游戏中称为抬牌，是由洗牌人的同伴来完成这一工作的，即把洗好的整副牌上下进行交换。

（三）发牌

发牌人从其左手第一家开始发第一张牌，按顺时针方向将 52 张牌一张一张依次发放完毕后，各家把发到的13张牌背面朝上数一遍，看是否准确，同时不能让任何一家看到牌面。发牌有一个规定，出现明牌要重发，发错牌也要重发。发牌完毕后开始叫牌。随着科学技术的发展，现有不少比赛也采用机器发牌。

二、牌型、牌点

（一）牌型

牌型是指每一位牌手手上的 13 张牌中各种花色的张数所构成的牌型。每一家把发到的13张牌理好后，就会看到各种牌型，如表22-1所示。

表22-1 牌型

	①	②	③	④
S（黑桃）	AK9	Q842	J10753	6
H（红桃）	QJ1052	A864	7	K93
D（方片）	105	J764	K2	AQ983
C（梅花）	KJ4	7	AQ852	10963

以花色为序，以上牌型的张数为①：3-5-2-3；②：4-4-4-1；③：5-1-2-5；④：1-3-5-4。但在桥牌术语上，总是以牌张多少为序，即以上4副牌为①：5-3-3-2；②：4-4-4-1；③：5-5-2-1；④：5-4-3-1。

对于初学者来说，首先要搞清楚自己手上的 13 张牌的牌型是哪 4 个数字组成的，并把这些数字背熟，以备随时运用。现介绍一般的基本牌型，如下。

4-3-3-3　4-4-3-2　5-3-3-2　5-4-3-1　5-4-2-2　5-5-2-1　5-5-3-0　5-4-4-0

4-4-4-1　6-3-3-1　6-3-2-2　6-4-2-1　6-4-3-0　6-5-1-1　6-6-1-0　7-4-1-1

在以上牌型中，4-3-3-3、4-4-3-2为平均牌型，当5-3-3-2牌型中的5张套为低级花色时也可看做平均牌型，除此外，其他牌型均为非平均牌型。

（二）牌点

牌点用于估计实力。每副牌有 40 个大牌点，此外，还有大牌调整点和牌型点。其点数表示为如下。

（1）A为4个点、K为3个点、Q为2个点、J为1个点。

（2）4个A持在一人手上可加1点，反之一手无A，则要减去1点。

（3）孤张大牌除A外，减去1点。

（4）一手牌全由Q、J拼凑而成，不是好牌。

（5）在打有将定约时，明手有足够的帮张，可加牌型点。

① 缺门加5点，单张加3点，双张加1点。

② 综合两手牌的实力达26点者可望做成4H、4S或3NT，29点可做成5C或5D，33点可完成小满贯，37点可完成大满贯。

③ 短套牌型的增值为缺门3点，单张2点，双张1点。

三、叫牌术语

（一）开叫

发牌者具有优先开叫的权利。当持有足够的开叫实力时（13 点或以上），应予开叫，否则不叫（PASS）。不叫就意味着把优先开叫的权利顺序让给左方，左方如无实力开叫，可再次顺延，直到有人开叫，如四人都不叫，可重新发牌重来，但在正式比赛中不重发。

（二）开叫者

在叫牌过程中，首先叫出具有具体内容的叫牌人称为开叫者。

（三）应叫

一方开叫后，其同伴就是应叫。当持有 6 点以上可以应叫，否则不叫。

（四）应叫者

表示支持同伴花色或另叫出花色的一方称为应叫者。第一轮不叫者第二轮仍有权参与竞叫。

（五）定约

双方通过叫牌最后确定的约定称为定约。叫牌的目的是为自己一方制定出一个恰如其分的定约。定约是否完成要经过打牌来检验。

（六）再叫

在一轮叫牌过程中，任何一家轮到第二次叫牌都是再叫。

（七）争叫

一方开叫后，另一方参与竞叫称为争叫。

四、打牌术语

打牌的过程由主打和防守两方组成，定约的执行者为主打，另一方即为防守方。

（一）出牌

获得出牌权的一家有权出牌。一副牌中出第一张牌者叫首攻或头攻。

（二）跟牌

右手一家出牌，你要跟随同一花色的牌，称为跟牌。

（三）垫牌

当没有同一花色的跟牌时，可垫出任意一张牌，称为垫牌。

（四）吃张

打有将定约时，当跟不出同花色时，可用将牌获得赢墩，称为吃张。

（五）帮张

同伴开叫的花色，你有三张，且有一张大牌，称为有帮张，如有四张或以上则为好帮张。

（六）赢张

能拿到赢墩的牌张称为赢张。

（七）墩

每四张牌出完为一墩。

（八）宕牌

定约人在打牌时未完成要达到的墩数为宕牌，每丢一墩为宕一，丢二墩为宕二，依次类推。

五、计分

桥牌的计分分基本分、奖分、罚分三类。

（一）基本分（又为墩分）

基本分是按定约数计算的，并且与花色的高低级别相联系，具体规定如下。

（1）梅花和方块每墩 20 分（C/D=20 分）。

（2）红桃和黑桃每墩 30 分（H/S=30 分）。

（3）无将第一墩为 40 分，从第二墩开始，每墩 30 分（NT=1/40 分、2/30 分）。

（二）奖分

只要完成了在叫牌时的定约，无论是未成局定约、成局定约和满贯定约，还是加倍定约，都可获得奖分，其奖励的分数如表 22-2 所示

表 22-2　奖励的分数

完成奖分 / 定局约况	完成未成局定约	完成成局定约	完成小满贯定约	完成大满贯定约	完成加倍、再加倍定约
有局	50 分	500 分	750 分	1500 分	50 分
无局	50 分	300 分	500 分	1000 分	50 分

（三）罚分

定约方完不成在叫牌时所确定的定约，就要受到惩罚，并由对方得分。罚分的规定如下。

（1）在未加倍的情况下，每宕一墩，无局时罚 50 分，有局时罚 100 分，以后每多宕一墩则增加相同的罚分。

（2）在加倍的情况下，宕第一墩，无局时罚 100 分，有局时罚 200 分；宕第二墩无局时罚 300 分，有局时罚 500 分；宕第三墩无局罚 500 分，有局罚 800 分。

纸牌图案的意义

欧洲最早的纸牌游戏在 1392 至 1393 年间。德国是最早的纸牌制造中心，他们牌上的图案为“铃铛”、“心脏”、“树叶”和“橡子”，分别代表“绅士”、“僧侣”、“地主”和“劳动者”。西班牙纸牌的图案则是“剑”、“棒”、“杯”和“钱”。英国的纸牌最早叫 biritch。到 19 世纪 80 年代，桥牌在英国风靡一时。起初妇女不打，但到了 20 世纪，妇女俱乐部日益增多，妇女打牌便不亚于男子。英国纸牌参考了别国的图案和名称，然后自成一套，分别为 club（梅花）、spade（黑桃）、heart（红桃）和 diamond（方块）；其中 club 的词义即西班牙牌中的“棒”，但图案却是“三叶草”；spade 则是从西班牙语的 espada 来的，意思是“剑”；heart，即人的“心脏”和图形；diamond（钻石）是从法语 carreau（一块玻璃）的图案引申来的。

思考题：

1．什么叫桥牌？

2．简述桥牌起源与发展。

3．国际桥牌的赛事有哪些？

第二十三章　围　　棋

围棋是一项智力游戏，起源于中国，有超过 3000 年的历史。围棋蕴涵着古代哲学中的“一元生两仪、两仪生四象、四象生八卦”、“天圆地方”、“十九农节气”等思想，变化丰富，意韵深远，魅力无穷。

如今，围棋已经走出国门，仅亚洲的围棋爱好者就多达数千万人，在欧美国家也有不少人会下围棋。围棋的规则十分简单，却拥有十分广大的落子空间，使得围棋的变化数不胜数，这也是围棋的魅力所在。

一、棋盘与棋具

棋盘由纵横各 19 条等距离、垂直交叉的平行线构成，形成 361 个交叉点，简称为点。棋盘整体形状及每个格子纵、横向相比，横向稍短，每格边长通常为 2.4 cm 或 2.3 cm。在棋盘上标有 9 个小圆点（如 A 点），称作“星”，中央的星又称“天元”（B 点）（如图 23-1 所示）。

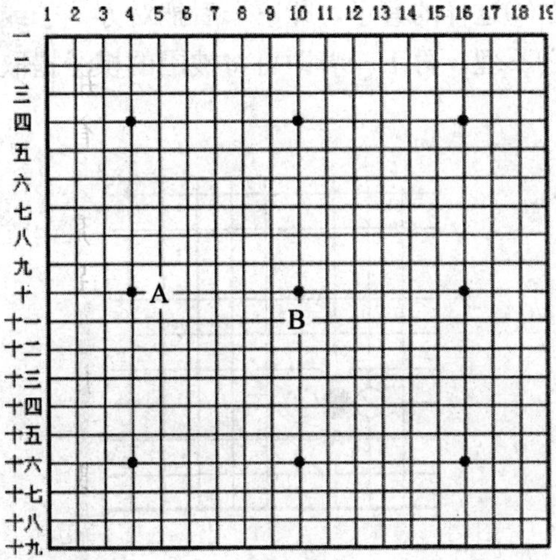

图 23-1

二、着法与规则

1. 气和提子

每个棋子或几个棋子都有通过黑线与它通连的相邻交叉点，这些交叉点就是一个或几个棋子的“气”，如图 23-2 所示。当一个棋子或连接着的几个棋子的相邻交叉点被对方棋子所占领时，这一个或几个棋子就没有“气”了，就应该从棋盘上提去（有两个“眼”的情况除外），即提子，如图 23-3 所示。

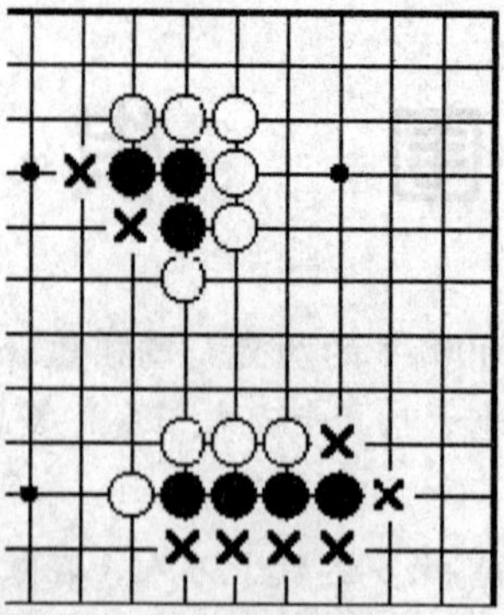

图 23-2

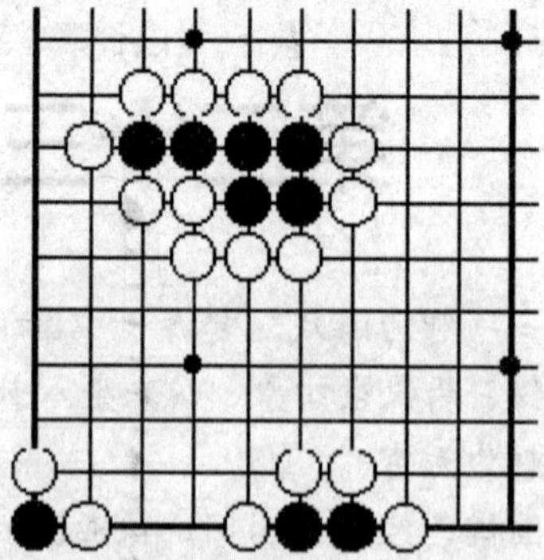

图 23-3

2. 眼、活棋和死棋

所谓“眼”，就是用棋子围起来的交叉点。当一块棋有两个以上的眼或具备做成两个眼的条件，对方无法吃掉时，这块棋就是活棋。只有一个眼或不具备做成两个眼的棋，被对方围起来后，就是死棋。

3. 打

在图 23-4 中，当白①走过之后，黑一子仅余一口“气”，这时是不能将黑棋拿掉的，但白 1 却为提掉黑棋做了准备，只要白方下一着棋落在 A 位，那么黑一子即可被“提”。

在围棋中，我们把像白①这样的着子，即下子后把对方一子或若干棋子包围成仅剩一口“气”的状态（如对方置之不理，再下一着即可将被围的棋子提取），称为“打”，通常也称“打吃”。

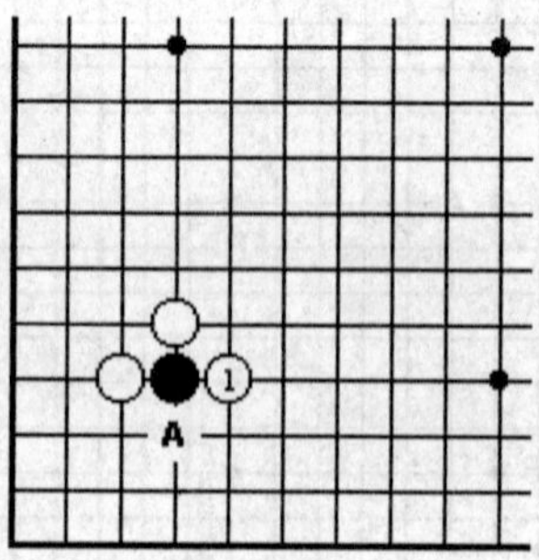

图 23-4

4. 胜负计算

棋至终局后，怎样计算胜负呢？又怎样判定谁输谁赢呢？简单地说围棋中的胜负可以概括为：谁围的地域大谁就是胜者；反之，就是败者。

围棋盘上共有 361 个交叉点，一盘棋的胜负就是由对局双方所占据的交叉点的多少所决定的，更精确地说，就是由双方活棋所占据的地域的大小来决定。一个交叉点为一子，每方以一百八十又二分之一子为归本数，超过此数者为胜，不足此数者为负。

如图 23-5 所示，黑方占据了棋盘上左边的地域，白方则占据了棋盘上右边的地域（实际上真正的对局是不会下成这样的），因为双方已把棋盘上所有的交叉点都各自占有，没有余下任何可争夺的地域，这盘棋可以计算胜负了。

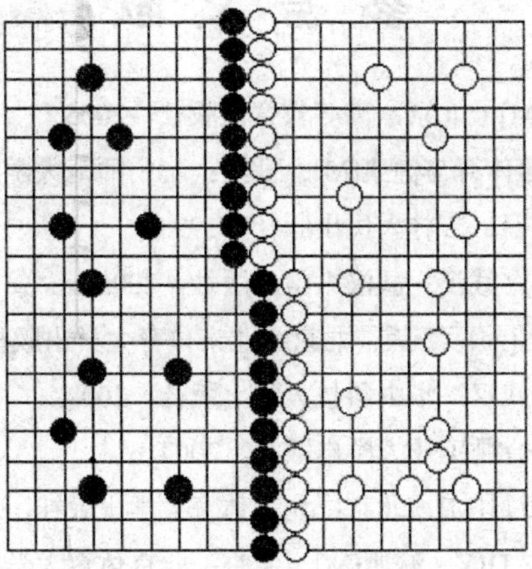

图 23-5

围棋的古今之别

古代围棋与现代围棋完全是两种游戏——下法完全不相同！主要区别有以下四点：第一，古代围棋有还棋头（眼位不是目，该规则后来被日本废除）；第二，古代围棋白先黑后（现代围棋黑先白后，该规则后来被日本修改）；第三，古代围棋没有贴目，黑棋 181 子就获胜（日本发明的贴目，目前黑棋 185 子才获胜），无贴目围棋的下法已经失传了；第四，古代围棋是座子制，最大限度限制先手优势（后来被日本废除，为了限制先手增加了贴目）。

思考题：

1．简述围棋的起源与发展。

2．简述围棋的着法与规则。

参考文献

[1] 杨文轩，杨霆．体育概论[M]．北京：高等教育出版社，2005.

[2] 曾三明，程锡森．现代大学体育与健康[M]．武汉：华中师范大学出版社，2008.

[3] 余卫平．大学体育[M]．长春：吉林人民出版社，1998.

[4] 易 勤．大学体育教程[M]．武汉：武汉大学出版社，2005.

[5] 陈智勇．现代大学体育教程[M]．2版．北京：北京体育大学出版社，2004.

[6] 谢 彬．体育与健康[M]．武汉：华中科技大学出版社，2002.

[7] 朱晓梅．篮球[M]．合肥：合肥工业大学出版社，2004.

[8] 杨静宜．运动处方 DIY・力量[M]．北京：北京体育大学出版社，2004.

[9] 杨静宜，徐峻华．运动处方 DIY・减肥[M]．北京：北京体育大学出版社，2004.

[10] 马欣熙．体育[M]．北京：高等教育出版社，1987.

[11] 古 桥．健身指导员基础理论与实践[M]．北京：人民体育出版社，1999.

[12] 曲宗湖．课余体育新视野[M]．北京：人民体育出版社，1999.

[13] 陈 萍．健康长寿方法精选[M]．沈阳：东北工学院出版社，1992.

[14] 金欣昌．学校体育学[M]．北京：高等教育出版社，1994.

[15] 王则珊．学校体育理论与研究[M]．北京：北京体育大学出版社，1995.

[16] 李伟民．青少年健身之路[M]．南京：江苏人民出版社，1996.

[17] 曲宗湖．学校体育测评理论与方法[M]．北京：人民体育出版社，2002.

[18] 王道俊，王汉澜．教育学[M]．北京：人民体育出版社，1998.

[19] 黄捷荣，李泽润．体育社会学[M]．广州：广东高等教育出版社，1990.

[20] 步德寿，等．体育学[M]．武汉：湖北科学技术出版社，2000.

[21] 邓树勋．体育与健康[M]．广州：中山大学出版社，2002.

[22] 郑厚成．全国普通高等学校体育实践教程[M]．北京：高等教育出版社，2001.

[23] 张雅云．体育与健康理论教程[M]．北京：高等教育出版社，2001.

[24] 任 波．大学体育教程[M]．天津：天津大学出版社，2007.

[25] 李建英．大学体育与健康教程[M]．北京：人民体育出版社，2002.

[26] 《奥林匹克学》编写组．奥林匹克学[M]．北京：高等教育出版社，1999.

[27] 高谊，董英双．奥林匹克万事通[M]．北京：北京体育大学出版社，2001.

[28] 张云柱，等．奥运百科知识全书[M]．北京：当代中国出版社，2003.

[29] 漆有光，刘晓军．桥牌入门[M]．北京：人民体育出版社，2008.